上海市住房和城乡建设管理委员会

U0819426

上海市轨道交通工程概算定额

SH A3—21—2022

（安装部分）

同济大学出版社

2023　上　海

图书在版编目(CIP)数据

上海市轨道交通工程概算定额:SH A3—21—2022. 安装部分/上海市建筑建材业市场管理总站主编. —上海:同济大学出版社,2023.12

ISBN 978-7-5765-0050-9

Ⅰ. ①上… Ⅱ. ①上… Ⅲ. ①城市铁路—铁路工程—设备安装—概算定额—上海 Ⅳ. ①U239.5

中国国家版本馆 CIP 数据核字(2023)第 167746 号

上海市轨道交通工程概算定额 SH A3—21—2022(安装部分)

上海市建筑建材业市场管理总站 主编

责任编辑 朱 勇 **责任校对** 徐春莲 **封面设计** 陈益平

出版发行 同济大学出版社 www.tongjipress.com.cn

(地址:上海市四平路 1239 号 邮编:200092 电话:021-65985622)

经 销 全国各地新华书店

印 刷 启东市人民印刷有限公司

开 本 890mm×1240mm 1/16

印 张 29.75

字 数 952 000

版 次 2023 年 12 月第 1 版

印 次 2023 年 12 月第 1 次印刷

书 号 ISBN 978-7-5765-0050-9

定 价 398.00 元

上海市建设工程概算定额修编委员会

主　　任：胡广杰

副 主 任：裴　晓　王扣柱　董爱华　周建国　顾晓君　姜执伟

委　　员：陈　雷　马　燕　金宏松　杨文悦　方　琪　孙晓东
苏耀军　杨琪光　杨志杰　汪结春　莫　非　徐　忠

上海市建设工程概算定额修编工作组

组　　长：马　燕

副 组 长：方　琪　孙晓东　涂荣秀　许倩华　杨琪光　曹虹宇
夏　杰　陈　超　汪崇庆

组　　员：朱　迪　蒋宏彦　田洁莹　彭　磊　康元鸣　魏　吉
张　竹　陈淑烨　黄　英　辛　隽　乐　翔　张红梅
汪一江

上海市轨道交通工程概算定额

SH A3—21—2022

（安装部分）

主 编 单 位： 上海市建筑建材业市场管理总站

参 编 单 位： 上海正弘建设工程顾问有限公司
上海市隧道工程轨道交通设计研究院

主要编制人员： 孙晓东　彭　磊　蒋宏彦　田洁莹　康元鸣　邱翠国
年蓓蓓　陈晓宇　汪一江　周　婧　郭辰健　朱振宇
于振华　赵　戟　钟　静　苏　燕　周　健　沈敏杰
沈　跃

审 查 专 家： 戴富元　陈国华　熊　辉　瞿瑞峰　殷跃初　姚　婷
刘晓东

上海市住房和城乡建设管理委员会文件

沪建标定〔2022〕653 号

上海市住房和城乡建设管理委员会
关于批准发布《上海市轨道交通工程概算定额》
等 4 本工程概算定额的通知

各有关单位：

为进一步完善本市建设工程计价依据，满足工程建设全生命周期的计价需求，根据《上海市建设工程定额体系表 2020》、《2018 年度上海市建设工程及城市基础设施养护维修定额编制计划》及《2019 年度上海市工程建设及城市基础设施养护维修定额编制计划》，现编制完成《上海市轨道交通工程概算定额(SH A3—21—2022)》、《上海市城镇给水管道工程概算定额(SH A8—21(01)—2022)》、《上海市城镇排水管道工程概算定额(SH A8—21(02)—2022)》和《上海市城镇给排水构筑物及设备安装工程概算定额(SH A8—21(03)—2022)》4 本工程概算定额(以下简称“新定额”)，并经有关部门会审，现予以发布，自 2023 年 3 月 1 日起实施。

原《上海市公用管线工程概算定额(2010)》(给水管线工程)及《上海市市政工程概算定额(2010)》(排水管道工程、排水构筑物及机械设备安装工程)同时废止。

本次发布的新定额由市住房城乡建设管理委负责管理，《上海市轨道交通工程概算定额(SH A3—21—2022)》由上海市建筑建材业市场管理总站负责组织实施和解释，《上海市城镇给水管道工程概算定额(SH A8—21(01)—2022)》、《上海市城镇排水管道工程概算定额(SH A8—21(02)—2022)》和《上海市城镇给排水构筑物及设备安装工程概算定额(SH A8—21(03)—2022)》由上海市水务工程定额管理站负责组织实施和解释。

特此通知。

上海市住房和城乡建设管理委员会

2022 年 11 月 16 日

总　说　明

一、《上海市轨道交通工程概算定额(SH A3—21—2022)》(以下简称“本定额”)共分12章,包括:

第一章　地基、围护结构工程

第二章　高架桥工程

第三章　地下区间工程

第四章　地下结构工程

第五章　轨道工程

第六章　钢筋调整

第七章　通信工程

第八章　信号工程

第九章　供电工程

第十章　智能与控制系统安装工程

第十一章　机电设备安装工程

第十二章　拆除工程及措施项目

二、本定额适用于本市行政区域范围内新建、改建、扩建的轨道交通工程。

三、采用本定额进行概算编制的,应遵循定额中定额编号、工程量计算规则、项目划分及计量单位。

四、本定额是编制设计概算(书)的参考依据,是进行项目建设投资评审、设计方案比选的参考依据,是编制估算指标的基础。

五、本定额以国家和本市现行建设工程强制性标准、推荐性标准、设计规范、标准图集、施工验收规范、技术操作规程、质量评定标准、产品标准和安全操作规程为依据编制,并参考了国家和本市行业标准,以及典型工程案例,有代表性的工程设计、施工和其他资料。

六、本定额综合了本市轨道交通工程预算定额的内容和含量,包括了轨道交通工程的工料机消耗量,其他相关费用应依据国家和本市现行取费规定计算。

七、本定额主要是在《上海市轨道交通工程预算定额(SH A3—31—2016)》(以下简称“2016轨道交通预算定额”)的基础上,以主要分项工程综合相关工序的综合定额,即按主要分项工程规定的计量单位、计算规则及综合相关工序的预算定额计算而得的人工、材料及制品、机械台班的消耗标准,体现了上海地区社会平均水平。

八、本定额中材料与机械消耗量均以主要工序用量为准。难以计量的零星材料与机械列入其他材料费或其他机械费中,以该项目材料或机械之和的百分率表示。

九、本定额所采用的材料(包括构配件、零件、半成品及成品)均为符合质量标准和设计要求的合格产品,若品种、规格、型号、强度等级与设计不符时,可按各章节规定调整。定额未注明材料规格、强度等级的,应按设计要求选用。

十、本定额的工作内容已说明了主要的施工工序,次要工序虽未说明,但均已包括在内。

十一、本定额中其他材料、成品、半成品的场内运输均已包含在相应定额中。

十二、本定额中混凝土按预拌混凝土考虑,砂浆按预拌砂浆考虑。混凝土及砂浆强度等级与设计强度等级不同时,可按设计强度等级进行换算。定额中的混凝土养护除另有说明外,均按自然养护考虑。

十三、本定额混凝土子目中已包括模板及钢筋工作内容,模板一般不作调整,但钢筋设计含量与定额不同时,可按第六章钢筋调整定额进行调整。

十四、本定额不包括大型机械的场外运输及安拆,必要时可参照2016轨道交通预算定额计列。

十五、本定额未包含各机电设备系统接口费用,可另行计算。

十六、本定额未包括覆罩法施工工艺,如实施覆罩法施工,其相关工程费用另行计算,计入施工措施项目中。

十七、本定额部分预算定额子目参考了国家、行业和本市现行的其他相关定额,如声测管、商品混凝土输送、安装箱梁套用《上海市市政工程预算定额(SH A1—31(01)—2016)》相关子目,砌筑隔墙套用《上海市建筑和装饰工程预算定额(SH 01—31—2016)》相关子目。

十八、本定额缺项部分,可按其他专业定额工料机消耗量计算直接费,按本定额费率表取费。

十九、本定额中注有“××以内”或“××以下”者,均包括“××”本身;“××以外”或“××以上”者,均不包括“××”本身。

二十、定额说明中未注明(或省略)尺寸单位的宽度、厚度、断面等,均以“mm”为单位。

二十一、凡本说明未尽事宜,详见各章说明。

上海市轨道交通工程概算费用计算说明

一、直接费

直接费是指施工过程中的耗费，构成工程实体和部分有助于工程形成的各项费用[包括人工费、材料费、施工机具(机械)使用费和零星工程费]。直接费中不包含增值税可抵扣进项税额。

1. 人工费

人工费是指支付给直接从事建筑安装工程施工作业的生产工人的各项费用。

2. 材料费

材料费是指工程施工过程中耗费的各种原材料、半成品、构配件等的费用，以及周转材料等的摊销、租赁费用。

3. 施工机具(机械)使用费

施工机具(机械)使用费是指工程施工作业所发生的施工机具(机械)、仪器仪表使用费或其租赁费。

4. 零星工程费

零星工程费是指设计图纸未反映，定额直接费计算中未包括，可能发生的其他构成工程实体的费用。零星工程费是以直接费为基数，乘以相应的费率计算。

二、企业管理费和利润

1. 企业管理费

企业管理费是指施工单位为组织施工生产和经营管理所发生的费用。企业管理费不包含增值税可抵扣进项税额。

2. 利润

利润是指施工单位从事建筑安装工程施工所获得的盈利。

企业管理费和利润是以直接费中的人工费为基数，乘以相应的费率计算。

三、安全文明施工费

安全文明施工费是指在工程项目施工期间，施工单位为保证安全施工、文明施工和保护现场内外环境等所发生的措施项目费用。安全文明施工费中不包含增值税可抵扣进项税额。

安全文明施工费是以直接费与企业管理费和利润之和为基数，乘以相应的费率计算。

四、施工措施费

施工措施费是指为完成工程项目施工，发生于该工程施工前和施工过程中，非工程实体项目的费用。施工措施费中不包含增值税可抵扣进项税额。

施工措施费是以直接费与企业管理费和利润之和为基数，乘以相应的费率计算。

五、规费

规费是指按国家法律、法规规定，由上海市政府和上海市有关权力部门规定施工单位必须缴纳，应计入建筑安装工程造价的费用。主要包括社会保险费(养老、失业、医疗、生育和工伤保险费)和住房公积金。

规费是以直接费中的人工费为基数，乘以相应的费率计算。

六、增值税

增值税即为当期销项税额。

当期销项税额是以税前工程造价为基数，乘以增值税税率计算。

七、上海市轨道交通工程概算费用计算顺序表

上海市轨道交通工程概算费用计算顺序表

序号	项目		计算式	备注
一	直接费	工、料、机费	按概算定额子目规定计算	包括说明
二		零星工程费	(一)×费率	
三		其中:人工费	概算定额人工费+零星工程人工费	零星工程人工费按零星工程费的20%计算
四	企业管理费和利润		(三)×费率	
五	安全文明施工费		[(一)+(二)+(四)]×费率	
六	施工措施费		[(一)+(二)+(四)]×费率(或按拟建工程计取)	
七	小计		(一)+(二)+(四)+(五)+(六)	
八	规费	社会保险费	(三)×费率	
九		住房公积金	(三)×费率	
十	增值税		[(七)+(八)+(九)]×增值税税率	
十一	建筑安装工程费		(七)+(八)+(九)+(十)	

目　　录

第七章　通信工程

章说明

一、本章定额包括通信线路工程、传输系统、有线通信系统、无线通信系统、广播系统、闭路电视监控系统、时钟系统、电源系统、计算机网络及附属设备、乘客信息系统，共 10 节。

二、本章定额未包括被安装的设备(含随设备本件配套的配件、备件、仪表、管线、金属结构等)，应根据设计采用的设备型号和规格另行计列。本章屏柜设备基础的安装套用第九章供电工程第一节变电所中屏柜基础定额。

三、本章定额用于拆除工程时，不再计列材料费和机械费，除另有说明外，拆除需要的人工消耗量按相应安装定额乘以表 7-1 所列系数。

表 7-1 拆除系数

拆除工程内容	拆除人工系数
埋式光(电)缆	1.0
管道光(电)缆	0.9
成端光(电)缆	0.3
其他光(电)缆	0.6
室内走线架及槽道、光电缆终端及分线设备(入库再利用)	0.6
室内走线架及槽道、光电缆终端及分线设备(不再利用)	0.3
无线通信天馈线	1.0
室内及车上各种通信设备(入库再利用)	0.5
室内及车上各种通信设备(不再利用)	0.4

四、本章定额编制时已考虑了轨道交通工程的特点，不再另计超高作业费用。

五、通信线路工程

1. 光(电)缆沟及管道槽沟

(1) 开挖路面和土方工程套用第六章供电工程第六节电缆及配管配线中的相应定额。

(2) 管道沟、人孔需要抽水时，可套用第十二章拆除工程及措施项目中的相应定额。

2. 铺设通信管道定额中的混凝土包封子目不分部位。

3. 敷设导线、光(电)缆定额在使用时，可根据相应的缆型规格进行换算，定额中各项材料的数量均不得调整。

4. 敷设光(电)缆定额中均未包含光(电)缆标桩的数量，使用时按相关子目进行计列。

5. 敷设管道光(电)缆定额系按每公里综合平均段数编制，使用时不得调整。

6. 管道光(电)缆敷设塑料子管的单位(km)系指混凝土管道(或其他管道)每孔公里内，同时布放塑料子管的数量。

7. 导线及光电缆固定槽架安装

(1) 托架、托板定额是按 6 层测定的，每套由 1 根托架、6 块活动托板组成。每增加或减少 1 层托板托架，人工消耗量按 80%调整。

(2) 制作安装走线架、市井爬架定额，是按单层活结构编制的，包括主梁、走线架、铁梯及连接固定所需的材料。如系成套供应，只计列安装人工消耗量，标准为 0.5 工日/米。

8. 光缆敷设芯数超过 144 芯时，光缆芯数每增加 24 芯敷设百米光缆时，人工增加 0.8 工日，光时域反射仪的消耗量增加 0.12 台班。

9. 光缆若为管道光缆,可根据工程实际增列光缆接头托架,定额中其他各项数量均不得调整。

10. 光缆接续定额按直埋和管道综合编制,使用时不得调整。

11. 管道光(电)缆接续不包括人孔及管道排水。

12. 光缆中继段测试的“段”指光缆端站至中继站或两个中继站之间的距离。

13. 光(电)缆车站室内引入定额中不包括光(电)缆。

14. 落地式电缆交接箱安装定额不包括箱体基座,当室外安装需箱体基座时,可根据工程实际另行计列。

15. 安装电缆分线盒定额中不包括电缆的成端。

六、传输系统

1. 设备电缆和设备导线布放定额只适用于电缆走道、槽道及机房内地槽,不适用于穿管等。

2. 中间配线架架间跳线定额系按 2 架编制,每增加 1 架仅增加跳线 60 m,其他数量不变。

3. 布放总配线架跳线定额系按 1 架(8 直列或 9 直列)编制,每增加 1 架增加跳线 70 m。

4. 通信传输设备安装定额按下列配置编制:

(1) 2.5 Gb/s 系统和 10 Gb/s 系统的 TM 终端复用器,按 16×155 Mb/s(或 140 Mb/s)为一端;ADM 分插复用器,按 1×8×155 Mb/s(或 140 Mb/s)或 2×4×155 Mb/s(或 140 Mb/s)为一端。

(2) 622 Mb/s 系统的 TM 终端复用器,按一个方向的高阶光口加 21×2 Mb/s(或 16×2 Mb/s)电口为一端;ADM 分插复用器,按两个方向的高阶光口加 21×2 Mb/s(或 16×2 Mb/s)电口为一端。

(3) 155 Mb/s 系统的 TM 终端复用器,按一个方向的高阶光口加 21×2 Mb/s(或 16×2 Mb/s)电口为一端;ADM 分插复用器,按两个方向的高阶光口加 21×2 Mb/s(或 16×2 Mb/s)电口为一端。

5. 各系统按上述配置外,每增加一块 155 Mb/s(或 140 Mb/s)光或电支路时,套用 155 Mb/s(或 140 Mb/s)光或电接口板子目另行计列;每增加一块 21×2 Mb/s(或 16×2 Mb/s)支路电口板时,套用 2 Mb/s 电接口板子目另行计列。

6. 光纤传输设备安装定额 2.5 Gb/s,10 Gb/s,155 Mb/s 622 Mb/s 系按“1+0”状态编制;当系统为“1+1”状态时,TM 终端复用器每端增加 2 个工日,ADM 分插复用器每端增加 4 个工日。

七、有线通信系统

1. 程控电话用户交换机安装定额除交换机主机外,还包括测量台、话务台、各种电话等终端设备的安装调测及其布放电缆和配线,但不包括电源和传输设备。

2. 程控电话交换设备安装包括机架安装、硬件及软件测试,其中维护终端定额已包含了计费、打印和告警设备。

八、无线通信系统

1. 设备安装调测均以带有机内连接电缆综合考虑,设备到端子架(箱)及控制盒的连接线缆,可参照有关章节子目另行计取。

2. 定向、全向天线安装定额以 10 层以下楼顶塔综合考虑。

3. 安装操作维护管理终端定额适用于系统中各管理终端、监测终端及其他终端设备的安装。

4. 区间测试适用于隧道、地面及高架区间的测试。

5. 警用无线、消防无线系统计价可参照专用无线相关定额子目。

九、广播系统

1. 中心广播系统设备安装

(1) 控制台是以 20 回路输出综合测定的,包含了控制台、话筒、机内配线及相应的仪器仪表使用费。

(2) 接口设备包含中心广播设备与检测设备、传输设备等的连接与调试。

(3) 安装监测终端及软件包含计算及外围设备的安装与调试。

(4) 设备机柜安装包含机柜角钢底座的制作与安装。

2. 车站及车场广播设备安装定额均综合考虑了语音存储功能,包括控制台安装、话筒及机内配线。

十、闭路电视监控系统

电视监控设备安装中的摄像机安装定额分交流和直流两种，定额中已包含交流变压器和直流电源的安装内容。

十一、时钟系统

1. 中心母钟定额已包含设备机柜安装、机柜内配线及相应的仪器仪表使用费。

2. 卫星天线定额已包含天线座的制作、天线调试和同轴电缆的敷设连接。

3. 系统接口定额已包含中心母钟设备和其他通信设备信号接口的连接与调试。

4. 监测软件定额已包含计算机外围设备的安装与调试。

5. 设备柜定额已包含机柜角钢底座的制作与安装。

6. 各类子钟定额均以悬挂安装方式综合考虑，如以挂壁安装，其材料消耗量可进行调整。

十二、电源系统

1. 蓄电池抗震支架的安装按照地坪打眼装膨胀螺栓固定编制。工程实际采用其他形式安装时，套用定额不作调整。

2. 蓄电池抗震支架、电极连接条、紧固螺栓、绝缘垫均按随设备配套自带考虑。

3. 安装蓄电池定额

(1) 定额适用于电压等级小于或等于 220 V 各种容量的固定型蓄电池安装。定额不包括蓄电池抽头连接用电缆及电缆保护管的安装，发生时可套用相关定额。

(2) 定额已综合了免维护蓄电池、密闭式铅酸蓄电池、碱性电池等成品电池的安装内容。

(3) 安装蓄电池定额中的电极连接按自带紧固连接件编制，如采用焊接连接，除增加焊接材料外，定额工日不作调整。

(4) 碱性蓄电池、密闭式铅酸蓄电池需补充电解液及其消耗材料，均按照随设备配套供货自带考虑。

(5) 蓄电池组充放电定额包括充电消耗的电量，不分酸性、碱性电池，均按其电压和容量套用相应定额。

4. 制作、安装接地极(板)定额系按自然地坪编制，包括地沟的挖、填土和夯实，遇有石方、矿渣、积水、障碍物等情况时另行计列。

5. 安装防雷器定额系按 1 处设备的防雷器为 1 套编制，防雷器作为设备。

6. 安装交流不间断电源装置可参照第九章供电工程相关子目。

十三、计算机网络及附属设备

1. 安装集线器是以 16 口 HUG 综合测定的，交换机和服务器是以 100 用户中等规模综合测定的。

2. 计算机终端设备包含了外围设备的安装和调试，但不包括磁记录设备的安装和调试，发生时可套用相关定额。

十四、乘客信息系统

1. 播放控制设备是以 20 回路输出综合测定的，综合考虑了语音、视频的存储功能。

2. LCD、LED 显示器定额已综合了壁挂式、垂直吊装和倾斜吊装三种安装方式。

3. LED 显示屏定额已综合了基座式、支架式和壁挂式三种安装方式。

4. 系统调试是以 1 套中心设备、10 套车站设备为一系统，稳定运行 200 h 综合测定的。

工程量计算规则

一、通信线路工程

1. 直埋电缆的土方工程量按表 7-2 计算。

表 7-2　直埋电缆土方量

项目	电缆根数	
	1～2 根	每增加 1 根
每米沟长挖方量(m^3/m)	0.45	0.153

2. 导线敷设子目均按照导线敷设方式、类型、规格，以“100 m”为计量单位。
3. 导线敷设引入箱、架(或设备)的计算，应计算到箱、架中部(或设备中心部)。
4. 埋设敷设及管道敷设以“1 000 m” 为计量单位。
5. 电缆接头按缆芯对数以“个”为计量单位。
6. 电缆全程测试以“100 对”为计量单位。
7. 光缆接续头按光缆芯数以“个”为计量单位。
8. 光缆测试按光缆芯数以光中继段以“段”为计量单位。
9. 钢筋混凝土槽保护以“m”为计量单位。
10. 光(电)缆接头保护按不同材料类型以“处”为计量单位。
11. 过桥敷设保护按不同材料类型规格以“10 m”为计量单位。
12. 制作、安装室内光(电)缆架按不同规格尺寸以“架”为计量单位。
13. 光(电)缆室内引入按不同芯数以“处”为计量单位。
14. 市话电缆引入按不同对数以“100 m”为计量单位。
15. 安装电缆交接箱、光电缆终端盒按不同对数或芯数以“个”为计量单位。
16. 安装电缆分线装置接线排以“列”为计量单位，接线模块以“块”为计量单位。
17. 布放总配线架成端电缆按不同对数以“条”为计量单位。
18. 安装分线盒以“个”为计量单位。
19. 保安配线箱安装按不同回线以“个”为计量单位。
20. 总配线架安装按不同回线以“架”为计量单位。
21. 总配线架端子板安装以“块”为计量单位。

二、传输系统

1. 铺设防静电地板、防静电地漆布按设计图示尺寸，以“100 m^2”为计量单位。
2. 制作、安装抗震机座以“个”为计量单位。
3. 端机机架、光纤配线架、数字配线架、光电综合柜以“架”为计量单位。光纤配线支架、数字配线子架以“个”为计量单位。
4. 音频电缆、同轴射频电缆、数据电缆按不同芯数，以“10 m”为计量单位。
5. 总配线架跳线和交接箱跳线布放或改接按工程范围以“100 用户”为计量单位。
6. 中间配线架跳线以“100 条”为计量单位。
7. 信号线以“条”、布放光尾纤以“根”为计量单位。
8. 光端机、PCM 基群设备、终端复用器、分插复用器以“端”为计量单位，光或电接口板以“块”为计量单位，数字交叉连接设备(DXC)以“架”为计量单位，光端机主/备用自动转换设备以“套”为计量单位。

9. 网络管理系统、网元管理系统、本地维护终端以“套”为计量单位。

10. 光中继段测试以“系统”为计量单位，数字段调测以“系统/站”为计量单位，通路对端调测以“路/站”为计量单位，稳定观测和光、电调测中间站配合以“站”为计量单位。

11. 综合定时供给设备 BITS、铯钟以“台”为计量单位，GPS 接收机、接口设备、分配设备以“台”为计量单位。

三、有线通信系统

1. 程控用户交换机安装与调测按不同门数以“套”为计量单位。

2. 修改局数据以“1 中继方向”为计量单位。

3. 远端交换模块(500 线)以“套”为计量单位。

4. 语音信箱以“套”为计量单位，软件版本升级以“局”为计量单位。

5. 程控调度交换设备、数字录音设备、测量台、数字调度电话的主机、调度台、监控台等以“套”为计量单位。

6. 数字电话、轨旁电话、电梯电话、共电电话和自动电话分机等以“台”为计量单位。

四、无线通信系统

1. 无线天线安装以“副”为计量单位。

2. 馈线安装不分形式，安装位置以“条”为计量单位；移动交换机、车载设备、车站固定台/链路台设备以“套”为计量单位；基站设备以“架”为计量单位；安装光纤直放站近端或远端以“站”为计量单位。

3. 馈线安装 10 m 以下为 1 条，超过 10 m 后每米算 1 条。

4. 滤波器、合/分路器、录音记录设备、便携电台、转发台设备以“台”为计量单位。

5. 无线通信调测中的基站系统调测、场强测试(区间)或(车站/场)、同频干扰测试(区间)或(车站/场)以“系统”为计量单位；每增加 1 个信道以“信道”为计量单位。定额按以下规则计算：

(1) 单基站 5 信道以下的，直接套用定额。

(2) 单基站 5 信道以上的，按定额×(信道数/5)×0.95 计列。

(3) 多基站按单基站定额乘以基站数计列。

6. 对端链路测试以“信道”为计量单位。

五、广播系统

1. 中心广播控制台、车站及车场广播控制台、车站广播功率放大设备、车站防灾控制盒、车站监控设备及软件等的安装与调测以“套”为计量单位。

2. 车站广播分线装置、音箱、扩音柱、吸顶扬声器、壁嵌式出线盒、噪声传感器等以“个”为计量单位。

3. 安装广播电杆、水泥杆、不锈钢杆以“根”为计量单位。

六、闭路电视监控系统

1. 中心监控操作台、车站监控操作台以“台”为计量单位。

2. 多画面彩色信号处理器、枪式摄像机、光圈镜头、监视器、视频补偿器、汉字发生器等以“台”为计量单位。

3. 机车监视设备天线及馈线以“处”为计量单位，电视监视器以“台”计量单位，机车发射设备、机车接收设备以“套”为计量单位。

4. 附属设备安装中的单/双联控制台机架、监视吊架以“架”为计量单位，监视器柜、防护罩等以“台”为计量单位。

七、时钟系统

1. 中心母钟、二级母钟等以“套”为计量单位。

2. 卫星接收天线以“副”为计量单位。

3. 数显式子钟、指针式子钟等以“台”为计量单位。

4. 全网时钟系统调试、系统接口调试以“系统”为计量单位。

5. 设备柜以“架”为计量单位。

八、电源系统

1. 蓄电池防震支架安装根据设计布置形式,按照设计图纸安装成品数量以“m”为计量单位,蓄电池柜以“个”为计量单位,铺橡皮绝缘垫以“10 m^2”为计量单位。

2. 蓄电池充放电按蓄电池容量,按照设计图数量以“组”为计量单位。

3. 安装开关电源按不同电流规格以“架”为计量单位,安装整流模块以“块”为计量单位。

4. 安装配电设备落地式配电/转换/控制屏、中间站电源屏、墙挂式配电箱以“台”为计量单位。

5. 事故照明应急灯以“10 套”为计量单位。

6. 监控设备以“套”为计量单位。

7. 站内无人值守电源设备系统联测以“站”为计量单位。

8. 无人值守电源设备与主控联测的 1 个控制段内(含 1 个站)以“段”为计量单位;超出 1 个站时,可套用每增加 1 个站定额,以“站”为计量单位。

9. 安装地线箱、地线盘以“个”为计量单位,制作、安装角钢接地极以“根”为计量单位,制作、安装铜板和钢板接地极以“处”为计量单位,设备防雷器安装以“套”为计量单位。

九、计算机网络及附属设备

1. 集线器以“台”为计量单位。

2. 交换机、接入路由器、防火墙、电子信箱服务器、传真服务器、计算机终端设备等以“套”为计量单位。

3. IP 光端机以“对”为计量单位。

4. 软件安装调试中的服务器系统、计算机终端系统、防火墙以“系统”为计量单位。

十、乘客信息系统

1. 安装播放控制器、显示屏、导向标志牌、导向标志牌支架以“套”为计量单位。

2. 安装等离子显示屏、维护管理终端、信号分配设备、信号增强设备以“台”为计量单位。

3. 安装 LCD、PDO 显示器以“台”为计量单位。

4. 安装 LED 显示屏以“m^2”为计量单位。

5. 安装导向牌支架以“套”为计量单位。

第一节　通信线路工程

工作内容：1,2. 挖槽道沟、回填土、混凝土管道基础。
3. 铺碎石、找平、拍实，面层铺砂、找平。
4. 清理、疏通。

定　额　编　号			F-7-1-1	F-7-1-2	F-7-1-3	F-7-1-4
项　目			挖、砌光(电)缆槽道 宽×高(mm)		管道碎石底基(3孔宽)	既有管道疏通
			300×300	600×300		
			100 m	100 m	100 m	孔百米
预算定额编号	预算定额名称	预算定额单位	数　量			
08-6-1-1	挖、砌光(电)缆槽道 宽×高(mm) 300×300	100 m	1.0000			
08-6-1-2	挖、砌光(电)缆槽道 宽×高(mm) 600×300	100 m		1.0000		
08-6-1-4	浇筑混凝土管道基础 基础厚 100 mm (3 孔宽)	100 m	1.0000	1.0000		
08-6-1-6	管道碎石底基 (3 孔宽)	100 m			1.0000	
08-6-1-7	既有管道疏通	孔百米				1.0000

工作内容：1,2. 挖槽道沟、回填土、混凝土管道基础。
3. 铺碎石、找平、拍实，面层铺砂、找平。
4. 清理、疏通。

定　额　编　号				F-7-1-1	F-7-1-2	F-7-1-3	F-7-1-4
项　目				挖、砌光(电)缆槽道 宽×高(mm)		管道碎石底基(3孔宽)	既有管道疏通
				300×300	600×300		
		名　称	单位	100 m	100 m	100 m	孔百米
人工	00230105	综合人工(安装)	工日	61.4400	75.4400	5.0000	1.0000
材料	01010452	热轧光圆钢筋(HPB300) ϕ6	kg	1.5400	1.5400		
	01010454	热轧光圆钢筋(HPB300) ϕ8	kg	9.7800	9.7800		
	01090110	圆钢 ϕ5.5～9	kg	365.3100	568.1900		
	03152501	镀锌铁丝	kg	5.5200	8.5800		
	04030103	黄砂	m^3			1.5000	
	04050207	碎石 3～6	m^3			7.6600	
	04131754	蒸压灰砂砖 240×115×53	1000 块	3.9116	3.9237		
	05030101	成材	m^3	0.3000	0.3900		
	34110101	水	m^3	9.0700	12.1200		
	80060412	湿拌砌筑砂浆 WM M7.5	m^3	1.7680	1.7735		
	80210518	预拌混凝土(非泵送型) C25 粒径 5～40	m^3	14.1860	19.0020		
	X0045	其他材料费	%	4.8800	4.9100	1.0000	
机械	99050940	混凝土振捣器(平板式)	台班	0.8900	1.3100		
	99170010	钢筋调直机 ϕ14	台班	0.3000	0.4600		
	99170030	钢筋切断机 ϕ40	台班	0.3000	0.4600		
	99170050	钢筋弯曲机 ϕ40	台班	0.3000	0.4600		

工作内容:1,2. 管道铺设、试通。
3. 浇筑混凝土。
4. 铺设、接续、试通。

定额编号			F-7-1-5	F-7-1-6	F-7-1-7	F-7-1-8
项目			铺设水泥通信管道		管道混凝土包封	硬塑料管
			6孔	12孔		6孔(3×2)以内
			100 m	100 m	m^3	100 m
预算定额编号	预算定额名称	预算定额单位	数量			
08-6-1-12	管道混凝土包封 C30	m^3			1.0000	
08-6-1-16	硬塑料管 6孔(3×2)	100 m				1.0000
08-6-1-8	铺设水泥通信管道 6孔	100 m	1.0000			
08-6-1-9	铺设水泥通信管道 12孔	100 m		1.0000		

工作内容:1,2. 管道铺设、试通。
3. 浇筑混凝土。
4. 铺设、接续、试通。

定额编号				F-7-1-5	F-7-1-6	F-7-1-7	F-7-1-8
项目				铺设水泥通信管道		管道混凝土包封	硬塑料管
				6孔	12孔		6孔(3×2)以内
名称			单位	100 m	100 m	m^3	100 m
人工	00230105	综合人工(安装)	工日	8.8500	16.4100	2.5000	6.2700
材料	05030109	小方材 ≤54 cm^2	m^3			0.0600	
	14411801	胶粘剂	kg				4.5000
	17250147	硬聚氯乙烯管(PVC-U) DN110	m				606.0000
	17291415	水泥通信管 6孔 $L=600$	根	167.0000	334.0000		
	80060512	湿拌抹灰砂浆 WP M10.0	m^3	1.8640	3.1150		
	80210520	预拌混凝土(非泵送型) C30 粒径 5~20	m^3			1.1200	
	X0045	其他材料费	%	3.0000	3.0000		

工作内容：铺设、接续、试通。

定额编号			F-7-1-9	F-7-1-10	F-7-1-11	F-7-1-12
项目			硬塑料管		镀锌钢管	
			9孔(3×3)以内	12孔(4×3)以内	6孔(3×2)以内	9孔(3×3)以内
			100 m	100 m	100 m	100 m
预算定额编号	预算定额名称	预算定额单位	数量			
08-6-1-17	硬塑料管 9孔(3×3)	100 m	1.0000			
08-6-1-18	硬塑料管 12孔(4×3)	100 m		1.0000		
08-6-1-19	镀锌钢管 4孔(2×2)	100 m			0.3000	
08-6-1-20	镀锌钢管 6孔(3×2)	100 m			0.7000	
08-6-1-21	镀锌钢管 9孔(3×3)	100 m				1.0000

工作内容：铺设、接续、试通。

定额编号				F-7-1-9	F-7-1-10	F-7-1-11	F-7-1-12
项目				硬塑料管		镀锌钢管	
				9孔(3×3)以内	12孔(4×3)以内	6孔(3×2)以内	9孔(3×3)以内
名称			单位	100 m	100 m	100 m	100 m
人工	00230105	综合人工(安装)	工日	9.1000	11.9100	5.4090	8.6200
材料	14411801	胶粘剂	kg	6.7500	9.0000		
	17030129-1	镀锌焊接钢管 DN80	m			545.4000	909.0000
	17250147	硬聚氯乙烯管(PVC-U) DN110	m	909.0000	1212.0000		
	18035318	镀锌外接头 DN80	个			108.0000	180.0000

工作内容:1,2. 铺设、接续、试通。
3,4. 混凝土浇筑,安装人孔口圈、电缆托架。

定额编号			F-7-1-13	F-7-1-14	F-7-1-15	F-7-1-16
项目			镀锌钢管 12孔(4×3)以内	塑料蜂窝管	砖砌人孔	砖砌手孔 90×120 cm
			100 m	100 m	个	个
预算定额编号	预算定额名称	预算定额单位	数量			
08-6-1-22	镀锌钢管 12 孔(4×3)	100 m	1.0000			
08-6-1-24	塑料蜂窝管 1 孔(6 管)	100 m		1.0000		
08-6-1-25	砖砌人孔 现场浇灌上覆 小号直通型	个			0.2000	
08-6-1-26	砖砌人孔 现场浇灌上覆 小号三通型	个			0.3000	
08-6-1-27	砖砌人孔 现场吊装上覆 小号直通型	个			0.2000	
08-6-1-28	砖砌人孔 现场吊装上覆 小号三通型	个			0.3000	
08-6-1-29	砖砌手孔 现场浇灌上覆 90×120 cm	个				1.0000

工作内容:1,2. 铺设、接续、试通。
3,4. 混凝土浇筑,安装人孔口圈、电缆托架。

定额编号				F-7-1-13	F-7-1-14	F-7-1-15	F-7-1-16
项目				镀锌钢管 12孔(4×3)以内	塑料蜂窝管	砖砌人孔	砖砌手孔 90×120 cm
名称			单位	100 m	100 m	个	个
人工	00230105	综合人工(安装)	工日	11.2800	3.2000	16.8822	8.4690
材料	01090110	圆钢 ϕ5.5~9	kg			8.2200	4.0500
	01090112	圆钢 ϕ10~15	kg			26.4300	7.2100
	03016641	电缆托架穿钉 M16	根			23.2300	
	03152501	镀锌铁丝	kg		12.8500		
	04131754	蒸压灰砂砖 240×115×53	1000 块			2.2680	0.7200
	04271911	上覆板 IRB-小-T	块			0.3000	
	04271913	上覆板 IRB-小-三	块			0.3000	
	04271916	上覆板 IRB-小-直	块			0.2000	
	04271935	上覆板 IRB-18-10	块			0.3000	
	04292301	钢筋混凝土人孔口圈(车行道)	套			1.0100	1.0100
	05030101	成材	m^3			0.0260	0.0600
	14411801	胶粘剂	kg		4.5000		
	17030129-1	镀锌焊接钢管 DN80	m	1212.0000			
	17251812	蜂窝塑料管 6 管	m		101.0000		
	18035318	镀锌外接头 DN80	个	240.0000			
	29020811	电缆托架 60 cm	根			2.4240	
	29020812	电缆托架 120 cm	根			10.5040	
	29211001	拉力环	个			2.6260	2.0200
	33350801	积水罐带盖	套			1.0100	1.0100
	80210518	预拌混凝土(非泵送型) C25 粒径 5~40	m^3			2.4598	0.8680
机械	99070520	载重汽车 4 t	台班			0.1090	
	99090360	汽车式起重机 8 t	台班			0.1090	

工作内容:1. 混凝土浇筑,安装人孔口圈、电缆托架。
2,3. 线缆敷设、测试。
4. 光缆敷设、测试。

定额编号			F-7-1-17	F-7-1-18	F-7-1-19	F-7-1-20
项目			砖砌手孔	托架、桥架敷设市话电缆	托架、桥架敷设导线	敷设光缆
			120×170 cm			12 芯以下
			个	100 m	100 m	100 m
预算定额编号	预算定额名称	预算定额单位	数量			
08-6-1-30	砖砌手孔 现场浇灌上覆 120×170 cm	个	1.0000			
08-6-1-35	托架、桥架敷设导线及光(电)缆 市话电缆 100 对以下	100 m		0.4000		
08-6-1-36	托架、桥架敷设导线及光(电)缆 市话电缆 300 对以下	100 m		0.6000		
08-6-1-37	托架、桥架敷设导线及光(电)缆 导线	100 m			1.0000	
08-6-1-38	托架、桥架敷设导线及光(电)缆 光缆 12 芯以下	100 m				0.7000
08-6-1-67	地槽敷设导线及光(电)缆 光缆 12 芯以下	100 m				0.1000
08-6-1-91	管道敷设导线及光(电)缆 光缆 12 芯以下	1000 m				0.0200

工作内容:1. 混凝土浇筑,安装人孔口圈、电缆托架。
2,3. 线缆敷设、测试。
4. 光缆敷设、测试。

定额编号				F-7-1-17	F-7-1-18	F-7-1-19	F-7-1-20
项目				砖砌手孔	托架、桥架敷设市话电缆	托架、桥架敷设导线	敷设光缆
				120×170 cm			12 芯以下
名称			单位	个	100 m	100 m	100 m
人工	00230105	综合人工(安装)	工日	11.4750	2.9450	1.0450	2.7003
材料	01090110	圆钢 ϕ5.5～9	kg	2.1000			
	01090112	圆钢 ϕ10～15	kg	23.0100			
	03152501	镀锌铁丝	kg		0.3045	0.1015	0.5481
	04131754	蒸压灰砂砖 240×115×53	1000 块	1.0800			
	04292301	钢筋混凝土人孔口圈(车行道)	套	1.0100			
	05030101	成材	m^3	0.1000			
	28030005	导线 2×1.0～1.5 mm^2	m			100.7000	
	28210101	市话电缆	m		100.7000		
	28250251	通信光缆	m				101.5000
	29020301	电缆托板(带垫)	块				0.9696
	29060514	聚氯乙烯电线管 DN32	m				0.5340
	29211001	拉力环	个	2.0200			
	30130901	接续子	个				1.6000
	33350801	积水罐带盖	套	1.0100			
	34130112	塑料扁形标志牌	个				1.0000
	80210518	预拌混凝土(非泵送型) C25 粒径 5～40	m^3	1.4100			
	X0045	其他材料费	%		1.0000	2.0000	2.8800
机械	98150040	光时域反射仪 1310/1550 nm	台班				0.0214

工作内容:光缆敷设、测试。

定额编号			F-7-1-21	F-7-1-22	F-7-1-23	F-7-1-24
项目			敷设光缆			
			24 芯以下	36 芯以下	60 芯以下	84 芯以下
			100 m	100 m	100 m	100 m
预算定额编号	预算定额名称	预算定额单位	数量			
08-6-1-39	托架、桥架敷设导线及光(电)缆 光缆 24 芯以下	100 m	0.9000			
08-6-1-40	托架、桥架敷设导线及光(电)缆 光缆 36 芯以下	100 m		0.7000		
08-6-1-41	托架、桥架敷设导线及光(电)缆 光缆 60 芯以下	100 m			0.7000	
08-6-1-42	托架、桥架敷设导线及光(电)缆 光缆 84 芯以下	100 m				0.7000
08-6-1-68	地槽敷设导线及光(电)缆 光缆 24 芯以下	100 m	0.1000			
08-6-1-69	地槽敷设导线及光(电)缆 光缆 36 芯以下	100 m		0.1000		
08-6-1-70	地槽敷设导线及光(电)缆 光缆 60 芯以下	100 m			0.1000	
08-6-1-71	地槽敷设导线及光(电)缆 光缆 84 芯以下	100 m				0.1000
08-6-1-92	管道敷设导线及光(电)缆 光缆 36 芯以下	1000 m		0.0200		
08-6-1-93	管道敷设导线及光(电)缆 光缆 60 芯以下	1000 m			0.0200	
08-6-1-94	管道敷设导线及光(电)缆 光缆 84 芯以下	1000 m				0.0200

工作内容:光缆敷设、测试。

定额编号				F-7-1-21	F-7-1-22	F-7-1-23	F-7-1-24
项目				敷设光缆			
				24 芯以下	36 芯以下	60 芯以下	84 芯以下
名称			单位	100 m	100 m	100 m	100 m
人工	00230105	综合人工(安装)	工日	3.2898	3.3384	3.9697	4.6170
材料	03152501	镀锌铁丝	kg	0.1015	0.5481	0.5481	0.5481
	28250251	通信光缆	m	101.5000	101.5000	101.5000	101.5000
	29020301	电缆托板(带垫)	块		0.9696	0.9696	0.9696
	29060514	聚氯乙烯电线管 DN32	m		0.5340	0.5340	0.5340
	30130901	接续子	个	3.0000	3.6000	4.0000	4.0000
	34130112	塑料扁形标志牌	个		1.0000	1.0000	1.0000
	X0045	其他材料费	%	1.9500	2.8300	2.8300	2.8300
机械	98150040	光时域反射仪 1310/1550 nm	台班	0.0360	0.0498	0.0684	0.0926

工作内容：光缆敷设、测试。

定额编号			F-7-1-25	F-7-1-26	F-7-1-27	F-7-1-28
项目			敷设光缆			洞内、洞外钉固敷设同轴射频电缆
			108 芯以下	132 芯以下	144 芯以下	
			100 m	100 m	100 m	100 m
预算定额编号	预算定额名称	预算定额单位	数量			
08-6-1-43	托架、桥架敷设导线及光(电)缆 光缆 108 芯以下	100 m	0.7000			
08-6-1-44	托架、桥架敷设导线及光(电)缆 光缆 132 芯以下	100 m		0.7000		
08-6-1-45	托架、桥架敷设导线及光(电)缆 光缆 144 芯以下	100 m			0.7000	
08-6-1-48	洞内、洞外钉固敷设导线及光(电)缆 同轴射频电缆	100 m				1.0000
08-6-1-72	地槽敷设导线及光(电)缆 光缆 108 芯以下	100 m	0.1000			
08-6-1-73	地槽敷设导线及光(电)缆 光缆 132 芯以下	100 m		0.1000		
08-6-1-74	地槽敷设导线及光(电)缆 光缆 144 芯以下	100 m			0.1000	
08-6-1-95	管道敷设导线及光(电)缆 光缆 108 芯以下	1000 m	0.0200			
08-6-1-96	管道敷设导线及光(电)缆 光缆 132 芯以下	1000 m		0.0200		
08-6-1-97	管道敷设导线及光(电)缆 光缆 144 芯以下	1000 m			0.0200	

工作内容：光缆敷设、测试。

定额编号				F-7-1-25	F-7-1-26	F-7-1-27	F-7-1-28
项目				敷设光缆			洞内、洞外钉固敷设同轴射频电缆
				108 芯以下	132 芯以下	144 芯以下	
名称			单位	100 m	100 m	100 m	100 m
人工	00230105	综合人工(安装)	工日	5.2527	5.9341	6.3793	3.8000
材料	03151971	卡线钉	10 套				21.0000
	03152501	镀锌铁丝	kg	0.5481	0.5481	0.5481	
	28250251	通信光缆	m	101.5000	101.5000	101.5000	
	28290301-1	射频同轴电缆	m				100.7000
	29020301	电缆托板(带垫)	块	0.9696	0.9696	0.9696	
	29060514	聚氯乙烯电线管 DN32	m	0.5340	0.5340	0.5340	
	30130901	接续子	个	4.0000	4.0000	4.0000	
	34130112	塑料扁形标志牌	个	1.0000	1.0000	1.0000	
	X0045	其他材料费	%	2.8300	2.8300	3.4300	1.0000
机械	98150040	光时域反射仪 1310/1550 nm	台班	0.1140	0.1354	0.6225	

工作内容:1,2,3. 光缆敷设、测试。
4. 电缆敷设、测试。

定额编号			F-7-1-29	F-7-1-30	F-7-1-31	F-7-1-32
项目			洞内、洞外钉固敷设漏泄同轴电缆			地槽敷设市话电缆
			隧道内	高架轨道	地面线路	
			100 m	100 m	100 m	100 m
预算定额编号	预算定额名称	预算定额单位	数量			
08-6-1-49	洞内、洞外钉固敷设导线及光(电)缆 漏泄同轴电缆 隧道内	100 m	1.0000			
08-6-1-50	洞内、洞外钉固敷设导线及光(电)缆 漏泄同轴电缆 高架轨道	100 m		1.0000		
08-6-1-51	洞内、洞外钉固敷设导线及光(电)缆 漏泄同轴电缆 地面线路	100 m			1.0000	
08-6-1-60	地槽敷设导线及光(电)市话电缆 200 对以下	100 m				0.5000
08-6-1-61	地槽敷设导线及光(电)市话电缆 200 对以上	100 m				0.5000

工作内容:1,2,3. 光缆敷设、测试。
4. 电缆敷设、测试。

定额编号				F-7-1-29	F-7-1-30	F-7-1-31	F-7-1-32
项目				洞内、洞外钉固敷设漏泄同轴电缆			地槽敷设市话电缆
				隧道内	高架轨道	地面线路	
名称			单位	100 m	100 m	100 m	100 m
人工	00230105	综合人工(安装)	工日	17.1000	9.5000	19.6800	4.4300
材料	03018171	膨胀螺栓(钢制) M6	套	105.0000	105.0000		
	28210101	市话电缆	m				102.0000
	28290501	漏泄同轴电缆	m	100.7000	100.7000	100.7000	
	29252601-1	电缆固定卡子	个	103.0000	102.0000	102.0000	
	29252701	电缆挂钩	个			206.0000	
	X0045	其他材料费	%	1.0000	1.0000		

工作内容:1. 电缆敷设、测试。
2,3,4. 敷设塑料子管并试通。

定　额　编　号			F-7-1-33	F-7-1-34	F-7-1-35	F-7-1-36
项　　目			管道敷设市话电缆	管道敷设塑料子管		
				1 孔	2 孔	3 孔
			1000 m	1000 m	1000 m	1000 m
预算定额编号	预算定额名称	预算定额单位	数　　量			
08-6-1-85	管道敷设导线及光(电)缆 市话电缆 200 对以下	1000 m	0.9000			
08-6-1-86	管道敷设导线及光(电)缆 市话电缆 400 对以下	1000 m	0.1000			
08-6-1-87	管道敷设导线及光(电)缆 塑料子管 1 孔	1000 m		1.0000		
08-6-1-88	管道敷设导线及光(电)缆 塑料子管 2 孔	1000 m			1.0000	
08-6-1-89	管道敷设导线及光(电)缆 塑料子管 3 孔	1000 m				1.0000

工作内容:1. 电缆敷设、测试。
2,3,4. 敷设塑料子管并试通。

定　额　编　号				F-7-1-33	F-7-1-34	F-7-1-35	F-7-1-36
项　　目				管道敷设市话电缆	管道敷设塑料子管		
					1 孔	2 孔	3 孔
名　　称			单位	1000 m	1000 m	1000 m	1000 m
人工	00230105	综合人工(安装)	工日	25.8920	9.5700	13.3300	16.7100
材料	02191001	热缩端帽	个	10.1000			
	03152501	镀锌铁丝	kg	52.7800	23.3450	23.3450	23.3450
	18097101	聚乙烯(PE)管固定堵头(带塞子)	个		24.2400	24.2400	24.2400
	28210101	市话电缆	m	1015.0000			
	29020301	电缆托板(带垫)	块	35.3500			
	29060514-1	聚氯乙烯电线管 DN32	m		1010.0000	2020.0000	3030.0000
	X0045	其他材料费	%	3.0000	3.0000	3.0000	3.0000

工作内容:1. 敷设塑料子管并试通。
2,3. 定位、安装、固定。
4. 安装固定、调整垂直水平。

定额编号			F-7-1-37	F-7-1-38	F-7-1-39	F-7-1-40
项目			管道敷设塑料子管	其他附属装置安装		市井爬架
			4孔	过路盒	号码标志牌	
			1000 m	10个	个	套
预算定额编号	预算定额名称	预算定额单位	数量			
08-6-1-115	其他附属装置安装 过路盒	10个		1.0000		
08-6-1-116	其他附属装置安装 号码标志牌	个			1.0000	
08-6-1-118	导线及光电缆固定槽架安装 市井爬架(mm) 5500×1200	套				1.0000
08-6-1-90	管道敷设导线及光(电)缆 塑料子管 4孔	1000 m	1.0000			

工作内容:1. 敷设塑料子管并试通。
2,3. 定位、安装、固定。
4. 安装固定、调整垂直水平。

定额编号				F-7-1-37	F-7-1-38	F-7-1-39	F-7-1-40
项目				管道敷设塑料子管	其他附属装置安装		市井爬架
				4孔	过路盒	号码标志牌	
名称			单位	1000 m	10个	个	套
人工	00230105	综合人工(安装)	工日	20.0900	0.4000	0.2000	4.4000
材料	01210103-1	等边角钢	m				22.4400
	03014101	六角螺栓连母垫	kg				0.2888
	03017208	半圆头镀锌螺栓连母垫 M2~5×15~50	10套		2.0600		
	03018176	膨胀螺栓(钢制) M16	套				8.0000
	03018802	塑料膨胀管(尼龙胀管)	个			2.0000	
	03018807	塑料膨胀管(尼龙胀管) M6~8	个		20.6000		
	03152501	镀锌铁丝	kg	23.3450			
	13010421	酚醛磁漆	kg				2.5000
	13050401	防锈漆	kg				2.5000
	18097101	聚乙烯(PE)管固定堵头(带塞子)	个	24.2400			
	29060514-1	聚氯乙烯电线管 DN32	m	4040.0000			
	29112501	过路盒	个		10.2000		
	34130216	号码标志牌	个			1.0100	
	X0045	其他材料费	%	3.0000			5.0000
机械	99070560	载重汽车 10 t	台班	1.0000			

工作内容:1,2,3. 膨胀螺栓固定、焊接、接地跨接、补漆。
4. 安装固定、调整垂直水平。

定额编号			F-7-1-41	F-7-1-42	F-7-1-43	F-7-1-44
项目			钢线槽、桥架			走线架
			宽+高×2			
			300 mm 以下	700 mm 以下	1000 mm 以下	
			10 m	10 m	10 m	m
预算定额编号	预算定额名称	预算定额单位	数量			
08-6-1-120	导线及光电缆固定槽架安装 钢线槽、桥架托盘 宽+高×2 300 mm 以下	10 m	1.0000			
08-6-1-121	导线及光电缆固定槽架安装 钢线槽、桥架托盘 宽+高×2 700 mm 以下	10 m		1.0000		
08-6-1-122	导线及光电缆固定槽架安装 钢线槽、桥架托盘 宽+高×2 1000 mm 以下	10 m			1.0000	
08-6-1-123	导线及光电缆固定槽架安装 制作安装走线架 宽度 200 mm 以下	m				0.3000
08-6-1-124	导线及光电缆固定槽架安装 制作安装走线架 宽度 300 mm 以下	m				0.3000
08-6-1-125	导线及光电缆固定槽架安装 制作安装走线架 宽度 400 mm 以下	m				0.4000

工作内容:1,2,3. 膨胀螺栓固定、焊接、接地跨接、补漆。
4. 安装固定、调整垂直水平。

定额编号				F-7-1-41	F-7-1-42	F-7-1-43	F-7-1-44
项目				钢线槽、桥架			走线架
				宽+高×2			
				300 mm 以下	700 mm 以下	1000 mm 以下	
名称			单位	10 m	10 m	10 m	m
人工	00230105	综合人工(安装)	工日	2.0500	2.5400	4.4600	1.5400
材料	01130102-1	扁钢	kg				4.3398
	01210102-1	等边角钢	kg				4.0290
	01290202-1	热轧钢板(薄板)	kg				0.7623
	03014101	六角螺栓连母垫	kg	0.5985	0.5985	0.5985	0.1773
	03018172	膨胀螺栓(钢制) M8	套	6.0000			
	03018173	膨胀螺栓(钢制) M10	套		6.0000	6.0000	
	03130101	电焊条	kg	0.1400	0.1900	0.3100	
	13010421	酚醛磁漆	kg				0.1000
	13050401	防锈漆	kg				0.1000
	28010115	裸铜线 25 mm^2	m	2.2500	2.2500	2.2500	
	29010201	钢线槽(托盘)	m	10.0500	10.0500	10.0500	
	29090216	铜接线端子 DT-25	个	10.2000	10.2000	10.2000	
	X0045	其他材料费	%	4.0000	4.0000	4.0000	5.0000
机械	99250010	交流弧焊机 21 kV·A	台班	0.1800	0.2300	0.3000	

工作内容:1,2. 本体安装。
3. 安装固定,调整垂直与水平。
4. 安装、固定。

定额编号			F-7-1-45	F-7-1-46	F-7-1-47	F-7-1-48
项目			吊架	托架、托板	走线槽道	配线电缆线槽
			套	套	m	m
预算定额编号	预算定额名称	预算定额单位	数量			
08-6-1-126	导线及光电缆固定槽架安装 吊架	套	1.0000			
08-6-1-127	导线及光电缆固定槽架安装 托架、托板	套		1.0000		
08-6-1-128	导线及光电缆固定槽架安装 走线槽道	m			1.0000	
08-6-1-129	导线及光电缆固定槽架安装 配线电缆线槽	m				1.0000

工作内容:1,2. 本体安装。
3. 安装固定,调整垂直与水平。
4. 安装、固定。

定额编号				F-7-1-45	F-7-1-46	F-7-1-47	F-7-1-48
项目				吊架	托架、托板	走线槽道	配线电缆线槽
名称			单位	套	套	m	m
人工	00230105	综合人工(安装)	工日	0.3000	0.5000	0.8000	0.1000
材料	03018173	膨胀螺栓(钢制) M10	套	4.0000	4.0000		
	29010601	线缆吊架	套	1.0000			
	29010715	线缆镀锌托板托架(6层)	套		1.0000		
	29030201	塑料线槽	m				1.0000
	29030851	走线槽道	m			1.0000	
	X0045	其他材料费	%	3.0000	3.0000		

工作内容:1,2. 测试绝缘电阻,抽测环路电阻。
3,4. 光纤特性测试。

定额编号			F-7-1-49	F-7-1-50	F-7-1-51	F-7-1-52
项目			电缆测试		光缆中继段测试	
			配线电缆	全程测试	12 芯以下	36 芯以下
			100 对	100 对	段	段
预算定额编号	预算定额名称	预算定额单位	数量			
08-6-1-152	电缆测试 配线电缆	100 对	1.0000			
08-6-1-153	电缆测试 全程测试	100 对		1.0000		
08-6-1-154	光缆中继段 12 芯以下	段			1.0000	
08-6-1-155	光缆中继段 36 芯以下	段				1.0000

工作内容:1,2. 测试绝缘电阻,抽测环路电阻。
3,4. 光纤特性测试。

定额编号				F-7-1-49	F-7-1-50	F-7-1-51	F-7-1-52
项目				电缆测试		光缆中继段测试	
				配线电缆	全程测试	12 芯以下	36 芯以下
名称			单位	100 对	100 对	段	段
人工	00230105	综合人工(安装)	工日	1.5000	7.0000	0.9200	1.8300
机械	98150040	光时域反射仪 1310/1550 nm	台班			0.3000	0.5700

工作内容:1,2,3. 光纤特性测试。
4. 铺设、盖盖板、勾缝。

定额编号			F-7-1-53	F-7-1-54	F-7-1-55	F-7-1-56
项目			光缆中继段测试			埋设敷设光(电)缆保护
			60 芯以下	108 芯以下	144 芯以下	钢筋混凝土槽
			段	段	段	m
预算定额编号	预算定额名称	预算定额单位	数量			
08-6-1-157	光缆中继段 60 芯以下	段	1.0000			
08-6-1-159	光缆中继段 108 芯以下	段		1.0000		
08-6-1-161	光缆中继段 144 芯以下	段			1.0000	
08-6-1-162	钢筋混凝土槽 槽内宽 80 mm 以下	m				0.3000
08-6-1-163	钢筋混凝土槽 槽内宽 120 mm 以下	m				0.3000
08-6-1-164	钢筋混凝土槽 槽内宽 180 mm 以下	m				0.4000

工作内容:1,2,3. 光纤特性测试。
4. 铺设、盖盖板、勾缝。

定额编号				F-7-1-53	F-7-1-54	F-7-1-55	F-7-1-56
项目				光缆中继段测试			埋设敷设光(电)缆保护
				60 芯以下	108 芯以下	144 芯以下	钢筋混凝土槽
名称			单位	段	段	段	m
人工	00230105	综合人工(安装)	工日	2.7000	3.5700	3.9200	0.1580
材料	04292001-1	钢筋混凝土槽(带盖板)	个				1.0100
机械	98150040	光时域反射仪 1310/1550 nm	台班	0.5400	1.2000	1.3200	

工作内容：1，2. 接头保护、安装管（槽）。
3，4. 光（电）缆架制作、防锈、刷漆、安装、固定。

定额编号			F-7-1-57	F-7-1-58	F-7-1-59	F-7-1-60
项目			光（电）缆接头保护		缆架宽×高（m）	
			钢筋混凝土槽光缆接头盒	硬塑料管	0.3×3.0	1.0×4.5
			处	处	架	架
预算定额编号	预算定额名称	预算定额单位	数量			
08-6-1-165	钢筋混凝土槽 光缆接头盒	处	1.0000			
08-6-1-168	硬塑料管	处		1.0000		
08-6-1-176	缆架 宽×高（m） 0.3×3.0	架			1.0000	
08-6-1-177	缆架 宽×高（m） 1.0×4.0	架				0.5000
08-6-1-178	缆架 宽×高（m） 1.0×4.5	架				0.5000

工作内容：1，2. 接头保护、安装管（槽）。
3，4. 光（电）缆架制作、防锈、刷漆、安装、固定。

定额编号				F-7-1-57	F-7-1-58	F-7-1-59	F-7-1-60
项目				光（电）缆接头保护		缆架宽×高（m）	
				钢筋混凝土槽光缆接头盒	硬塑料管	0.3×3.0	1.0×4.5
名称			单位	处	处	架	架
人工	00230105	综合人工（安装）	工日	0.4400	0.3520	2.0000	3.2500
材料	01130102-1	扁钢	kg			2.0000	9.2500
	01190203-1	热轧槽钢	m				8.4200
	01210102-1	等边角钢	kg			27.0000	33.7700
	02130202	聚氯乙烯带（PVC）	盘	2.0000	1.0000		
	03017539	钩头螺栓连母垫 M16×350	套				2.0000
	03018174	膨胀螺栓（钢制） M12	套			6.0000	3.0000
	04010115	水泥 42.5 级	kg			1.0000	1.0000
	04292001	钢筋混凝土槽（带盖板）	个	1.0100			
	13010421	酚醛磁漆	kg			0.5000	1.0000
	13050401	防锈漆	kg			0.5000	1.0000
	18098515	聚氯乙烯管（PVC－U）及管件 DN110	套		1.0100		
	X0045	其他材料费	%	3.0000	3.0000	5.0000	5.0000

工作内容:1. 光(电)缆架制作、防锈、刷漆、安装、固定。
2,3,4. 光缆引入至室内、在光缆架上绑扎固定。

定额编号			F-7-1-61	F-7-1-62	F-7-1-63	F-7-1-64
项目			缆架 宽×高(m)	光(电)缆车站室内引入		
			5.0×4.0	光(电) ≤36 芯	光(电) ≤84 芯	光(电) ≤120 芯
			架	处	处	处
预算定额编号	预算定额名称	预算定额单位	数量			
08-6-1-179	缆架 宽×高(m) 5.0×4.0	架	1.0000			
08-6-1-180	光(电) ≤12 芯	处		0.6000		
08-6-1-181	光(电) ≤36 芯	处		0.4000		
08-6-1-182	光(电) ≤60 芯	处			0.5000	
08-6-1-183	光(电) ≤84 芯	处			0.5000	
08-6-1-185	光(电) ≤120 芯	处				1.0000

工作内容:1. 光(电)缆架制作、防锈、刷漆、安装、固定。
2,3,4. 光缆引入至室内、在光缆架上绑扎固定。

定额编号				F-7-1-61	F-7-1-62	F-7-1-63	F-7-1-64
项目				缆架 宽×高(m)	光(电)缆车站室内引入		
				5.0×4.0	光(电) ≤36 芯	光(电) ≤84 芯	光(电) ≤120 芯
名称			单位	架	处	处	处
人工	00230105	综合人工(安装)	工日	10.0000	1.6120	3.2800	4.4300
材料	01130102-1	扁钢	kg	70.0000			
	01210102-1	等边角钢	kg	150.0000			
	01290654	镀锌薄钢板 δ0.6	m^2	8.0000			
	03014101	六角螺栓连母垫	kg	2.5513			
	03018174	膨胀螺栓(钢制) M12	套	6.0000			
	04010115	水泥 42.5 级	kg	1.0000			
	13010421	酚醛磁漆	kg	1.0000			
	13050401	防锈漆	kg	1.0000			
	17030126	镀锌焊接钢管 DN50	m		6.5000	6.5000	
	17030129	镀锌焊接钢管 DN80	m				6.5000
	29174001	尼龙扎带	根		10.0000	10.0000	10.0000
	29252613	电缆固定卡子 ϕ50	个		2.0000	2.0000	
	29252614	电缆固定卡子 ϕ80	个				2.0000
	X0045	其他材料费	%	5.0000			

工作内容：1. 光缆引入至室内、在光缆架上绑扎固定。
2,3,4. 电缆引入。

定额编号			F-7-1-65	F-7-1-66	F-7-1-67	F-7-1-68
项目			光(电)缆车站室内引入			
			光(电) ≤144芯	市话电缆 ≤100对	市话电缆 ≤300对	市话电缆 ≤400对
			处	100 m	100 m	100 m
预算定额编号	预算定额名称	预算定额单位	数量			
08-6-1-186	光(电)≤132芯	处	0.5000			
08-6-1-187	光(电)≤144芯	处	0.5000			
08-6-1-188	市话电缆≤30对	100 m		0.2000		
08-6-1-189	市话电缆≤50对	100 m		0.4000		
08-6-1-190	市话电缆≤100对	100 m		0.4000		
08-6-1-191	市话电缆≤200对	100 m			0.5000	
08-6-1-192	市话电缆≤300对	100 m			0.5000	
08-6-1-193	市话电缆≤400对	100 m				1.0000

工作内容：1. 光缆引入至室内、在光缆架上绑扎固定。
2,3,4. 电缆引入。

定额编号				F-7-1-65	F-7-1-66	F-7-1-67	F-7-1-68
项目				光(电)缆车站室内引入			
				光(电) ≤144芯	市话电缆 ≤100对	市话电缆 ≤300对	市话电缆 ≤400对
名称			单位	处	100 m	100 m	100 m
人工	00230105	综合人工(安装)	工日	5.4080	5.6000	6.9300	10.1800
材料	02191011	热缩端帽 带气门	个			10.1000	10.1000
	02191012	热缩端帽 不带气门	个			10.1000	10.1000
	03152501	镀锌铁丝	kg		1.0150	1.0150	1.0150
	17030129	镀锌焊接钢管 DN80	m	6.5000			
	29174001	尼龙扎带	根	10.0000			
	29252614	电缆固定卡子 $\phi80$	个	2.0000			
	29252632	电缆固定卡子 3×50	个			68.6800	68.6800

工作内容:本体安装。

定额编号			F-7-1-69	F-7-1-70	F-7-1-71	F-7-1-72
项目			电缆交接箱		电缆分线盒	
			接线排	接线模块	≤50 对	≤100 对
			个	个	个	个
预算定额编号	预算定额名称	预算定额单位	数量			
08-6-1-194	电缆交接箱 接线排 ≤300 对	个	0.4000			
08-6-1-195	电缆交接箱 接线排 ≤600 对	个	0.6000			
08-6-1-196	电缆交接箱 接线模块 ≤300 对	个		0.5000		
08-6-1-197	电缆交接箱 接线模块 ≤600 对	个		0.5000		
08-6-1-198	电缆分线盒 ≤30 对	个			0.3000	
08-6-1-199	电缆分线盒 ≤50 对	个			0.7000	
08-6-1-200	电缆分线盒 ≤100 对	个				1.0000

工作内容:本体安装。

定额编号				F-7-1-69	F-7-1-70	F-7-1-71	F-7-1-72
项目				电缆交接箱		电缆分线盒	
				接线排	接线模块	≤50 对	≤100 对
名称			单位	个	个	个	个
人工	00230105	综合人工(安装)	工日	4.8640	3.7500	0.9400	2.0000
材料	03016614	镀锌穿钉带帽 M12×110	套			4.0400	4.0400
	14070101	机油	kg	0.2000	0.3000		
	27060101	地线棒	根	1.0100	1.0100		
	27060151	地线夹板	套	1.0100	1.0100		
	27110731	三沟绝缘子(带铁卡)	个	1.0100	1.0100	1.0000	1.0000
	28010403	软铜绞线	kg	0.1202	0.1206		
	28210165	市话电缆 HYA30×2×0.5	m			0.6900	
	28210166	市话电缆 HYA50×2×0.5	m			1.8900	
	28210167	市话电缆 HYA100×2×0.5	m				3.2000
	29112001	电缆交接箱	台	1.0000	1.0000		
	29112153	室内电缆分线盒 50 对	个			0.7000	
	29112155	室内电缆分线盒 100 对	个				1.0000
	29112183	室外电缆分线盒 30 对	个			0.3000	
	29230555	线担	条	2.0000	2.0000		
	29253221	背板 U 形抱箍	副			2.0200	2.0200
	37340201	分线设备背板	块			1.0000	1.0000
	X0045	其他材料费	%	5.0000	5.0000	5.0000	5.0000

工作内容：本体安装。

定　额　编　号			F-7-1-73	F-7-1-74	F-7-1-75	F-7-1-76
项　　目			电缆分线盒			
			嵌入式 ≤20 对	嵌入式 ≤50 对	嵌入式 ≤100 对	嵌入式 ≤200 对
			个	个	个	个
预算定额编号	预算定额名称	预算定额单位	数　　量			
08-6-1-201	电缆分线盒 嵌入式 ≤10 对	个	0.4000			
08-6-1-202	电缆分线盒 嵌入式 ≤20 对	个	0.6000			
08-6-1-203	电缆分线盒 嵌入式 ≤30 对	个		0.5000		
08-6-1-204	电缆分线盒 嵌入式 ≤50 对	个		0.5000		
08-6-1-205	电缆分线盒 嵌入式 ≤100 对	个			1.0000	
08-6-1-206	电缆分线盒 嵌入式 ≤200 对	个				1.0000

工作内容：本体安装。

定　额　编　号				F-7-1-73	F-7-1-74	F-7-1-75	F-7-1-76
项　　目				电缆分线盒			
				嵌入式 ≤20 对	嵌入式 ≤50 对	嵌入式 ≤100 对	嵌入式 ≤200 对
名　称			单位	个	个	个	个
人工	00230105	综合人工(安装)	工日	0.6200	1.0000	1.5000	1.8000
材料	03016614	镀锌穿钉带帽 M12×110	套	4.0400	4.0400	4.0400	4.0400
	28210163	市话电缆 HYA10×2×0.5	m	0.8800			
	28210164	市话电缆 HYA20×2×0.5	m	1.3800			
	28210165	市话电缆 HYA30×2×0.5	m		1.1500		
	28210166	市话电缆 HYA50×2×0.5	m		1.3500		
	28210167	市话电缆 HYA100×2×0.5	m			3.2000	
	28210168	市话电缆 HYA200×2×0.5	m				3.2000
	29112161	室内嵌入式电缆分线盒 10 对	个	0.4000			
	29112162	室内嵌入式电缆分线盒 20 对	个	0.6000			
	29112163	室内嵌入式电缆分线盒 30 对	个		0.5000		
	29112164	室内嵌入式电缆分线盒 50 对	个		0.5000		
	29112165	室内嵌入式电缆分线盒 100 对	个			1.0000	
	29112166	室内嵌入式电缆分线盒 200 对	个				1.0000
	37340201	分线设备背板	块	1.0000	1.0000	1.0000	1.0000
	X0045	其他材料费	%	5.0000	5.0000	5.0000	5.0000

工作内容:本体安装。

定额编号			F-7-1-77	F-7-1-78	F-7-1-79	F-7-1-80
项目			光缆终端盒			
			≤36 芯	≤84 芯	≤108 芯	≤144 芯
			个	个	个	个
预算定额编号	预算定额名称	预算定额单位	数量			
08-6-1-207	光缆终端盒 ≤20 芯	个	0.3000			
08-6-1-208	光缆终端盒 ≤36 芯	个	0.7000			
08-6-1-209	光缆终端盒 ≤60 芯	个		0.6000		
08-6-1-210	光缆终端盒 ≤84 芯	个		0.4000		
08-6-1-211	光缆终端盒 ≤108 芯	个			1.0000	
08-6-1-213	光缆终端盒 ≤144 芯	个				1.0000

工作内容:本体安装。

定额编号				F-7-1-77	F-7-1-78	F-7-1-79	F-7-1-80
项目				光缆终端盒			
				≤36 芯	≤84 芯	≤108 芯	≤144 芯
名称			单位	个	个	个	个
人工	00230105	综合人工(安装)	工日	4.8560	9.9280	15.0400	20.2200
材料	29251211	光缆终端盒(包括辅材)	套	1.0000	1.0000	1.0000	1.0000
机械	98150040	光时域反射仪 1310/1550 nm	台班	0.9400	1.3600	2.0000	2.3760
	98150230	光纤融接机 TYPE-35	台班	0.9400	1.3600	2.0000	2.3760

工作内容:1,2. 量裁线槽、槽板,安装、固定。
3. 安装固定、性能测试。
4. 安装、模块连接、测试。

定　额　编　号			F-7-1-81	F-7-1-82	F-7-1-83	F-7-1-84
项　　目			金属线槽		交接箱模块支架	接线模块
			300 mm 宽以下	300 mm 宽以上		
			100 m	100 m	个	块
预算定额编号	预算定额名称	预算定额单位	数　　量			
08-6-1-214	金属线槽 150 mm 宽以下	100 m	0.5000			
08-6-1-215	金属线槽 300 mm 宽以下	100 m	0.5000			
08-6-1-216	金属线槽 300 mm 宽以上	100 m		1.0000		
08-6-1-219	交接箱模块支架	个			1.0000	
08-6-1-220	接线模块	块				1.0000

工作内容:1,2. 量裁线槽、槽板,安装、固定。
3. 安装固定、性能测试。
4. 安装、模块连接、测试。

定　额　编　号				F-7-1-81	F-7-1-82	F-7-1-83	F-7-1-84
项　　目				金属线槽		交接箱模块支架	接线模块
				300 mm 宽以下	300 mm 宽以上		
名　　称			单位	100 m	100 m	个	块
人工	00230105	综合人工(安装)	工日	21.5000	29.0000	0.4000	0.4000
材料	28210101	市话电缆	m				5.0000
	29030301	金属线槽	m	105.0000	105.0000		
	37212147	交接箱模块支架 100 回线	个			1.0000	
	37270601	卡接式接线模块	块				1.0100

工作内容:1. 安装、模块连接、测试。
2,3,4. 电缆敷设、测试对号、连接端子。

定额编号			F-7-1-85	F-7-1-86	F-7-1-87	F-7-1-88
项目			接线排	总配线架成端电缆		
				100 对以下	300 对以下	400 对以下
			列	条	条	条
预算定额编号	预算定额名称	预算定额单位	数量			
08-6-1-221	接线排	列	1.0000			
08-6-1-222	总配线架成端电缆 50 对以下	条		0.5000		
08-6-1-223	总配线架成端电缆 100 对以下	条		0.5000		
08-6-1-224	总配线架成端电缆 200 对以下	条			0.6000	
08-6-1-225	总配线架成端电缆 300 对以下	条			0.4000	
08-6-1-226	总配线架成端电缆 400 对以下	条				1.0000

工作内容:1. 安装、模块连接、测试。
2,3,4. 电缆敷设、测试对号、连接端子。

定额编号				F-7-1-85	F-7-1-86	F-7-1-87	F-7-1-88
项目				接线排	总配线架成端电缆		
					100 对以下	300 对以下	400 对以下
名称			单位	列	条	条	条
人工	00230105	综合人工(安装)	工日	0.5000	1.1000	2.4640	4.1600
材料	02191011	热缩端帽 带气门	个		1.0100	1.0100	1.0100
	28210101	市话电缆	m	5.0000	3.5000	4.7000	6.5000
	29090901	端子板	个	10.1000			
	X0045	其他材料费	%		3.0000	3.0000	3.0000

工作内容：电缆敷设、测试对号、连接端子。

定额编号			F-7-1-89	F-7-1-90	F-7-1-91	F-7-1-92
项目			成端电缆			
			30 对	50 对	100 对	100 对以上
			条	条	条	条
预算定额编号	预算定额名称	预算定额单位	数量			
08-6-1-227	成端电缆 10 对	条	0.3000			
08-6-1-228	成端电缆 20 对	条	0.3000			
08-6-1-229	成端电缆 30 对	条	0.4000			
08-6-1-230	成端电缆 50 对	条		1.0000		
08-6-1-231	成端电缆 100 对	条			1.0000	
08-6-1-232	成端电缆 100 对以上	条				1.0000

工作内容：电缆敷设、测试对号、连接端子。

定额编号				F-7-1-89	F-7-1-90	F-7-1-91	F-7-1-92
项目				成端电缆			
				30 对	50 对	100 对	100 对以上
名称			单位	条	条	条	条
人工	00230105	综合人工(安装)	工日	0.3790	0.8600	1.2400	2.0800
材料	28210712	铜芯聚氯乙烯绝缘电话屏蔽线 HPVV10×2×0.5	m	0.3600			
	28210714	铜芯聚氯乙烯绝缘电话屏蔽线 HPVV20×2×0.5	m	0.4200			
	28210716	铜芯聚氯乙烯绝缘电话屏蔽线 HPVV30×2×0.5	m	0.6400			
	28210718	铜芯聚氯乙烯绝缘电话屏蔽线 HPVV50×2×0.5	m		1.8000		
	28210720	铜芯聚氯乙烯绝缘电话屏蔽线 HPVV100×2×0.5	m			2.0000	
	28210722	铜芯聚氯乙烯绝缘电话屏蔽线 HPVV100 以上×2×0.5	m				2.4000

工作内容:本体安装。

定额编号			F-7-1-93	F-7-1-94	F-7-1-95	F-7-1-96
项目			保安配线箱			
			60 回线	120 回线	180 回线	240 回线
			个	个	个	个
预算定额编号	预算定额名称	预算定额单位	数量			
08-6-1-234	保安配线箱 40 回线	个	0.3000			
08-6-1-235	保安配线箱 60 回线	个	0.7000			
08-6-1-236	保安配线箱 120 回线	个		1.0000		
08-6-1-237	保安配线箱 180 回线	个			1.0000	
08-6-1-238	保安配线箱 240 回线	个				1.0000

工作内容:本体安装。

定额编号				F-7-1-93	F-7-1-94	F-7-1-95	F-7-1-96
项目				保安配线箱			
				60 回线	120 回线	180 回线	240 回线
名称			单位	个	个	个	个
人工	00230105	综合人工(安装)	工日	0.9400	2.0000	2.8000	3.9000
材料	03014101	六角螺栓连母垫	kg	0.3440	0.3440	0.3440	0.3440
	28210705	铜芯聚氯乙烯绝缘电话屏蔽线 HPVV20～70×2×0.5	m	2.0000	4.0000	4.0000	4.0000
	29064415	铅套管 30×300×3	个	0.3030			
	29064417	铅套管 40×300×3	个	0.7070			
	29064419	铅套管 50×300×3	个		1.0100	1.0100	1.0100
	30131125	塑料绝缘跳线 AV-2×0.5	m	62.4000	144.0000	216.0000	288.0000
	X0045	其他材料费	%	5.0000	5.0000	5.0000	5.0000

工作内容：本体安装。

定额编号			F-7-1-97	F-7-1-98	F-7-1-99	F-7-1-100
项目			保安配线箱	总配线架		
			360 回线	900 回线	2000 回线	4000 回线
			个	架	架	架
预算定额编号	预算定额名称	预算定额单位	数量			
08-6-1-239	保安配线箱 360 回线	个	1.0000			
08-6-1-240	总配线架 480 回线	架		0.4000		
08-6-1-241	总配线架 900 回线	架		0.6000		
08-6-1-242	总配线架 2000 回线	架			1.0000	
08-6-1-243	总配线架 4000 回线	架				1.0000

工作内容：本体安装。

定额编号				F-7-1-97	F-7-1-98	F-7-1-99	F-7-1-100
项目				保安配线箱	总配线架		
				360 回线	900 回线	2000 回线	4000 回线
名称			单位	个	架	架	架
人工	00230105	综合人工(安装)	工日	5.5000	5.2800	9.5000	15.0000
材料	03014101	六角螺栓连母垫	kg	0.3440	0.5320	0.5320	0.7980
	03018174	膨胀螺栓(钢制) M12	套		4.0000	4.0000	4.0000
	28210705	铜芯聚氯乙烯绝缘电话屏蔽线 HPVV20～70×2×0.5	m	4.0000			
	29064419	铅套管 50×300×3	个	1.0100			
	30131125	塑料绝缘跳线 AV-2×0.5	m	432.0000			
	X0045	其他材料费	%	5.0000	3.0000	3.0000	3.0000

工作内容：本体安装。

定额编号			F-7-1-101
项目			总配线架
			6000 回线
			架
预算定额编号	预算定额名称	预算定额单位	数量
08-6-1-244	总配线架 6000 回线	架	1.0000

工作内容：本体安装。

定额编号				F-7-1-101
项目				总配线架
				6000 回线
名称			单位	架
人工	00230105	综合人工(安装)	工日	18.0000
材料	03014101	六角螺栓连母垫	kg	0.7980
	03018174	膨胀螺栓(钢制) M12	套	4.0000
	X0045	其他材料费	%	3.0000

第二节 传输系统

工作内容：1,2. 制作、钻孔、防锈涂漆、安装固定。
3,4. 本体安装固定。

定额编号			F-7-2-1	F-7-2-2	F-7-2-3	F-7-2-4
项目			制作安装抗震机座	加固连接机架	机架(柜)安装	
					端机机架	光纤配线支架
			个	架	架	个
预算定额编号	预算定额名称	预算定额单位	数量			
08-6-2-3	制作安装 抗震机座	个	1.0000			
08-6-2-4	加固连接 机架	架		1.0000		
08-6-2-6	端机 机架	架			1.0000	
08-6-2-7	光纤配线 支架	个				1.0000

工作内容：1,2. 制作、钻孔、防锈涂漆、安装固定。
3,4. 本体安装固定。

定额编号				F-7-2-1	F-7-2-2	F-7-2-3	F-7-2-4
项目				制作安装抗震机座	加固连接机架	机架(柜)安装	
						端机机架	光纤配线支架
名称			单位	个	架	架	个
人工	00230105	综合人工(安装)	工日	2.5000	1.0000	2.0000	0.5000
材料	01130102-1	扁钢	kg		2.4900		
	01210114-1	等边角钢 36～40	kg	25.6300			
	01210115-1	等边角钢 45～50	kg		6.2200		
	03014101	六角螺栓连母垫	kg	0.4860	0.6480		
	03018174	膨胀螺栓(钢制) M12	套	4.0000			
	13010421	酚醛磁漆	kg	0.2000			
	13050401	防锈漆	kg	0.2000			
	X0045	其他材料费	%	5.0000	5.0000		

工作内容:本体安装固定。

定额编号			F-7-2-5	F-7-2-6	F-7-2-7	F-7-2-8
项目			机架(柜)安装			
			光纤配线机架	数字配线子架	数字配线机架	机柜
			架	个	架	台
预算定额编号	预算定额名称	预算定额单位	数量			
08-6-2-10	数字配线 机架	架			1.0000	
08-6-2-11	机柜	台				1.0000
08-6-2-8	光纤配线 机架	架	1.0000			
08-6-2-9	数字配线 子架	个		1.0000		

工作内容:本体安装固定。

定额编号				F-7-2-5	F-7-2-6	F-7-2-7	F-7-2-8
项目				机架(柜)安装			
				光纤配线机架	数字配线子架	数字配线机架	机柜
名称			单位	架	个	架	台
人工	00230105	综合人工(安装)	工日	0.9500	1.0000	2.0000	2.8500

工作内容:1. 本体安装固定。
2,3,4. 电缆(线)敷设。

定　额　编　号			F-7-2-9	F-7-2-10	F-7-2-11	F-7-2-12
项　　目			机架(柜)安装	音频电缆	同轴软线	隔离线金属(音频)
			综合柜光电			
			架	10 m	10 m	10 m
预算定额编号	预算定额名称	预算定额单位	数　　量			
08-6-2-12	综合柜 光电	架	1.0000			
08-6-2-13	音频电缆 ≤12 芯	10 m		0.3000		
08-6-2-14	音频电缆 ≤22 芯	10 m		0.2000		
08-6-2-15	音频电缆 ≤33 芯	10 m		0.2000		
08-6-2-16	音频电缆 ≤42 芯	10 m		0.2000		
08-6-2-17	音频电缆 ≤63 芯	10 m		0.1000		
08-6-2-18	同轴软线 SFF 型 75-2	10 m			0.5000	
08-6-2-19	同轴软线 SYV 型 75-5-1～2	10 m			0.5000	
08-6-2-20	隔离线 金属(音频)	10 m				1.0000

工作内容:1. 本体安装固定。
2,3,4. 电缆(线)敷设。

定　额　编　号				F-7-2-9	F-7-2-10	F-7-2-11	F-7-2-12
项　　目				机架(柜)安装	音频电缆	同轴软线	隔离线金属(音频)
				综合柜光电			
名　　称			单位	架	10 m	10 m	10 m
人工	00230105	综合人工(安装)	工日	3.0000	0.6690	0.2950	0.1800
材料	03014101	六角螺栓连母垫	kg	0.3360			
	03018174	膨胀螺栓(钢制) M12	套	4.0000			
	28290321	射频同轴电缆 SYV 型	m			5.1000	
	28290451	射频同轴电缆 SFF 型	m			5.1000	
	28430211	局用电缆 HJVV	m		10.2000		
	28431301	塑料绝缘屏蔽电线	m				10.2000
	X0045	其他材料费	%	2.0000			

工作内容:1. 电缆(线)敷设。
2,4. 跳线布放、试通。
3. 跳线改接、试通。

定额编号			F-7-2-13	F-7-2-14	F-7-2-15	F-7-2-16
项目			数据电缆8芯双绞线非屏蔽、屏蔽	总配线架跳线		交接箱跳线
				布放	改接	布放
			10 m	100用户	100用户	100用户
预算定额编号	预算定额名称	预算定额单位	数量			
08-6-2-21	数据电缆 8 芯双绞线 非屏蔽、屏蔽	10 m	1.0000			
08-6-2-22	总配线架跳线 布放	100用户		1.0000		
08-6-2-23	总配线架跳线 改接	100用户			1.0000	
08-6-2-24	交接箱跳线 布放	100用户				1.0000

工作内容:1. 电缆(线)敷设。
2,4. 跳线布放、试通。
3. 跳线改接、试通。

定额编号				F-7-2-13	F-7-2-14	F-7-2-15	F-7-2-16
项目				数据电缆8芯双绞线非屏蔽、屏蔽	总配线架跳线		交接箱跳线
					布放	改接	布放
名称			单位	10 m	100用户	100用户	100用户
人工	00230105	综合人工(安装)	工日	0.2300	1.3900	3.2200	1.0000
材料	28030211	铜芯聚氯乙烯绝缘线 BV-0.2 mm^2	m				102.0000
	28030253	铜芯聚氯乙烯绝缘线 BV-2×0.5 mm^2	m		316.0000	158.0000	
	28310119	双绞线 五类4对	m	10.2000			

工作内容:1,3. 跳线改接、试通。
2,4. 跳线布放、试通。

定额编号			F-7-2-17	F-7-2-18	F-7-2-19	F-7-2-20
项目			交接箱跳线	中间配线架跳线		同轴软线跳线
			改接	架内、架间	改接	
			100 用户	100 条	100 条	条
预算定额编号	预算定额名称	预算定额单位	数量			
08-6-2-25	交接箱跳线 改接	100 用户	1.0000			
08-6-2-27	中间配线架跳线 架间	100 条		1.0000		
08-6-2-28	中间配线架跳线 改接	100 条			1.0000	
08-6-2-29	同轴软线跳线 SFF 型 75-2	条				0.5000
08-6-2-30	同轴软线跳线 SYV 型 75-5-1～2	条				0.5000

工作内容:1,3. 跳线改接、试通。
2,4. 跳线布放、试通。

定额编号				F-7-2-17	F-7-2-18	F-7-2-19	F-7-2-20
项目				交接箱跳线	中间配线架跳线		同轴软线跳线
				改接	架内、架间	改接	
名称			单位	100 用户	100 条	100 条	条
人工	00230105	综合人工(安装)	工日	1.5000	1.6400	5.0000	0.4800
材料	28030211	铜芯聚氯乙烯绝缘线 BV-0.2 mm^2	m	51.0000			
	28030252	铜芯聚氯乙烯绝缘线 BV-2×0.2 mm^2	m		223.0000	204.0000	
	28290321	射频同轴电缆 SYV 型	m				5.1000
	28290451	射频同轴电缆 SFF 型	m				5.1000

工作内容:1. 跳线布放、试通。
2. 放线、试通。
3,4. 光尾纤布放。

定额编号			F-7-2-21	F-7-2-22	F-7-2-23	F-7-2-24
项目			数据电缆跳线8芯双绞线非屏蔽、屏蔽	信号线	光纤配线架光尾纤布放	
					架内跳线/至设备	至终端盒
			条	条	根	根
预算定额编号	预算定额名称	预算定额单位	数量			
08-6-2-31	数据电缆跳线 8芯双绞线 非屏蔽、屏蔽	条	1.0000			
08-6-2-32	信号线	条		1.0000		
08-6-2-33	光纤配线架 架内跳线	根			0.5000	
08-6-2-34	光纤配线架 至终端盒	根				1.0000
08-6-2-35	光纤配线架 至设备	根			0.5000	

工作内容:1. 跳线布放、试通。
2. 放线、试通。
3,4. 光尾纤布放。

定额编号				F-7-2-21	F-7-2-22	F-7-2-23	F-7-2-24
项目				数据电缆跳线8芯双绞线非屏蔽、屏蔽	信号线	光纤配线架光尾纤布放	
						架内跳线/至设备	至终端盒
名称			单位	条	条	根	根
人工	00230105	综合人工(安装)	工日	0.2300	0.1000	0.1750	0.1900
材料	28030213	铜芯聚氯乙烯绝缘线 BV-1.0 mm^2	m		10.2000		
	28310119	双绞线 五类4对	m	10.2000			
	30131005	尾纤 10 m 单头	根				1.0000
	30131012	尾纤 10 m 双头	根			1.0000	
	X0045	其他材料费	%			1.0000	1.0000
机械	98150030	光时域反射仪	台班			0.1000	0.1000
	98150230	光纤融接机 TYPE-35	台班				0.1000

工作内容：本体安装。

定额编号			F-7-2-25	F-7-2-26	F-7-2-27	F-7-2-28
项目			分插复用设备(ADM)		SDH/ATM终端复用器(TM)	
			2.5 Gb/s	10 Gb/s	155 Mb/s	622 Mb/s
			端	端	端	端
预算定额编号	预算定额名称	预算定额单位	数量			
08-6-2-38	SDH 分插复用器(ADM) 2.5 Gb/s	端	1.0000			
08-6-2-39	SDH 分插复用器(ADM) 10 Gb/s	端		1.0000		
08-6-2-40	SDH/ATM 终端复用器（TM）155 Mb/s	端			1.0000	
08-6-2-41	SDH/ATM 终端复用器（TM）622 Mb/s	端				1.0000

工作内容：本体安装。

定额编号				F-7-2-25	F-7-2-26	F-7-2-27	F-7-2-28
项目				分插复用设备(ADM)		SDH/ATM终端复用器(TM)	
				2.5 Gb/s	10 Gb/s	155 Mb/s	622 Mb/s
名称			单位	端	端	端	端
人工	00230105	综合人工(安装)	工日	23.1200	30.0700	4.5000	6.8000
机械	98051200	手持万用表	台班	0.6000	0.6000	0.3000	0.3000
	98230500	数字储存打印示波器 HP-54512B	台班	0.5000	0.5000	0.2500	0.2500
	98320290	通信性能分析仪 2 Mb/s～2.5 Gb/s	台班	1.0000	1.0000	0.5000	0.5000
	98360180	误码率测试仪 155 Mb/s	台班			0.5000	
	98360190	误码率测试仪 622 Mb/s	台班				0.5000
	98360200	误码率测试仪 2.5 Gb/s	台班	1.0000			
	98360210	误码率测试仪 10 Gb/s	台班		1.0000		

工作内容:本体安装。

定额编号			F-7-2-29	F-7-2-30	F-7-2-31	F-7-2-32
项目			以太网接口板	光端机		电接口板
				安装	主/备用自动转换设备	2 Mb/s
			块	端	套	块
预算定额编号	预算定额名称	预算定额单位	数量			
08-6-2-44	以太网接口板 10 Mb/s 以内	块	0.1000			
08-6-2-45	以太网接口板 100 Mb/s 以内	块	0.1000			
08-6-2-46	以太网接口板 1000 Mb/s 以内	块	0.8000			
08-6-2-47	光端机 安装	端		1.0000		
08-6-2-48	光端机 主/备用自动转换设备	套			1.0000	
08-6-2-49	电接口板 2 Mb/s	块				1.0000

工作内容:本体安装。

定额编号				F-7-2-29	F-7-2-30	F-7-2-31	F-7-2-32
项目				以太网接口板	光端机	电接口板	
					安装	主/备用自动转换设备	2 Mb/s
名称			单位	块	端	套	块
人工	00230105	综合人工(安装)	工日	4.9467	2.0000	2.5000	0.5000
机械	98150220	光谱分析仪 ML9001A	台班	0.9250			
	98190220	可变式衰减器 TO32	台班		0.1000	0.1000	
	98320290	通信性能分析仪 2 Mb/s～2.5 Gb/s	台班		0.2500	0.2500	
	98360170	误码率测试仪 2 Mb/s	台班	0.9250			0.2000

工作内容:1,2,3. 本体安装。
4. 本体安装和调试、性能测试和功能测试。

定额编号			F-7-2-33	F-7-2-34	F-7-2-35	F-7-2-36
项目			电接口板 155 Mb/s(或 140 Mb/s)	综合接入设备	数字交叉连接设备(DXC)	传输本地维护终端
			块	台	架	套
预算定额编号	预算定额名称	预算定额单位	数量			
08-6-2-50	光(电)接口板 155 Mb/s(或 140 Mb/s)	块	1.0000			
08-6-2-52	综合接入设备	台		1.0000		
08-6-2-53	数字交叉连接设备(DXC)	架			1.0000	
08-6-2-54	SDH/ATM 本地维护终端	套				1.0000

工作内容:1,2,3. 本体安装。
4. 本体安装和调试、性能测试和功能测试。

定额编号				F-7-2-33	F-7-2-34	F-7-2-35	F-7-2-36
项目				电接口板 155 Mb/s(或 140 Mb/s)	综合接入设备	数字交叉连接设备(DXC)	传输本地维护终端
名称			单位	块	台	架	套
人工	00230105	综合人工(安装)	工日	1.5000	15.0000	30.0000	11.0000
机械	98051200	手持万用表	台班	0.1000			
	98320290	通信性能分析仪 2 Mb/s～2.5 Gb/s	台班	0.2500		2.0000	
	98340140	数据传输分析仪	台班		1.0000		
	98360180	误码率测试仪 155 Mb/s	台班	0.1000	0.5000		

工作内容:本体安装和调试、性能测试和功能测试。

定额编号			F-7-2-37	F-7-2-38	F-7-2-39	F-7-2-40
项目			传输网元管理系统	传输网络管理系统	网络管理系统	
					综合接入	数字视频接入
			套	套	套	套
预算定额编号	预算定额名称	预算定额单位	数量			
08-6-2-55	SDH/ATM 网元管理系统	套	1.0000			
08-6-2-56	SDH/ATM 网络管理系统	套		1.0000		
08-6-2-57	网络管理系统 综合接入	套			1.0000	
08-6-2-58	网络管理系统 数字视频接入	套				1.0000

工作内容:本体安装和调试、性能测试和功能测试。

定额编号				F-7-2-37	F-7-2-38	F-7-2-39	F-7-2-40
项目				传输网元管理系统	传输网络管理系统	网络管理系统	
						综合接入	数字视频接入
名称			单位	套	套	套	套
人工	00230105	综合人工(安装)	工日	26.0000	40.0000	32.0000	48.0000
机械	98320270	规程分析仪 广域网+局域网	台班				1.0000

工作内容：准备、各种特性及性能的调测、记录。

定额编号			F-7-2-41	F-7-2-42	F-7-2-43	F-7-2-44
项目			通路对端调测	光中继段测试	数字段调测	光、电调测中间站配合
			路/站	系统	系统/站	站
预算定额编号	预算定额名称	预算定额单位	数量			
08-6-2-59	通路对端调测	路/站	1.0000			
08-6-2-60	光中继段测试	系统		1.0000		
08-6-2-61	数字段调测	系统/站			1.0000	
08-6-2-62	光、电调测中间站配合	站				1.0000

工作内容：准备、各种特性及性能的调测、记录。

定额编号				F-7-2-41	F-7-2-42	F-7-2-43	F-7-2-44
项目				通路对端调测	光中继段测试	数字段调测	光、电调测中间站配合
名称			单位	路/站	系统	系统/站	站
人工	00230105	综合人工(安装)	工日	0.5000	4.0000	5.0000	9.0000
机械	98052080	台式光万用表	台班		0.5000	0.5000	
	98190220	可变式衰减器 TO32	台班			0.5000	
	98320290	通信性能分析仪 2 Mb/s～2.5 Gb/s	台班			0.5000	
	98360210	误码率测试仪 10 Gb/s	台班	0.2000		0.3000	

工作内容:1. 准备、各种特性及性能的调测、记录。
2,3,4. 本体安装、调试。

定额编号			F-7-2-45	F-7-2-46	F-7-2-47	F-7-2-48
项目			稳定观测	GPS 接收机	铯钟	接口设备
			站	台	台	台
预算定额编号	预算定额名称	预算定额单位	数量			
08-6-2-63	稳定观测	站	1.0000			
08-6-2-64	GPS 接收机	台		1.0000		
08-6-2-65	铯钟	台			1.0000	
08-6-2-66	接口设备	台				1.0000

工作内容:1. 准备、各种特性及性能的调测、记录。
2,3,4. 本体安装、调试。

定额编号				F-7-2-45	F-7-2-46	F-7-2-47	F-7-2-48
项目				稳定观测	GPS 接收机	铯钟	接口设备
名称			单位	站	台	台	台
人工	00230105	综合人工(安装)	工日	12.0000	2.8500	3.0000	4.0000
机械	98360170	误码率测试仪 2 Mb/s	台班				0.2000

工作内容：本体安装、调试。

定额编号			F-7-2-49	F-7-2-50
项目			分配设备	综合定时供给设备(BITS)
			台	台
预算定额编号	预算定额名称	预算定额单位	数量	
08-6-2-67	分配设备	台	1.0000	
08-6-2-68	综合定时供给设备(BITS)	台		1.0000

工作内容：本体安装、调试。

定额编号				F-7-2-49	F-7-2-50
项目				分配设备	综合定时供给设备(BITS)
名称			单位	台	台
人工	00230105	综合人工(安装)	工日	19.0000	10.0000
机械	98051200	手持万用表	台班	0.6000	
	98230500	数字储存打印示波器 HP-54512B	台班	0.5000	
	98320290	通信性能分析仪 2 Mb/s～2.5 Gb/s	台班	1.0000	
	98360170	误码率测试仪 2 Mb/s	台班	1.0000	

第三节　有线通信系统

工作内容：本体安装、调试。

定额编号			F-7-3-1	F-7-3-2	F-7-3-3	F-7-3-4
项目			电话用户交换机			维护终端
			≤300 线	≤1000 线	≤3000 线	
			套	套	套	台
预算定额编号	预算定额名称	预算定额单位	数量			
08-6-3-1	用户交换机 ≤300 线	套	1.0000			
08-6-3-2	用户交换机 ≤500 线	套		0.4000		
08-6-3-3	用户交换机 ≤1000 线	套		0.6000		
08-6-3-4	用户交换机 ≤3000 线	套			0.5000	
08-6-3-5	用户交换机 ≤4000 线	套			0.3000	
08-6-3-6	用户交换机 ≤5000 线	套			0.2000	
08-6-3-7	维护终端	台				1.0000

工作内容：本体安装、调试。

定额编号				F-7-3-1	F-7-3-2	F-7-3-3	F-7-3-4
项目				电话用户交换机			维护终端
				≤300 线	≤1000 线	≤3000 线	
名称			单位	套	套	套	台
人工	00230105	综合人工(安装)	工日	35.0000	49.0000	128.5000	0.5000
机械	98170190	中继线模拟呼叫器	台班	0.5000	0.8800	1.9500	
	98270230	PCM 通道测试仪 20～400Hz-60～10dBmo	台班	1.5000	1.5000	3.0500	
	98270240	PCM 呼叫分析器 300～3400Hz	台班	1.0000	1.0000	1.9500	
	98470180	用户模拟呼叫器 16000 呼/h	台班	1.5000	2.6000	4.9000	

工作内容：本体安装、调试。

定　额　编　号			F-7-3-5	F-7-3-6	F-7-3-7	F-7-3-8
项　　目			远端交换模块 500 线	语音信箱	增减数字局间中继线(2M)	数据中继板(2M)
			套	套	系统	块
预算定额编号	预算定额名称	预算定额单位	数　　量			
08-6-3-10	增减数字局间中继线(2M)	系统			1.0000	
08-6-3-11	数据中继板(2M)	块				1.0000
08-6-3-8	远端交换模块 500 线	套	1.0000			
08-6-3-9	语音信箱	套		1.0000		

工作内容：本体安装、调试。

定　额　编　号				F-7-3-5	F-7-3-6	F-7-3-7	F-7-3-8
项　　目				远端交换模块 500 线	语音信箱	增减数字局间中继线(2M)	数据中继板(2M)
名　　称			单位	套	套	系统	块
人工	00230105	综合人工(安装)	工日	35.0000	4.0000	7.0400	4.0000
机械	98170190	中继线模拟呼叫器	台班			0.5000	0.5000
	98270240	PCM 呼叫分析器 300～3400Hz	台班	1.0000			
	98320300	通用规程测试仪 V5 规程 ISDN 规程 7 号信令	台班			0.2000	0.2000
	98470180	用户模拟呼叫器 16000 呼/h	台班	3.0000			

工作内容:1. 软件安装、系统测试。
2. 数据修改、测试、核对、记录。
3,4. 本体安装、调试。

定额编号			F-7-3-9	F-7-3-10	F-7-3-11	F-7-3-12
项目			软件版本升级	修改局数据	数字调度电话 车站主系统调度台、监控台	数字调度电话 车站分系统车站台
			局	1中继方向	套	套
预算定额编号	预算定额名称	预算定额单位	数量			
08-6-3-12	软件版本升级	局	1.0000			
08-6-3-13	修改局数据	1中继方向		1.0000		
08-6-3-15	数字调度电话 车站主系统 监控台	套			1.0000	
08-6-3-16	数字调度电话 车站分系统 车站台	套				1.0000

工作内容:1. 软件安装、系统测试。
2. 数据修改、测试、核对、记录。
3,4. 本体安装、调试。

定额编号				F-7-3-9	F-7-3-10	F-7-3-11	F-7-3-12
项目				软件版本升级	修改局数据	数字调度电话 车站主系统调度台、监控台	数字调度电话 车站分系统车站台
名称			单位	局	1中继方向	套	套
人工	00230105	综合人工(安装)	工日	14.0000	2.0000	1.9600	2.0000
材料	28030711	聚氯乙烯铜芯绞型软线 RVS-0.4 mm^2	m			10.1000	10.1000
	X0045	其他材料费	%			3.0000	3.0000

工作内容：本体安装、调试。

定　额　编　号			F-7-3-13	F-7-3-14	F-7-3-15	F-7-3-16
项　　目			数字调度电话		数字录音设备	测量台
			车站分系统设备	车站主系统主机		
			套	套	套	套
预算定额编号	预算定额名称	预算定额单位	数　　量			
08-6-3-17	数字调度电话 车站分系统 设备	套	1.0000			
08-6-3-18	数字调度电话 车站主系统 主机	套		1.0000		
08-6-3-19	数字录音设备	套			1.0000	
08-6-3-20	测量台	套				1.0000

工作内容：本体安装、调试。

定　额　编　号				F-7-3-13	F-7-3-14	F-7-3-15	F-7-3-16
项　　目				数字调度电话		数字录音设备	测量台
				车站分系统设备	车站主系统主机		
名　　称			单位	套	套	套	套
人工	00230105	综合人工(安装)	工日	3.5000	10.0000	1.5000	2.5000
材料	28030711	聚氯乙烯铜芯绞型软线 RVS-0.4 mm^2	m	20.2000	10.1000		
	X0045	其他材料费	%	3.0000	3.0000		

工作内容：本体安装、调试。

定额编号			F-7-3-17	F-7-3-18	F-7-3-19	F-7-3-20
项目			话务台/数字话机	程控调度交换设备	数字式集中电话机	
					主机	操作台
			台	套	套	套
预算定额编号	预算定额名称	预算定额单位	数量			
08-6-3-21	话务台/数字话机	台	1.0000			
08-6-3-22	程控调度交换设备	套		1.0000		
08-6-3-23	数字式集中电话机 主机	套			1.0000	
08-6-3-24	数字式集中电话机 操作台	套				1.0000

工作内容：本体安装、调试。

定额编号				F-7-3-17	F-7-3-18	F-7-3-19	F-7-3-20
项目				话务台/数字话机	程控调度交换设备	数字式集中电话机	
						主机	操作台
名称			单位	台	套	套	套
人工	00230105	综合人工(安装)	工日	3.0000	6.0000	11.8800	1.9800
材料	03018173	膨胀螺栓(钢制) M10	套			4.0400	
	03018174	膨胀螺栓(钢制) M12	套				4.0400
	X0045	其他材料费	%			3.0000	3.0000

工作内容：本体安装、调试。

定　额　编　号			F-7-3-21	F-7-3-22	F-7-3-23	F-7-3-24
项　　目			数字电话	电梯电话	应急电话（含柱）	电话分机
			台	台	台	台
预算定额编号	预算定额名称	预算定额单位	数　　量			
08-6-3-26	数字电话	台	1.0000			
08-6-3-27	电话 电梯	台		1.0000		
08-6-3-28	应急电话(含柱)	台			1.0000	
08-6-3-30	电话分机 自动电话	台				1.0000

工作内容：本体安装、调试。

定　额　编　号				F-7-3-21	F-7-3-22	F-7-3-23	F-7-3-24
项　　目				数字电话	电梯电话	应急电话（含柱）	电话分机
名　　称			单位	台	台	台	台
人工	00230105	综合人工(安装)	工日	1.9600	2.8200	1.7000	0.1500
材料	03018173	膨胀螺栓(钢制) M10	套			4.0400	
	28030711	聚氯乙烯铜芯绞型软线 RVS-0.4 mm^2	m	4.0804		4.0804	
	29060904	电气塑料软管 $\phi 6$	m			5.0500	
	29112251	电话出线盒	个				1.0100
	30070211	电话(单机)	部				1.0000
	X0045	其他材料费	%			5.0000	

工作内容:1,2. 定位、安装、固定。
3. 布放电话线。

定额编号			F-7-3-25	F-7-3-26	F-7-3-27
项目			电话机箱壁嵌式	电话出线盒	电话线
			只	个	100 m
预算定额编号	预算定额名称	预算定额单位	数量		
08-6-3-31	电话机箱 壁嵌式	只	1.0000		
08-6-3-33	电话出线盒	个		1.0000	
08-6-3-34	电话线	100 m			1.0000

工作内容:1,2. 定位、安装、固定。
3. 布放电话线。

定额编号				F-7-3-25	F-7-3-26	F-7-3-27
项目				电话机箱壁嵌式	电话出线盒	电话线
名称			单位	只	个	100 m
人工	00230105	综合人工(安装)	工日	0.5000	0.2000	1.6000
材料	03018173	膨胀螺栓(钢制) M10	套	4.0000		
	28210411	室内电话线 双芯	m			101.5000
	29112251	电话出线盒	个		1.0100	
	30070901	电话机箱	只	1.0000		

第四节　无线通信系统

工作内容：1，2，3. 天线安装、电气性能测试、系统调测。
4. 馈线安装、电气性能测试、系统调测。

定　额　编　号			F-7-4-1	F-7-4-2	F-7-4-3	F-7-4-4
项　　目			站厅、站台低廊天线	定向天线	全向天线	馈线≤10 m
			副	副	副	条
预算定额编号	预算定额名称	预算定额单位	数　　量			
08-6-4-1	站厅、站台低廊天线	副	1.0000			
08-6-4-2	定向天线	副		1.0000		
08-6-4-3	全向天线	副			1.0000	
08-6-4-4	馈线 ≤10 m	条				1.0000
08-6-4-8	调测通信系统	副	1.0000	1.0000	1.0000	1.0000

工作内容：1，2，3. 天线安装、电气性能测试、系统调测。
4. 馈线安装、电气性能测试、系统调测。

定　额　编　号				F-7 4 1	F-7-4-2	F-7-4-3	F-7-4-4
项　　目				站厅、站台低廊天线	定向天线	全向天线	馈线≤10 m
名　　称			单位	副	副	副	条
人工	00230105	综合人工(安装)	工日	11.0000	8.8000	9.0000	7.0000
材料	03153623	钢丝绳轧头 ϕ10	只		4.0400	4.0400	
	17030141	镀锌焊接钢管 DN80	kg		53.0604	53.0604	
	29010601	线缆吊架	套	1.0000			
	29172911	单槽夹板 三眼	副		4.0400	4.0400	
	29177201	拉线环	个		4.0400	4.0400	
	29252511	单根馈线固定卡子	套				7.0700
	X0045	其他材料费	%		2.0000	2.0000	2.0000
机械	98090360	通过式功率计 450 kHz～2.3 GHz 0.1～1000 W	台班	1.5000	1.5000	1.5000	1.5000
	99091380	电动卷扬机单筒快速 10 kN	台班		0.5000	0.5000	
	99250020	交流弧焊机 32 kV·A	台班	0.5000	0.5000	0.5000	

工作内容:1. 馈线安装、电气性能测试、系统调测。
2. 天线安装、电气性能测试、系统调测。
3. 开箱检验、安装、加固。
4. 本体安装、调试。

定额编号			F-7-4-5	F-7-4-6	F-7-4-7	F-7-4-8
项目			馈线每增加 1 m	GPS 天线	AP 无线接入设备	光纤直放站近端、远端
			条	副	个	站
预算定额编号	预算定额名称	预算定额单位	数量			
08-6-4-10	光纤直放站 远端	站				0.6800
08-6-4-5	馈线 每增加 1 m	条	1.0000			
08-6-4-6	GPS 天线	副		1.0000		
08-6-4-7	AP 无线接入设备	个			1.0000	
08-6-4-8	调测通信系统	副		1.0000		
08-6-4-9	光纤直放站 近端	站				0.3200

工作内容:1. 馈线安装、电气性能测试、系统调测。
2. 天线安装、电气性能测试、系统调测。
3. 开箱检验、安装、加固。
4. 本体安装、调试。

定额编号				F-7-4-5	F-7-4-6	F-7-4-7	F-7-4-8
项目				馈线每增加 1 m	GPS 天线	AP 无线接入设备	光纤直放站近端、远端
名称			单位	条	副	个	站
人工	00230105	综合人工(安装)	工日	0.1000	8.0000	1.5600	13.2000
材料	03153623	钢丝绳轧头 $\phi10$	只		4.0400		
	17030141	镀锌焊接钢管 DN80	kg		53.0604		
	28030215-1	铜芯聚氯乙烯绝缘线 BV-2.5 mm^2	m				30.3000
	29172911	单槽夹板 三眼	副		4.0400		
	29177201	拉线环	个		4.0400		
	29252511	单根馈线固定卡子	套	0.7070			
	X0045	其他材料费	%	2.0000	2.0000	5.0000	
机械	98090360	通过式功率计 450 kHz～2.3 GHz 0.1～1000 W	台班		1.5000		0.6600
	98320060	网络分析仪 HP8410C	台班			0.5000	
	98370890	便携式计算机	台班			1.4000	
	99091380	电动卷扬机单筒快速 10 kN	台班		0.5000		
	99250020	交流弧焊机 32 kV·A	台班		0.5000		

工作内容：本体安装、调试。

定额编号			F-7-4-9	F-7-4-10	F-7-4-11	F-7-4-12
项目			移动交换机	基站设备	车载设备	中央控制设备
			套	架	套	套
预算定额编号	预算定额名称	预算定额单位	数量			
08-6-4-11	移动交换机	套	1.0000			
08-6-4-12	基站设备	架		1.0000		
08-6-4-13	车载设备	套			1.0000	
08-6-4-14	中央控制设备	套				1.0000

工作内容：本体安装、调试。

定额编号				F-7-4-9	F-7-4-10	F-7-4-11	F-7-4-12
项目				移动交换机	基站设备	车载设备	中央控制设备
名称			单位	套	架	套	套
人工	00230105	综合人工(安装)	工日	15.0000	9.5000	3.0000	15.0000
材料	28030215-1	铜芯聚氯乙烯绝缘线 BV-2.5 mm^2	m	100.0000			101.0000
	28030220-1	铜芯聚氯乙烯绝缘线 BV-16 mm^2	m		30.6030		
机械	98090360	通过式功率计 450 kHz～2.3 GHz 0.1～1000 W	台班		1.0000	0.5000	
	98170070	无线电台综合测试仪 2955B	台班		1.0000	0.1000	1.0000
	98270220	PCM 测试仪 2048 kb/s	台班	2.0000			
	98320440	逻辑分析仪 100 MHz 80 通道	台班	2.0000			1.0000

工作内容:本体安装、调试。

定额编号			F-7-4-13	F-7-4-14	F-7-4-15	F-7-4-16
项目			操作维护管理终端	滤波器	合/分路器	POI 设备
			套	台	台	台
预算定额编号	预算定额名称	预算定额单位	数量			
08-6-4-15	操作维护管理终端	套	1.0000			
08-6-4-16	滤波器	台		1.0000		
08-6-4-17	合/分路器	台			1.0000	
08-6-4-18	POI 设备	台				1.0000

工作内容:本体安装、调试。

定额编号				F-7-4-13	F-7-4-14	F-7-4-15	F-7-4-16
项目				操作维护管理终端	滤波器	合/分路器	POI 设备
名称			单位	套	台	台	台
人工	00230105	综合人工(安装)	工日	3.0000	1.7500	2.2500	9.5000
材料	03018174	膨胀螺栓(钢制) M12	套		2.0000	2.0000	
	28030215-1	铜芯聚氯乙烯绝缘线 BV-2.5 mm^2	m				30.6030
	28290301-1	射频同轴电缆	m			25.0000	30.2120
	30092101	同轴电缆连接器	个		2.0000	5.0000	4.0400
	X0045	其他材料费	%		3.0000	3.0000	
机械	98090360	通过式功率计 450 kHz～2.3 GHz 0.1～1000 W	台班				1.0000
	98170070	无线电台综合测试仪 2955B	台班		0.5000	0.5000	1.0000

工作内容：本体安装、调试。

定额编号			F-7-4-17	F-7-4-18	F-7-4-19	F-7-4-20
项目			车站固定台/链路台设备	转发电台设备	录音记录设备	调度台
			套	台	台	台
预算定额编号	预算定额名称	预算定额单位	数量			
08-6-4-19	车站固定台/链路台设备	套	1.0000			
08-6-4-20	转发电台设备	台		1.0000		
08-6-4-21	录音记录设备	台			1.0000	
08-6-4-22	调度台	台				1.0000

工作内容：本体安装、调试。

定额编号				F-7-4-17	F-7-4-18	F-7-4-19	F-7-4-20
项目				车站固定台/链路台设备	转发电台设备	录音记录设备	调度台
名称			单位	套	台	台	台
人工	00230105	综合人工(安装)	工日	2.5000	4.0000	0.4000	3.0000
材料	01030439	镀锌低碳钢丝 $\phi 4$	kg		2.0000		
	26410212	明插座 2×10 A	个		2.0000		
	28030214-1	铜芯聚氯乙烯绝缘线 BV-1.5 mm^2	m	5.1005			
	28030283-1	铜芯聚氯乙烯绝缘软护套线 BVR-1.5 mm^2	m	20.4020	10.0000		
	28030712	聚氯乙烯铜芯绞型软线 RVS-1 mm^2	m		5.0000	3.0000	
	28210401	室内电话线	m			3.0000	
	28430221	局用电缆 HJVV2×4×0.5 mm^2	m	31.2120			
	29173501	电线卡子	个		5.0000		
	55130112	胶盖闸刀开关 HK1-220 V 10/2	只		1.0000		
	X0045	其他材料费	%		2.0000		
机械	98170180	电台综合测试仪 0.25～1000 MHz	台班	0.2000	0.2000		

工作内容:1. 本体安装、调试。
2,3. 准备工作、系统调测、调试记录。
4. 覆盖调测、传输性能调测及越区切换、同频干扰测试。

定额编号			F-7-4-21	F-7-4-22	F-7-4-23	F-7-4-24
项目			便携电台	基站系统调测		场强测试(区间)
				单基站5个信道	每增加1个信道	单基站5个信道
			台	系统	信道	系统
预算定额编号	预算定额名称	预算定额单位	数量			
08-6-4-23	便携电台	台	1.0000			
08-6-4-24	基站系统调测 单基站5个信道	系统		1.0000		
08-6-4-25	基站系统调测 每增加1个信道	信道			1.0000	
08-6-4-26	场强测试(区间) 单基站5个信道	系统				1.0000

工作内容:1. 本体安装、调试。
2,3. 准备工作、系统调测、调试记录。
4. 覆盖调测、传输性能调测及越区切换、同频干扰测试。

定额编号				F-7-4-21	F-7-4-22	F-7-4-23	F-7-4-24
项目				便携电台	基站系统调测		场强测试(区间)
					单基站5个信道	每增加1个信道	单基站5个信道
名称			单位	台	系统	信道	系统
人工	00230105	综合人工(安装)	工日	0.3000	12.0000	1.0000	20.0000
机械	98070200	标准信号发生器 10 kHz～1025 MHz	台班		1.0000		
	98090360	通过式功率计 450 kHz～2.3 GHz 0.1～1000 W	台班		1.0000		
	98090370	场强仪 APM32OH	台班		2.0000		2.0000
	98130195	通用计数器 1 Hz～1 GHz 30 mV	台班		1.0000		
	98170070	无线电台综合测试仪 2955B	台班		1.0000		
	98170180	电台综合测试仪 0.25～1000 MHz	台班	0.1000			
	99071600	轨道车	台班				2.5000

工作内容：覆盖调测、传输性能调测及越区切换、同频干扰测试。

定额编号			F-7-4-25	F-7-4-26	F-7-4-27	F-7-4-28
项目			场强测试（区间）	场强测试（车站/场）		同频干扰测试（区间）
			每增加1个信道	单基站5个信道	每增加1个信道	单基站5个信道
			信道	系统	信道	系统
预算定额编号	预算定额名称	预算定额单位	数量			
08-6-4-27	场强测试(区间) 每增加1个信道	信道	1.0000			
08-6-4-28	场强测试(车站/场) 单基站5个信道	系统		1.0000		
08-6-4-29	场强测试(车站/场) 每增加1个信道	信道			1.0000	
08-6-4-30	同频干扰测试(区间) 单基站5个信道	系统				1.0000

工作内容：覆盖调测、传输性能调测及越区切换、同频干扰测试。

定额编号				F-7-4-25	F-7-4-26	F-7-4-27	F-7-4-28
项目				场强测试（区间）	场强测试（车站/场）		同频干扰测试（区间）
				每增加1个信道	单基站5个信道	每增加1个信道	单基站5个信道
名称			单位	信道	系统	信道	系统
人工	00230105	综合人工(安装)	工日	2.0000	18.0000	1.8000	7.0000
机械	98090370	场强仪 APM32OH	台班	0.1000			
	98170070	无线电台综合测试仪 2955B	台班		2.0000	0.1000	1.0000
	99071600	轨道车	台班				2.0000

工作内容:覆盖调测、传输性能调测及越区切换、同频干扰测试。

定额编号			F-7-4-29	F-7-4-30	F-7-4-31	F-7-4-32
项目			同频干扰测试(区间)	同频干扰测试(车站/场)		全电路测试
			每增加1个信道	单基站5个信道	每增加1个信道	单基站5个信道
			系统	系统	信道	系统
预算定额编号	预算定额名称	预算定额单位	数量			
08-6-4-31	同频干扰测试(区间) 每增加1个信道	系统	1.0000			
08-6-4-32	同频干扰测试(车站/场) 单基站5个信道	系统		1.0000		
08-6-4-33	同频干扰测试(车站/场) 每增加1个信道	信道			1.0000	
08-6-4-34	全电路测试 单基站5个信道	系统				1.0000

工作内容:覆盖调测、传输性能调测及越区切换、同频干扰测试。

定额编号				F-7-4-29	F-7-4-30	F-7-4-31	F-7-4-32
项目				同频干扰测试(区间)	同频干扰测试(车站/场)		全电路测试
				每增加1个信道	单基站5个信道	每增加1个信道	单基站5个信道
名称			单位	系统	系统	信道	系统
人工	00230105	综合人工(安装)	工日	3.5000	7.0000	3.5000	30.0000
机械	98170070	无线电台综合测试仪 2955B	台班	0.1000	1.0000	0.1000	2.0000
	99071600	轨道车	台班		2.0000		

工作内容：1. 覆盖调测、传输性能调测及越区切换、同频干扰测试。
2. 准备工作、性能调测、调试记录。

定额编号			F-7-4-33	F-7-4-34
项目			全电路测试	对端链路测试
			每增加 1 个信道	时延/噪声
			信道	信道
预算定额编号	预算定额名称	预算定额单位	数量	
08-6-4-35	全电路测试 每增加 1 个信道	信道	1.0000	
08-6-4-36	对端链路测试 时延/噪声	信道		1.0000

工作内容：1. 覆盖调测、传输性能调测及越区切换、同频干扰测试。
2. 准备工作、性能调测、调试记录。

定额编号				F-7-4-33	F-7-4-34
项目				全电路测试	对端链路测试
				每增加 1 个信道	时延/噪声
名称			单位	信道	信道
人工	00230105	综合人工(安装)	工日	1.8000	4.3800
机械	98170070	无线电台综合测试仪 2955B	台班	0.1000	1.0000

第五节　广播系统

工作内容:本体安装、调试。

定额编号			F-7-5-1	F-7-5-2	F-7-5-3	F-7-5-4
项目			中心广播	监测终端及软件	设备机柜(含机座)	车站广播 功率放大设备 250 W
			套	处	架	套
预算定额编号	预算定额名称	预算定额单位	数量			
08-6-5-1	中心广播 控制台	套	1.0000			
08-6-5-2	中心广播 接口设备	台	4.0000			
08-6-5-3	监测终端及软件	处		1.0000		
08-6-5-4	设备机柜(含机座)	架			1.0000	
08-6-5-6	车站广播 功率放大设备 250 W	套				1.0000

工作内容:本体安装、调试。

定额编号				F-7-5-1	F-7-5-2	F-7-5-3	F-7-5-4
项目				中心广播	监测终端及软件	设备机柜(含机座)	车站广播 功率放大设备 250 W
名称			单位	套	处	架	套
人工	00230105	综合人工(安装)	工日	30.0000	2.3750	6.2000	0.1100
材料	01210114	等边角钢 36~40	kg				5.1000
	01210115-1	等边角钢 45~50	kg			25.0000	
	03014101	六角螺栓连母垫	kg	0.1333		0.4848	0.2101
	03018174	膨胀螺栓(钢制) M12	套	4.0000		8.0000	4.0000
	13010421	酚醛磁漆	kg			0.2040	
	13050401	防锈漆	kg			0.2040	
	28271201	控制电缆	100 m	1.2120			
	X0045	其他材料费	%	0.1600		5.0000	3.0000
机械	98130080	数字频率计 EE3382	台班	0.8000			

工作内容：本体安装、调试。

定额编号			F-7-5-5	F-7-5-6	F-7-5-7	F-7-5-8
项目			车站广播			控制盒
			功率放大设备 500 W	接口设备	分线装置	车站客运、防灾
			套	套	个	套
预算定额编号	预算定额名称	预算定额单位	数量			
08-6-5-11	控制盒 车站防灾	套				1.0000
08-6-5-7	车站广播 功率放大设备 500 W	套	1.0000			
08-6-5-8	车站广播 接口设备	套		1.0000		
08-6-5-9	车站广播 分线装置	个			1.0000	

工作内容：本体安装、调试。

定额编号				F-7-5-5	F-7-5-6	F-7-5-7	F-7-5-8
项目				车站广播			控制盒
				功率放大设备 500 W	接口设备	分线装置	车站客运、防灾
名称			单位	套	套	个	套
人工	00230105	综合人工(安装)	工日	0.5000	2.0000	1.3100	2.0000
材料	01210114	等边角钢 36～40	kg	8.5000			
	03014101	六角螺栓连母垫	kg	0.2101			
	03018172	膨胀螺栓(钢制) M8	套			4.0000	
	03018174	膨胀螺栓(钢制) M12	套	4.0000			
	28030251-1	铜芯聚氯乙烯绝缘线	m		10.2010		
	28030253	铜芯聚氯乙烯绝缘线 BV-2×0.5 mm^2	m				100.0000
	28271201-1	控制电缆	100 m				1.0000
	28271211	控制电缆 KVV7×1.5 mm^2	100 m		0.2040		
	29112401	广播分线盒	个			1.0000	
	X0045	其他材料费	%	3.0000		5.0000	

工作内容:本体安装、调试。

定额编号			F-7-5-9	F-7-5-10	F-7-5-11	F-7-5-12
项目			扬声器		车站及车场广播	车站监控设备及软件
			吸顶	号筒	控制台	
			个	个	套	套
预算定额编号	预算定额名称	预算定额单位	数量			
08-6-5-12	扬声器 吸顶	个	1.0000			
08-6-5-13	扬声器 号筒	个		1.0000		
08-6-5-14	车站及车场广播 控制台	套			1.0000	
08-6-5-15	车站监控设备及软件	套				1.0000

工作内容:本体安装、调试。

定额编号				F-7-5-9	F-7-5-10	F-7-5-11	F-7-5-12
项目				扬声器		车站及车场广播	车站监控设备及软件
				吸顶	号筒	控制台	
名称			单位	个	个	套	套
人工	00230105	综合人工(安装)	工日	0.5300	0.0600	15.0000	2.0000
材料	03014101	六角螺栓连母垫	kg		1.6968	0.2424	
	03018172	膨胀螺栓(钢制) M8	套		2.0000		
	03018174	膨胀螺栓(钢制) M12	套			4.0000	
	13053111	沥青清漆	kg		0.2020		
	18292911	热熔热缩套管 $\phi6$	m		0.2040		
	27190114	绝缘板 450×300×35	块		1.0404		
	30190301	号筒扬声器	个		1.0000		
	30190351	吸顶式扬声器	个	1.0000			
	X0045	其他材料费	%		3.0000		

工作内容:本体安装、调试。

定　额　编　号			F-7-5-13	F-7-5-14	F-7-5-15	F-7-5-16
项　　目			音箱	扩音柱	壁嵌式出线盒	噪声传感器
			个	个	个	个
预算定额编号	预算定额名称	预算定额单位	数　　量			
08-6-5-16	音箱	个	1.0000			
08-6-5-17	扩音柱	个		1.0000		
08-6-5-18	壁嵌式出线盒	个			1.0000	
08-6-5-19	噪声传感器	个				1.0000

工作内容:本体安装、调试。

定　额　编　号				F-7-5-13	F-7-5-14	F-7-5-15	F-7-5-16
项　　目				音箱	扩音柱	壁嵌式出线盒	噪声传感器
名　　称			单位	个	个	个	个
人工	00230105	综合人工(安装)	工日	1.7500	3.5000	0.1500	0.5000
材料	01130114-1	扁钢 25～45	kg	3.5374			
	03014101	六角螺栓连母垫	kg	0.1778			
	03017539	钩头螺栓连母垫 M16×350	套		4.0400		
	03018172	膨胀螺栓(钢制) M8	套	2.0000			
	24270471	噪声传感器	套				1.0000
	29090201	铜接线端子	个				2.0600
	29112301	广播出线盒	个			1.0000	
	30190101	扩音柱	个		1.0000		
	37341011	扩音柱基础	个		1.0200		
	X0045	其他材料费	%	5.0000	5.0000		

工作内容:本体安装。

定额编号			F-7-5-17
项目			广播电杆
			根
预算定额编号	预算定额名称	预算定额单位	数量
08-6-5-20	广播电杆 水泥杆	根	0.5000
08-6-5-21	广播电杆 不锈钢杆	根	0.5000

工作内容:本体安装。

定额编号				F-7-5-17
项目				广播电杆
名称			单位	根
人工	00230105	综合人工(安装)	工日	1.7780
机械	99090360	汽车式起重机 8 t	台班	0.0750

第六节　闭路电视监视系统

工作内容：1，2. 本体安装、调试。
3. 本体安装。
4. 本体安装、调试、试运行。

定额编号			F-7-6-1	F-7-6-2	F-7-6-3	F-7-6-4
项目			中心监控操作台	车站监控操作台	插头、插座	多画面彩色信号处理器
			台	台	只	台
预算定额编号	预算定额名称	预算定额单位	数量			
08-6-6-1	中心监控操作台	台	1.0000			
08-6-6-2	车站监控操作台	台		1.0000		
08-6-6-4	插头、插座 ≤32 芯	只			1.0000	
08-6-6-7	多画面彩色信号处理器	台				1.0000

工作内容：1，2. 本体安装、调试。
3. 本体安装。
4. 本体安装、调试、试运行。

定额编号				F-7-6-1	F-7-6-2	F-7-6-3	F-7-6-4
项目				中心监控操作台	车站监控操作台	插头、插座	多画面彩色信号处理器
名称			单位	台	台	只	台
人工	00230105	综合人工(安装)	工日	2.4400	1.5600	0.8000	1.2000
材料	03014101	六角螺栓连母垫	kg				1.0640
	29172911	单槽夹板 三眼	副		2.2000		
	X0045	其他材料费	%		3.0000		3.0000
机械	98390310	电视测试信号发生器 XT-16A	台班				0.2500

工作内容:本体安装、调试、试运行。

定额编号			F-7-6-5	F-7-6-6	F-7-6-7	F-7-6-8
项目			视频光端机	枪式摄像机、光圈、壁式/悬挂式支架、防护罩	枪式摄像机、光圈、立柱式支架、防护罩	球形摄像机、光圈、壁式/悬挂式支架、防护罩
			套	台	台	台
预算定额编号	预算定额名称	预算定额单位	数量			
08-6-6-10	球形摄像机	台				1.0000
08-6-6-11	光圈镜头	台		1.0000	1.0000	1.0000
08-6-6-29	壁式/悬挂式支架	架		1.0000		1.0000
08-6-6-30	立柱式支架	架			1.0000	
08-6-6-31	防护罩	台		1.0000	1.0000	1.0000
08-6-6-8	视频光端机	套	1.0000			
08-6-6-9	枪式摄像机	台		1.0000	1.0000	

工作内容:本体安装、调试、试运行。

定额编号				F-7-6-5	F-7-6-6	F-7-6-7	F-7-6-8
项目				视频光端机	枪式摄像机、光圈、壁式/悬挂式支架、防护罩	枪式摄像机、光圈、立柱式支架、防护罩	球形摄像机、光圈、壁式/悬挂式支架、防护罩
名称			单位	套	台	台	台
人工	00230105	综合人工(安装)	工日	0.7500	2.7980	3.7980	3.1830
材料	03014101	六角螺栓连母垫	kg		0.4242	0.5091	0.4242
	03018172	膨胀螺栓(钢制) M8	套		4.0000	8.0000	4.0000
	X0045	其他材料费	%		4.4300	4.6600	4.4300
机械	98150090	光功率计 ML9001A	台班	0.5000			
	98390310	电视测试信号发生器 XT-16A	台班	0.5000			

工作内容：本体安装、调试、试运行。

定额编号			F-7-6-9	F-7-6-10	F-7-6-11	F-7-6-12
项目			球形摄像机、光圈、立柱式支架、防护罩	吊架监视器	柜式监视器	视频补偿器
			台	台	台	台
预算定额编号	预算定额名称	预算定额单位	数量			
08-6-6-10	球形摄像机	台	1.0000			
08-6-6-11	光圈镜头	台	1.0000			
08-6-6-12	监视器	台		1.0000	1.0000	
08-6-6-13	视频补偿器	台				1.0000
08-6-6-30	立柱式支架	架	1.0000			
08-6-6-31	防护罩	台	1.0000			
08-6-6-33	监视器吊架	台		1.0000		
08-6-6-34	监视器柜	台			1.0000	

工作内容：本体安装、调试、试运行。

定额编号				F-7-6-9	F-7-6-10	F-7-6-11	F-7-6-12
项目				球形摄像机、光圈、立柱式支架、防护罩	吊架监视器	柜式监视器	视频补偿器
名称			单位	台	台	台	台
人工	00230105	综合人工(安装)	工日	4.1830	1.6000	1.5000	1.0000
材料	03014101	六角螺栓连母垫	kg	0.5091	0.1697		
	03018172	膨胀螺栓(钢制) M8	套	8.0000	4.0000		
	14330101	乙醇(酒精)	kg				0.0200
	X0045	其他材料费	%	4.6600			
机械	98230080	示波器 SR43	台班				0.7000

工作内容:本体安装、调试、试运行。

定额编号			F-7-6-13	F-7-6-14	F-7-6-15	F-7-6-16
项目			录音/录像/扩音/编辑设备	视频控制设备		视频及编码传输设备
				云台/键盘控制器	视频切换器	视频编/译码器
			台	台	台	台
预算定额编号	预算定额名称	预算定额单位	数量			
08-6-6-14	录音/录像/扩音/编辑设备	台	1.0000			
08-6-6-18	视频控制设备 云台/键盘控制器	台		1.0000		
08-6-6-19	视频控制设备 视频切换器	台			1.0000	
08-6-6-20	视频及编码传输设备 视频编/译码器	台				1.0000

工作内容:本体安装、调试、试运行。

定额编号				F-7-6-13	F-7-6-14	F-7-6-15	F-7-6-16
项目				录音/录像/扩音/编辑设备	视频控制设备		视频及编码传输设备
					云台/键盘控制器	视频切换器	视频编/译码器
名称			单位	台	台	台	台
人工	00230105	综合人工(安装)	工日	1.5000	0.9500	1.0000	0.6000
机械	98390310	电视测试信号发生器 XT-16A	台班			0.5000	

工作内容：1. 联网试验、测试，功能验证，记录。
2. 安装调试。

定额编号			F-7-6-17	F-7-6-18
项目			监控系统调试	单/双联控制台机架
			站	台
预算定额编号	预算定额名称	预算定额单位	数量	
08-6-6-28	监控系统调试	站	1.0000	
08-6-6-32	单/双联控制台机架	台		1.0000

工作内容：1. 联网试验、测试，功能验证，记录。
2. 安装调试。

定额编号				F-7-6-17	F-7-6-18
项目				监控系统调试	单/双联控制台机架
名称			单位	站	台
人工	00230105	综合人工(安装)	工日	15.0000	2.0000

第七节　时钟系统

工作内容:1,2. 本体安装、调试。
3,4. 性能测试、试验、开通、记录。

定额编号			F-7-7-1	F-7-7-2	F-7-7-3	F-7-7-4
项目			中心母钟	卫星接收天线	全网时钟系统调试	系统接口调试
			套	副	系统	系统
预算定额编号	预算定额名称	预算定额单位	数量			
08-6-7-1	中心母钟	套	1.0000			
08-6-7-2	卫星接收天线	副		1.0000		
08-6-7-3	全网时钟系统调试	系统			1.0000	
08-6-7-4	系统接口调试	系统				1.0000

工作内容:1,2. 本体安装、调试。
3,4. 性能测试、试验、开通、记录。

定额编号				F-7-7-1	F-7-7-2	F-7-7-3	F-7-7-4
项目				中心母钟	卫星接收天线	全网时钟系统调试	系统接口调试
名称			单位	套	副	系统	系统
人工	00230105	综合人工(安装)	工日	20.0000	2.0000	15.0000	8.0000
材料	01130102-1	扁钢	kg	0.3500			
	01210102-1	等边角钢	kg	9.5200			
	01210420-1	等边镀锌角钢 20～30×3～4	kg		2.7000		
	03014101	六角螺栓连母垫	kg	0.2101	0.1778		
	03018174	膨胀螺栓(钢制) M12	套	4.0000	6.0000		
	17030124-1	镀锌焊接钢管 DN32	m		7.3800		
	28290411-1	射频同轴电缆 SYV-75-9	m		20.0000		
	X0045	其他材料费	%	1.0000	1.0000		
机械	98130080	数字频率计 EE3382	台班	0.8000		1.0000	
	98130140	数显频率发生器 HP33120A	台班			1.0000	

工作内容：本体安装、调试。

定额编号			F-7-7-5	F-7-7-6	F-7-7-7	F-7-7-8
项目			二级母钟	数显式子钟		
				单面大型	单面小型	双面
			套	台	台	台
预算定额编号	预算定额名称	预算定额单位	数量			
08-6-7-5	二级母钟	套	1.0000			
08-6-7-6	数显式子钟 单面大型	台		1.0000		
08-6-7-7	数显式子钟 单面小型	台			1.0000	
08-6-7-8	数显式子钟 双面	台				1.0000

工作内容：本体安装、调试。

定额编号				F-7-7-5	F-7-7-6	F-7-7-7	F-7-7-8
项目				二级母钟	数显式子钟		
					单面大型	单面小型	双面
名称			单位	套	台	台	台
人工	00230105	综合人工(安装)	工日	8.0000	6.0000	3.0000	7.0000
材料	01130102-1	扁钢	kg	0.3500			
	01210102-1	等边角钢	kg	5.9500	8.1600	5.1000	8.1600
	03014101	六角螺栓连母垫	kg	0.1778	0.3151	0.3151	0.3151
	03017522	钩头螺栓连母垫 M12×200	10 套		0.4000	0.4000	0.4000
	03018174	膨胀螺栓(钢制) M12	套	4.0000			
	X0045	其他材料费	%	1.0000	1.0000	0.5000	1.0000

工作内容:本体安装、调试。

定额编号			F-7-7-9	F-7-7-10	F-7-7-11	F-7-7-12
项目			指针式子钟		设备柜(含机座)	子钟驱动器
			大型	小型		
			台	台	架	套
预算定额编号	预算定额名称	预算定额单位	数量			
08-6-7-10	指针式子钟 小型	台		1.0000		
08-6-7-11	设备柜(含机座)	架			1.0000	
08-6-7-12	子钟驱动器	套				1.0000
08-6-7-9	指针式子钟 大型	台	1.0000			

工作内容:本体安装、调试。

定额编号				F-7-7-9	F-7-7-10	F-7-7-11	F-7-7-12
项目				指针式子钟		设备柜(含机座)	子钟驱动器
				大型	小型		
名称			单位	台	台	架	套
人工	00230105	综合人工(安装)	工日	12.0000	2.5000	6.2000	3.0000
材料	01210102-1	等边角钢	kg	5.1510	1.7170		
	01210115-1	等边角钢 45~50	kg			26.0100	
	03014101	六角螺栓连母垫	kg	0.3151	0.3151	0.4848	
	03018103	膨胀螺栓(钢制)	套			8.0000	
	03018174	膨胀螺栓(钢制) M12	套	4.0000	4.0000		
	13010421	酚醛磁漆	kg			0.2020	
	13050401	防锈漆	kg			0.2020	
	28030713	聚氯乙烯铜芯绞型软线 RVS-2×1 mm^2	m				18.7272
	X0045	其他材料费	%	1.0000	1.0000	2.0000	

工作内容：性能测试、试验记录。

定　额　编　号			F-7-7-13
项　　目			监控软件
			套
预算定额编号	预算定额名称	预算定额单位	数　　量
08-6-7-13	监控软件	套	1.0000

工作内容：性能测试、试验记录。

定　额　编　号				F-7-7-13
项　　目				监控软件
名　　称			单位	套
人工	00230105	综合人工(安装)	工日	20.0000

第八节　电源系统

工作内容：本体安装。

定　额　编　号			F-7-8-1	F-7-8-2	F-7-8-3	F-7-8-4
项　　目			蓄电池抗震铁架安装			
			单层单列	单层双列	双层单列	双层双列
			m	m	m	m
预算定额编号	预算定额名称	预算定额单位	数　　量			
08-6-8-1	单层单列	m	1.0000			
08-6-8-2	单层双列	m		1.0000		
08-6-8-3	双层单列	m			1.0000	
08-6-8-4	双层双列	m				1.0000

工作内容：本体安装。

定　额　编　号				F-7-8-1	F-7-8-2	F-7-8-3	F-7-8-4
项　　目				蓄电池抗震铁架安装			
				单层单列	单层双列	双层单列	双层双列
名　　称			单位	m	m	m	m
人工	00230105	综合人工(安装)	工日	0.2990	0.4960	0.7640	1.3260
材料	03018176	膨胀螺栓(钢制) M16	套	2.2000	5.4000		
	03018178	膨胀螺栓(钢制) M20	套			2.2000	5.4000
	03130114	电焊条 J422 ϕ3.2	kg	0.1100	0.2200	0.2700	0.5400
	13054401	耐酸漆	kg	0.2500	0.3000	0.4000	0.6000
	14050111	溶剂油 200#	kg	0.0600	0.1200	0.1800	0.2000
	X0045	其他材料费	%	5.0000	3.9000	1.5000	1.0000
机械	99250010	交流弧焊机 21 kV·A	台班	0.1400	0.2900	0.3600	0.5200

工作内容:本体安装。

定额编号			F-7-8-5	F-7-8-6	F-7-8-7	F-7-8-8
项目			蓄电池抗震铁架安装	免维护蓄电池		
			蓄电池柜	容量(A·h)≤600	容量(A·h)≤1000	容量(A·h)≤2000
			个	组	组	组
预算定额编号	预算定额名称	预算定额单位	数量			
08-6-8-10	免维护蓄电池 容量(A·h) ≤2000	组				1.0000
08-6-8-5	蓄电池柜	个	1.0000			
08-6-8-6	铺橡皮绝缘垫	10 m^2	0.1000			
08-6-8-7	免维护蓄电池 容量(A·h) ≤200	组		0.5000		
08-6-8-8	免维护蓄电池 容量(A·h) ≤600	组		0.5000		
08-6-8-9	免维护蓄电池 容量(A·h) ≤1000	组			1.0000	

工作内容:本体安装。

定额编号				F-7-8-5	F-7-8-6	F-7-8-7	F-7-8-8
项目				蓄电池抗震铁架安装	免维护蓄电池		
				蓄电池柜	容量(A·h)≤600	容量(A·h)≤1000	容量(A·h)≤2000
名称			单位	个	组	组	组
人工	00230105	综合人工(安装)	工日	1.0240	0.6960	2.6400	5.3300
材料	03014101	六角螺栓连母垫	kg	0.2424			
	03018174	膨胀螺栓(钢制) M12	套	4.0000			
	03018175	膨胀螺栓(钢制) M14	套		1.9650	2.5000	2.5000
	14090611	电力复合脂 一级	kg		0.0125	0.0150	0.0150
	27170601	相色带	卷		0.3300	0.4400	0.4400
	27190212-1	橡皮绝缘板 δ5	m^2	1.0300			
	X0045	其他材料费	%	1.0000	2.0000	2.0000	2.0000

工作内容:本体安装。

定额编号			F-7-8-9	F-7-8-10	F-7-8-11	F-7-8-12
项目			蓄电池组充放电			
			容量(A·h)≤200	容量(A·h)≤600	容量(A·h)≤1000	容量(A·h)≤2000
			组	组	组	组
预算定额编号	预算定额名称	预算定额单位	数量			
08-6-8-11	蓄电池组充放电 容量(A·h)≤200	组	1.0000			
08-6-8-12	蓄电池组充放电 容量(A·h)≤600	组		1.0000		
08-6-8-13	蓄电池组充放电 容量(A·h)≤1000	组			1.0000	
08-6-8-14	蓄电池组充放电 容量(A·h)≤2000	组				1.0000

工作内容:本体安装。

定额编号				F-7-8-9	F-7-8-10	F-7-8-11	F-7-8-12
项目				蓄电池组充放电			
				容量(A·h)≤200	容量(A·h)≤600	容量(A·h)≤1000	容量(A·h)≤2000
名称			单位	组	组	组	组
人工	00230105	综合人工(安装)	工日	3.7820	3.7820	3.7820	3.7820
材料	27170513	自粘性橡胶绝缘胶带 20×5 m	卷	1.5000	1.5000	1.5000	1.5000
	34110301	电	kW·h	511.0000	1533.0000	2555.0000	5111.0000
	X0045	其他材料费	%	0.4000	0.2000	0.1000	0.1000

工作内容：本体安装、性能调测。

定额编号			F-7-8-13	F-7-8-14	F-7-8-15	F-7-8-16
项目			开关电源			整流模块
			50 A以下	100 A以下	200 A以下	
			架	架	架	块
预算定额编号	预算定额名称	预算定额单位	数量			
08-6-8-15	开关电源 50 A以下	架	1.0000			
08-6-8-16	开关电源 100 A以下	架		1.0000		
08-6-8-17	开关电源 200 A以下	架			1.0000	
08-6-8-18	整流模块	块				1.0000

工作内容：本体安装、性能调测。

定额编号				F-7-8-13	F-7-8-14	F-7-8-15	F-7-8-16
项目				开关电源			整流模块
				50 A以下	100 A以下	200 A以下	
名称			单位	架	架	架	块
人工	00230105	综合人工(安装)	工日	2.6570	4.2370	6.1760	1.5000
材料	03015224	地脚螺栓 M12	套	4.0000	4.0000	4.0000	
	X0045	其他材料费	%	1.5000	1.5000	1.5000	

工作内容: 1. 性能测试、调整、试验、记录。
2,3,4. 本体安装、调试。

定额编号			F-7-8-17	F-7-8-18	F-7-8-19	F-7-8-20
项目			开关电源系统调测	落地式配电/转换/控制屏	中间站电源屏	墙挂式配电箱
			系统	台	台	台
预算定额编号	预算定额名称	预算定额单位	数量			
08-6-8-19	开关电源 系统调测	系统	1.0000			
08-6-8-20	落地式配电/转换/控制屏	台		1.0000		
08-6-8-21	中间站电源屏	台			1.0000	
08-6-8-22	墙挂式配电箱	台				1.0000

工作内容: 1. 性能测试、调整、试验、记录。
2,3,4. 本体安装、调试。

定额编号				F-7-8-17	F-7-8-18	F-7-8-19	F-7-8-20
项目				开关电源系统调测	落地式配电/转换/控制屏	中间站电源屏	墙挂式配电箱
名称			单位	系统	台	台	台
人工	00230105	综合人工(安装)	工日	16.0000	4.0000	10.0000	2.4600
材料	03015224	地脚螺栓 M12	套		4.0000	4.0000	
	X0045	其他材料费	%		5.0000	5.0000	

工作内容：1. 本体安装、调试。
2,3. 系统调试、自动性能调测、试验开通。
4. 系统调试、试验开通。

定额编号			F-7-8-21	F-7-8-22	F-7-8-23	F-7-8-24
项目			配电系统能调测	监控设备		无人值守电源设备
				中心站	分站	站内系统联测
			系统	套	套	站
预算定额编号	预算定额名称	预算定额单位	数量			
08-6-8-24	配电系统能调测	系统	1.0000			
08-6-8-25	监控设备 中心站	套		1.0000		
08-6-8-26	监控设备 分站	套			1.0000	
08-6-8-27	无人值守电源设备 站内系统联测	站				1.0000

工作内容：1. 本体安装、调试。
2,3. 系统调试、自动性能调测、试验开通。
4. 系统调试、试验开通。

定额编号				F-7-8-21	F-7-8-22	F-7-8-23	F-7-8-24
项目				配电系统能调测	监控设备		无人值守电源设备
					中心站	分站	站内系统联测
名称			单位	系统	套	套	站
人工	00230105	综合人工(安装)	工日	12.0600	20.0000	9.0000	10.0000

工作内容:1,2. 系统调试、试验开通。
3,4. 本体安装、调试。

定额编号			F-7-8-25	F-7-8-26	F-7-8-27	F-7-8-28
项目			无人值守电源设备		安装地线箱	安装地线盘
			控制段内与主控联测 1个控制段	控制段内与主控联测每增加1个站		
			段	站	个	个
预算定额编号	预算定额名称	预算定额单位	数量			
08-6-8-28	无人值守电源设备 控制段内与主控联测 1个控制段	段	1.0000			
08-6-8-29	无人值守电源设备 控制段内与主控联测 每增加1个站	站		1.0000		
08-6-8-30	安装 地线箱	个			1.0000	
08-6-8-31	安装 地线盘	个				1.0000

工作内容:1,2. 系统调试、试验开通。
3,4. 本体安装、调试。

定额编号				F-7-8-25	F-7-8-26	F-7-8-27	F-7-8-28
项目				无人值守电源设备		安装地线箱	安装地线盘
				控制段内与主控联测 1个控制段	控制段内与主控联测每增加1个站		
名称			单位	段	站	个	个
人工	00230105	综合人工(安装)	工日	8.0000	2.5000	2.4000	1.9400
材料	01130302	镀锌扁钢	kg			3.0000	
	01210119	等边角钢 50 以下	kg			9.0000	
	01291901	钢板垫板	kg			0.3000	
	03013201	镀锌六角螺栓	kg			0.6240	
	03017532	钩头螺栓连母垫 M12×200	套				4.0400
	03130101	电焊条	kg			0.2000	
	13010101	调和漆	kg			0.2000	
	13050401	防锈漆	kg			0.1500	
	14030101	汽油	kg			0.2000	
	27060181	地线盘 10×150×400	个				1.0100
	28030215-1	铜芯聚氯乙烯绝缘线 BV-2.5 mm^2	m			2.0000	
	28030223	铜芯聚氯乙烯绝缘线 BV-50 mm^2	m				10.0000
	29090257	铜接线端子 150 A	个				1.0100
	X0045	其他材料费	%			2.0000	5.0000

工作内容：1,2,3. 接地极打入地下及埋设。
4. 本体安装、测试。

定额编号			F-7-8-29	F-7-8-30	F-7-8-31	F-7-8-32
项目			制作、安装角钢接地极	角钢接地极每增加1根	制作、安装接地极	设备防雷器安装
			根	根	处	套
预算定额编号	预算定额名称	预算定额单位	数量			
08-6-8-32	制作、安装角钢接地极 普通土	根	0.5000			
08-6-8-33	制作、安装角钢接地极 硬土	根	0.5000			
08-6-8-34	角钢接地极每增加1根 普通土	根		0.5000		
08-6-8-35	角钢接地极每增加1根 硬土	根		0.5000		
08-6-8-37	制作、安装接地极 钢板	处			1.0000	
08-6-8-38	设备防雷器安装	套				1.0000

工作内容：1,2,3. 接地极打入地下及埋设。
4. 本体安装、测试。

定额编号				F-7-8-29	F-7-8-30	F-7-8-31	F-7-8-32
项目				制作、安装角钢接地极	角钢接地极每增加1根	制作、安装接地极	设备防雷器安装
名称			单位	根	根	处	套
人工	00230105	综合人工(安装)	工日	0.2085	0.1645	1.5890	0.4300
材料	01130102	扁钢	kg				2.0000
	01130302	镀锌扁钢	kg	6.4300	6.4300	3.0000	
	01210102	等边角钢	kg				6.1700
	01210402	等边镀锌角钢	kg	9.6300	9.6300		
	01290612	镀锌薄钢板 δ0.3～5	kg			50.0000	
	03014280	镀锌六角螺栓连母垫 M10	套				3.0300
	03130125	电焊条 J507 ϕ3.2	kg	0.1500	0.1500	0.5000	
	13053111	沥青清漆	kg	0.0300	0.0300		
	28010410	软铜绞线 TRJ-35 mm^2	m				1.5000
	34130431	地线埋设标志	根	1.0100			
	X0045	其他材料费	%	5.0000	5.0000	5.0000	5.0000

工作内容:1. 划线、打眼、埋螺栓、安装固定。
2,3. 开箱检验、清洁搬运、划线定位、安装固定、校正垂直水平、补充注油。

定额编号			F-7-8-33	F-7-8-34	F-7-8-35
项目			事故照明应急灯	不间断电源	
				100 kV·A 以下	100 kV·A 以上
			10 套	套	套
预算定额编号	预算定额名称	预算定额单位	数量		
08-6-8-23	事故照明应急灯	10 套	1.0000		
08-8-4-11	三相不间断电源 100 kV·A 以下	套		1.0000	
08-8-4-14	三相不间断电源 300 kV·A 以上	套			1.0000

工作内容:1. 划线、打眼、埋螺栓、安装固定。
2,3. 开箱检验、清洁搬运、划线定位、安装固定、校正垂直水平、补充注油。

定额编号				F-7-8-33	F-7-8-34	F-7-8-35
项目				事故照明应急灯	不间断电源	
					100 kV·A 以下	100 kV·A 以上
名称			单位	10 套	套	套
人工	00230105	综合人工(安装)	工日	1.5000	5.5400	9.5740
材料	03014306	镀锌六角螺栓连母垫弹垫 M8×100 以内	10 套		4.0400	4.0400
	03018172	膨胀螺栓(钢制) M8	套	2.0000		
	03018174	膨胀螺栓(钢制) M12	套		32.3200	32.3200
	03131901	焊锡	kg		0.2000	0.2000
	03131941	焊锡膏 50 g/瓶	kg		0.0200	0.0200
	14030101	汽油	kg		0.5000	0.5000
	X0045	其他材料费	%	3.0000	5.0000	5.0000

第九节 计算机网络及附属设备

工作内容：本体安装、调试。

定额编号			F-7-9-1	F-7-9-2	F-7-9-3	F-7-9-4
项目			二层交换机	三层交换机	接入路由器	电子信箱服务器
			套	套	套	套
预算定额编号	预算定额名称	预算定额单位	数量			
08-6-9-1	二层交换机	套	1.0000			
08-6-9-2	三层交换机	套		1.0000		
08-6-9-4	接入路由器	套			1.0000	
08-6-9-5	电子信箱服务器	套				1.0000

工作内容：本体安装、调试。

定额编号				F-7-9-1	F-7-9-2	F-7-9-3	F-7-9-4
项目				二层交换机	三层交换机	接入路由器	电子信箱服务器
名称			单位	套	套	套	套
人工	00230105	综合人工(安装)	工日	2.0000	3.0000	3.5000	5.0000
材料	14352202	清洁剂	kg	0.5050	0.5050	0.2020	0.5050
	X0045	其他材料费	%	3.0000	3.0000	3.0000	3.0000
机械	98250010	频谱分析仪 1776	台班	1.0000	1.5000	0.2000	
	98320270	规程分析仪 广域网+局域网	台班				0.5000
	98340140	数据传输分析仪	台班				0.8000
	98360180	误码率测试仪 155 Mb/s	台班				0.5000

工作内容:本体安装、调试。

定额编号			F-7-9-5	F-7-9-6	F-7-9-7	F-7-9-8
项目			传真服务器 PC	传真服务器 工作站	计算机终端设备	IP 光端机
			套	套	套	对
预算定额编号	预算定额名称	预算定额单位	数量			
08-6-9-6	传真服务器 PC	套	1.0000			
08-6-9-7	传真服务器 工作站	套		1.0000		
08-6-9-8	计算机终端设备	套			1.0000	
08-6-9-9	IP 光端机	对				1.0000

工作内容:本体安装、调试。

定额编号				F-7-9-5	F-7-9-6	F-7-9-7	F-7-9-8
项目				传真服务器 PC	传真服务器 工作站	计算机终端设备	IP 光端机
名称			单位	套	套	套	对
人工	00230105	综合人工(安装)	工日	5.7000	6.0000	2.0000	3.0000
材料	14352202	清洁剂	kg	0.5050	0.5050	0.5050	0.2000
	X0045	其他材料费	%	3.0000	3.0000	3.0000	3.0000
机械	98150290	光时域测试仪 OTDR	台班				0.2000
	98250010	频谱分析仪 1776	台班				0.2000
	98320270	规程分析仪 广域网+局域网	台班	0.5000	0.5000		
	98340140	数据传输分析仪	台班	1.0000	2.0000		

工作内容:1. 本体安装、调试。
2,3,4. 软件安装、调试。

定额编号			F-7-9-9	F-7-9-10	F-7-9-11	F-7-9-12
项目			防火墙	服务器系统 10个信息点	服务器系统 每增加5个信息点	计算机终端系统
			套	系统	系统	系统
预算定额编号	预算定额名称	预算定额单位	数量			
08-6-9-10	防火墙	套	1.0000			
08-6-9-11	服务器系统 10个信息点	系统		1.0000		
08-6-9-12	服务器系统 每增加5个信息点	系统			1.0000	
08-6-9-13	计算机终端系统	系统				1.0000

工作内容:1. 本体安装、调试。
2,3,4. 软件安装、调试。

定额编号				F-7-9-9	F-7-9-10	F-7-9-11	F-7-9-12
项目				防火墙	服务器系统 10个信息点	服务器系统 每增加5个信息点	计算机终端系统
名称			单位	套	系统	系统	系统
人工	00230105	综合人工(安装)	工日	4.7500	10.0000	4.0000	6.0000
材料	14352202	清洁剂	kg	0.5050			
材料	X0045	其他材料费	%	3.0000			
机械	98250010	频谱分析仪 1776	台班	0.2000			

工作内容:软件安装、调试。

定额编号			F-7-9-13
项目			防火墙
			系统
预算定额编号	预算定额名称	预算定额单位	数量
08-6-9-14	防火墙	系统	1.0000

工作内容:软件安装、调试。

定额编号				F-7-9-13
项目				防火墙
名称			单位	系统
人工	00230105	综合人工(安装)	工日	2.3400
材料	34050301	打字机用纸	包	0.1000
	X0045	其他材料费	%	5.0000

第十节 乘客信息系统

工作内容:本体安装、调试。

定额编号			F-7-10-1	F-7-10-2	F-7-10-3	F-7-10-4
项目			显示屏播出控制器	播放转接控制器	动态信息屏控制器	LCD、LED监视器 50″以下壁挂式安装
			套	套	套	台
预算定额编号	预算定额名称	预算定额单位	数量			
08-6-10-1	显示屏播出控制器	套	1.0000			
08-6-10-2	播放转接控制器	套		1.0000		
08-6-10-3	动态信息屏控制器	套			1.0000	
08-6-10-8	LCD、LED 监视器 50″以下 壁挂式安装	台				1.0000

工作内容:本体安装、调试。

定额编号				F-7-10-1	F-7-10-2	F-7-10-3	F-7-10-4
项目				显示屏播出控制器	播放转接控制器	动态信息屏控制器	LCD、LED监视器 50″以下壁挂式安装
名称			单位	套	套	套	台
人工	00230105	综合人工(安装)	工日	1.9000	2.0000	2.1525	0.2000
材料	03018173	膨胀螺栓(钢制) M10	套				4.0800
	03210209	硬质合金冲击钻头 ϕ10～12	根				0.0400
	34130101	标志牌	个	2.1000	2.1000	2.1000	
	X0045	其他材料费	%	5.0000	5.0000	5.0000	
机械	98051150	数字万用表 PF-56	台班				0.4000
	98390220	图像信号发生器 VS14C	台班				0.3000

工作内容:1,2,3. 本体安装、调试。
4. 屏幕安装拼接。

定额编号			F-7-10-5	F-7-10-6	F-7-10-7	F-7-10-8
项目			LCD、LED监视器			等离子、液晶拼接屏单元
			50″以下倾斜吊装	50″以上壁挂式安装	50″以上倾斜吊装	
			台	台	台	块
预算定额编号	预算定额名称	预算定额单位	数量			
08-6-10-10	LCD、LED监视器 50″以上 壁挂式安装	台		1.0000		
08-6-10-11	LCD、LED监视器 50″以上 倾斜吊装	台			1.0000	
08-6-10-12	等离子、液晶拼接屏单元	块				1.0000
08-6-10-9	LCD、LED 监视器 50″以下 倾斜吊装	台	1.0000			

工作内容:1,2,3. 本体安装、调试。
4. 屏幕安装拼接。

定额编号				F-7-10-5	F-7-10-6	F-7-10-7	F-7-10-8
项目				LCD、LED监视器			等离子、液晶拼接屏单元
				50″以下倾斜吊装	50″以上壁挂式安装	50″以上倾斜吊装	
名称			单位	台	台	台	块
人工	00230105	综合人工(安装)	工日	0.9600	0.3200	1.6000	2.4000
材料	03018173	膨胀螺栓(钢制) M10	套	4.0800	4.0800	4.0800	4.0800
	03210209	硬质合金冲击钻头 $\phi10\sim12$	根	0.0400	0.0400	0.0400	0.0500
机械	98051150	数字万用表 PF-56	台班	0.4000	0.4000	0.4000	0.4000
	98390220	图像信号发生器 VS14C	台班	0.3000	0.3000	0.3000	0.3000

工作内容：本体安装、调试。

定额编号			F-7-10-9	F-7-10-10	F-7-10-11	F-7-10-12
项目			管理终端	车站分配设备	信号增强设备	信号分配设备
			台	架	台	台
预算定额编号	预算定额名称	预算定额单位	数量			
08-6-10-19	管理终端	台	1.0000			
08-6-10-20	车站分配设备	架		1.0000		
08-6-10-21	信号增强设备	台			1.0000	
08-6-10-22	信号分配设备	台				1.0000

工作内容：本体安装、调试。

定额编号				F-7-10-9	F-7-10-10	F-7-10-11	F-7-10-12
项目				管理终端	车站分配设备	信号增强设备	信号分配设备
名称			单位	台	架	台	台
人工	00230105	综合人工(安装)	工日	2.5000	1.8000	1.6000	1.8000

工作内容:调试、试验开通。

定额编号			F-7-10-13	F-7-10-14
项目			综合显示系统	
			显示屏≤20 屏	每增加 10 屏
			系统	系统
预算定额编号	预算定额名称	预算定额单位	数量	
08-6-10-23	综合显示系统 显示屏≤20 屏	系统	1.0000	
08-6-10-24	综合显示系统 每增加 10 屏	系统		1.0000

工作内容:调试、试验开通。

定额编号				F-7-10-13	F-7-10-14
项目				综合显示系统	
				显示屏≤20 屏	每增加 10 屏
名称			单位	系统	系统
人工	00230105	综合人工(安装)	工日	40.9000	20.9500
机械	98230910	示波器 TDS220	台班	0.9600	0.5000
	98370890	便携式计算机	台班	12.0000	7.0000
	98390220	图像信号发生器 VS14C	台班	0.9600	0.5000

第八章　信号工程

章说明

一、本章定额包括信号线路、室外设备、室内设备、系统调试，共 4 节。

二、本章定额适用于上海市轨道交通工程建设项目中的信号线路敷设、室外设备安装和室内控制设备安装等工程。

三、本章屏柜设备基础的安装套用第九章供电工程第一节变电所中屏柜基础定额。

四、信号线路

1. 地铁车站信号设备管线预埋是指土建部分应预留的孔、洞以外的信号室外电缆、电线引入机房内其他部位信号设备管线的预埋。

2. 车站管线预埋可套用第九章供电工程相关定额。

五、室外设备

1. 矮型信号机、矮型表示器不论安装在隧道内托架上，还是安装在车场混凝土基础上，均综合考虑了洞内分线箱方式安装和车场电缆盒方式配线的工作内容。

2. 电动道岔转辙装置的安装已包括了绝缘件安装用工。

3. 接地项目可参照第九章供电工程相关定额。

六、室内设备

1. 本节定额已综合了室内地脚螺栓安装和地板上摆放定位所需的工料消耗量。机柜的安装不包含机柜抗震底座的工料消耗量。

2. 电气集中组合柜等定额中，不包括熔丝报警装置和其他电源装置的安装。

3. 室内柜(架)等安装，包括本架电线及架与架之间的电线，不包括架间电源环线。

七、系统调试

本节定额信号设备系统调试指每个子系统内部各组成部分间或主设备与分设备之间的功能、指标的调整测试，不包括供货商所提供的设备或机柜内软、硬件的调试。

工程量计算规则

一、信号线路

1. 敷设信号电缆、电缆防护等以“100 m”为计量单位。

2. 电缆过道、电缆过桥两端、电缆接续等以“处”为计量单位。

3. 电缆过桥钢管、电缆过洞顶防护、电缆和环线固定等以“10 m”为计量单位。

4. 信号电缆埋设标、接续标以“10 个”为计量单位。

5. 铝合金机构信号机安装以“架”为计量单位。

6. 进路表示器安装以“组”为计量单位。

二、室外设备

1. 铝合金机构信号机以“架”为计量单位。

2. 表示器安装分二方向和三方向,以“组”为计量单位。

3. 终端电缆盒、分向盒、变压器箱、分线箱、发车指示器配线箱、信号机洞壁式分线箱、AP 或 TRE 箱、AP 或 TRE 箱、光缆终端盒等以“个”为计量单位,室外设备防火堵洞以“处”为计量单位。

4. 信号机基础(一架用)分混凝土、钢支架,以“个”为计量单位。

5. 变压器箱基础及分向盒基础分混凝土、钢支架,以“10 对”为计量单位。

6. 终端电缆盒基础及信号机梯子基础分混凝土、钢支架,以“10 个”为计量单位。

7. 固定连接线用混凝土枕的安装,以“10 个”为计量单位。

8. 电动道岔转辙装置安装以“组”为计量单位。

9. 轨道电路安装按一送一受、一送二受、一送三受划分子目,以“区段”为计量单位。

10. 短路铜排、信标以“组”为计量单位。

11. 无线天线以“套”为计量单位。

12. 计轴设备安装中的轨旁电子接线盒以“个”为计量单位,传感器以“对”为计量单位。

13. 轨道绝缘安装按钢轨重量划分,以“组”为计量单位。

14. 地线装置、室外设备安全接地、室外设备硬面化等以“处”为计量单位。

15. 区间接地扁钢、区间接地扁钢至室内接地电缆等以“100 m”为计量单位。

16. 标志牌、站台按钮、同意按钮柱等以“个”为计量单位。

三、室内设备

1. 工作台、工作站、服务器、显示屏驱动设备安装以“台”为计量单位,大屏显示系统以“10 屏”为计量单位。

2. 机柜以“架”为计量单位。

3. 走线架与工厂化配线槽道安装以“10 架”为计量单位。

4. 电缆柜电缆固定以“10 根”为计量单位。

5. 应急盘、车控紧急按钮盘、轨道测试盘、熔丝报警器、电话盒、光端机、光配线箱、路由器、交换机、集线器、断路器、检修测试台、维修电话总机、LED 信号机断丝报警仪以“台”为计量单位。

6. 防雷柜以“个”为计量单位。

7. 计算机联锁接口柜用插接件以“10 个”为计量单位。

8. 金属线槽以“m”为计量单位。

四、系统调试

1. 继电联锁、微机联锁站间联系系统调试、紧急关闭按钮调试、与其他系统接口调试以“处”为计量单位。

2. 电气集中联锁及联锁道岔系统调试以“组道岔”为计量单位。
3. 微机监测系统调试以“站”为计量单位。
4. ATP 系统调试配合、ATS 系统调试配合以“集中站”为计量单位。
5. ATO 系统调试配合、ATC 系统调试配合、系统设备综合联调以“系统”为计量单位。
6. 车载设备调试配合（ATP、ATO、PTI）以“集中站”为计量单位。
7. 综合显示屏调试以“套”为计量单位。
8. SDH/DCS 系统设备调试、计轴系统调试、有源信标设备调试以“集中站”为计量单位。
9. 发车指示器调试、紧急关闭按钮调试、与其他系统接口调试以“站”为计量单位。

第一节　信号线路

工作内容：1,2,3. 敷设、布放信号电缆。
4. 清理电缆沟、填砂、定位、固定。

定额编号			F-8-1-1	F-8-1-2	F-8-1-3	F-8-1-4
项目			信号电缆敷设			砂防护
			9 芯以内	30 芯以内	48 芯以内	1～5 根
			100 m	100 m	100 m	100 m
预算定额编号	预算定额名称	预算定额单位	数量			
08-7-1-1	埋地敷设 9 芯以内	100 m	0.1000			
08-7-1-10	砂防护 1～5 根	100 m				1.0000
08-7-1-2	埋地敷设 30 芯以内	100 m		0.1000		
08-7-1-3	埋地敷设 48 芯以内	100 m			0.1000	
08-7-1-4	沿支架、墙面卡敷设 9 芯以内	100 m	0.8000			
08-7-1-5	沿支架、墙面卡敷设 30 芯以内	100 m		0.8000		
08-7-1-6	沿支架、墙面卡敷设 48 芯以内	100 m			0.8000	
08-7-1-7	沿桥架、线槽敷设 9 芯以内	100 m	0.1000			
08-7-1-8	沿桥架、线槽敷设 30 芯以内	100 m		0.1000		
08-7-1-9	沿桥架、线槽敷设 48 芯以内	100 m			0.1000	

工作内容：1,2,3. 敷设、布放信号电缆。
4. 清理电缆沟、填砂、定位、固定。

定额编号				F-8-1-1	F-8-1-2	F-8-1-3	F-8-1-4
项目				信号电缆敷设			砂防护
				9 芯以内	30 芯以内	48 芯以内	1～5 根
名称			单位	100 m	100 m	100 m	100 m
人工	00230105	综合人工(安装)	工日	1.9798	2.8897	3.5604	4.0480
材料	04030115	黄砂 中粗	t				10.7100
	28020101-1	电缆	m	102.0000	102.0000	102.0000	
机械	98050850	绝缘电阻测试仪 BM12	台班	0.0500	0.0800	0.0800	

工作内容：1，2. 清理电缆沟、填砂、定位、固定。
3，4. 清理电缆沟、砌槽道、定位、固定。

定额编号			F-8-1-5	F-8-1-6	F-8-1-7	F-8-1-8
项目			砂防护	砖防护		
			6～10 根	11～20 根	1～5 根	6～10 根
			100 m	100 m	100 m	100 m
预算定额编号	预算定额名称	预算定额单位	数量			
08-7-1-11	砂防护 6～10 根	100 m	1.0000			
08-7-1-12	砂防护 11～20 根	100 m		1.0000		
08-7-1-13	砖防护 1～5 根	100 m			1.0000	
08-7-1-14	砖防护 6～10 根	100 m				1.0000

工作内容：1，2. 清理电缆沟、填砂、定位、固定。
3，4. 清理电缆沟、砌槽道、定位、固定。

定额编号				F-8-1-5	F-8-1-6	F-8-1-7	F-8-1-8
项目				砂防护	砖防护		
				6～10 根	11～20 根	1～5 根	6～10 根
名称			单位	100 m	100 m	100 m	100 m
人工	00230105	综合人工(安装)	工日	5.1520	7.4520	3.0360	3.9560
材料	04030115	黄砂 中粗	t	13.7700	19.8900		
	04131754	蒸压灰砂砖 240×115×53	1000 块			1.1900	1.5900

工作内容:1. 清理电缆沟、砌槽道、定位、固定。
2,3. 过道开挖、钢管安装、定位、固定。
4. 安装、定位、固定、涂漆。

定额编号			F-8-1-9	F-8-1-10	F-8-1-11	F-8-1-12
项目			砖防护	钢管		
			11～20 根	电缆过道过一股道	电缆过道过二股道	电缆过桥无支架
			100 m	处	处	10 m
预算定额编号	预算定额名称	预算定额单位	数量			
08-7-1-15	砖防护 11～20 根	100 m	1.0000			
08-7-1-20	钢管 电缆过道 过一股道	处		1.0000		
08-7-1-21	钢管 电缆过道 过二股道	处			1.0000	
08-7-1-22	钢管 电缆过桥 无支架	10 m				1.0000

工作内容:1. 清理电缆沟、砌槽道、定位、固定。
2,3. 过道开挖、钢管安装、定位、固定。
4. 安装、定位、固定、涂漆。

定额编号				F-8-1-9	F-8-1-10	F-8-1-11	F-8-1-12
项目				砖防护	钢管		
				11～20 根	电缆过道过一股道	电缆过道过二股道	电缆过桥无支架
名称			单位	100 m	处	处	10 m
人工	00230105	综合人工(安装)	工日	5.7040	1.6560	3.7720	1.1040
材料	04131754	蒸压灰砂砖 240×115×53	1000 块	1.9900			
	13010101	调和漆	kg				0.8000
	17030126-1	镀锌焊接钢管 DN50	m		3.7400	7.4800	10.4000
	18035316	镀锌外接头 DN50	个			2.0000	3.0000
	29062716	管卡子(镀锌电管用) DN50	个				3.0000
	X0045	其他材料费	%		1.0000	1.0000	1.0000

工作内容：安装、定位、固定、涂漆。

定额编号			F-8-1-13	F-8-1-14	F-8-1-15	F-8-1-16
项目			钢管	槽钢		钢管
			电缆过桥有支架	桥上电缆无支架	桥上电缆有支架	电缆过桥两端
			10 m	10 m	10 m	处
预算定额编号	预算定额名称	预算定额单位	数量			
08-7-1-23	钢管 电缆过桥 有支架	10 m	1.0000			
08-7-1-24	槽钢 桥上电缆 无支架	10 m		1.0000		
08-7-1-25	槽钢 桥上电缆 有支架	10 m			1.0000	
08-7-1-26	钢管 电缆过桥两端	处				1.0000

工作内容：安装、定位、固定、涂漆。

定额编号				F-8-1-13	F-8-1-14	F-8-1-15	F-8-1-16
项目				钢管	槽钢		钢管
				电缆过桥有支架	桥上电缆无支架	桥上电缆有支架	电缆过桥两端
名称			单位	10 m	10 m	10 m	处
人工	00230105	综合人工(安装)	工日	4.2320	2.3000	9.2000	1.1040
材料	01090110	圆钢 ϕ5.5～9	kg	1.0000		0.5000	
	01130115	扁钢 50～75	kg	3.5000	3.5000	3.5000	
	01190271	热轧槽钢 12#	m		10.5000	10.5000	
	01210115	等边角钢 45～50	kg			2.7000	
	01210291	等边角钢 50×5	m	5.4100			
	01290663	镀锌薄钢板 δ3	m^2		2.0200	2.0200	
	03016617	镀锌穿钉带帽 M14×70	套	5.0000	10.0000	10.0000	
	03016631	镀锌穿钉(无头) M19×800～900	套	2.5000	5.0000	5.0000	
	13010101	调和漆	kg	0.9000	0.5000	0.5000	0.8000
	17030126-1	镀锌焊接钢管 DN50	m	10.4000			9.0000
	18035316	镀锌外接头 DN50	个				4.0000
	29062716	管卡子(镀锌电管用) DN50	个			2.0000	
	36310901	聚四氟乙烯滑板	kg		1.2500	1.2500	
	X0045	其他材料费	%	1.0000	1.0000	1.0000	1.0000

工作内容:1,2,3. 安装、定位、固定、涂漆。
4. 穿洞、过门(洞)等。

定额编号			F-8-1-17	F-8-1-18	F-8-1-19	F-8-1-20
项目			槽钢	电缆上高架桥	电缆过洞顶	电缆过隔断门防护管
			电缆过桥两端			
			处	处	10 m	m
预算定额编号	预算定额名称	预算定额单位	数量			
08-7-1-27	槽钢 电缆过桥两端	处	1.0000			
08-7-1-28	电缆上高架桥	处		1.0000		
08-7-1-29	电缆过洞顶	10 m			1.0000	
08-7-1-30	电缆过隔断门防护管	m				1.0000

工作内容:1,2,3. 安装、定位、固定、涂漆。
4. 穿洞、过门(洞)等。

定额编号				F-8-1-17	F-8-1-18	F-8-1-19	F-8-1-20
项目				槽钢	电缆上高架桥	电缆过洞顶	电缆过隔断门防护管
				电缆过桥两端			
名称			单位	处	处	10 m	m
人工	00230105	综合人工(安装)	工日	10.5800	5.5200	2.7600	0.1500
材料	01090110	圆钢 ϕ5.5～9	kg		1.0000	0.5000	
	01130115	扁钢 50～75	kg	3.3000	6.9900	3.5000	
	01190271	热轧槽钢 12#	m	11.0000	11.0000	10.5000	
	01290663	镀锌薄钢板 δ3	m^2	2.0200			
	03014101	六角螺栓连母垫	kg		0.2200		
	03016617	镀锌穿钉带帽 M14×70	套	10.0000	5.0000	5.0000	
	03016631	镀锌穿钉(无头) M19×800～900	套	5.0000		2.5000	
	13010101	调和漆	kg	0.5000	1.0000	0.5000	
	29060275	阻燃型电缆保护管	m				1.0000
	29062716	管卡子(镀锌电管用) DN50	个		3.0000	1.5000	
	36310901	聚四氟乙烯滑板	kg	1.5000			
	X0045	其他材料费	%	1.0000	1.0000	1.0000	5.0000

工作内容：1. 穿洞、过门(洞)等。
2. 电缆定位、固定。
3. 本体安装。
4. 接头坑开挖、电缆焊接、导通试验，整理清扫、回填。

定额编号			F-8-1-21	F-8-1-22	F-8-1-23	F-8-1-24
项目			电缆穿墙管	电缆、环线欧姆卡固定	电缆梯架	热缩接续 14 芯以下
			m	10 m	m	处
预算定额编号	预算定额名称	预算定额单位	数量			
08-7-1-31	电缆穿墙管	m	1.0000			
08-7-1-32	电缆、环线欧姆卡固定	10 m		1.0000		
08-7-1-33	电缆梯架	m			1.0000	
08-7-1-34	热缩接续 14 芯以下	处				1.0000

工作内容：1. 穿洞、过门(洞)等。
2. 电缆定位、固定。
3. 本体安装。
4. 接头坑开挖、电缆焊接、导通试验，整理清扫、回填。

定额编号				F-8-1-21	F-8-1-22	F-8-1-23	F-8-1-24
项目				电缆穿墙管	电缆、环线欧姆卡固定	电缆梯架	热缩接续 14 芯以下
名称			单位	m	10 m	m	处
人工	00230105	综合人工(安装)	工日	0.5000	4.2320	0.4500	1.3800
材料	03018171	膨胀螺栓(钢制) M6	套		20.0000		
	03018174	膨胀螺栓(钢制) M12	套			4.0000	
	14390235	丁烷 净重 220 g	瓶				0.2500
	29010501	电缆梯架	m			1.0000	
	29060506	聚氯乙烯电线管	m	1.0000			
	29112111	电缆热缩接续盒	个				1.0000
	37050711	线用混凝土枕 固定 Z(X)型	个		5.0000		
	37130915	欧姆卡 ϕ20	只		10.0000		
	X0045	其他材料费	%	5.0000	1.5000	5.0000	2.0000

工作内容:接头坑开挖、电缆焊接、导通试验、整理清扫、回填。

定额编号			F-8-1-25	F-8-1-26	F-8-1-27	F-8-1-28
项目			热缩接续		HDM-T 型免维护接续	
			16～37 芯	42～61 芯	14 芯以下	16～37 芯
			处	处	处	处
预算定额编号	预算定额名称	预算定额单位	数量			
08-7-1-35	热缩接续 16～37 芯	处	1.0000			
08-7-1-36	热缩接续 42～61 芯	处		1.0000		
08-7-1-37	HDM-T 型免维护接续 14 芯以下	处			1.0000	
08-7-1-38	HDM-T 型免维护接续 16～37 芯	处				1.0000

工作内容:接头坑开挖、电缆焊接、导通试验、整理清扫、回填。

定额编号				F-8-1-25	F-8-1-26	F-8-1-27	F-8-1-28
项目				热缩接续		HDM-T 型免维护接续	
				16～37 芯	42～61 芯	14 芯以下	16～37 芯
名称			单位	处	处	处	处
人工	00230105	综合人工(安装)	工日	1.7480	2.3000	2.3000	2.9348
材料	04292051	钢筋混凝土接头槽(带盖板)槽宽 250	套			1.0000	1.0000
	14390235	丁烷 净重 220g	瓶	0.4000	0.7000		
	29112111	电缆热缩接续盒	个	1.0000	1.0000		
	29112131	免维护地下电缆接续盒 HDM-T	套			1.0000	1.0000
	X0045	其他材料费	%	1.0000	1.0000	5.0000	5.0000
机械	98050850	绝缘电阻测试仪 BM12	台班			0.0300	0.0400

工作内容:1. 接头坑开挖、电缆焊接、导通试验、整理清扫、回填。
2,3. 选管、胀管、弯管、埋设、穿管、堵管。
4. 挖坑、安装、回填。

定　额　编　号			F-8-1-29	F-8-1-30	F-8-1-31	F-8-1-32
项　　目			HDM-T 型免维护接续	转辙机管线		信号电缆
			42 芯以上	单动	双动	埋设标
			处	组道岔	组道岔	10 个
预算定额编号	预算定额名称	预算定额单位	数　　量			
08-7-1-39	HDM-T 型免维护接续 42 芯以上	处	1.0000			
08-7-1-40	转辙机管线 单动	组道岔		1.0000		
08-7-1-41	转辙机管线 双动	组道岔			1.0000	
08-7-1-43	信号电缆 埋设标	10 个				1.0000

工作内容:1. 接头坑开挖、电缆焊接、导通试验、整理清扫、回填。
2,3. 选管、胀管、弯管、埋设、穿管、堵管。
4. 挖坑、安装、回填。

定　额　编　号				F-8-1-29	F-8-1-30	F-8-1-31	F-8-1-32
项　　目				HDM-T 型免维护接续	转辙机管线		信号电缆
				42 芯以上	单动	双动	埋设标
名　　称			单位	处	组道岔	组道岔	10 个
人工	00230105	综合人工(安装)	工日	3.8640	4.6000	6.8080	3.2400
材料	04292051	钢筋混凝土接头槽(带盖板)槽宽 250	套	1.0000			
	17030129-1	镀锌焊接钢管 DN80	m		5.0000	10.0000	
	29060516	聚氯乙烯电线管 DN50	m		2.0000	5.0000	
	29112131	免维护地下电缆接续盒 HDM-T	套	1.0000			
	34130421	电缆埋设标志	个				10.0000
	X0045	其他材料费	%	5.0000	3.0000	3.0000	
机械	98050850	绝缘电阻测试仪 BM12	台班	0.0600			

工作内容:挖坑、安装、回填。

定　额　编　号			F-8-1-33
项　　目			信号电缆
			接续标
			10 个
预算定额编号	预算定额名称	预算定额单位	数　　量
08-7-1-44	信号电缆 接续标	10 个	1.0000

工作内容:挖坑、安装、回填。

定　额　编　号				F-8-1-33
项　　目				信号电缆
				接续标
名　　称			单位	10 个
人工	00230105	综合人工(安装)	工日	3.3600
材料	34130426	电缆接续标	个	10.0000

第二节 室外设备

工作内容：本体安装，调整试验。

定额编号			F-8-2-1	F-8-2-2	F-8-2-3	F-8-2-4
项目			高柱 LED	矮型 LED		
			五显示	单显示	二显示	三显示
			架	架	架	架
预算定额编号	预算定额名称	预算定额单位	数量			
08-7-2-4	高柱 LED 五显示	架	1.0000			
08-7-2-5	矮型 LED 单显示	架		1.0000		
08-7-2-6	矮型 LED 二显示	架			1.0000	
08-7-2-7	矮型 LED 三显示	架				1.0000

工作内容：本体安装，调整试验。

定额编号				F-8-2-1	F-8-2-2	F-8-2-3	F-8-2-4
项目				高柱 LED	矮型 LED		
				五显示	单显示	二显示	三显示
名称			单位	架	架	架	架
人工	00230105	综合人工(安装)	工日	7.7280	1.2000	1.5000	1.8000
材料	03014246	镀锌六角螺栓连母垫 M10×50	套	6.0000	2.0000	2.0000	2.0000
	03030301	信号机柜门锁	把	5.0000	1.0000	2.0000	3.0000
	04291020	钢筋混凝土信号机柱 ϕ150×11 m	根	1.0000			
	28030520	铜芯聚氯乙烯软线 RV-500 V 1.5 mm^2	m	125.0000	15.0000	24.0000	28.0000
	37210101	LED铝合金引导信号机	架	1.0000			
	37210131	矮型 LED 铝合金信号机 单显示	架		1.0000		
	37210132	矮型 LED 铝合金信号机 二显示	架			1.0000	
	37210133	矮型 LED 铝合金信号机 三显示	架				1.0000
	37210162	高柱 LED 铝合金信号机 二显示	架	1.0000			
	37210163	高柱 LED 铝合金信号机 三显示	架	1.0000			
	37210311	信号机引入管 MU10	根	1.0000			
	37210415	信号机梯子 11 m	架	1.0000			
	37340613	爪线环 ϕ6	个	120.0000	12.0000	16.0000	24.0000
	X0045	其他材料费	%	2.0000	2.0000	2.0000	2.0000

工作内容:1,2,3. 本体安装,调整试验。
4. 安装箱、盒。

定额编号			F-8-2-5	F-8-2-6	F-8-2-7	F-8-2-8
项目			矮型 LED		发车指示器	终端电缆盒
			进路二方向	进路三方向	计时显示	
			组	组	组	个
预算定额编号	预算定额名称	预算定额单位	数量			
08-7-2-19	矮型 LED 进路 二方向	组	1.0000			
08-7-2-20	矮型 LED 进路 三方向	组		1.0000		
08-7-2-26	发车指示器 计时显示	组			1.0000	
08-7-2-27	终端电缆盒 HZ-0	个				0.2500
08-7-2-28	终端电缆盒 HZ-6	个				0.2500
08-7-2-29	终端电缆盒 HZ-12	个				0.2500
08-7-2-30	终端电缆盒 HZ-24	个				0.2500

工作内容:1,2,3. 本体安装,调整试验。
4. 安装箱、盒。

定额编号				F-8-2-5	F-8-2-6	F-8-2-7	F-8-2-8
项目				矮型 LED		发车指示器	终端电缆盒
				进路二方向	进路三方向	计时显示	
名称			单位	组	组	组	个
人工	00230105	综合人工(安装)	工日	1.0000	1.2000	2.8800	0.7000
材料	03018174	膨胀螺栓(钢制) M12	套			4.0000	
	03030301	信号机柜门锁	把	2.0000	3.0000		
	13010101	调和漆	kg			0.4000	0.1750
	14414051	冷封胶	kg				0.6500
	28030520	铜芯聚氯乙烯软线 RV-500 V 1.5 mm^2	m	26.0000	40.0000	13.0000	
	29251101	终端电缆盒	个				1.0000
	37210142	矮型 LED 铝合金进路表示器 二灯	架	1.0000			
	37210143	矮型 LED 铝合金进路表示器 三灯	架		1.0000		
	37210185	发车指示器 数字计时型	套			1.0000	
	37340613	爪线环 ϕ6	个	24.0000	36.0000	4.0000	
	X0045	其他材料费	%	2.0000	2.0000	2.0000	1.0000

工作内容：安装箱、盒。

定额编号			F-8-2-9	F-8-2-10	F-8-2-11	F-8-2-12
项目			分向盒		变压器箱	分线箱
			HF-4	HF-7		
			个	个	个	个
预算定额编号	预算定额名称	预算定额单位	数量			
08-7-2-31	分向盒 HF-4	个	1.0000			
08-7-2-32	分向盒 HF-7	个		1.0000		
08-7-2-33	变压器箱 XB-1	个			0.5000	
08-7-2-34	变压器箱 XB-2	个			0.5000	
08-7-2-35	分线箱 通过箱	个				0.2500
08-7-2-36	分线箱 一般箱	个				0.2500
08-7-2-37	分线箱 一个转换器	个				0.1000
08-7-2-38	分线箱 两个转换器	个				0.1000
08-7-2-39	分线箱 三个转换器	个				0.1000
08-7-2-40	ATC 电话盒	个				0.1000
08-7-2-42	信号机洞壁式分线箱	个				0.1000

工作内容：安装箱、盒。

定额编号				F-8-2-9	F-8-2-10	F-8-2-11	F-8-2-12
项目				分向盒		变压器箱	分线箱
				HF-4	HF-7		
		名称	单位	个	个	个	个
人工	00230105	综合人工(安装)	工日	1.8050	3.0400	1.2500	5.0720
材料	02311001	聚氯乙烯单丝	kg				0.1525
	03018171	膨胀螺栓(钢制) M6	套				10.3000
	03018175	膨胀螺栓(钢制) M14	套				3.2000
	03030301	信号机柜门锁	把			1.0000	1.0000
	13010101	调和漆	kg	0.2000	0.3000	1.0000	0.1100
	14414051	冷封胶	kg	1.5000	2.5000	1.9500	0.1400
	17030127	镀锌焊接钢管 DN65	m				0.3000
	18035316	镀锌外接头 DN50	个				0.2000
	26410901	成套插座	个				0.8000
	28030214-1	铜芯聚氯乙烯绝缘线 BV-1.5 mm^2	m				10.0000
	29060257	镀锌电线管 ϕ60	根				0.4000
	29061013	进线管 ϕ40	根				3.2000
	29090216	铜接线端子 DT-25	个				1.3500
	29110101	接线盒(箱)	个				0.1000
	29111711	分线箱 X4713	个				0.8000
	29111731	洞壁式分线箱	个				0.1000
	29112193	方向电缆盒 HF-4	个	1.0000			
	29112195	方向电缆盒 HF-7	个		1.0000		
	29253132	撑脚卡箍 R80 单面	副				0.1000
	37133101	变压器箱 XB-1	台			0.5000	
	37133111	变压器箱 XB-2	台			0.5000	
	37212145	镀锌角钢抱箍支架	副				0.8000
	37340613	爪线环 ϕ6	个				3.0000
	X0045	其他材料费	%	1.0000	1.0000	1.0000	1.0000

工作内容:1. 安装箱、盒。
2. 安装光缆终端盒、光纤熔接、测试衰减、光纤的盘留固定。
3. 堵洞、清理。
4. 混凝土基础浇筑,钢支架制作、安装。

定　额　编　号			F-8-2-13	F-8-2-14	F-8-2-15	F-8-2-16
项　目			AP或TRE箱安装(含单元、电源箱)	光缆终端盒	室外设备防火堵洞	信号机基础
			个	个	处	个
预算定额编号	预算定额名称	预算定额单位	数　量			
08-7-2-43	AP或TRE箱安装	个	1.0000			
08-7-2-44	AP或TRE耦合单元安装	个	1.0000			
08-7-2-45	TRE电源箱安装	个	1.0000			
08-7-2-46	光缆终端盒	个		1.0000		
08-7-2-47	室外设备防火堵洞	处			1.0000	
08-7-2-48	信号机基础(一架用) 混凝土	个				0.3000
08-7-2-49	信号机基础(一架用) 整体道床钢支架	个				0.3500
08-7-2-50	信号机基础(一架用) 隧道壁钢支架	个				0.3500

工作内容: 1. 安装箱、盒。
2. 安装光缆终端盒、光纤熔接、测试衰减、光纤的盘留固定。
3. 堵洞、清理。
4. 混凝土基础浇筑,钢支架制作、安装。

定额编号				F-8-2-13	F-8-2-14	F-8-2-15	F-8-2-16
项目				AP 或 TRE 箱安装(含单元、电源箱)	光缆终端盒	室外设备防火堵洞	信号机基础
名称			单位	个	个	处	个
人工	00230105	综合人工(安装)	工日	9.4400	3.2500	0.1000	1.6630
材料	01130334	镀锌扁钢 25～45	kg				4.9000
	01210420	等边镀锌角钢 20～30×3～4	kg				9.8000
	03014142	六角螺栓连母垫 M10×50	套	16.0000			
	03016620	镀锌穿钉带帽 M16×60	套		4.0000		
	03017539	钩头螺栓连母垫 M16×350	套				2.0000
	03018174	膨胀螺栓(钢制) M12	套	12.0000			2.8000
	03030301	信号机柜门锁	把	2.0000			
	03130101	电焊条	kg				0.8400
	13010101	调和漆	kg				0.3500
	14414051	冷封胶	kg	2.4000			
	23170102	防火堵料	kg			5.0000	
	28030217	铜芯聚氯乙烯绝缘线 BV-6 mm^2	m	2.0000			
	28030219	铜芯聚氯乙烯绝缘线 BV-10 mm^2	m	8.0000			
	28290301-1	射频同轴电缆	m	20.0000			
	29060512	聚氯乙烯电线管 DN20	m	7.0000			
	29061013	进线管 ϕ40	根				0.3000
	29064021	防护套管 DN28	m	6.0000			
	29091312	冷压接线环 6 mm^2	个	2.0000			
	29251211	光缆终端盒(包括辅材)	套		1.0000		
	34130211	方型配线铭牌	个	20.0000	0	0	0
	37212140	接线箱支架	套	1.0000			
	37212143	耦合单元箱安装支架	套	1.0000			
	80210518	预拌混凝土(非泵送型) C25 粒径 5～40	m^3				0.0159
	X0045	其他材料费	%	5.0000	5.0000	5.0000	1.0000
机械	98150030	光时域反射仪	台班		1.0000		
	98150230	光纤融接机 TYPE-35	台班		1.0000		
	99250010	交流弧焊机 21 kV·A	台班				0.1680
	99430050	汽油发电机 ≤2.2 kW	台班	1.5000			

工作内容：混凝土基础浇筑，钢支架制作、安装。

定额编号			F-8-2-17	F-8-2-18	F-8-2-19	F-8-2-20
项目			变压器箱基础	分向盒基础	终端电缆盒基础	信号机梯子基础
			10 对	10 对	10 个	10 个
预算定额编号	预算定额名称	预算定额单位	数量			
08-7-2-51	变压器箱基础 混凝土	10 对	0.5000			
08-7-2-52	变压器箱基础 钢支架	10 对	0.5000			
08-7-2-53	分向盒基础 混凝土	10 对		0.5000		
08-7-2-54	分向盒基础 钢支架	10 对		0.5000		
08-7-2-55	终端电缆盒基础 混凝土	10 个			0.5000	
08-7-2-56	终端电缆盒基础 钢支架	10 个			0.5000	
08-7-2-57	信号机梯子基础 混凝土	10 个				0.5000
08-7-2-58	信号机梯子基础 钢支架	10 个				0.5000

工作内容：混凝土基础浇筑，钢支架制作、安装。

定额编号				F-8-2-17	F-8-2-18	F-8-2-19	F-8-2-20
项目				变压器箱基础	分向盒基础	终端电缆盒基础	信号机梯子基础
名称			单位	10 对	10 对	10 个	10 个
人工	00230105	综合人工(安装)	工日	18.1500	17.2425	8.9650	9.0460
材料	01130113-1	扁钢 18～22	kg				6.3000
	01130334-1	镀锌扁钢 25～45	kg	25.0000	12.5000	6.2500	
	01210420-1	等边镀锌角钢 20～30×3～4	kg	50.0000	25.0000	12.5000	20.0000
	03014269	镀锌六角螺栓连母垫 M12×200	套				20.0000
	03017521	钩头螺栓连母垫 M10×200	套			20.0000	
	03017535	钩头螺栓连母垫 M16×200	套	40.0000			10.0000
	03017537	钩头螺栓连母垫 M16×300	套		20.0000		
	03018174	膨胀螺栓(钢制) M12	套	20.0000	20.0000	20.0000	20.0000
	03130101	电焊条	kg	5.0000	2.5000	1.2500	2.0000
	13010101	调和漆	kg	1.2500	1.2500	0.7500	1.2500
	80210518	预拌混凝土(非泵送型) C25 粒径 5～40	m^3	0.1020	0.0550	0.0390	0.0745
	X0045	其他材料费	%	1.0000	1.0000	1.0000	1.0000
机械	99250010	交流弧焊机 21 kV·A	台班	1.0000	0.5000	0.2500	0.4000

工作内容: 1. 混凝土基础浇筑,钢支架制作、安装。
2,3,4. 现场搬运、安装、涂漆、调整紧固。

定额编号			F-8-2-21	F-8-2-22	F-8-2-23	F-8-2-24
项目			固定连接线用混凝土枕	电缆支架	电缆引入爬架	电缆槽支架
			10 个	个	架	个
预算定额编号	预算定额名称	预算定额单位	数量			
08-7-2-59	固定连接线用混凝土枕	10 个	1.0000			
08-7-2-60	电缆支架	个		1.0000		
08-7-2-61	电缆引入爬架	架			1.0000	
08-7-2-66	电缆槽支架 隧道内	个				0.4000
08-7-2-67	电缆槽支架 地面	个				0.3000
08-7-2-68	电缆槽支架 室内	个				0.3000

工作内容: 1. 混凝土基础浇筑,钢支架制作、安装。
2,3,4. 现场搬运、安装、涂漆、调整紧固。

定额编号				F-8-2-21	F-8-2-22	F-8-2-23	F-8-2-24
项目				固定连接线用混凝土枕	电缆支架	电缆引入爬架	电缆槽支架
名称			单位	10 个	个	架	个
人工	00230105	综合人工(安装)	工日	5.4000	0.5000	6.0300	1.9800
材料	01130334	镀锌扁钢 25～45	kg				2.5000
	01210420	等边镀锌角钢 20～30×3～4	kg				5.2500
	03017535	钩头螺栓连母垫 M16×200	套	20.0000			
	03018173	膨胀螺栓(钢制) M10	套		2.0000		2.0000
	03018174	膨胀螺栓(钢制) M12	套			16.0000	
	03130101	电焊条	kg				1.0000
	13010101	调和漆	kg				0.3000
	13050401	防锈漆	kg		0.0500		
	29020741	电缆支架	个		1.0000		
	29021011	电缆引入爬架	架			1.0000	
	80210518	预拌混凝土(非泵送型) C25 粒径 5～40	m^3	0.0540			
	X0045	其他材料费	%	1.0000	1.0000	1.0000	1.0000
机械	99250010	交流弧焊机 21 kV·A	台班				0.2000
	99430050	汽油发电机 ≤2.2 kW	台班				0.1400

工作内容:1. 安装,调整紧固。
2,3,4. 本体安装,调整试验。

定额编号			F-8-2-25	F-8-2-26	F-8-2-27	F-8-2-28
项目			TRE 支架	直流电动转辙装置		交流电液转辙装置(侧式)
				单开道岔一个牵引点	重型单开道岔两个牵引点	单开道岔一个牵引点
			个	组	组	组
预算定额编号	预算定额名称	预算定额单位	数量			
08-7-2-71	TRE 支架 隧道壁安装	个	0.3000			
08-7-2-72	TRE 支架 U 型梁安装	个	0.4000			
08-7-2-73	TRE 支架 整体道床安装	个	0.3000			
08-7-2-79	直流电动转辙装置 单开道岔 一个牵引点	组		1.0000		
08-7-2-80	直流电动转辙装置 重型单开道岔两个牵引点	组			1.0000	
08-7-2-87	交流电液转辙装置(侧式) 单开道岔一个牵引点	组				1.0000

工作内容:1. 安装,调整紧固。
2,3,4. 本体安装,调整试验。

定额编号				F-8-2-25	F-8-2-26	F-8-2-27	F-8-2-28
项目				TRE 支架	直流电动转辙装置		交流电液转辙装置(侧式)
					单开道岔一个牵引点	重型单开道岔两个牵引点	单开道岔一个牵引点
名称			单位	个	组	组	组
人工	00230105	综合人工(安装)	工日	2.3625	10.4700	21.1800	10.6300
材料	03014142	六角螺栓连母垫 M10×50	套		2.0000	4.0000	2.0000
	03018173	膨胀螺栓(钢制) M10	套	4.0000			
	03030301	信号机柜门锁	把		2.0000	4.0000	2.0000
	13010115	酚醛调和漆	kg		1.0000	1.8000	
	24330411	线号机打字色带	盘		0.0100	0.0100	0.0100
	28030520	铜芯聚氯乙烯软线 RV-500 V 1.5 mm^2	m		30.0000	55.0000	30.0000
	29060856	镀锌金属软管 ϕ38	m		1.0000	2.0000	1.2000
	29060904	电气塑料软管 ϕ6	m		1.2000	1.5600	1.2000
	29062201	金属软管接头	个		1.0000	2.0000	1.0000
	37212101	TRE 支架	套	1.0000			
	37340613	爪线环 ϕ6	个		40.0000	52.0000	40.0000
	X0045	其他材料费	%	1.0000	3.0000	3.0000	3.0000
机械	98510055	中英文线号机	台班		0.0400	0.0500	0.0400
	99430050	汽油发电机 ≤2.2 kW	台班	0.3800	0.2000	0.4000	0.2000

工作内容:1,2,3. 本体安装,调整试验。
4. 打眼,安装固定外锁闭装置。

定额编号			F-8-2-29	F-8-2-30	F-8-2-31	F-8-2-32
项目			交流电液转辙装置(侧式)	交流电动转辙装置		外锁闭装置安装
			重型单开道岔两个牵引点	单开道岔一个牵引点	重型单开道岔两个牵引点	
			组	组	组	组
预算定额编号	预算定额名称	预算定额单位	数量			
08-7-2-88	交流电液转辙装置(侧式) 重型单开道岔 两个牵引点	组	1.0000			
08-7-2-91	交流电动转辙装置 单开道岔 一个牵引点	组		1.0000		
08-7-2-92	交流电动转辙装置 重型单开道岔 两个牵引点	组			1.0000	
08-7-2-96	外锁闭装置安装	组				1.0000

工作内容:1,2,3. 本体安装,调整试验。
4. 打眼,安装固定外锁闭装置。

定额编号				F-8-2-29	F-8-2-30	F-8-2-31	F-8-2-32
项目				交流电液转辙装置(侧式)	交流电动转辙装置		外锁闭装置安装
				重型单开道岔两个牵引点	单开道岔一个牵引点	重型单开道岔两个牵引点	
名称			单位	组	组	组	组
人工	00230105	综合人工(安装)	工日	21.6300	10.4700	21.1800	2.8000
材料	03014142	六角螺栓连母垫 M10×50	套	4.0000	2.0000	4.0000	
	03030301	信号机柜门锁	把	4.0000	2.0000	4.0000	
	24330411	线号机打字色带	盘	0.0100	0.0100	0.0100	
	28030520	铜芯聚氯乙烯软线 RV-500 V 1.5 mm^2	m	55.0000	30.0000	55.0000	
	29060856	镀锌金属软管 ϕ38	m	2.5000	1.0000	1.0000	
	29060904	电气塑料软管 ϕ6	m	1.5600	1.2000	1.5600	
	29062201	金属软管接头	个	2.0000	1.0000	1.0000	
	37340613	爪线环 ϕ6	个	52.0000	40.0000	52.0000	
	X0045	其他材料费	%	3.0000	3.0000	3.0000	
机械	98510055	中英文线号机	台班	0.0500	0.0400	0.0500	
	99430050	汽油发电机 ≤2.2 kW	台班	0.4000	0.2000	0.4000	

工作内容:1,2,3. 安装、调试、固定。
4. 安装固定电子接线盒及接线端子。

定额编号			F-8-2-33	F-8-2-34	F-8-2-35	F-8-2-36
项目			信标安装			计轴设备安装
			整体道床	轨枕	检修坑	轨旁电子接线盒
			组	组	组	个
预算定额编号	预算定额名称	预算定额单位	数量			
08-7-2-126	信标安装 整体道床	组	1.0000			
08-7-2-127	信标安装 轨枕	组		1.0000		
08-7-2-128	信标安装 检修坑	组			1.0000	
08-7-2-129	计轴设备安装 轨旁电子接线盒 隧道壁	个				0.5000
08-7-2-130	计轴设备安装 轨旁电子接线盒 整体道床	个				0.5000

工作内容:1,2,3. 安装、调试、固定。
4. 安装固定电子接线盒及接线端子。

定额编号				F-8-2-33	F-8-2-34	F-8-2-35	F-8-2-36
项目				信标安装			计轴设备安装
				整体道床	轨枕	检修坑	轨旁电子接线盒
名称			单位	组	组	组	个
人工	00230105	综合人工(安装)	工日	1.5000	1.7500	2.0000	3.5673
材料	03014142	六角螺栓连母垫 M10×50	套	4.0000	4.0000	4.0000	
	03018103	膨胀螺栓(钢制)	套				3.0000
	03018174	膨胀螺栓(钢制) M12	套	6.0000	6.0000	8.0000	
	03019522	加固垫圈 ϕ40×10	只	16.0000	16.0000	16.0000	
	03030301	信号机柜门锁	把				1.0000
	28020115	电缆 25 mm^2	m				3.0000
	29060512	聚氯乙烯电线管 DN20	m				1.0000
	29064021	防护套管 DN28	m				3.0000
	37212131	计轴电子盒支架(洞壁式)	个				0.5000
	37212133	计轴电子盒支架(整体道床)	个				0.5000
	37212151	信标支架	套	1.0000	1.0000	1.0000	
	37212191	检修坑特殊支架	套			1.0000	
	37236441	轨枕抱箍支架	套		1.0000		
	X0045	其他材料费	%	1.5000	1.5000	1.5000	5.0000

工作内容:1. 安装固定电子接线盒及接线端子。
2. 本体安装,测试调整。
3,4. 安装配线,接地电阻测试。

定额编号			F-8-2-37	F-8-2-38	F-8-2-39	F-8-2-40
项目			计轴设备安装 传感器	无线天线	电缆屏蔽接地	室内设备接地连接
			对	套	处	处
预算定额编号	预算定额名称	预算定额单位	数量			
08-7-2-131	计轴设备安装 传感器	对	1.0000			
08-7-2-132	无线天线 隧道壁	套		0.5000		
08-7-2-133	无线天线 立柱	套		0.5000		
08-7-2-158	电缆屏蔽接地	处			1.0000	
08-7-2-159	室内设备接地连接	处				1.0000

工作内容:1. 安装固定电子接线盒及接线端子。
2. 本体安装,测试调整。
3,4. 安装配线,接地电阻测试。

定额编号				F-8-2-37	F-8-2-38	F-8-2-39	F-8-2-40
项目				计轴设备安装 传感器	无线天线	电缆屏蔽接地	室内设备接地连接
	名称		单位	对	套	处	处
人工	00230105	综合人工(安装)	工日	3.8500	4.6300	0.2880	0.5000
材料	03018103	膨胀螺栓(钢制)	套		8.0000		
	03131803	焊锡条(高熔点)	kg			0.2000	
	14431601	防水胶带	m		3.0000		
	27061321	接地铜缆 16 mm^2	m				10.0000
	27062401	接地排	个		1.0000		
	28030219-1	铜芯聚氯乙烯绝缘线 BV-10 mm^2	m		5.0000		
	28030220-1	铜芯聚氯乙烯绝缘线 BV-16 mm^2	m		5.0000		
	28290301-1	射频同轴电缆	m		10.0000		
	29064021	防护套管 DN28	m		3.7500		
	29252601	电缆固定卡子	个	5.0000	10.0000		
	33414601	天线立柱(钢质)	个		0.5000		
	33414651	天线立柱钢底座	个		0.5000		
	37212181	天线支架	个		1.0000		
	37340731	线扣 150 mm	个		5.0000		
	X0045	其他材料费	%	5.0000	5.0000	3.0000	
机械	98090360	通过式功率计 450 kHz～2.3 GHz 0.1～1000 W	台班		0.5000		
	98090370	场强仪 APM32OH	台班		0.1000		
	99430040	汽油发电机 ≤1.5 kW	台班		0.2000		
	99430050	汽油发电机 ≤2.2 kW	台班	0.5000			

工作内容: 1. 安装配线、接地电阻测试。
2,3. 扁钢打孔、固定引线、铜缆连接、端子固定、测试电阻、调整测试。
4. 制作地线、挖埋接地装置、固定引线、调整测试。

定额编号			F-8-2-41	F-8-2-42	F-8-2-43	F-8-2-44
项目			接地箱	区间接地		电气化区段
				扁钢至室内接地电缆	扁钢安装	室外信号设备接地
			台	100 m	100 m	处
预算定额编号	预算定额名称	预算定额单位	数量			
08-7-2-160	接地箱	台	1.0000			
08-7-2-161	区间接地 扁钢至室内接地电缆	100 m		1.0000		
08-7-2-162	区间接地 扁钢安装	100 m			1.0000	
08-7-2-163	电气化区段 室外信号设备接地	处				1.0000

工作内容: 1. 安装配线、接地电阻测试。
2,3. 扁钢打孔、固定引线、铜缆连接、端子固定、测试电阻、调整测试。
4. 制作地线、挖埋接地装置、固定引线、调整测试。

定额编号				F-8-2-41	F-8-2-42	F-8-2-43	F-8-2-44
项目				接地箱	区间接地		电气化区段
					扁钢至室内接地电缆	扁钢安装	室外信号设备接地
名称			单位	台	100 m	100 m	处
人工	00230105	综合人工(安装)	工日	2.4000	3.0000	5.0000	0.8000
材料	01090110	圆钢 ϕ5.5～9	kg				4.3000
	01130302-1	镀锌扁钢	kg			257.0000	
	03014245	镀锌六角螺栓连母垫 M8×75	套	20.0000			
	03018173	膨胀螺栓(钢制) M10	套	4.0000			
	03130101	电焊条	kg			7.5000	
	03131803	焊锡条(高熔点)	kg				0.3000
	13053101	沥青漆	kg	1.0000			
	27061321	接地铜缆 16 mm^2	m	10.0000			
	27061331	接地铜缆 95 mm^2	m		102.0000		
	27062501	接地箱	个	1.0000			
	29091161	冷压端子 ϕ100	个		2.0000		
	X0045	其他材料费	%	3.0000	5.0000	5.0000	3.0000
机械	98050580	接地电阻测试仪 3150	台班	0.5000	0.0500	0.0500	
	99250020	交流弧焊机 32 kV·A	台班			3.0000	
	99430040	汽油发电机 ≤1.5 kW	台班			3.0000	

工作内容:1,2. 标志牌定位,埋设立柱,标志牌安装、固定。
3,4. 定位、安装固定、测试调整。

定额编号			F-8-2-45	F-8-2-46	F-8-2-47	F-8-2-48
项目			标志牌分界(或反光)标		站台按钮	同意按钮柱
			洞内	洞外		
			个	个	个	个
预算定额编号	预算定额名称	预算定额单位	数量			
08-7-2-164	标志牌 分界(或反光)标 洞内	个	1.0000			
08-7-2-165	标志牌 分界(或反光)标 洞外	个		1.0000		
08-7-2-166	站台紧急关闭按钮	个			0.5000	
08-7-2-167	站台自动折返按钮	个			0.5000	
08-7-2-168	同意按钮柱	个				1.0000

工作内容:1,2. 标志牌定位,埋设立柱,标志牌安装、固定。
3,4. 定位、安装固定、测试调整。

定额编号				F-8-2-45	F-8-2-46	F-8-2-47	F-8-2-48
项目				标志牌分界(或反光)标		站台按钮	同意按钮柱
				洞内	洞外		
		名称	单位	个	个	个	个
人工	00230105	综合人工(安装)	工日	0.4960	1.0000	1.4625	1.0000
材料	01090110	圆钢 φ5.5～9	kg		1.2100		
	03014101	六角螺栓连母垫	kg				0.1200
	03014142	六角螺栓连母垫 M10×50	套				2.0000
	03014217	镀锌六角螺栓连母垫 M8×30	套	2.0000			
	03018172	膨胀螺栓(钢制) M8	套	2.0000		2.0000	
	03130101	电焊条	kg		0.0100		
	05030201	板材	m^3		0.0200		
	13010101	调和漆	kg				0.5000
	13010115	酚醛调和漆	kg		0.1300		
	17270201	普通橡胶管	m				2.5000
	26210501	自动折返按钮	个			0.5000	
	26210601	紧急关闭按钮	个			0.5000	
	27251821	绝缘管及垫(一管二垫) φ14	套			4.1000	
	29020731	电缆支架(附卡子)	套			1.0100	
	29060904	电气塑料软管 φ6	m			2.0000	
	33414731	标志牌立柱(含基础)	个		1.0000		
	34130103	分界标志牌	块		1.0000		
	34130103-1	分界标志牌	块	1.0000			
	34131011	分界标志托架	个	1.0000			
	36221011	柱式信号灯杆(上部)	套				1.0000
	37080511	连接铁件	kg		0.0100		
	80210518	预拌混凝土(非泵送型) C25 粒径 5～40	m^3		0.0400		
	X0045	其他材料费	%	3.0000	3.0000	5.0000	5.0000
机械	98510055	中英文线号机	台班			0.0100	
	99250020	交流弧焊机 32 kV·A	台班		0.3000		
	99430050	汽油发电机 ≤2.2 kW	台班		0.2000		

工作内容:砌筑、抹平、养护。

定额编号			F-8-2-49	F-8-2-50
项目			室外设备硬面化	
			一件用	每增加一件用
			处	处
预算定额编号	预算定额名称	预算定额单位	数量	
08-7-2-169	室外设备硬面化 一件用	处	1.0000	
08-7-2-170	室外设备硬面化 每增加一件用	处		1.0000

工作内容:砌筑、抹平、养护。

定额编号				F-8-2-49	F-8-2-50
项目				室外设备硬面化	
				一件用	每增加一件用
名称			单位	处	处
人工	00230105	综合人工(安装)	工日	3.0000	1.8000
材料	04131754	蒸压灰砂砖 240×115×53	1000 块	0.1800	0.0800
	13010115	酚醛调和漆	kg	0.3000	0.2000
	80060411	湿拌砌筑砂浆 WM M5.0	m^3	0.1000	0.0600
	X0045	其他材料费	%	5.0000	5.0000

第三节　室内设备

工作内容：本体安装。

定　额　编　号			F-8-3-1	F-8-3-2	F-8-3-3	F-8-3-4
项　　目			工作站安装	工作台安装	服务器	大屏幕显示系统
			台	台	台	10 屏
预算定额编号	预算定额名称	预算定额单位	数　　量			
08-7-3-1	工作站安装 工作站	台	0.5000			
08-7-3-2	工作站安装 车站/控制中心 ATS	台	0.5000			
08-7-3-3	工作台安装 操作员	台		0.5000		
08-7-3-4	工作台安装 数字化仪	台		0.5000		
08-7-3-5	服务器	台			1.0000	
08-7-3-7	大屏幕显示系统	10 屏				1.0000

工作内容：本体安装。

定　额　编　号				F-8-3-1	F-8-3-2	F-8-3-3	F-8-3-4
项　　目				工作站安装	工作台安装	服务器	大屏幕显示系统
名　　称			单位	台	台	台	10 屏
人工	00230105	综合人工(安装)	工日	1.9500	4.8750	3.0000	40.0000
材料	03018172	膨胀螺栓(钢制) M8	套				40.0000
	27190213	橡皮绝缘板 δ6～12	kg	5.0000	5.0000	10.0000	
	28010113	裸铜线 10 mm^2	m				10.0000
	28030413-1	铜芯聚氯乙烯绝缘护套线 BVV2×2.5 mm^2	m	15.0000	4.0000	30.0000	50.0000
	29090701	视频接线端子	个				10.0000
	29174021	尼龙扎带 L150	根	20.0000		30.0000	10.0000
	X0045	其他材料费	%	2.3400	2.0000	3.0000	3.0000

工作内容:定位,端子板、块安装,走线槽安装,配线导通。

定额编号			F-8-3-5
项目			分线柜
			WAGO 端子
			架
预算定额编号	预算定额名称	预算定额单位	数量
08-7-3-8	分线柜 WAGO 端子	架	1.0000

工作内容:定位,端子板、块安装,走线槽安装,配线导通。

定额编号				F-8-3-5
项目				分线柜
				WAGO 端子
名称			单位	架
人工	00230105	综合人工(安装)	工日	22.5000
材料	01290202	热轧钢板(薄板)	kg	20.0000
	02311001	聚氯乙烯单丝	kg	0.3000
	03014121	六角螺栓连母垫 M10×100	套	4.0000
	27190551	环氧酚醛层压玻璃布板	kg	26.7650
	29030215	塑料线槽 35×50	m	12.0000
	29060904	电气塑料软管 ϕ6	m	10.0000
	29090931	端子板 WAGO	个	100.0000
	29174021	尼龙扎带 L150	根	30.0000
	X0045	其他材料费	%	1.0000
机械	98050980	数字万用表 F-87	台班	0.7000
	98510055	中英文线号机	台班	0.4000

工作内容：1. 定位，端子板、块安装，走线槽安装，配线导通。
2,3. 定位、连接、固定、安装。
4. 本体安装，调整测试。

定额编号			F-8-3-6	F-8-3-7	F-8-3-8	F-8-3-9
项目			分线柜 Phenix 端子	配线槽道 工厂化	走线架	紧急按钮盘 车控室
			架	10 架	10 架	台
预算定额编号	预算定额名称	预算定额单位	数量			
08-7-3-10	配线槽道 工厂化	10 架		1.0000		
08-7-3-11	走线架	10 架			1.0000	
08-7-3-12	紧急按钮盘 车控室	台				1.0000
08-7-3-9	分线柜 Phenix 端子	架	1.0000			

工作内容：1. 定位，端子板、块安装，走线槽安装，配线导通。
2,3. 定位、连接、固定、安装。
4. 本体安装，调整测试。

定额编号				F-8-3-6	F-8-3-7	F-8-3-8	F-8-3-9
项目				分线柜 Phenix 端子	配线槽道 工厂化	走线架	紧急按钮盘 车控室
名称			单位	架	10 架	10 架	台
人工	00230105	综合人工(安装)	工日	23.5000	5.1500	9.2700	1.5000
材料	01210291	等边角钢 50×5	m			3.0000	
	01290202	热轧钢板(薄板)	kg	20.0000			
	02311001	聚氯乙烯单丝	kg	0.5000			
	03014121	六角螺栓连母垫 M10×100	套	4.0000	20.0000	20.0000	
	03018172	膨胀螺栓(钢制) M8	套				4.0000
	03018174	膨胀螺栓(钢制) M12	套			4.0000	
	03018885	塑料膨胀管(尼龙胀管) M8	个				6.0000
	03030301	信号机柜门锁	把				1.0000
	13010115	酚醛调和漆	kg			0.7000	
	13050401	防锈漆	kg			1.3000	
	25350101	指示灯	套				1.0000
	26170101	自复位开关	个				1.0000
	27190551	环氧酚醛层压玻璃布板	kg	26.7650			
	29030215	塑料线槽 35×50	m	12.0000			
	29030715	配线槽道	10 架		1.0000		
	29060614	聚氯乙烯易弯电线管 DN32	m				1.6000
	29060904	电气塑料软管 ϕ6	m	15.0000			
	29062914	管卡子(塑料管用) DN32	个				3.0000
	29090201	铜接线端子	个	900.0000			
	29174021	尼龙扎带 L150	根	30.0000			
	X0045	其他材料费	%	2.0000	1.0000	3.0000	2.0000
机械	98050980	数字万用表 F-87	台班	0.7000			
	98510055	中英文线号机	台班	0.4000			0.0100

工作内容:1. 室外电缆引入、扒皮、固定。
2,3,4. 本体安装,导通测试。

定额编号			F-8-3-10	F-8-3-11	F-8-3-12	F-8-3-13
项目			电缆柜	轨道测试盘	熔丝报警器	熔丝报警板
			10 根	台	台	块
预算定额编号	预算定额名称	预算定额单位	数量			
08-7-3-14	电缆柜	10 根	1.0000			
08-7-3-15	轨道测试盘 PG-26	台		0.5000		
08-7-3-16	轨道测试盘 PG-48	台		0.5000		
08-7-3-17	熔丝报警器	台			1.0000	1.0000

工作内容:1. 室外电缆引入、扒皮、固定。
2,3,4. 本体安装,导通测试。

定额编号				F-8-3-10	F-8-3-11	F-8-3-12	F-8-3-13
项目				电缆柜	轨道测试盘	熔丝报警器	熔丝报警板
名称			单位	10 根	台	台	块
人工	00230105	综合人工(安装)	工日	5.1500	4.0000	0.6000	0.6000
材料	01210291	等边角钢 50×5	m	2.0000			
	03014121	六角螺栓连母垫 M10×100	套	4.0000			
	03018174	膨胀螺栓(钢制) M12	套	4.0000			
	05030101	成材	m^3	0.0100			
	13010115	酚醛调和漆	kg	2.0000			
	23390601	熔丝报警器	台			1.0000	1.0000
	28030517	铜芯聚氯乙烯软线 RV-500 V 0.4 mm^2	m			6.0000	6.0000
	28030517-1	铜芯聚氯乙烯软线 RV-500 V 0.4 mm^2	m		1200.0000		
	29060904	电气塑料软管 $\phi6$	m		4.0000		
	29174021	尼龙扎带 L150	根	50.0000			
	34130211	方型配线铭牌	个	20.0000			
	37340611	爪线环 $\phi4$	个			6.0000	6.0000
	X0045	其他材料费	%	2.0000	1.0000	1.0000	1.0000
机械	98510055	中英文线号机	台班		0.1400		

工作内容：本体安装，导通测试。

定额编号			F-8-3-14	F-8-3-15	F-8-3-16	F-8-3-17
项目			防雷组合	机柜	防雷柜	组合柜
			个	架	架	架
预算定额编号	预算定额名称	预算定额单位	数量			
08-7-3-19	防雷组合	个	1.0000			
08-7-3-20	ATS机柜 车站机柜	架		0.2500		
08-7-3-21	ATS机柜 控制中心	架		0.2500		
08-7-3-22	接口柜	架		0.2500		
08-7-3-23	控制器机柜 微机联锁/监测/ZC	架		0.2500		
08-7-3-24	防雷单元	个			1.0000	
08-7-3-25	防雷柜	架			1.0000	
08-7-3-28	组合柜	架				1.0000

工作内容:本体安装,导通测试。

定额编号				F-8-3-14	F-8-3-15	F-8-3-16	F-8-3-17
项目				防雷组合	机柜	防雷柜	组合柜
名称			单位	个	架	架	架
人工	00230105	综合人工(安装)	工日	2.0000	22.2967	25.2200	32.4000
材料	02311001	聚氯乙烯单丝	kg	0.1000			1.5000
	03014121	六角螺栓连母垫 M10×100	套		2.0000	4.0000	
	03018173	膨胀螺栓(钢制) M10	套		3.0000		
	03018174	膨胀螺栓(钢制) M12	套				4.0400
	05050113	胶合板 δ5	m^2			1.5000	
	13010115	酚醛调和漆	kg			0.5000	
	28010111	裸铜线 4 mm^2	m			2.0000	
	28030281	铜芯聚氯乙烯绝缘软护套线 BVR-0.75 mm^2	m	400.0000			200.0000
	28030517-1	铜芯聚氯乙烯软线 RV-500 V 0.4 mm^2	m		110.0000	1000.0000	1800.0000
	28030520	铜芯聚氯乙烯软线 RV-500 V 1.5 mm^2	m		58.7500	50.0000	250.0000
	28030521-1	铜芯聚氯乙烯软线 RV-500 V 2.5 mm^2	m		25.0000		100.0000
	28030522	铜芯聚氯乙烯软线 RV-500 V 4 mm^2	m			30.0000	
	28030523	铜芯聚氯乙烯软线 RV-500 V 6 mm^2	m		10.0000		
	28030826	聚氯乙烯双股胶质软线 1.5 mm^2	m		50.0000		
	29030215	塑料线槽 35×50	m				10.2000
	29060510-1	聚氯乙烯电线管 DN10	m			20.0000	
	29060904	电气塑料软管 ϕ6	m	1.0000		30.0000	23.0000
	29090911	端子板 4 柱	个				4.0000
	29090913	端子板 18 柱	个				5.0000
	29174021	尼龙扎带 L150	根		27.6000		
	37092501	零层组合框架	个				1.0000
	37340631	爪线环(平型) ϕ6	个	55.0000	0	48.0000	48.0000
	55290201	继电器框(附零件)	台				1.0000
	55310101	压敏电阻	只			2.0000	
	X0045	其他材料费	%	0.2000	2.0000	1.8000	1.0000
机械	98050580	接地电阻测试仪 3150	台班		0.0500		
	98050980	数字万用表 F-87	台班		0.6500		0.7000
	98510055	中英文线号机	台班		0.3500	0.6000	0.7800

工作内容：本体安装，导通测试。

定额编号			F-8-3-18	F-8-3-19	F-8-3-20	F-8-3-21
项目			电路机柜	光端机	光配线箱	光配线柜
			架	台	台	架
预算定额编号	预算定额名称	预算定额单位	数量			
08-7-3-29	电路机柜 AC 轨道	架	0.5000			
08-7-3-30	电路机柜 数字轨道	架	0.5000			
08-7-3-31	光端机	台		1.0000		
08-7-3-32	光配线箱	台			1.0000	
08-7-3-33	光配线柜	架				1.0000

工作内容：本体安装，导通测试。

定额编号				F-8-3-18	F-8-3-19	F-8-3-20	F-8-3-21
项目				电路机柜	光端机	光配线箱	光配线柜
名称			单位	架	台	台	架
人工	00230105	综合人工（安装）	工日	22.5000	1.0000	2.0000	12.5000
材料	03018174	膨胀螺栓（钢制）M12	套			4.0000	
	26411201	电源插座（五联）	个		1.0000		
	27190213	橡皮绝缘板 δ6～12	kg	5.0000			
	28030517-1	铜芯聚氯乙烯软线 RV-500 V 0.4 mm^2	m	80.0000			
	28030520	铜芯聚氯乙烯软线 RV-500 V 1.5 mm^2	m	27.5000			
	28030521	铜芯聚氯乙烯软线 RV-500 V 2.5 mm^2	m			5.0000	5.1000
	28030523	铜芯聚氯乙烯软线 RV-500 V 6 mm^2	m	12.5000			
	29060904	电气塑料软管 ϕ6	m	27.5000			
	29091131	铜端头 ϕ8	个			2.0000	4.0000
	29174021	尼龙扎带 L150	根	22.5000			
	30130712	水晶头 RJ45	个		12.0000		
	37340631	爪线环（平型）ϕ6	个	18.5000			
	X0045	其他材料费	%	1.0000	2.0000	3.0000	3.0000
机械	98050980	数字万用表 F-87	台班	0.5000			
	98190220	可变式衰减器 TO32	台班		0.1000		
	98320290	通信性能分析仪 2 Mb/s～2.5 Gb/s	台班		0.2500		
	98510055	中英文线号机	台班	0.2000			

工作内容:1,2. 本体安装,导通测试。
3,4. 本体安装,导通测试、软硬件测试、系统调试。

定额编号			F-8-3-22	F-8-3-23	F-8-3-24	F-8-3-25
项目			计轴机柜	通信机柜	集线器	交换机
			架	架	台	台
预算定额编号	预算定额名称	预算定额单位	数量			
08-7-3-34	计轴机柜	架	1.0000			
08-7-3-35	通信机柜 SDH/DCS	架		1.0000		
08-7-3-36	集线器	台			1.0000	
08-7-3-37	交换机	台				1.0000

工作内容：1,2. 本体安装，导通测试。
3,4. 本体安装，导通测试、软硬件测试、系统调试。

定额编号				F-8-3-22	F-8-3-23	F-8-3-24	F-8-3-25
项目				计轴机柜	通信机柜	集线器	交换机
名称			单位	架	架	台	台
人工	00230105	综合人工(安装)	工日	21.1500	32.5500	1.0000	1.8050
材料	03018174	膨胀螺栓(钢制) M12	套	4.0000			
	24330411	线号机打字色带	盘	0.0700	0.0600		
	26411201	电源插座(五联)	个		2.0000		
	27061385	室内接地用网状扁平铜线 10 mm²	m	1.2000			
	27061385-1	室内接地用网状扁平铜线 10 mm²	m		10.0000		
	28030214	铜芯聚氯乙烯绝缘线 BV-1.5 mm²	m	3.2000			
	28030216-1	铜芯聚氯乙烯绝缘线 BV-4 mm²	m		80.0000		
	28030217	铜芯聚氯乙烯绝缘线 BV-6 mm²	m	2.0000	4.0000		
	28030314-1	铜芯阻燃聚氯乙烯绝缘线 ZR-BV1.5 mm²	m	50.0000	200.0000		
	28030516-1	铜芯聚氯乙烯软线 RV-250 V 0.4 mm²	m	500.0000			
	28030519	铜芯聚氯乙烯软线 RV-500 V 0.75 mm²	m	50.0000			
	28310131	双绞线 超五类线	m		150.0000		
	29060904	电气塑料软管 ϕ6	m	20.0000			
	29091312	冷压接线环 6 mm²	个	2.0000	2.0000		
	29174021	尼龙扎带 L150	根			50.0000	20.0000
	30112961	串口插头/插座 DB-9	副		25.0000		
	34130131	柜机排架组合名牌	个	1.0000			
	37340731	线扣 150 mm	个	50.0000	150.0000		
	X0045	其他材料费	%	5.0000	5.0000	1.0000	3.0000
机械	98050580	接地电阻测试仪 3150	台班	0.1000	0.1000		
	98050980	数字万用表 F-87	台班	1.8000	1.8000		
	98320190	网络测试仪	台班		0.8000		
	98320270	规程分析仪 广域网+局域网	台班	0	0	0.5000	0
	98340140	数据传输分析仪	台班		0.8000	0.5000	
	98370890	便携式计算机	台班	1.8000	2.0000		
	98510055	中英文线号机	台班	0.6800	0.6800		

工作内容:1. 本体安装,导通测试、软硬件测试、系统调试。
2,3,4. 本体安装,导通测试。

定额编号			F-8-3-26	F-8-3-27	F-8-3-28	F-8-3-29
项目			路由器	断路器	断路器底板	检修测试台继电器
			台	台	块	台
预算定额编号	预算定额名称	预算定额单位	数量			
08-7-3-38	路由器	台	1.0000			
08-7-3-39	断路器	台		1.0000		
08-7-3-40	断路器 底板	块			1.0000	
08-7-3-41	检修测试台 继电器	台				1.0000

工作内容:1. 本体安装,导通测试、软硬件测试、系统调试。
2,3,4. 本体安装,导通测试。

定额编号				F-8-3-26	F-8-3-27	F-8-3-28	F-8-3-29
项目				路由器	断路器	断路器底板	检修测试台继电器
名称			单位	台	台	块	台
人工	00230105	综合人工(安装)	工日	1.9000	0.5000	0.5000	2.0000
材料	03017225	半圆头镀锌螺栓连母垫 M6×30	套			2.0000	
	27190213	橡皮绝缘板 δ6～12	kg				5.0000
	28030516	铜芯聚氯乙烯软线 RV-250 V 0.4 mm^2	m		10.0000		
	28030517	铜芯聚氯乙烯软线 RV-500 V 0.4 mm^2	m			10.0000	
	28115611	橡套软电缆 2 芯×1.5 mm^2	m				20.0000
	29060525	硬聚氯乙烯管(轻型) D15×2	m				15.0000
	29060904	电气塑料软管 ϕ6	m			1.0000	
	29174021	尼龙扎带 L150	根	50.0000			
	37340631	爪线环(平型) ϕ6	个			10.0000	
	37340711	平行线叉子	个		5.0000		
	55130112	胶盖闸刀开关 HK1-220 V 10/2	只				1.0000
	X0045	其他材料费	%	1.0000	2.0000	3.0000	5.0000
机械	98320270	规程分析仪 广域网+局域网	台班	1.0000			
	98340140	数据传输分析仪	台班	0.5000			
	98360180	误码率测试仪 155 Mb/s	台班	0.5000			

工作内容:1,2,3. 本体安装,导通测试。
4. 金属线槽检查定位、安装固定。

定额编号			F-8-3-30	F-8-3-31	F-8-3-32	F-8-3-33
项目			检修测试台转辙机	组合排架报警器	LED信号机断丝报警仪	金属线槽
			台	个	台	m
预算定额编号	预算定额名称	预算定额单位	数量			
08-7-3-42	检修测试台 转辙机	台	1.0000			
08-7-3-43	组合排架 报警器	个		1.0000		
08-7-3-45	LED信号机断丝 报警仪	台			1.0000	
08-7-3-46	金属线槽	m				1.0000

工作内容:1,2,3. 本体安装,导通测试。
4. 金属线槽检查定位、安装固定。

定额编号				F-8-3-30	F-8-3-31	F-8-3-32	F-8-3-33
项目				检修测试台转辙机	组合排架报警器	LED信号机断丝报警仪	金属线槽
名称			单位	台	个	台	m
人工	00230105	综合人工(安装)	工日	4.0000	0.5000	3.0000	0.3510
材料	03018174	膨胀螺栓(钢制) M12	套				2.0000
	03130101	电焊条	kg				0.2000
	23390421	组合排架报警器	台		1.0000		
	24330411	线号机打字色带	盘			0.0200	
	27061385	室内接地用网状扁平铜线 10 mm^2	m				0.6000
	27190213	橡皮绝缘板 δ6~12	kg	5.0000			
	28030516-1	铜芯聚氯乙烯软线 RV-250 V 0.4 mm^2	m			1500.0000	
	28115611	橡套软电缆 2芯×1.5 mm^2	m	20.0000			
	28115615	橡套软电缆 2芯×2.5 mm^2	m	20.0000			
	29030301	金属线槽	m				1.0000
	29060526	硬聚氯乙烯管(轻型) D20×2	m	15.0000			
	29060904	电气塑料软管 $\phi 6$	m			5.0000	
	34130131	柜机排架组合名牌	个		1.0000	1.0000	
	55092611	电源板(包括闸刀插座)	套	1.0000			
	X0045	其他材料费	%	5.0000	5.0000	5.0000	5.0000
机械	98510055	中英文线号机	台班			0.1800	
	99250020	交流弧焊机 32 kV·A	台班				0.2000

工作内容:1. 备用电缆架制作、电缆引入、安装固定、清洁。
2. 本体安装,导通测试。
3. 本体安装。

定额编号			F-8-3-34	F-8-3-35	F-8-3-36
项目			备用电缆架	计算机联锁接口柜用插接件	设备底座
			架	10个	个
预算定额编号	预算定额名称	预算定额单位	数量		
08-7-3-47	备用电缆架	架	1.0000		
08-7-3-48	计算机联锁 接口柜用插接件	10个		1.0000	
08-7-3-49	设备底座	个			1.0000

工作内容:1. 备用电缆架制作、电缆引入、安装固定、清洁。
2. 本体安装,导通测试。
3. 本体安装。

定额编号				F-8-3-34	F-8-3-35	F-8-3-36
项目				备用电缆架	计算机联锁接口柜用插接件	设备底座
名称			单位	架	10个	个
人工	00230105	综合人工(安装)	工日	5.0000	0.2000	2.0000
材料	01210115	等边角钢 45～50	kg	25.0000		
	03014209	镀锌六角螺栓连母垫 M10×100以内	套	6.0000		
	03018174	膨胀螺栓(钢制) M12	套			4.0000
	03130101	电焊条	kg	4.0000		
	29174041	尼龙扎带 L250	根	30.0000		
	30157111	计算机联锁接口柜用插接件(32位)	10个		1.0000	
	37341021	抗震底座	个			1.0000
	X0045	其他材料费	%	3.0000	5.0000	5.0000
机械	99250010	交流弧焊机 21 kV·A	台班	0.5000		

第四节　系统调试

工作内容:1,3. 电源连接、设备调整、站间联系功能试验。
2,4. 电源连接、设备调整、联锁试验。

定额编号			F-8-4-1	F-8-4-2	F-8-4-3	F-8-4-4
项目			站间联系电路	电气集中联锁道岔	站间联系	联锁道岔
			处	组道岔	组	组道岔
预算定额编号	预算定额名称	预算定额单位	数量			
08-7-4-1	站间联系电路	处	1.0000			
08-7-4-2	电气集中联锁道岔	组道岔		1.0000		
08-7-4-3	站间联系	处			1.0000	
08-7-4-4	联锁道岔	组道岔				1.0000

工作内容:1,3. 电源连接、设备调整、站间联系功能试验。
2,4. 电源连接、设备调整、联锁试验。

定额编号				F-8-4-1	F-8-4-2	F-8-4-3	F-8-4-4
项目				站间联系电路	电气集中联锁道岔	站间联系	联锁道岔
名称			单位	处	组道岔	组	组道岔
人工	00230105	综合人工(安装)	工日	3.0000	4.0000	2.8500	3.0000
材料	28030283	铜芯聚氯乙烯绝缘软护套线 BVR-1.5 mm^2	m	8.0000	4.0000	4.0000	6.0000
机械	98052250	电能质量分析仪 FLVKE438	台班				1.5000
	98230910	示波器 TDS220	台班			1.0000	

工作内容:1. 通道检测,采集、显示、报警等调试。
2,3,4. 系统调试。

定额编号			F-8-4-5	F-8-4-6	F-8-4-7	F-8-4-8
项目			微机监测	调试配合		
				(ATP)系统	(ATS)系统	(ATO)系统
			站	集中站	集中站	系统
预算定额编号	预算定额名称	预算定额单位	数量			
08-7-4-5	微机监测	站	1.0000			
08-7-4-6	调试配合(ATP)系统	集中站		1.0000		
08-7-4-7	调试配合(ATS)系统	集中站			1.0000	
08-7-4-8	调试配合(ATO)系统	系统				1.0000

工作内容:1. 通道检测,采集、显示、报警等调试。
2,3,4. 系统调试。

定额编号				F-8-4-5	F-8-4-6	F-8-4-7	F-8-4-8
项目				微机监测	调试配合		
					(ATP)系统	(ATS)系统	(ATO)系统
名称			单位	站	集中站	集中站	系统
人工	00230105	综合人工(安装)	工日	20.0000	25.0000	100.0000	35.0000
材料	28030283	铜芯聚氯乙烯绝缘软护套线 BVR-1.5 mm^2	m	8.0000	4.0000	8.0000	8.0000
机械	98052150	示波器用交流电流钳型探头 Fluke801-1000S	台班				30.0000
	98052250	电能质量分析仪 FLVKE438	台班		30.0000		
	98150030	光时域反射仪	台班			10.0000	
	98210420	光电平测试仪	台班			15.0000	
	98230890	示波器 FLUKE97	台班				30.0000
	98320030	动态信号分析仪 HP3560A	台班				30.0000

工作内容：系统调试。

定额编号			F-8-4-9	F-8-4-10	F-8-4-11	F-8-4-12
项目			调试配合	动态调试配合		
			(ATC)系统	列车识别装置(PTI)	列车自动运行(ATO)	列车自动防护(ATP)
			系统	集中站	集中站	集中站
预算定额编号	预算定额名称	预算定额单位	数量			
08-7-4-10	动态调试配合 列车识别装置(PTI)	集中站		1.0000		
08-7-4-11	动态调试配合 列车自动运行(ATO)	集中站			1.0000	
08-7-4-12	动态调试配合 列车自动防护(ATP)	集中站				1.0000
08-7-4-9	调试配合 (ATC)系统	系统	1.0000			

工作内容：系统调试。

定额编号				F-8-4-9	F-8-4-10	F-8-4-11	F-8-4-12
项目				调试配合	动态调试配合		
				(ATC)系统	列车识别装置(PTI)	列车自动运行(ATO)	列车自动防护(ATP)
名称			单位	系统	集中站	集中站	集中站
人工	00230105	综合人工(安装)	工日	120.0000	25.0000	60.0000	84.0000
材料	28030283	铜芯聚氯乙烯绝缘软护套线 BVR-1.5 mm^2	m	8.0000	8.0000	8.0000	8.0000
机械	98050550	高压绝缘电阻测试仪 3124	台班			2.0000	
	98052250	电能质量分析仪 FLVKE438	台班		0.4000	2.0000	5.0000
	98230900	数字示波器 FLUKEPm3370B	台班				5.0000
	98230910	示波器 TDS220	台班		0.4000		

工作内容:测试设备系统性能、指标、特性、调整。

定额编号			F-8-4-13	F-8-4-14	F-8-4-15	F-8-4-16
项目			系统调试	设备调试		调试
			计轴系统	有源信标	SDH/DCS系统	紧急关闭按钮
			集中站	集中站	集中站	站
预算定额编号	预算定额名称	预算定额单位	数量			
08-7-4-13	系统调试 计轴系统	集中站	1.0000			
08-7-4-14	设备调试 有源信标	集中站		1.0000		
08-7-4-15	设备调试 SDH/DCS 系统	集中站			1.0000	
08-7-4-16	调试 紧急关闭按钮	站				1.0000

工作内容:测试设备系统性能、指标、特性、调整。

定额编号				F-8-4-13	F-8-4-14	F-8-4-15	F-8-4-16
项目				系统调试	设备调试		调试
				计轴系统	有源信标	SDH/DCS系统	紧急关闭按钮
名称			单位	集中站	集中站	集中站	站
人工	00230105	综合人工(安装)	工日	14.2500	15.0000	60.0000	3.0000
机械	98050580	接地电阻测试仪 3150	台班	0.1000	0.1000		
	98050980	数字万用表 F-87	台班	3.5000	3.5000	10.0000	0.5000
	98051200	手持万用表	台班			20.0000	
	98090370	场强仪 APM32OH	台班			10.0000	
	98230500	数字储存打印示波器 HP-54512B	台班			5.0000	
	98320190	网络测试仪	台班			5.0000	
	98320270	规程分析仪 广域网+局域网	台班			5.0000	
	98340140	数据传输分析仪	台班	3.5000	3.5000	5.0000	
	98360200	误码率测试仪 2.5 Gb/s	台班			5.0000	
	98370890	便携式计算机	台班	3.5000	3.5000	20.0000	

工作内容：1. 测试设备系统性能、指标、特性、调整。
2,3. 各系统之间接口联调。
4. 系统联调。

定　额　编　号			F-8-4-17	F-8-4-18	F-8-4-19	F-8-4-20
项　　目			调试	与其他系统接口调试		综合联调
			综合显示屏	集中站	控制中心	系统设备
			套	站	站	系统
预算定额编号	预算定额名称	预算定额单位	数　　量			
08-7-4-18	调试 综合显示屏	套	1.0000			
08-7-4-19	与其他系统接口调试 集中站	站		1.0000		
08-7-4-20	与其他系统接口调试 控制中心	站			1.0000	
08-7-4-21	综合联调 系统设备	系统				1.0000

工作内容：1. 测试设备系统性能、指标、特性、调整。
2,3. 各系统之间接口联调。
4. 系统联调。

定　额　编　号				F-8-4-17	F-8-4-18	F-8-4-19	F-8-4-20
项　　目				调试	与其他系统接口调试		综合联调
				综合显示屏	集中站	控制中心	系统设备
名　　称			单位	套	站	站	系统
人工	00230105	综合人工(安装)	工日	15.0000	25.0000	80.0000	300.0000
机械	98050580	接地电阻测试仪 3150	台班	0.1000			
	98050980	数字万用表 F-87	台班	4.0000	0.2000	0.8000	2.0000
	98230500	数字储存打印示波器 HP-54512B	台班		0.2000	0.8000	2.8000
	98270220	PCM 测试仪 2048 kb/s	台班		0.1000	0.5000	
	98320290	通信性能分析仪 2 Mb/s～2.5 Gb/s	台班		0.1000	0.4000	0.8000
	98340140	数据传输分析仪	台班		0.1000	0.5000	
	98340210	数字性能分析仪 64 kb/s,2 Mb/s	台班		0.1000	0.5000	
	98370890	便携式计算机	台班	4.0000			

第九章　供电工程

章说明

一、本章定额包括变电所、牵引供电网、杂散电流、电力监控、动力照明、电缆及配管配线、综合接地、电气设备调试，共8节。

二、本章定额均包括施工准备、设备与器材及工具的场内运输、开箱检查、安装、设备单体调整试验、结尾清理、配合质量检验、不同工种间的交叉配合、临时移动水源和电源等工作内容。

三、变电所

1. 35 kV 变压器安装已综合考虑了超高作业因素，均不作调整。

2. 35 kV 变压器安装已综合考虑了基础槽钢以及网门工程量。

3. 母联柜安装可以套用 400 V 进、出线柜定额。

四、牵引供电网

1. 本节定额适用于轨道交通刚性接触网、柔性接触网、接触轨专业工程。

2. 本节基坑开挖中支柱坑开挖和拉线坑开挖已包括渣土外运。

3. 绝缘转柱定额已包括导线、承力索绝缘制作。

4. 接地母线、接地极安装可套用其他相应子目。

五、杂散电流

1. 单向导通装置安装不包括上轨电缆敷设，电缆敷设可套用相应子目。

2. 单向导通装置安装已综合考虑了混凝土基础工程量。

六、电力监控

1. 中央级设备套用综合监控相关定额子目。

2. 屏柜设备基础套用第一节变电所中屏柜基础定额。

七、动力照明

1. 屏柜设备基础套用第一节变电所中屏柜基础定额。

2. 各型灯具的引线，除注明者外，均已综合考虑在定额内，使用时不作换算。定额中已包括利用摇表测量绝缘及灯具的试亮工作。

3. 定额中灯具项目均已考虑了工程的超高作业因素，使用时不作换算。

八、电缆及配管配线

1. 电缆敷设定额系综合取定的，均不分结构形式和型号，一律按相应的电缆截面套用相应的定额。

2. 桥架及线槽安装定额子目已综合了支架制作安装的工作内容。

九、综合接地

1. 本节接地母线敷设定额按自然地坪考虑，包括地沟的挖填土和夯实工作，套用定额时不再计算土方量。

2. 接地跨接线安装定额适用于道轨、金属管道等不需要敷设接地线的金属物断联点。只有管件跨接(防静电)利用法兰盘螺栓、钢轨利用鱼尾板固定螺栓等非电气设备或管道在要求接地时，方可套用接地跨接线安装定额。

(1) 平行管道采用焊接。

(2) 屋顶金属旗杆采用焊接。

(3) 高于屋顶排水铸铁管防雷采用螺栓抱箍式接地，但定额本身未带螺栓。

3. 本节定额均已综合考虑了高空作业因素。

4. 总等电位接线端子箱或局部等电位接线端子箱均套用本节端子箱定额。

十、电气设备调试

1. 本节定额的调试范围只限于电气设备本身的调整试验,不包括电动机带动机械设备的试运行工作。

2. 本节各项调试定额已包括本系统范围内所有设备的本体调试工作,一般情况不作调整。

3. 有载变压器调试按变压器定额乘以系数 1.12,整流变压器调试按变压器调试乘以系数 1.2。

4. 各项调试定额均包括熟悉材料、核对设备、填写试验记录和整理、编写调试报告等附属工作。

5. 变压器系统调试未包括避雷器、自动装置特殊保护装置和接地网的调试,可另行计算。

6. 变压器系统调试已包含瓦斯继电器的解体检查及试验。

7. 电力监控系统调试包括电力监控数据采集系统与变电所设备的联动调试。

工程量计算规则

一、变电所

1. 各类屏柜以“台”为计量单位，未包括基础槽钢、母线及引下线的配置安装(柜内的原配线已包括)。

2. 屏柜基础根据设计图示数量以“台”为计量单位。

3. 设备安装用的地脚螺栓按土建预埋考虑，不包括二次灌浆。

二、牵引供电网

1. 防护罩支撑卡按设计图示以“100 个”为计量单位。

2. 接触轨安装，按设计图示普通型以“条・km”为计量单位，端头型以“套”为计量单位。

3. 接触轨中心锚结以“套”为计量单位，1 套分为 2 个连接板。

4. 冷热滑试验以及调整按设计图示以“条・km”为计量单位。

三、杂散电流

1. 参比电极、接线盒按设计图示以“个”为计量单位。

2. 测防端子电连接安装按设计图示以“套”为计量单位。

3. 单向导通装置安装按设计图示以“面”为计量单位。

四、电力监控

1. 不间断电源根据不同容量以“套”为计量单位。

2. 信号屏、模拟屏按设计图示以“面”为计量单位。

五、动力照明

1. 控制设备及低压电器安装以“台”为计量单位。

2. 盘、箱、柜的外部进出线预留长度按表 9-1 计算。

表 9-1　盘、箱、柜的外部进出线预留长度

序号	项目	预留长度(m/根)	说明
1	各种箱、柜、盘、板	高+宽	盘面尺寸
2	单独安装的铁壳开关、自动开关、刀开关启动器	0.3	从安装对象中心算起
3	继电器、控制开关、信号灯、按钮等小电器	0.3	从安装对象中心算起

3. 穿墙套管安装不分水平、垂直安装，以“个”为计量单位。

4. 铜母线安装按不同截面和片数，以“10 m/单相”为计量单位。

5. 硬母线配置安装预留长度按表 9-2 计算。

表 9-2　硬母线配置安装预留长度

序号	项目	预留长度(m/根)	说明
1	带型母线终端	0.3	从最后一个支持点算起
2	带型母线与分支线连接	0.5	分支线预留
3	带型母线与设备连接	0.5	从设备端子接口算起

6. 灯具根据不同安装形式，以“10 套”为计量单位。

7. 开关及插座按照不同种类,以“10 套”为计量单位。

8. 铁构件制作安装均按设计图示尺寸,按单件成品重量选用定额项目,以“100 kg”为计量单位。

六、电缆及配管配线

1. 电缆保护管长度,除按设计规定长度计算外,遇有下列情况,应按以下规定增加保护管长度:

(1) 横穿道路,按路基宽度两端各加 1 m。

(2) 垂直敷设时,管口距地面加 2 m。

(3) 穿过排水沟,按沟壁外缘以外加 1 m。

(4) 穿过建筑物外墙的,按基础外缘以外加 1 m。

2. 电缆敷设按单根延长米计算。

3. 计算电缆长度应根据敷设路径的水平和垂直敷设长度,并应考虑因波形敷设、弛度、电缆绕梁(柱)所增加的长度以及电缆与设备连接电缆接头等必要的预留长度。

(1) 预留长度有设计规定时,按照设计规定计算。

(2) 设计无规定时,按表 9-3 规定增加附加长度。

表 9-3 电缆预留长度

序号	项目	预留长度(附加)	说明
1	电缆敷设驰度、波形弯度、交叉	2.5%	按电缆全长计算
2	电缆进入建筑物	2.0 m	规范规定最小值
3	电缆进入沟内或吊架时引上(下)预留	1.5 m	规范规定最小值
4	变电所进线、出线	1.5 m	规范规定最小值
5	电力电缆终端头	1.5 m	检查余量最小值
6	电缆中间接头盒	两端各留 2.0 m	检查余量最小值
7	电缆进控制、保护屏及模拟盘等	高+宽	按盘面尺寸
8	高压开关柜及低压配电盘、箱	2.0 m	盘下进出线
9	电缆至电动机	0.5 m	从电机接线盒计算
10	所用变压器	3.0 m	从地坪起算
11	电缆绕过梁柱等增加长度	按实计算	按被绕物的断面计算增加长度
12	电梯电缆与电缆架固定点	每处 0.5 m	规范最小值

注:1) 电缆附加及预留的长度是电缆敷设长度的组成部分,应计入电缆长度工程量;
2) 如电缆敷设后实量,应按实量值计算,不考虑预留长度;
3) 实际敷设中,未按表中规定预留时,不应计算预留长度。

4. 各种配管以“延长米”为计量单位,不扣除管路中间的接线箱(盒)、灯头盒、开关盒所占长度,但必须扣除配电箱、板、柜所占的长度。

5. 照明线路和动力线路按不同导线的截面,以单线“延长米”为计量单位。线路分支接头线的长度已综合考虑在定额中,不得另行计算。照明线路中的导线截面大于或等于 6 mm^2 以上时,可套用动力线路穿线相应项目。

6. 接线盒安装以“10 个”为计量单位。

7. 灯具、开关、插座等的预留线,已分别综合在相应定额内,不另行计算。配线进入开关箱、柜、板的预留线,按表 9-4 规定的长度分别计入相应的工程量。

表 9-4　配线进入箱、柜、板的预留线

序号	项目	预留长度(m)	说明
1	各种开关、柜、板	宽+高	盘面尺寸
2	单独安装(无箱、盘)的铁壳开关、闸刀开关、启动器、线槽进出线盒等	0.3	从安装对象中心算起
3	由地面管子出口引至电动机接触箱	1.0	从管口计算
4	电源与管内导线连接(管内穿线与软、硬母线接头)	1.5	从管口计算
5	出户线	1.5	从管口计算

七、综合接地

1. 避雷器的安装以“组”为计量单位，每组按三相计算。

2. 接地极制作安装以“根”为计量单位，每根长度按 2.5 m 计算，如设计长度不同，可根据设计长度调整计算。接地极不论是现场加工还是成品均不作换算。如设计有管帽，另按加工件计算。

3. 接地母线敷设，按设计长度，以“10 m”为计量单位。其长度按设计图示水平和垂直规定的长度以“延长米”来计算，另加 3.9%的附加长度(包括转弯、上下波动、避绕障碍物、搭接头所占长度)。

4. 接地跨接线安装以“10 处”为计量单位。

5. 端子箱安装以“个”为计量单位。

八、电气设备调试

1. 送配电设备调试以“台”为计量单位。

2. 整流器柜调试以“台”为计量单位。

3. 电源屏及交、直流屏以“台”为计量单位。

4. 操作屏、信号屏以“台”为计量单位。

5. 接地网调试

(1) 接地网、避雷网接地电阻的测定以“系统”为计量单位。一般变电站连接为一体的母网，按 1 个系统计算；自成母网不与其他母网相连的独立接地网，另按 1 个系统计算。

(2) 防雷接地装置接地电阻的测定以“组”为计量单位，单独接地装置(包括独立的避雷针等)时，均按 1 组计算。

(3) 独立的接地装置以“组”为计量单位。

6. 避雷器、电容器的调试，按每三相为 1 组计算；单个装设的亦按 1 组计算。上述设备如设置在变压器、输/配电线路的系统或回路内，仍应按相应定额另行计算调试费用。

7. 杂散电流系统调试以“牵变电所”为计量单位。

8. 电力监控系统调试以“系统”为计量单位。

第一节　变电所

工作内容：1. 开箱检查、安装、基础槽钢制作安装、接地、补漆、配合电气试验等。
2. 开箱检查、安装、基础槽钢制作安装、网门及保护网制作安装、接地、补漆、配合电气试验等。
3,4. 开箱检查、安装、接地、调整检查等。

定　额　编　号			F-9-1-1	F-9-1-2	F-9-1-3	F-9-1-4
项　　目			35 kV 动力变压器	35 kV 整流变压器	35 kV 开关设备	整流器柜
			台	台	台	套
预算定额编号	预算定额名称	预算定额单位	数　　量			
08-8-1-13	35 kV 开关设备(GIS) 2000 A 以下	台			1.0000	
08-8-1-15	整流器柜 DC1500 V 4000 A 及以下	套				1.0000
08-8-1-4	干式变压器 35 kV 1000 kV·A 以下	台	0.2200			
08-8-1-5	干式变压器 35 kV 2000 kV·A 以下	台	0.7800			
08-8-1-9	整流变压器 35 kV 4000 kV·A 以下	台		1.0000		
08-8-5-129	网门、保护网制作安装	m^2		2.0600		
08-8-5-135	制作 每件重 20 kg 以内	100 kg	1.9686	5.2097		
08-8-5-139	安装 每件重 20 kg 以内	100 kg	1.9686	5.2097		

工作内容：1. 开箱检查、安装、基础槽钢制作安装、接地、补漆、配合电气试验等。

2. 开箱检查、安装、基础槽钢制作安装、网门及保护网制作安装、接地、补漆、配合电气试验等。

3,4. 开箱检查、安装、接地、调整检查等。

定额编号				F-9-1-1	F-9-1-2	F-9-1-3	F-9-1-4
项目				35 kV 动力变压器	35 kV 整流变压器	35 kV 开关设备	整流器柜
名称			单位	台	台	台	套
人工	00230105	综合人工(安装)	工日	30.1576	67.6844	10.1250	6.0100
材料	01130115	扁钢 50～75	kg				2.5000
	01130334	镀锌扁钢 25～45	kg	1.6600	1.6600	10.0000	
	01150103-1	热轧型钢 综合	kg	206.7030	547.0185		
	01210114-1	等边角钢 36～40	kg		63.8600		
	01291901	钢板垫板	kg	4.7300	6.3000	3.0000	0.3000
	01350513	紫铜板 δ0.25～0.5 以内	kg		0.1442		
	02090311	聚氯乙烯薄膜 δ0.05	m^2	1.8900			
	03013201	镀锌六角螺栓	kg			8.9700	
	03014101	六角螺栓连母垫	kg		0.4100		
	03014292	镀锌六角螺栓连母垫 M10×70	10 套	12.4022	32.8211		
	03018174	膨胀螺栓(钢制) M12	套				4.0000
	03035911	铰链 L=55～110	副		4.1200		
	03110215	尼龙砂轮片 ϕ400	片	0.6890	1.8234		
	03130101	电焊条	kg		0.0800	0.5000	0.1100
	03130114	电焊条 J422 ϕ3.2	kg	4.2141	11.0640		
	03152113	镀锌铁丝网 ϕ1.6×20×20	m^2		2.2660		
	03152501	镀锌铁丝	kg		2.5000		
	03152510	镀锌铁丝 10#～12#	kg	1.7800	0.4120		
	13010101	调和漆	kg	3.0713	8.3010	1.0000	0.0500
	13011011	清油 C01-1	kg	1.1812	3.3318		
	13050401	防锈漆	kg	0.0100	0.0100	0.5000	
	13050511	醇酸防锈漆 C53-1	kg	3.7797	10.2086	0	0
	13350501	建筑密封胶	kg			6.0000	
	14030101	汽油	kg	0.5000	0.5000	1.0000	
	14050111	溶剂油 200#	kg	0.9646	2.5528		
	14050201	松香水	kg	0.9843	2.6048		
	14090601	电力复合脂	kg		0.0100		0.1000
	14090611	电力复合脂 一级	kg	0.0100			
	14315001	六氟化硫	kg			2.0000	
	14330101	乙醇(酒精)	kg			0.2000	
	14390101	氧气	m^3			0.5000	
	14390302	乙炔气	kg			0.1750	
	X0045	其他材料费	%	0.5300	0.7300		5.0000
机械	99070520	载重汽车 4 t	台班				0.0400
	99070530	载重汽车 5 t	台班			0.5000	
	99070550	载重汽车 8 t	台班	0.2707	0.4500		
	99090360	汽车式起重机 8 t	台班		0.7500	0.5000	0.0400
	99090390	汽车式起重机 12 t	台班	0.4390			
	99190570	联合冲剪机 δ16	台班		0.1030		
	99230170	砂轮切割机 ϕ400	台班	0.2953	0.7815		
	99250010	交流弧焊机 21 kV·A	台班	2.5655	6.3925	0.5000	0.0600
	99430200	电动空气压缩机 0.6 m^3/min	台班		0.4120		

工作内容:开箱检查、安装、接地、调整检查等。

定额编号			F-9-1-5	F-9-1-6	F-9-1-7	F-9-1-8
项目			排流柜	静调柜	1500 V直流开关柜	无功补偿柜
			台	台	台	台
预算定额编号	预算定额名称	预算定额单位	数量			
08-8-1-16	开关设备 排流柜	台	1.0000			
08-8-1-17	开关设备 静调柜	台		1.0000		
08-8-1-18	开关设备 进线柜	台			1.0000	
08-8-1-21	开关柜 无功补偿柜	台				1.0000

工作内容:开箱检查、安装、接地、调整检查等。

定额编号				F-9-1-5	F-9-1-6	F-9-1-7	F-9-1-8
项目				排流柜	静调柜	1500 V直流开关柜	无功补偿柜
名称			单位	台	台	台	台
人工	00230105	综合人工(安装)	工日	3.0700	4.0500	5.0700	3.1600
材料	01130334	镀锌扁钢 25～45	kg				1.6000
	01291901	钢板垫板	kg	0.5000	0.2000	0.5000	0.3000
	03014101	六角螺栓连母垫	kg	0.5190	0.6710	0.5190	0.5190
	03130101	电焊条	kg	0.1500		0.1500	0.1000
	13010101	调和漆	kg	0.1000		0.1000	0.0500
	13010421	酚醛磁漆	kg		0.0200		
	13050511	醇酸防锈漆 C53-1	kg	0.1000		0.1000	0.0500
	14030101	汽油	kg	0.2000	0.0500	0.2000	0.1000
	14070101	机油	kg		0.0500		
	14090601	电力复合脂	kg	0.0300	0.0100	0.0300	0.1000
	28010114	裸铜线 16 mm^2	m	0.5000		0.5000	
	28030811	聚氯乙烯双股胶质软线 2×16/0.15 mm^2	m		10.0000		
	X0045	其他材料费	%				1.5000
机械	99070520	载重汽车 4 t	台班	0.0600	0.0400	0.0600	
	99070530	载重汽车 5 t	台班				0.6000
	99090360	汽车式起重机 8 t	台班	0.1000	0.0400	0.1000	0.1000
	99250010	交流弧焊机 21 kV·A	台班	0.1500		0.1500	0.1000

工作内容：开箱检查、安装、接地、调整检查等。

定额编号			F-9-1-9	F-9-1-10	F-9-1-11	F-9-1-12
项目			400 V进、出线柜	有源滤波柜	蓄电池屏	交流屏
			台	台	台	台
预算定额编号	预算定额名称	预算定额单位	数量			
08-8-1-22	开关柜 进、出线柜	台	1.0000			
08-8-1-23	开关柜 有源滤波柜	台		1.0000		
08-8-4-25	低压电源装置 直流屏	台			1.0000	
08-8-4-26	低压电源装置 交流屏	台				1.0000

工作内容：开箱检查、安装、接地、调整检查等。

定额编号				F-9-1-9	F-9-1-10	F-9-1-11	F-9-1-12
项目				400 V进、出线柜	有源滤波柜	蓄电池屏	交流屏
名称			单位	台	台	台	台
人工	00230105	综合人工(安装)	工日	3.6400	5.9500	3.7600	3.8300
材料	01130115	扁钢 50～75	kg			3.0000	
	01130334	镀锌扁钢 25～45	kg		1.5000		1.5000
	01130336	镀锌扁钢 50～75	kg	1.5000			
	01291901	钢板垫板	kg	0.3000	0.2000	0.3000	0.2000
	03014101	六角螺栓连母垫	kg	0.3360	0.3360	0.4510	0.2260
	03130101	电焊条	kg	0.1500	0.1500	0.5000	0.1500
	13010101	调和漆	kg	0.0500	0.1000		0.0500
	13010421	酚醛磁漆	kg	0.0200	0.0200		0.0100
	14090601	电力复合脂	kg	0.0500		0.0500	0.0500
	28010113	裸铜线 10 mm^2	m	0.2000			
	28030811	聚氯乙烯双股胶质软线 2×16/0.15 mm^2	m			5.0000	
	29090214	铜接线端子 DT-10	个	2.0200			
	X0045	其他材料费	%	2.0000	3.5000	1.0000	3.0000
机械	99070520	载重汽车 4 t	台班	0.0600	0.0600	0.0400	0.0600
	99090360	汽车式起重机 8 t	台班	0.0600	0.0600	0.0400	0.0600
	99250010	交流弧焊机 21 kV·A	台班	0.1000	0.1000	0.1000	0.1000

工作内容:1,2,3. 开箱检查、安装、接地、调整检查等。
4. 基础槽钢制作安装。

定额编号			F-9-1-13	F-9-1-14	F-9-1-15	F-9-1-16
项目			直流充电屏	直流馈电屏	轨电位限制器	屏柜基础
			台	台	台	台
预算定额编号	预算定额名称	预算定额单位	数量			
08-8-4-27	低压电源装置 直流充电屏	台	1.0000			
08-8-4-28	低压电源装置 直流馈电屏	台		1.0000		
08-8-4-29	轨电位限制器	台			1.0000	
08-8-5-126	制作 基础槽钢	10 m				0.4000
08-8-5-128	安装 基础槽钢	10 m				0.4000

工作内容:1,2,3. 开箱检查、安装、接地、调整检查等。
4. 基础槽钢制作安装。

定额编号				F-9-1-13	F-9-1-14	F-9-1-15	F-9-1-16
项目				直流充电屏	直流馈电屏	轨电位限制器	屏柜基础
名称			单位	台	台	台	台
人工	00230105	综合人工(安装)	工日	2.1460	2.2580	3.9000	0.4600
材料	01030117	钢丝 ϕ1.6～2.6	kg	0.0200	0.0200		
	01130336	镀锌扁钢 50～75	kg				0.9480
	01190203	热轧槽钢	m				4.2000
	01290248	热轧钢板(薄板) δ2.5	kg				0.4000
	01291901	钢板垫板	kg	0.2000	0.2000	0.5000	
	03014101	六角螺栓连母垫	kg			0.5190	
	03130101	电焊条	kg			0.1500	
	03130114	电焊条 J422 ϕ3.2	kg				0.8240
	13010101	调和漆	kg			0.1000	0.6000
	13010421	酚醛磁漆	kg	0.0200	0.0200		
	13011011	清油 C01-1	kg				0.2000
	13050511	醇酸防锈漆 C53-1	kg			0.1000	0.7080
	14030101	汽油	kg	0.0500	0.0500	0.2000	
	14050111	溶剂油 200#	kg				0.1400
	14050201	松香水	kg				0.1600
	14070101	机油	kg	0.0500	0.0500		
	14090601	电力复合脂	kg			0.0300	
	14090611	电力复合脂 一级	kg	0.0100	0.0100		
	14390101	氧气	m^3				0.6000
	14390302	乙炔气	kg				0.1200
	27170513	自粘性橡胶绝缘胶带 20×5 m	卷		0.1000		
	28010114	裸铜线 16 mm^2	m			0.5000	
	28030811	聚氯乙烯双股胶质软线 2×16/0.15 mm^2	m	10.0000	10.0000		
	X0045	其他材料费	%	0.5000	0.5000		1.5000
机械	99070520	载重汽车 4 t	台班			0.0600	
	99070530	载重汽车 5 t	台班	0.0370	0.0370		
	99090360	汽车式起重机 8 t	台班	0.0370	0.0370	0.1000	0
	99250010	交流弧焊机 21 kV·A	台班			0.1500	0.3080

第二节　牵引供电网

工作内容:1,2,3. 安装、涂油、封顶、清洗等。
4. 测量、打孔、安装、测试。

定额编号			F-9-2-1	F-9-2-2	F-9-2-3	F-9-2-4
项目			圆形隧道悬挂	矩形隧道悬挂	高净空隧道单支悬挂	悬挂点打孔
			处	处	处	处
预算定额编号	预算定额名称	预算定额单位	数量			
08-8-2-1	架空悬挂 单支悬挂 圆形隧道	处	1.0000			
08-8-2-2	架空悬挂 单支悬挂 矩形隧道	处		1.0000		
08-8-2-3	架空悬挂 单支悬挂 高净空隧道	处			1.0000	
08-8-2-5	架空悬挂 隧道内	处				1.0000

工作内容:1,2,3. 安装、涂油、封顶、清洗等。
4. 测量、打孔、安装、测试。

定额编号				F-9-2-1	F-9-2-2	F-9-2-3	F-9-2-4
项目				圆形隧道悬挂	矩形隧道悬挂	高净空隧道单支悬挂	悬挂点打孔
名称			单位	处	处	处	处
人工	00230105	综合人工(安装)	工日	1.3000	1.3700	1.4100	0.8500
材料	03014101	六角螺栓连母垫	kg	0.1393	1.3134	1.4826	
材料	03018176	膨胀螺栓(钢制) M16	套				2.0100
材料	03210138	硬质合金冲击钻头 $\phi22$	根				0.0796
材料	27090501	刚性悬挂针式绝缘子	个	1.0050	1.0050	1.0050	
材料	37330211	单支悬吊槽钢 GXJL12(A)-99	套	1.0050			
材料	37330213	单支悬吊槽钢 GXJL12(B)-99	套		1.0050	1.0050	
材料	37330313	地线线夹 120 型	套		1.0050	1.0050	
材料	37330391	汇流排定位线夹 B 型 GXJL02(B)-99	个	1.0050	1.0050	1.0050	
材料	37331179	垂直悬吊安装底座 A 型 GXJL11(A)-99	套		1.0050	1.0050	
材料	X0045	其他材料费	%	1.0000	1.0000	1.0000	1.0000
机械	99071000	轨道平车 30 t	台班	0.0500	0.0500	0.1000	0.0500
机械	99390110	电气化安装作业车	台班	0.1000	0.1200	0.1400	0.0500

工作内容:1,2. 定位、安装、涂油、封顶、清洗等。
3. 预配、安装、涂油等。
4. 安装、涂油、封顶、清洗等。

定额编号			F-9-2-5	F-9-2-6	F-9-2-7	F-9-2-8
项目			风管处悬挂	隧道内中心锚结	非绝缘关节道岔处电连接	刚柔过渡
			处	处	处	处
预算定额编号	预算定额名称	预算定额单位	数量			
08-8-2-6	架空悬挂 排风管道 垂直悬吊装配	处	1.0000			
08-8-2-7	架空悬挂 中心锚结 隧道内	处		1.0000		
08-8-2-8	架空悬挂 关节道岔处电连接 非绝缘	处			1.0000	
08-8-2-9	架空悬挂 刚柔过渡	处				1.0000

工作内容:1,2. 定位、安装、涂油、封顶、清洗等。
3. 预配、安装、涂油等。
4. 安装、涂油、封顶、清洗等。

定　额　编　号				F-9-2-5	F-9-2-6	F-9-2-7	F-9-2-8
项　　目				风管处悬挂	隧道内 中心锚结	非绝缘关节 道岔处 电连接	刚柔过渡
名　　称			单位	处	处	处	处
人工	00230105	综合人工(安装)	工日	1.4400	2.8000	0.5000	26.7600
材料	01130302	镀锌扁钢	kg	4.0200			
	03014101	六角螺栓连母垫	kg	1.4527		2.4477	3.0642
	03230417	锚固螺栓 M10	套				6.0300
	04011202	硅酸盐膨胀水泥	kg				15.6500
	13010101	调和漆	kg				1.9700
	14090601	电力复合脂	kg			0.5100	0.8800
	27090501	刚性悬挂针式绝缘子	个	1.0050			6.0300
	27110211	棒式绝缘子 SA 型	个				1.0050
	28010313	硬铜绞线 TJ-120 mm^2	m				5.9400
	28010414	软铜绞线 TRJ-120 mm^2	m			6.0300	6.0300
	29020611	电缆固定架 F 型 GXJL11(A)-99	套				3.0150
	29090229	铜接线端子 DTG-120	个				6.1500
	37330211	单支悬吊槽钢 GXJL12(A)-99	套				4.0200
	37330213	单支悬吊槽钢 GXJL12(B)-99	套	1.0050			1.0050
	37330281	腕臂吊柱 GZXZP-2	套				1.0050
	37330313	地线线夹 120 型	套	1.0050			
	37330341	电连接线夹 D1 型	套				3.0150
	37330347	电连接线夹 D3 型 GJL05(D3)-98	套				7.0350
	37330351	铜铝过渡电连接线夹 O 型 (软铜线 120)	套			20.1000	21.2100
	37330361	钢铝过渡电连接线夹 45 型	套				7.0350
	37330381	汇流排电连接线夹 GXJL04-99	套			10.0500	8.0400
	37330391	汇流排定位线夹 B 型 GXJL02(B)-99	个	1.0050	0	0	6.0300
	37330401	汇流排中心锚结线夹 GXJL05-99	个		1.0050		
	37331167	汇流排中心锚结下锚底座 A 型 GXJL07(A)-99	套		2.0100		
	37331179	垂直悬吊安装底座 A 型 GXJL11(A)-99	套	1.0050			5.0250
	37331453	调整螺丝 GJL89～98	套		2.0100		
	37332105	中心锚结绝缘棒	根		2.0100		
	X0045	其他材料费	%	1.0000	1.0000	1.0000	1.0000
机械	99071000	轨道平车 30 t	台班	0.0800	0.1000		1.0000
	99390110	电气化安装作业车	台班	0.1200	0.1500	0.1000	1.0000

工作内容:1,2,3. 安装、涂油、封顶等。
4. 安装、涂油、封顶、清洗等。

定额编号			F-9-2-9	F-9-2-10	F-9-2-11	F-9-2-12
项目			地线引下线	地线高净空吊柱处	地线下锚	手动隔离开关
			处	处	处	台
预算定额编号	预算定额名称	预算定额单位	数量			
08-8-2-10	架空悬挂 引下线	处	1.0000			
08-8-2-11	架空悬挂 地线高净空吊柱处	处		1.0000		
08-8-2-12	架空悬挂 地线下锚	处			1.0000	
08-8-2-13	架空悬挂 隔离开关 手动	台				1.0000

工作内容:1,2,3. 安装、涂油、封顶等。
4. 安装、涂油、封顶、清洗等。

定额编号				F-9-2-9	F-9-2-10	F-9-2-11	F-9-2-12
项目				地线引下线	地线高净空吊柱处	地线下锚	手动隔离开关
名称			单位	处	处	处	台
人工	00230105	综合人工(安装)	工日	3.0000	4.2750	4.5000	6.6500
材料	03014101	六角螺栓连母垫	kg				3.6582
	04011202	硅酸盐膨胀水泥	kg		1.5700	1.5700	3.1400
	13010101	调和漆	kg		0.3300	0.3300	0.6600
	28010313	硬铜绞线 TJ-120 mm^2	m			5.0500	
	28010414	软铜绞线 TRJ-120 mm^2	m			0.0600	
	28021311-1	软电缆 150 mm^2	m	100.5000			
	29020601	电缆固定架	套				12.0600
	29090229	铜接线端子 DTG-120	个	1.0050		0.5100	26.1300
	34130116	高压危险警示牌	个				1.0050
	37330255	悬挂地线吊柱	套		1.0050		
	37330291	地线终端下锚吊柱	套			0.5100	
	37330315	地线线夹 120 型 GXJL19(120)-99	套		1.0050		
	37330341	电连接线夹 D1 型	套	1.0050		0.5100	
	37330361	钢铝过渡电连接线夹 45 型	套				20.1000
	37330381	汇流排电连接线夹 GXJL04-99	套				10.0500
	37330561	T 形线夹 GJL27(T120)-98	个			1.0050	
	37331171	架空地线吊柱安装底座 GXJL22-99	套		1.0050		
	37331173	架空地线吊柱下锚安装底座 GXJL21-99	套			0.5100	
	37331175	架空地线对向下锚安装底座 GXJL16-99	套			0.5100	
	37331453	调整螺丝 GJL89～98	套			1.0050	
	37335103	固定槽钢(开关底座) GXZP2-03-1-1	套				2.0100
	37335111	手动操作机构底座 GXZP2-03-1-1	套	0	0	0	2.0100
	X0045	其他材料费	%	1.0000	1.0000	1.0000	1.0000
机械	99071000	轨道平车 30 t	台班		0.1500	0.1600	0.3000
	99071620	轨道车 210 kW	台班			0.1000	
	99390110	电气化安装作业车	台班	0.1300	0.1500	0.1000	0.5000

工作内容:1. 安装、涂油、封顶、清洗等。
2,3,4. 预配、安装、涂油等。

定额编号			F-9-2-13	F-9-2-14	F-9-2-15	F-9-2-16
项目			电动隔离开关	分段绝缘器	接触线架设	汇流排架设
			台	台	条·km	条·km
预算定额编号	预算定额名称	预算定额单位	数量			
08-8-2-14	架空悬挂 隔离开关 电动	台	1.0000			
08-8-2-15	架空悬挂 分段绝缘器	台		1.0000		
08-8-2-16	架空悬挂 接触线架设	条·km			1.0000	
08-8-2-17	架空悬挂 汇流排	条·km				1.0000

工作内容:1. 安装、涂油、封顶、清洗等。
2,3,4. 预配、安装、涂油等。

定额编号				F-9-2-13	F-9-2-14	F-9-2-15	F-9-2-16
项目				电动隔离开关	分段绝缘器	接触线架设	汇流排架设
名称			单位	台	台	条·km	条·km
人工	00230105	综合人工(安装)	工日	7.0000	6.6000	20.0000	36.0000
材料	03014101	六角螺栓连母垫	kg	3.2924			
	04011202	硅酸盐膨胀水泥	kg	3.1400			
	13010101	调和漆	kg	0.6600			
	14090601	电力复合脂	kg			12.3400	
	27060201	接地挂环	个				11.6600
	28010921	银铜合金接触线 CHTA-120 mm^2	km			1.0150	
	29020601	电缆固定架	套	10.0500			
	29090229	铜接线端子 DTG-120	个	16.0800			
	34130116	高压危险警示牌	个	1.0050			
	37330341	电连接线夹 D1 型	套	1.0050			
	37330361	钢铝过渡电连接线夹 45 型	套	10.0500			
	37330375	汇流排	m				1005.0000
	37330381	汇流排电连接线夹 GXJL04-99	套	5.0250			
	37331931	刚性悬挂分段绝缘器	套		1.0050		
	37335101	固定槽钢(电动操作机构) GXZP2-03-1-1	套	2.0100			
	37335103	固定槽钢(开关底座) GXZP2-03-1-1	套	2.0100			
	37335155	导流接线板(紫铜)	kg	6.5700			
	X0045	其他材料费	%	1.0000	1.0000	1.0000	1.0000
机械	99071000	轨道平车 30 t	台班	0.3000			2.0000
	99071620	轨道车 210 kW	台班				1.5000
	99090400	汽车式起重机 16 t	台班			0.2500	
	99390110	电气化安装作业车	台班	0.5000	0.3000	0.5000	1.0000
	99390160	电气化架线作业车	台班			1.0000	

工作内容:1,2. 预配、安装、涂油、调整。
3. 检查、测量等。
4. 开挖、倒土、清坑、回填等。

定额编号			F-9-2-17	F-9-2-18	F-9-2-19	F-9-2-20
项目			架空地线架设及调整	刚性悬挂调整	限界测量	支柱坑开挖
			条·km	条·km	条·km	m³
预算定额编号	预算定额名称	预算定额单位	数量			
08-1-1-20	余土弃置 土方外运	m³				0.7000
08-8-2-18	架空悬挂 架空地线架线及调整	条·km	1.0000			
04-1-2-1	填人行道土方	m³				0.3000
08-8-2-19	架空悬挂 刚性悬挂调整	条·km		1.0000		
08-8-2-20	架空悬挂 限界测量	条·km			1.0000	
08-8-2-21	支柱坑开挖	m³				1.0000

工作内容:1,2. 预配、安装、涂油、调整。
3. 检查、测量等。
4. 开挖、倒土、清坑、回填等。

定额编号				F-9-2-17	F-9-2-18	F-9-2-19	F-9-2-20
项目				架空地线架设及调整	刚性悬挂调整	限界测量	支柱坑开挖
名称			单位	条·km	条·km	条·km	m³
人工	00230105	综合人工(安装)	工日	32.6000	150.0000	15.0000	0.4200
	00070103	综合人工(土建) 市政	工日				0.0544
材料	03210138	硬质合金冲击钻头 $\phi 22$	根	2.5800			
	03230419	锚固螺栓 M16	套	127.6350			
	04011202	硅酸盐膨胀水泥	kg	48.2400			
	05030121	木板成材	m³				0.0010
	14352202	清洁剂	kg		7.0700		
	28010313-1	硬铜绞线 TJ-120 mm²	m	1005.0000			
	37330313	地线线夹 120 型	套	62.3100			
	37330331	地线线夹托板	套	62.3100			
	X0045	其他材料费	%	1.0000	1.0000		1.0000
机械	99071000	轨道平车 30 t	台班	0.6000	1.5000	0.8000	
	99071620	轨道车 210 kW	台班	0.3000	0.7000	0.8000	
	99090400	汽车式起重机 16 t	台班	0.2500			
	99130100	手扶式振动压路机 1 t	台班				0.0016
	99390110	电气化安装作业车	台班	2.5000	0.5000	1.0000	
	99390160	电气化架线作业车	台班	1.0000			
	99440320	潜水泵 $\phi 50$	台班				0.2500
	99510010	土方外运	m³				0.7000

工作内容:1. 开挖、倒土、清坑、回填等。
2,3,4. 排污、清理、混凝土浇筑、养护等。

定额编号			F-9-2-21	F-9-2-22	F-9-2-23	F-9-2-24
项目			拉线坑开挖	支柱基础浇筑	拉线基础浇筑	基础帽制作
			m^3	m^3	m^3	个
预算定额编号	预算定额名称	预算定额单位	数量			
08-8-2-22	拉线坑开挖	m^3	1.0000			
04-1-2-1	填人行道土方	m^3	0.2000			
08-8-2-23	基础浇筑 支柱	m^3		1.0000		
08-1-1-20	余土弃置 土方外运	m^3	0.8000			
08-8-2-24	基础浇筑 拉线	m^3			1.0000	
08-8-2-25	基础帽制作	个				1.0000

工作内容:1. 开挖、倒土、清坑、回填等。
2,3,4. 排污、清理、混凝土浇筑、养护等。

定额编号				F-9-2-21	F-9-2-22	F-9-2-23	F-9-2-24
项目				拉线坑开挖	支柱基础浇筑	拉线基础浇筑	基础帽制作
名称			单位	m^3	m^3	m^3	个
人工	00230105	综合人工(安装)	工日	0.4500	0.5700	0.8600	1.6000
	00070103	综合人工(土建) 市政	工日	0.0363			
材料	01010209	热轧带肋钢筋(HRB400)	kg		5.8100	1.0700	
	03015201	地脚螺栓	kg		7.2600	7.5400	
	05030121	木板成材	m^3	0.0010			
	80210414	预拌混凝土(泵送型) C20 粒径 5～20	m^3		1.0100	1.0100	
	80210514	预拌混凝土(非泵送型) C20 粒径 5～20	m^3				0.5050
	X0045	其他材料费	%	1.0000	1.0000	1.0000	1.0000
机械	99050930	混凝土振捣器(插入式)	台班		1.0000	1.0000	
	99130100	手扶式振动压路机 1 t	台班	0.0011			
	99440320	潜水泵 ϕ50	台班	0.2500			
	99510010	土方外运	m^3	0.8000			

工作内容:1,2. 场地清理、吊装、立杆、安装固定、测量限界、钢柱整正、紧固基础螺母等。
3. 打孔、清理、预埋配件等。
4. 场地清理、安装固定等。

定额编号			F-9-2-25	F-9-2-26	F-9-2-27	F-9-2-28
项目			机械立杆	机械立门型架	隧道内打孔	吊柱安装
			根	根	个	组
预算定额编号	预算定额名称	预算定额单位	数量			
08-8-2-28	机械立杆 ZG150	根	1.0000			
08-8-2-31	机械立杆门型架（ZG,2～3 股道）	组		0.5000		
08-8-2-32	机械立杆门型架（ZG,4～5 股道）	组		0.5000		
08-8-2-38	隧道内打孔	个			1.0000	
08-8-2-39	车站吊柱安装	组				1.0000

工作内容:1,2. 场地清理、吊装、立杆、安装固定、测量限界、钢柱整正、紧固基础螺母等。
3. 打孔、清理、预埋配件等。
4. 场地清理、安装固定等。

定额编号				F-9-2-25	F-9-2-26	F-9-2-27	F-9-2-28
项目				机械立杆	机械立门型架	隧道内打孔	吊柱安装
名称			单位	根	根	个	组
人工	00230105	综合人工(安装)	工日	2.8869	7.2576	0.1505	0.5670
材料	03210213	硬质合金冲击钻头 ϕ18～20	根			0.1000	
	14090101	黄油	kg	0.4020	0.4020		
	37330135	钢柱 ZG150	根	1.0000			
	37330141	门型架 ZG(2～3 股道)	组		0.5000		
	37330143	门型架 ZG(4～5 股道)	组		0.5000		
	37330161	车站吊柱	组				1.0000
	37339631	弧型垫块	kg	22.6125	22.6125		
	X0045	其他材料费	%	1.0000	1.0000	1.0000	
机械	99071000	轨道平车 30 t	台班				0.0660
	99071020	轨道平车 60 t	台班	0.1830	0.2100		
	99071620	轨道车 210 kW	台班	0.0920	0.1050		0.0330
	99090360	汽车式起重机 8 t	台班		0.4170		
	99091950	电气化立杆作业车	台班	0.0920	0.1050		
	99390110	电气化安装作业车	台班				0.0330

工作内容:零件检验、选配、组装、标写号码、杆上安装、调整、紧固。

定 额 编 号			F-9-2-29	F-9-2-30	F-9-2-31	F-9-2-32
项 目			链型悬挂			
			中间柱	车站吊柱	非绝缘转换柱	绝缘转换柱
			处	处	处	处
预算定额编号	预算定额名称	预算定额单位	数 量			
08-8-2-41	支柱接触网悬挂 链型悬挂中间柱 直线 $R \geqslant 1000$(反定位)	处	0.6000			
08-8-2-42	支柱接触网悬挂 链型悬挂中间柱 曲外	处	0.2000			
08-8-2-43	支柱接触网悬挂 链型悬挂中间柱 曲内	处	0.2000			
08-8-2-44	支柱接触网悬挂 车站吊柱链型悬挂 正定位	处		0.5000		
08-8-2-45	支柱接触网悬挂 车站吊柱链型悬挂 反定位	处		0.5000		
08-8-2-46	支柱接触网悬挂 非绝缘转换柱 直线(ZF)	处			0.6000	
08-8-2-47	支柱接触网悬挂 非绝缘转换柱 曲外(QWF)	处			0.2000	
08-8-2-48	支柱接触网悬挂 非绝缘转换柱 曲内(QNF)	处			0.2000	
08-8-2-49	支柱接触网悬挂 绝缘转换柱 直线(ZJ)	处				0.6000
08-8-2-50	支柱接触网悬挂 绝缘转换柱 曲外(QWJ)	处				0.2000
08-8-2-51	支柱接触网悬挂 绝缘转换柱 曲内(QNJ)	处				0.2000

工作内容：零件检验、选配、组装、标写号码、杆上安装、调整、紧固。

定额编号				F-9-2-29	F-9-2-30	F-9-2-31	F-9-2-32
项目				链型悬挂			
				中间柱	车站吊柱	非绝缘转换柱	绝缘转换柱
名称			单位	处	处	处	处
人工	00230105	综合人工(安装)	工日	0.8449	0.8342	1.4515	4.2525
材料	01030641	不锈钢软态钢丝 φ3.5	kg	1.6080			
	03014101	六角螺栓连母垫	kg		0.0402		
	27110201	棒式绝缘子	个	2.0100	2.0100	2.2110	2.2110
	28010401	软铜绞线	m		0.2512		
	29090228	铜接线端子 DTG-95	个		1.0050		
	37330491	双线支撑线夹	个	1.0050	1.0050	2.0100	2.0100
	37330531	定位线夹	套	2.0100	2.0100	2.0100	2.0100
	37330811	定位管 34-1430 型	套		0.5025		
	37330813	定位管 34-1470 型	套		0.5025		
	37330817	定位管 34-1550 型	套				0.2010
	37330821	定位管 34-1590 型	套				0.2010
	37330823	定位管 34-1600 型	套			0.2010	
	37330825	定位管 34-1650 型	套			0.2010	
	37330831	定位管 48-2290 型	套	0.2010			
	37330833	定位管 48-2300 型	套				0.2010
	37330835	定位管 48-2370 型	套		0.5025		
	37330837	定位管 48-2400 型	套	0.6030		0.2010	0.6030
	37330839	定位管 48-2450 型	套			0.6030	
	37330843	定位管 48-2850 型	套	0.2010			
	37330861	定位管支撑 780 型	套	0.2010		0.4020	
	37330863	定位管支撑 810 型	套	0.2010			
	37330865	定位管支撑 820 型	套			0.6030	
	37330867	定位管支撑 880 型	套		0.5025		
	37330869	定位管支撑 900 型	套	0.6030		0.6030	0.8040
	37330871	定位管支撑 920 型	套			0.2010	
	37330891	长定位立柱 48 型	套	0.2010			
	37330911	定位环 φ34 型	套	0.8040			
	37330913	定位环 φ60 型	套	0.8040	0.5025	0.8040	0.8040
	37330921	定位双环	套	0.2010	0.5025	0.2010	0.2010
	37330923	定位双环 S48 型	套	0.2010			
	37330935	长定位双环	套	0.6030	0.5025	0.8040	0.8040
	37330971	支持器 34 型	套		1.0050	0.4020	0.4020
	37330985	定位器 HL2 型	套	1.2060	1.0050	1.6080	1.6080
	37330991	软定位器 L 型	套	0.8040			
	37331101	吊柱双肩挑腕臂上底座	套		0.5025		
	37331103	吊柱双肩挑腕臂下底座	套		0.5025		

(续表)

定额编号				F-9-2-29	F-9-2-30	F-9-2-31	F-9-2-32
项目				链型悬挂			
				中间柱	车站吊柱	非绝缘转换柱	绝缘转换柱
名称			单位	处	处	处	处
材料	37331111	腕臂上底座 300 型	套	0.6030			
	37331115	腕臂上底座 350 型	套	0.4020			
	37331117	腕臂下底座 300 型	套	0.6030			
	37331119	腕臂下底座 350 型	套	0.4020			
	37331123	双腕臂上底座 350 型	套			1.0050	1.0050
	37331125	双腕臂下底座 350 型	套			1.0050	1.0050
	37331211	腕臂 P1550 型	套			0.2010	0.4020
	37331213	腕臂 P1600 型	套			0.2010	
	37331215	腕臂 P1700 型	套			0.6030	
	37331217	腕臂 P1750 型	套				0.6030
	37331219	腕臂 P1870 型	套		0.5025		
	37331225	腕臂 P2350 型	套			0.2010	0.2010
	37331227	腕臂 P2380 型	套		0.5025		
	37331229	腕臂 P2400 型	套	0.2010			0.2010
	37331231	腕臂 P2450 型	套	0.2010		0.2010	
	37331233	腕臂 P2550 型	套	0.6030			
	37331235	腕臂 P2600 型	套			0.6030	0.6030
	37331251	斜腕臂 X1520 型	套			0.2010	
	37331253	斜腕臂 X1540 型	套			0.2010	0.2010
	37331255	斜腕臂 X1550 型	套				0.2010
	37331257	斜腕臂 X1640 型	套			0.6030	
	37331259	斜腕臂 X1670 型	套				0.6030
	37331261	斜腕臂 X1720 型	套		0.5025		
	37331263	斜腕臂 X2020 型	套		0.5025		
	37331265	斜腕臂 X2050 型	套	0.2010			
	37331267	斜腕臂 X2060 型	套			0.2010	
	37331269	斜腕臂 X2080 型	套	0.2010			
	37331273	斜腕臂 X2120 型	套			0.2010	0.2010
	37331275	斜腕臂 X2140 型	套				0.2010
	37331279	斜腕臂 X2220 型	套	0.8040			
	37331281	斜腕臂 X2250 型	套			0.6030	0.6030
	37331283	斜腕臂 X2270 型	套				0.6030
	37331311	套管双耳 48 型	套	0.8040	0.5025	0.8040	0.8040
	37331315	套管双耳 60 型	套	2.6130	1.5075	4.4220	2.8140
	37331411	管帽 60 型	套	1.0050	1.0050	1.8090	2.0100
	X0045	其他材料费	%	1.0000	1.0000	1.0000	1.0000
机械	99390110	电气化安装作业车	台班	0.0600	0.0500	0.0500	0.0500

工作内容：零件检验、选配、组装、标写号码、杆上安装、调整、紧固。

定额编号			F-9-2-33	F-9-2-34	F-9-2-35	F-9-2-36
项目			链型悬挂		简单悬挂	
			中心锚结	道岔柱		中间柱
			处	处	处	处
预算定额编号	预算定额名称	预算定额单位	数量			
08-8-2-52	支柱接触网悬挂 链型悬挂 中心锚结	处	1.0000			
08-8-2-53	支柱接触网悬挂 链型悬挂 道岔柱	处		1.0000		
08-8-2-55	支柱接触网悬挂 简单悬挂 道岔柱	处			1.0000	
08-8-2-57	支柱接触网悬挂 简单悬挂 曲外中间柱	处				0.3000
08-8-2-58	支柱接触网悬挂 简单悬挂 曲内中间柱	处				0.3000
08-8-2-59	支柱接触网悬挂 简单悬挂直线中间柱 正定位	处				0.2000
08-8-2-60	支柱接触网悬挂 简单悬挂直线中间柱 反定位	处				0.2000

工作内容：零件检验、选配、组装、标写号码、杆上安装、调整、紧固。

定额编号				F-9-2-33	F-9-2-34	F-9-2-35	F-9-2-36
项目				链型悬挂		简单悬挂	
				中心锚结	道岔柱		中间柱
名称			单位	处	处	处	处
人工	00230105	综合人工(安装)	工日	0.8222	0.5387	0.6521	0.9517
材料	03153628	钢丝绳轧头 ϕ12	只	4.0200			
	27090701	下锚绝缘子	套			2.0100	1.0050
	27110201	棒式绝缘子	个		4.0200	2.0100	1.0050
	28010612	青铜绞线 35 mm^2	m			12.0600	6.0300
	37330411	接触线中心线夹	个	12.0600			
	37330421	锚结绳固定线夹	个	2.0100			
	37330441	双承力索锚固线夹	套	4.0200			
	37330491	双线支撑线夹	个		2.0100		
	37330511	吊索线夹	个			4.0200	2.0100
	37330531	定位线夹	套		2.0100	2.0100	1.0050
	37330823	定位管 34-1600 型	套		1.0050		
	37330825	定位管 34-1650 型	套		1.0050		
	37330861	定位管支撑 780 型	套		1.0050		
	37330877	定位管支撑 2400 型	套				0.3015
	37330879	定位管支撑 2900 型	套			2.0100	0.7035

(续表)

定额编号				F-9-2-33	F-9-2-34	F-9-2-35	F-9-2-36
项目				链型悬挂		简单悬挂	
				中心锚结	道岔柱		中间柱
名称			单位	处	处	处	处
材料	37330921	定位双环	套		1.0050	2.0100	1.0050
	37330931	长定位环 G2 型	套			2.0100	1.0050
	37330941	心形环 35 型	个			4.0200	5.2260
	37330943	心形环 50 型	个	2.0100			
	37330971	支持器 34 型	套		2.0100		
	37330981	定位器 CL2 型	套			2.0100	0.4020
	37330991	软定位器 L 型	套				0.6030
	37331111	腕臂上底座 300 型	套				1.6080
	37331113	腕臂上底座 350J 型	套				0.4020
	37331115	腕臂上底座 350 型	套				0.2010
	37331121	双腕臂上底座 300 型	套			2.0100	
	37331123	双腕臂上底座 350 型	套		1.0050		
	37331125	双腕臂下底座 350 型	套		1.0050		
	37331225	腕臂 P2350 型	套		1.0050		
	37331229	腕臂 P2400 型	套		1.0050		
	37331233	腕臂 P2550 型	套				0.3015
	37331237	腕臂 P2950 型	套				0.5025
	37331241	腕臂 P3350 型	套			2.0100	
	37331243	腕臂 P3550 型	套				0.2010
	37331253	斜腕臂 X1540 型	套		1.0050		
	37331273	斜腕臂 X2120 型	套		1.0050		
	37331315	套管双耳 60 型	套		4.0200	2.0100	1.0050
	37331411	管帽 60 型	套		2.0100	2.0100	1.0050
	37331433	钳压管 35 型	套			8.0400	5.6280
	37331517	双联板 D3 型	套			2.0100	1.0050
	37332013	半圆管衬垫 9.1×80 型	件	4.0200			
	37332131	中心锚结绳(承力索) 95 mm^2 青铜绞线	m	100.5000			
	37332151	接触线中心锚结绳 50 mm^2 青铜绞线	m	30.1500			
	X0045	其他材料费	%	1.0000	1.0000	1.0000	1.0000
机械	99390110	电气化安装作业车	台班	0.0500	0.0500		

工作内容:1,2. 零件检验、选配、组装、标写号码、杆上安装、调整、紧固。
3,4. 预配、安装,下锚装置、限制架安装,临时绑扎、固定。

定额编号			F-9-2-37	F-9-2-38	F-9-2-39	F-9-2-40
项目			道岔处线岔	链型悬挂压管中间柱	全补偿下锚	
					双承力索	双接触线
			处	处	处	处
预算定额编号	预算定额名称	预算定额单位	数量			
08-8-2-61	支柱接触网悬挂 道岔处线岔	处	1.0000			
08-8-2-62	支柱接触网悬挂 链型悬挂压管中间柱 曲内	处		1.0000		
08-8-2-72	下锚装配及拉线 全补偿下锚 双承力索	处			1.0000	
08-8-2-73	下锚装配及拉线 全补偿下锚 双接触线	处				1.0000

工作内容:1,2. 零件检验、选配、组装、标写号码、杆上安装、调整、紧固。
3,4. 预配、安装,下锚装置、限制架安装,临时绑扎、固定。

定额编号				F-9-2-37	F-9-2-38	F-9-2-39	F-9-2-40
项目				道岔处线岔	链型悬挂压管中间柱	全补偿下锚	
						双承力索	双接触线
名称			单位	处	处	处	处
人工	00230105	综合人工(安装)	工日	1.1340	1.5026	4.7356	4.9987
材料	01030641	不锈钢软态钢丝 $\phi3.5$	kg		4.0200		
	27090701	下锚绝缘子	套			1.0050	1.0050
	27110201	棒式绝缘子	个		3.0150		
	29177151	拉线 LXGJ-100	m			25.1500	25.1250
	37330431	耐张线夹 NUT-3 型	个			1.0050	1.0050
	37330531	定位线夹	套		2.0100		
	37330551	终锚线夹 T150	个			2.0100	
	37330619	双耳楔型线夹 齿型	个				2.0100
	37330621	楔型拉线线夹 LX-3 型	个			2.0100	2.0100
	37330845	定位管 48-2950 型	套		1.0050		
	37330875	定位管支撑 1530 型	套		1.0050		
	37330891	长定位立柱 48 型	套		1.0050		
	37330911	定位环 $\phi34$ 型	套		2.0100		
	37330913	定位环 $\phi60$ 型	套		2.0100		
	37330923	定位双环 S48 型	套		1.0050		

(续表)

定额编号				F-9-2-37	F-9-2-38	F-9-2-39	F-9-2-40
项目				道岔处线岔	链型悬挂压管中间柱	全补偿下锚	
						双承力索	双接触线
名称			单位	处	处	处	处
材料	37330991	软定位器 L 型	套		2.0100		
	37331115	腕臂上底座 350 型	套		1.0050		
	37331119	腕臂下底座 350 型	套		1.0050		
	37331131	上承锚底座 C 型	套			1.0050	
	37331133	上承锚底座 J 型	套				1.0050
	37331137	下承锚底座 C 型	套			1.0050	
	37331139	下承锚底座 J 型	套				1.0050
	37331239	腕臂 P3000 型	套		1.0050		
	37331311	套管双耳 48 型	套		1.0050		
	37331315	套管双耳 60 型	套		3.0150		
	37331339	耳环杆 1000×250 型	套			2.0100	2.0100
	37331411	管帽 60 型	套		1.0050		
	37331421	压管	个		2.0100		
	37331451	调整螺丝	套			1.0050	1.0050
	37331513	双联板 D1 型	套			1.0050	1.0050
	37331515	双联板 D2 型	套			1.0050	1.0050
	37331531	拉线双联板	套			1.0050	1.0050
	37331551	三角调节板 T1 型	套			1.0050	1.0050
	37331981	线岔	套	1.0050			
	37334111	棘轮装置	套			1.0050	1.0050
	37334141	双线悬吊滑轮	套		1.0050		
	37334163	铁坠砣 T30 型	个			32.1600	32.1600
	37334171	铁坠砣杆 T1 型	套			1.0050	1.0050
	37334181	坠砣限制架 T1 型	套			1.0050	1.0050
	37339611	角型垫块	套			2.0100	2.0100
	X0045	其他材料费	%	1.0000	1.0000	1.0000	1.0000
机械	99390110	电气化安装作业车	台班		0.0600		

工作内容：1,2. 预配、安装，下锚装置、限制架安装，临时绑扎、固定。
3,4. 预配、安装，下锚装置、限制架安装，临时绑扎、固定，拉线安装、调整。

定 额 编 号			F-9-2-41	F-9-2-42	F-9-2-43	F-9-2-44
项 目			补偿下锚		无补偿下锚	
			单导	单承单导并联	单导	单承单导并联
			处	处	处	处
预算定额编号	预算定额名称	预算定额单位	数 量			
08-8-2-74	下锚装配及拉线 补偿下锚 单导	处	0.8000			
08-8-2-75	下锚装配及拉线 补偿下锚 单承单导并联	处		1.0000		
08-8-2-76	下锚装配及拉线 补偿下锚 库房内单接触线	处	0.1000			
08-8-2-77	下锚装配及拉线 补偿 V 型下锚 库房内单接触线	处	0.1000			
08-8-2-78	下锚装配及拉线 无补偿下锚 单导	处			0.8000	
08-8-2-79	下锚装配及拉线 无补偿下锚 单承单导并联	处				1.0000
08-8-2-80	下锚装配及拉线 无补偿下锚 库房内单接触线	处			0.1000	
08-8-2-82	下锚装配及拉线 无补偿 V 型下锚 单导	处			0.1000	

工作内容：1,2. 预配、安装，下锚装置、限制架安装，临时绑扎、固定。
3,4. 预配、安装，下锚装置、限制架安装，临时绑扎、固定，拉线安装、调整。

定 额 编 号				F-9-2-41	F-9-2-42	F-9-2-43	F-9-2-44
项 目				补偿下锚		无补偿下锚	
				单导	单承单导并联	单导	单承单导并联
名 称			单位	处	处	处	处
人工	00230105	综合人工(安装)	工日	2.9768	5.2618	2.1002	4.5360
材料	03014101	六角螺栓连母垫	kg			0.4026	
	27090701	下锚绝缘子	套	1.0050	1.0050	1.0050	1.0050
	29177121	拉线(不锈钢丝绳)	m	0.6030			
	29177131	拉线(青铜绞线) 70 mm^2	m			1.0050	
	29177151	拉线 LXGJ-100	m	20.1000	25.1250		12.0600
	29177153	拉线 LXGJ-120	m			8.0400	
	37092401	库内下锚底座限制架	套	0.1005			
	37092421	库内下锚底座限制架 V 型	套	0.1005			
	37330431	耐张线夹 NUT-3 型	个	0.8040	1.0050	0.8040	2.0100

(续表)

定额编号				F-9-2-41	F-9-2-42	F-9-2-43	F-9-2-44
项目				补偿下锚		无补偿下锚	
				单导	单承单导并联	单导	单承单导并联
名称			单位	处	处	处	处
材料	37330551	终锚线夹 T150	个		1.0050		1.0050
	37330613	双耳楔型线夹 50 型	个	0.8040			
	37330615	双耳楔型线夹 70 型	个			0.4020	
	37330619	双耳楔型线夹 齿型	个	1.0050	1.0050	1.0050	1.0050
	37330621	楔型拉线线夹 LX-3 型	个	1.6080	2.0100	1.6080	2.0100
	37331133	上承锚底座 J 型	套	0.8040	1.0050		
	37331139	下承锚底座 J 型	套	0.8040	1.0050		
	37331155	定位索底座	套	0.2010		0.3015	
	37331169	补偿下锚底座 V 型	套	0.2010			
	37331321	单耳连接器 D 型	套	0.8040		0.8040	1.0050
	37331339	耳环杆 1000×250 型	套	1.6080	2.0100		
	37331351	双环杆 300 型	套			0.1005	
	37331358	拉线双环杆	套				1.0050
	37331451	调整螺丝	套	0.2010	1.0050		
	37331513	双联板 D1 型	套	0.2010		0.2010	
	37331515	双联板 D2 型	套		1.0050		
	37331531	拉线双联板	套	0.8040	1.0050	0.8040	4.0200
	37331541	双孔板 D1 型	套	0.6030		0.2010	
	37331551	三角调节板 T1 型	套			0.1005	
	37331552	三角调节板 T2 型	套				1.0050
	37331571	下锚平衡板 CJ 型	套		1.0050		
	37331611	承锚抱箍 T1 型	套			0.8040	1.0050
	37331612	承锚抱箍 T2 型	套				1.0050
	37334111	棘轮装置	套	0.8040	1.0050		
	37334121	补偿滑轮	套	0.2010			
	37334163	铁坠砣 T30 型	个	16.0800	32.1600		
	37334171	铁坠砣杆 T1 型	套	0.8040	1.0050		
	37334173	铁坠砣杆 T2 型	套	0.2010			
	37334181	坠砣限制架 T1 型	套	0.8040	1.0050		
	37339611	角型垫块	套	1.6080	2.0100		
	X0045	其他材料费	%	1.0000	1.0000	1.0000	1.0000

工作内容：预配、安装，下锚装置、限制架安装，临时绑扎、固定，拉线安装、调整。

定额编号			F-9-2-45	F-9-2-46	F-9-2-47	F-9-2-48
项目			无补偿下锚 双接触线	架空地线终端下锚	架空地线对向下锚	双馈线终端下锚
			处	处	处	处
预算定额编号	预算定额名称	预算定额单位	数量			
08-8-2-81	下锚装配及拉线 无补偿下锚 双接触线	处	1.0000			
08-8-2-85	下锚装配及拉线 架空地线终端下锚支柱上	处		1.0000		
08-8-2-87	下锚装配及拉线 架空地线对向下锚支柱上	处			1.0000	
08-8-2-88	下锚装配及拉线 双馈线终端下锚支柱上	处				1.0000

工作内容：预配、安装，下锚装置、限制架安装，临时绑扎、固定，拉线安装、调整。

定额编号				F-9-2-45	F-9-2-46	F-9-2-47	F-9-2-48
项目				无补偿下锚 双接触线	架空地线终端下锚	架空地线对向下锚	双馈线终端下锚
名称			单位	处	处	处	处
人工	00230105	综合人工(安装)	工日	4.3092	2.2680	4.4400	4.3100
材料	27090701	下锚绝缘子	套	1.0050			1.0050
	29177153	拉线 LXGJ-120	m	10.0500			
	37330311	地线线夹	套			1.0050	
	37330343	电连接线夹 D2 型	套			2.0100	
	37330431	耐张线夹 NUT-3 型	个	1.0050			
	37330541	终锚线夹 T120	个		1.0050	2.0100	2.0100
	37330619	双耳楔型线夹 齿型	个	2.0100			
	37330621	楔型拉线线夹 LX-3 型	个	1.0050			
	37331321	单耳连接器 D 型	套	1.0050	1.0050	2.0100	1.0050
	37331513	双联板 D1 型	套	1.0050			1.0050
	37331531	拉线双联板	套	1.0050			
	37331542	双孔板 D2 型	套		1.0050	2.0100	
	37331551	三角调节板 T1 型	套	1.0050			1.0050
	37331611	承锚抱箍 T1 型	套	1.0050			
	37331612	承锚抱箍 T2 型	套				1.0050
	37331613	承锚抱箍 T3 型	套		1.0050		
	37331621	对向承锚抱箍 T 型	套			1.0050	
	37331801	跳线(软铜绞线)	m			2.5125	
	37331835	架空地线肩架 350 型	套			1.0050	
	X0045	其他材料费	%	1.0000	1.0000	1.0000	1.0000

工作内容:1,2. 预配、安装,下锚装置、限制架安装,临时绑扎、固定,拉线安装、调整。
3,4. 测量、计算、检查、预配、安装、调整。

定 额 编 号			F-9-2-49	F-9-2-50	F-9-2-51	F-9-2-52
项 目			双馈线对向下锚	下锚拉线	门型支架软横跨	
					Ⅱ股道	Ⅲ股道
			处	处	处	处
预算定额编号	预算定额名称	预算定额单位	数 量			
08-8-2-100	软横跨硬横梁节点 门型支架Ⅱ股道	处			1.0000	
08-8-2-101	软横跨硬横梁节点 门型支架Ⅲ股道	处				1.0000
08-8-2-90	下锚装配及拉线 双馈线对向下锚支柱上	处	1.0000			
08-8-2-93	下锚装配及拉线 下锚拉线 12 kN	处		0.6000		
08-8-2-94	下锚装配及拉线 下锚拉线 24 kN	处		0.3000		
08-8-2-95	下锚装配及拉线 下锚拉线 36 kN	处		0.1000		

工作内容:1,2. 预配、安装,下锚装置、限制架安装,临时绑扎、固定,拉线安装、调整。
3,4. 测量、计算、检查、预配、安装、调整。

定 额 编 号				F-9-2-49	F-9-2-50	F-9-2-51	F-9-2-52
项 目				双馈线对向下锚	下锚拉线	门型支架软横跨	
						Ⅱ股道	Ⅲ股道
名 称			单位	处	处	处	处
人工	00230105	综合人工(安装)	工日	5.3865	1.7010	2.8350	3.9690
材料	27090701	下锚绝缘子	套	2.0100		6.0300	6.0300
	28010613	青铜绞线 50 mm^2	m			30.1500	
	28010613-1	青铜绞线 50 mm^2	m				35.1750
	29177115	拉线(不锈钢线) ϕ3.5	根			4.0200	6.0300
	29177151	拉线 LXGJ-100	m		22.6125		
	37330431	耐张线夹 NUT-3 型	个		0.9045		
	37330451	双定位环线夹	套			1.0050	2.0100
	37330531	定位线夹	套			7.0350	9.0450
	37330541	终锚线夹 T120	个	4.0200			

（续表）

定额编号				F-9-2-49	F-9-2-50	F-9-2-51	F-9-2-52
项目				双馈线对向下锚	下锚拉线	门型支架软横跨	
						Ⅱ股道	Ⅲ股道
名称			单位	处	处	处	处
材料	37330613	双耳楔型线夹 50 型	个			4.0200	6.0300
	37330621	楔型拉线线夹 LX-3 型	个		1.8090		
	37330987	定位器 L3 型	套			4.0200	6.0300
	37331321	单耳连接器 D 型	套	2.0100		2.0100	2.0100
	37331339	耳环杆 1000×250 型	套		1.8090		
	37331343	拉线主耳环杆	套		0.1005		
	37331355	双环杆 770 型	套		0.6030		
	37331361	主双环杆 900	套		0.2010		
	37331365	主双环杆 承力索	套		0.2010		
	37331368	接触线主双环杆	套		0.2010		
	37331441	可调螺栓板	套		0.1005		
	37331451	调整螺丝	套			2.0100	2.0100
	37331511	双联板 D 型	套		0.2010		
	37331513	双联板 D1 型	套	2.0100			
	37331515	双联板 D2 型	套			4.0200	4.0200
	37331521	长型双联板	套		0.1005		
	37331531	拉线双联板	套		0.9045		
	37331551	三角调节板 T1 型	套	2.0100			
	37331612	承锚抱箍 T2 型	套	1.0050			
	37331631	定位索抱箍	套			4.0200	4.0200
	37331633	定位索抱箍 245 型	套			2.0100	2.0100
	37332015	半圆管衬垫 T2 9.1×80 型	件			4.0200	6.0300
	37334133	悬吊滑轮 T 型	套			1.0050	2.0100
	37339611	角型垫块	套		1.8090		
	X0045	其他材料费	%	1.0000	1.0000	1.0000	1.0000

工作内容:测量、计算、检查、预配、安装、调整。

定额编号			F-9-2-53	F-9-2-54	F-9-2-55	F-9-2-56
项目			门型支架软横跨		软横跨硬横梁	
			Ⅳ股道	Ⅴ股道		Ⅵ股道
			处	处	处	处
预算定额编号	预算定额名称	预算定额单位	数量			
08-8-2-102	软横跨硬横梁节点 门型支架 Ⅳ股道	处	1.0000			
08-8-2-103	软横跨硬横梁节点 门型支架 Ⅴ股道	处		1.0000		
08-8-2-104	软横跨硬横梁节点 软横跨上 Ⅴ股道	处			1.0000	
08-8-2-105	软横跨硬横梁节点 软横跨上 Ⅵ股道	处				1.0000

工作内容:测量、计算、检查、预配、安装、调整。

定额编号				F-9-2-53	F-9-2-54	F-9-2-55	F-9-2-56
项目				门型支架软横跨		软横跨硬横梁	
				Ⅳ股道	Ⅴ股道		Ⅵ股道
名称			单位	处	处	处	处
人工	00230105	综合人工(安装)	工日	5.1030	5.9300	6.2370	7.0020
材料	01030651-1	不锈钢软态钢丝 $\phi3.5$	m			150.7500	150.7500
	27090701	下锚绝缘子	套	6.0300	6.0300	12.0600	12.0600
	28010613-1	青铜绞线 50 mm^2	m	45.2250	50.2500	30.1500	30.1500
	29177115	拉线(不锈钢线) $\phi3.5$	根	10.0500	12.0600		
	37330451	双定位环线夹	套	4.0200	5.0250		
	37330461	双横向承力索线夹	套			6.0300	7.0350
	37330521	定位索线夹	套			2.0100	2.0100
	37330531	定位线夹	套	13.0650	15.0750	14.0700	17.0850
	37330613	双耳楔型线夹 50 型	个	10.0500	12.0600	12.0600	12.0600
	37330617	双耳楔型线夹 80 型	个			10.0500	10.0500
	37330983	定位器 CL3 型	套			7.0350	8.0400
	37330987	定位器 L3 型	套	10.0500	12.0600		
	37331321	单耳连接器 D 型	套	2.0100	2.0100		
	37331335	耳环杆 450×150 型	套			2.0100	2.0100
	37331337	耳环杆 900×200 型	套			4.0200	4.0200
	37331435	钳压管 50 型	套			6.0300	6.0300
	37331451	调整螺丝	套	2.0100	2.0100		
	37331513	双联板 D1 型	套			6.0300	6.0300
	37331515	双联板 D2 型	套	4.0200	4.0200		
	37331631	定位索抱箍	套	4.0200	4.0200		
	37331633	定位索抱箍 245 型	套	2.0100	2.0100		
	37332015	半圆管衬垫 T2 9.1×80 型	件	10.0500	12.0600	23.1150	25.1250
	37332111	横承力索 镀铝锌钢绞线	m			60.3000	60.3000
	37332171	吊索 35 mm^2 青铜软绞线	m			18.0900	18.0900
	37332221	固定角钢 630 型软横跨	套			4.0200	4.0200
	37334133	悬吊滑轮 T 型	套	4.0200	5.0250		
	37334141	双线悬吊滑轮	套			4.0200	4.0200
	37334151	悬挂滑轮(铜质)	套			3.0150	3.0150
	37339611	角型垫块	套			2.0100	2.0100
	37339621	球型垫块	套			4.0200	4.0200
	X0045	其他材料费	%	1.0000	1.0000	1.0000	1.0000

工作内容:测量、计算、检查、预配、安装、调整。

定额编号			F-9-2-57	F-9-2-58	F-9-2-59	F-9-2-60
项目			软横跨硬横梁		库房内软横跨	
			Ⅶ股道	Ⅷ股道	Ⅱ股道	Ⅲ股道
			处	处	处	处
预算定额编号	预算定额名称	预算定额单位	数量			
08-8-2-106	软横跨硬横梁节点 软横跨上 Ⅶ股道	处	1.0000			
08-8-2-107	软横跨硬横梁节点 软横跨上 Ⅷ股道	处		1.0000		
08-8-2-108	软横跨硬横梁节点 库房内软横跨Ⅱ股道	处			1.0000	
08-8-2-109	软横跨硬横梁节点 库房内软横跨Ⅲ股道	处				1.0000

工作内容:测量、计算、检查、预配、安装、调整。

定额编号				F-9-2-57	F-9-2-58	F-9-2-59	F-9-2-60
项目				软横跨硬横梁		库房内软横跨	
				Ⅶ股道	Ⅷ股道	Ⅱ股道	Ⅲ股道
名称			单位	处	处	处	处
人工	00230105	综合人工(安装)	工日	7.3710	8.5050	2.8350	3.7710
材料	01030651-1	不锈钢软态钢丝 $\phi 3.5$	m	150.7500	150.7500		
	03014101	六角螺栓连母垫	kg			1.0492	1.5738
	27090701	下锚绝缘子	套	12.0600	12.0600	5.0250	5.0250
	28010612-1	青铜绞线 35 mm^2	m			16.0800	20.1000
	28010613-1	青铜绞线 50 mm^2	m	30.1500	30.1500	20.1000	20.1000
	37330461	双横向承力索线夹	套	9.0450	9.0450		
	37330511	吊索线夹	个			4.0200	6.0300
	37330521	定位索线夹	套	2.0100	2.0100		
	37330531	定位线夹	套	20.1000	23.1150	2.0100	3.0150
	37330613	双耳楔型线夹 50 型	个	12.0600	12.0600	4.0200	4.0200
	37330617	双耳楔型线夹 80 型	个	10.0500	10.0500		
	37330941	心形环 35 型	个			2.0100	6.0300
	37330983	定位器 CL3 型	套	9.0450	10.0500		
	37331155	定位索底座	套			5.0250	6.0300
	37331321	单耳连接器 D 型	套			2.0100	3.0150
	37331335	耳环杆 450×150 型	套	2.0100	2.0100		
	37331337	耳环杆 900×200 型	套	4.0200	4.0200		
	37331435	钳压管 50 型	套	6.0300	6.0300	8.0400	12.0600
	37331451	调整螺丝	套			1.0050	1.0050
	37331513	双联板 D1 型	套	6.0300	6.0300		
	37331515	双联板 D2 型	套			4.0200	4.0200
	37332015	半圆管衬垫 T2 9.1×80 型	件	27.1350	29.1450	4.0200	6.0300
	37332111	横承力索 镀铝锌钢绞线	m	60.3000	60.3000		
	37332171	吊索 35 mm^2 青铜软绞线	m	18.0900	18.0900		
	37332221	固定角钢 630 型软横跨	套	4.0200	4.0200		
	37334141	双线悬吊滑轮	套	4.0200	4.0200		
	37334151	悬挂滑轮(铜质)	套	3.0150	3.0150	2.0100	3.0150
	37339611	角型垫块	套	2.0100	2.0100		
	37339621	球型垫块	套	4.0200	4.0200		
	X0045	其他材料费	%	1.0000	1.0000	1.0000	1.0000

工作内容:测量、计算、检查、预配、安装、调整。

定额编号			F-9-2-61	F-9-2-62	F-9-2-63	F-9-2-64
项目			库房内软横跨			库房内垂直悬挂节点
			Ⅳ股道	Ⅴ股道	Ⅵ股道	
			处	处	处	处
预算定额编号	预算定额名称	预算定额单位	数量			
08-8-2-110	软横跨硬横梁节点 库房内软横跨Ⅳ股道	处	1.0000			
08-8-2-111	软横跨硬横梁节点 库房内软横跨Ⅴ股道	处		1.0000		
08-8-2-112	软横跨硬横梁节点 库房内软横跨Ⅵ股道	处			1.0000	
08-8-2-113	软横跨硬横梁节点 库房内垂直悬挂节点	处				1.0000

工作内容:测量、计算、检查、预配、安装、调整。

定额编号				F-9-2-61	F-9-2-62	F-9-2-63	F-9-2-64
项目				库房内软横跨			库房内垂直悬挂节点
				Ⅳ股道	Ⅴ股道	Ⅵ股道	
名称			单位	处	处	处	处
人工	00230105	综合人工(安装)	工日	3.9690	4.8480	5.1030	1.1340
材料	01030651	不锈钢软态钢丝 $\phi3.5$	m				1.0050
	03014101	六角螺栓连母垫	kg	2.0984	2.1708	3.1477	
	27090701	下锚绝缘子	套	6.0300	8.0400	9.0450	1.0050
	28010612-1	青铜绞线 35 mm^2	m	30.1500	35.1750	40.2000	3.0150
	28010613-1	青铜绞线 50 mm^2	m	30.1500	35.1750	40.2000	
	37330511	吊索线夹	个	8.0400	10.0500	12.0600	2.0100
	37330531	定位线夹	套	4.0200	5.0250	6.0300	1.0050
	37330613	双耳楔型线夹 50 型	个	4.0200	6.0300	6.0300	
	37330941	心形环 35 型	个	8.0400	8.0400	12.0600	2.0100
	37331151	吊索底座	套				1.0050
	37331153	吊索底座 T 型	套				1.0050
	37331155	定位索底座	套	7.0350	7.0350	8.0400	
	37331157	定位索底座 T1 型	套		2.0100	2.0100	
	37331321	单耳连接器 D 型	套	4.0200	5.0250	6.0300	
	37331433	钳压管 35 型	套				4.0200
	37331435	钳压管 50 型	套	14.0700	18.0900	22.1100	
	37331451	调整螺丝	套	1.0050	3.0150	3.0150	
	37331515	双联板 D2 型	套	5.0250	7.0350	8.0400	1.0050
	37331601	抱箍	套				2.0100
	37332013	半圆管衬垫 9.1×80 型	件			12.0600	
	37332015	半圆管衬垫 T2 9.1×80 型	件	8.0400	10.0500		
	37334151	悬挂滑轮(铜质)	套	4.0200	5.0250	6.0300	1.0050
	X0045	其他材料费	%	1.0000	1.0000	1.0000	1.0000

工作内容：1. 测量、计算、检查、预配、安装、调整。

2,3,4. 预制吊弦、吊弦测量、吊弦压接、配线盘，起锚、放线、紧线，安装吊弦、接头、终锚、倒鞍子等。

定额编号			F-9-2-65	F-9-2-66	F-9-2-67	F-9-2-68
项目			简单悬挂	链型悬挂架设及调整		简单悬挂架设及调整
			中心锚结	TJ150+Ris120	2×TJ150+2×Ris120	Ris120
			处	条·km	条·km	条·km
预算定额编号	预算定额名称	预算定额单位	数量			
08-8-2-114	软横跨硬横梁节点 简单悬挂中心锚结	处	1.0000			
08-8-2-115	架线 链型悬挂 TJ150+2×Ris120 隧道外	条·km		1.0000		
08-8-2-117	架线 链型悬挂 2×TJ150+2×Ris120	条·km			1.0000	
08-8-2-118	架线 简单悬挂 Ris120	条·km				1.0000
08-8-2-129	简单悬挂调整 Ris120	条·km				1.0000
08-8-2-130	链型悬挂调整 TJ150+Ris120	条·km		1.0000		
08-8-2-131	链型悬挂调整 2×TJ150+2×Ris120	条·km			1.0000	

工作内容：1. 测量、计算、检查、预配、安装、调整。

2,3,4. 预制吊弦、吊弦测量、吊弦压接、配线盘，起锚、放线、紧线，安装吊弦、接头、终锚、倒鞍子等。

定额编号				F-9-2-65	F-9-2-66	F-9-2-67	F-9-2-68
项目				简单悬挂	链型悬挂架设及调整		简单悬挂架设及调整
				中心锚结	TJ150+Ris120	2×TJ150+2×Ris120	Ris120
名称			单位	处	条·km	条·km	条·km
人工	00230105	综合人工(安装)	工日	0.5670	53.7310	59.5810	31.6388
材料	01030436	镀锌低碳钢丝 ϕ1.6	kg		70.3500	80.4000	50.2500
	03153628	钢丝绳轧头 ϕ12	只	8.0400			
	28010314	硬铜绞线 TJ-150 mm^2	m		1005.0000	2010.0000	
	28010821	银铜合金接触线 RIS-120 mm^2	km		1.0050	2.0100	1.0050
	37330411	接触线中心线夹	个	24.1200			
	37330421	锚结绳固定线夹	个	4.0200			
	37330591	夹环	套	1.0050			
	37330943	心形环 50 型	个	4.0200			
	37332141	滑轮固定绳 95 mm^2 青铜绞线	m	1.0050			
	37332151-1	接触线中心锚结绳 50 mm^2 青铜绞线	m	20.1000			
	37332181	整体吊弦	套		140.7000	140.7000	
	X0045	其他材料费	%	1.0000	1.0000	1.0000	1.0000
机械	99090400	汽车式起重机 16 t	台班		0.1000	0.1000	0.0300
	99390110	电气化安装作业车	台班		0.4500	0.5000	0.4300
	99390160	电气化架线作业车	台班		0.3500	0.4000	0.3300

工作内容:预制吊弦、吊弦测量、吊弦压按、配线盘,起锚、放线、紧线,安装吊弦、接头、终锚、倒鞍子等。

定额编号			F-9-2-69	F-9-2-70	F-9-2-71	F-9-2-72
项目			单馈线	双馈线	架空地线	导线架设及调整
			TJ150	2×TJ150	TJ120	Ris120
			条·km	条·km	条·km	条·km
预算定额编号	预算定额名称	预算定额单位	数量			
08-8-2-119	架线 单馈线 TJ150 隧道外	条·km	1.0000			
08-8-2-121	架线 双馈线 2×TJ150 隧道外	条·km		1.0000		
08-8-2-123	架线 架空地线 TJ120 隧道外	条·km			1.0000	
08-8-2-125	架线 导线 Ris120	条·km				1.0000
08-8-2-132	导线调整 Ris120 隧道内	条·km				1.0000

工作内容:预制吊弦、吊弦测量、吊弦压按、配线盘,起锚、放线、紧线,安装吊弦、接头、终锚、倒鞍子等。

定额编号				F-9-2-69	F-9-2-70	F-9-2-71	F-9-2-72
项目				单馈线	双馈线	架空地线	导线架设及调整
				TJ150	2×TJ150	TJ120	Ris120
名称			单位	条·km	条·km	条·km	条·km
人工	00230105	综合人工(安装)	工日	15.3250	17.7750	15.8090	32.8180
材料	01030436	镀锌低碳钢丝 ϕ1.6	kg	25.1250	25.1250	25.1250	50.2500
	28010313-1	硬铜绞线 TJ-120 mm^2	m			1005.0000	
	28010314	硬铜绞线 TJ-150 mm^2	m	1005.0000	2010.0000		
	28010821	银铜合金接触线 RIS-120 mm^2	km				1.0050
	X0045	其他材料费	%	1.0000	1.0000	1.0000	1.0000
机械	99090400	汽车式起重机 16 t	台班	0.0300	0.1000	0.0300	0.0300
	99390110	电气化安装作业车	台班	0.3300	0.3500	0.3300	0.4300
	99390160	电气化架线作业车	台班	0.3300	0.3500	0.3300	0.3300

工作内容：1. 预制吊弦、吊弦测量、吊弦压接、配线盘，起锚、放线、紧线，安装吊弦、接头、终锚、倒鞍子等。
2,3,4. 开箱检查、调整、预配、安装、调整。

定额编号			F-9-2-73	F-9-2-74	F-9-2-75	F-9-2-76
项目			导线架设及调整	隔离开关		
			2×Ris120	手动	电动(1台)	电动(3台)
			条·km	处	处	处
预算定额编号	预算定额名称	预算定额单位	数量			
08-8-2-126	架线 导线 2×Ris120	条·km	1.0000			
08-8-2-133	导线调整 2×Ris120	条·km	1.0000			
08-8-2-141	设备及避雷器 电动隔离开关 隧道内上网电连接安装(柔性1台)	处			1.0000	
08-8-2-142	设备及避雷器 电动隔离开关 隧道内上网电连接安装(柔性3台)	处				1.0000
08-8-2-143	设备及避雷器 手动隔离开关 隧道内上网电连接安装(柔性1台)	处		1.0000		
08-8-2-144	设备及避雷器 隔离开关 手动	处		1.0000		
08-8-2-145	设备及避雷器 隔离开关 电动(1台)	处			1.0000	
08-8-2-146	设备及避雷器 隔离开关 电动(3台)	处				1.0000

工作内容：1. 预制吊弦、吊弦测量、吊弦压接、配线盘，起锚、放线、紧线，安装吊弦、接头、终锚、倒鞍子等。
2,3,4. 开箱检查、调整、预配、安装、调整。

定额编号				F-9-2-73	F-9-2-74	F-9-2-75	F-9-2-76
项目				导线架设及调整	隔离开关		
				2×Ris120	手动	电动(1台)	电动(3台)
名称			单位	条·km	处	处	处
人工	00230105	综合人工(安装)	工日	50.3230	7.5600	9.0720	15.8760
材料	01030436	镀锌低碳钢丝 ϕ1.6	kg	50.2500			
	28010821	银铜合金接触线 RIS-120 mm^2	km	2.0100			
	28021311-1	软电缆 150 mm^2	m		50.2500	50.2500	150.7500
	29060515	聚氯乙烯电线管 DN40	m		15.0750	15.0750	50.2500
	29090231	铜接线端子 DTG-185	个		4.0200	4.0200	12.0600
	29252609	电缆固定卡子 ϕ15	个		10.0500	10.0500	30.1500
	37330345	电连接线夹 D3 型	套		4.0200	4.0200	12.0600
	37335106	隔离开关托架	套		1.0000	1.0000	3.0000
	37335121	电动隔离开关(含操作机构箱)	套			1.0000	3.0000
	37335123	手动隔离开关(含操作机构箱)	套		1.0000		
	37335151	开关接线板	个		2.0100	2.0100	4.0200
	X0045	其他材料费	%	1.0000	1.0000	1.0000	1.0000
机械	99090400	汽车式起重机 16 t	台班	0.1000			
	99390110	电气化安装作业车	台班	0.4500			
	99390160	电气化架线作业车	台班	0.3500			

工作内容:1,2. 开箱、检查、调整、预配、安装、调整。
3,4. 设备开箱检查、调整、预配、安装、调整。

定额编号			F-9-2-77	F-9-2-78	F-9-2-79	F-9-2-80
项目			均流箱	回流箱	分段绝缘器	
					单承单导链型悬挂	双承双导链型悬挂
			套	套	套	套
预算定额编号	预算定额名称	预算定额单位	数量			
08-8-2-147	设备及避雷器 均流箱	套	1.0000			
08-8-2-148	设备及避雷器 回流箱	套		1.0000		
08-8-2-149	设备及避雷器 分段绝缘器 单承单导链型悬挂	套			1.0000	
08-8-2-150	设备及避雷器 分段绝缘器 双承双导链型悬挂	套				1.0000

工作内容:1,2. 开箱、检查、调整、预配、安装、调整。
3,4. 设备开箱检查、调整、预配、安装、调整。

定额编号				F-9-2-77	F-9-2-78	F-9-2-79	F-9-2-80
项目				均流箱	回流箱	分段绝缘器	
						单承单导链型悬挂	双承双导链型悬挂
名称			单位	套	套	套	套
人工	00230105	综合人工(安装)	工日	2.1546	2.2680	5.1030	6.6339
材料	03014101	六角螺栓连母垫	kg	1.4633	1.4633		
	03018176	膨胀螺栓(钢制) M16	套	16.0800	16.0800		
	29090231	铜接线端子 DTG-185	个	4.0200	12.0600		
	37130351	钢轨接线端子 TDG-400	个	1.0050	6.0300		
	37330551	终锚线夹 T150	个			2.0100	4.0200
	37331515	双联板 D2 型	套			2.0100	2.0100
	37331541	双孔板 D1 型	套			2.0100	
	37331551	三角调节板 T1 型	套				2.0100
	37331911	单线分段绝缘器	套			1.0000	
	37331921	双线分段绝缘器	套				1.0000
	37332231	回流箱托架	个		2.0100		
	37332234	均流箱托架	个	2.0100			
	37332301	回流箱	个		1.0000		
	37332311	均流箱	个	1.0000			
	X0045	其他材料费	%	1.0000	1.0000	1.0000	1.0000

工作内容:1,2. 设备开箱检查、调整、预配、安装、调整。
3. 开箱检查、调整、预配、安装、调整。
4. 预制、安装、调整。

定额编号			F-9-2-81	F-9-2-82	F-9-2-83	F-9-2-84
项目			分段绝缘器		避雷器及放电间隙	链型悬挂横向电连接
			单导	双导		单承单导
			套	套	处	处
预算定额编号	预算定额名称	预算定额单位	数量			
08-8-2-151	设备及避雷器 分段绝缘器 单导	套	1.0000			
08-8-2-152	设备及避雷器 分段绝缘器 双导	套		1.0000		
08-8-2-153	设备及避雷器 支柱上 放电间隙及引线	处			1.0000	
08-8-2-154	设备及避雷器 支柱上 避雷器及引线	处			1.0000	
08-8-2-155	设备及避雷器 链型悬挂横向电连接 单承单导	处				1.0000

工作内容:1,2. 设备开箱检查、调整、预配、安装、调整。
3. 开箱检查、调整、预配、安装、调整。
4. 预制、安装、调整。

定额编号				F-9-2-81	F-9-2-82	F-9-2-83	F-9-2-84
项目				分段绝缘器		避雷器及放电间隙	链型悬挂横向电连接
				单导	双导		单承单导
名称			单位	套	套	处	处
人工	00230105	综合人工(安装)	工日	5.6700	7.3710	4.5360	4.5927
材料	03014101	六角螺栓连母垫	kg			1.0975	
	03153623	钢丝绳轧头 $\phi 10$	只		1.0050		
	27050105	避雷器 Y10WL2-2.4/4.9 型	只			1.0050	
	27050501	避雷器底座	套			1.0050	
	27050511	避雷器底座 $\phi 300$ 钢柱上	套			1.0050	
	27050521	避雷器连接板	套			1.0050	
	27090802	支柱绝缘子	套			2.0100	
	27110201	棒式绝缘子	个	2.0100	1.0050		
	27251901	绝缘棒夹环	套	2.0100	2.0100		
	28010414-1	软铜绞线 TRJ-120 mm^2	m			20.1000	6.0300
	28010612-1	青铜绞线 35 mm^2	m	20.1000	60.3000		
	28021311-1	软电缆 150 mm^2	m			35.1750	
	29090230	铜接线端子 DTG-150	个			1.0050	
	29090231	铜接线端子 DTG-185	个			3.0150	
	29253201	电缆抱箍	套			4.0200	
	29253211	电缆抱箍 $\phi 300$ 型	套			8.0400	
	37330313	地线线夹 120 型	套			2.0100	

（续表）

定额编号				F-9-2-81	F-9-2-82	F-9-2-83	F-9-2-84
项目				分段绝缘器		避雷器及放电间隙	链型悬挂横向电连接
				单导	双导		单承单导
材料	37330341	电连接线夹 D1 型	套				2.0100
	37330343	电连接线夹 D2 型	套			1.0050	
	37330345	电连接线夹 D3 型	套			4.0200	
	37330371	直式接触线电连接线夹	套			2.0100	1.0050
	37330511	吊索线夹	个	2.0100	4.0200		
	37330531	定位线夹	套	1.0050	2.0100		
	37330611	双耳楔型线夹 35 型	个	2.0100	1.0050		
	37330827	定位管 34-1780 型	套		1.0050		
	37330829	定位管 34-1820 型	套		1.0050		
	37330841	定位管 48-2680 型	套	1.0050			
	37330873	定位管支撑 1350 型	套	1.0050			
	37330913	定位环 ϕ60 型	套	2.0100			
	37330921	定位双环	套		3.0150		
	37330933	长定位单环	套	1.0050			
	37330941	心形环 35 型	个		4.0200		
	37330953	球头挂环 QP-7 型	个	1.0050			
	37330971	支持器 34 型	套		2.0100		
	37330985	定位器 HL2 型	套	1.0050			
	37331111	腕臂上底座 300 型	套	1.0050	1.0050		
	37331117	腕臂下底座 300 型	套	1.0050	1.0050		
	37331191	固定底座	套			1.0050	
	37331221	腕臂 P2170 型	套		1.0050		
	37331225	腕臂 P2350 型	套	1.0050			
	37331277	斜腕臂 X2150 型	套		1.0050		
	37331285	斜腕臂 X2290 型	套	1.0050			
	37331311	套管双耳 48 型	套	1.0050			
	37331315	套管双耳 60 型	套	2.0100	1.0050		
	37331411	管帽 60 型	套	1.0050	1.0050		
	37331431	钳压管 16 型	套	2.0100	1.0050		
	37331433	钳压管 35 型	套	4.0200	8.0400		
	37331515	双联板 D2 型	套	2.0100	2.0100		
	37331541	双孔板 D1 型	套	2.0100			
	37331551	三角调节板 T1 型	套		2.0100		
	37331591	铜连接板	件			1.0050	
	37331821	跳线肩架	套			2.0100	
	37331911	单线分段绝缘器	套	1.0000			
	37331921	双线分段绝缘器	套		1.0000		
	37331971	挂板 Z-7 型	套	1.0050			
	37332011	半圆管衬垫 16×80 型	件		8.0400		
	37332191	杵座鞍子 T 型	套	1.0050			
	37332321	接触网放电间隙	套			1.0050	
	X0045	其他材料费	%	1.0000	1.0000	1.0000	1.0000

工作内容：预制、安装、调整。

定额编号			F-9-2-85	F-9-2-86	F-9-2-87	F-9-2-88
项目			链型悬挂横向电连接	链型悬挂关节电连接		链型悬挂线岔电连接
			双承双导	单承单导	双承双导	单承单导
			处	处	处	处
预算定额编号	预算定额名称	预算定额单位	数量			
08-8-2-156	设备及避雷器 链型悬挂横向电连接 双承双导	处	1.0000			
08-8-2-157	设备及避雷器 链型悬挂关节电连接 单承单导	处		1.0000		
08-8-2-158	设备及避雷器 链型悬挂关节电连接 双承双导	处			1.0000	
08-8-2-159	设备及避雷器 链型悬挂线岔电连接 单承单导	处				1.0000

工作内容：预制、安装、调整。

定额编号				F-9-2-85	F-9-2-86	F-9-2-87	F-9-2-88
项目				链型悬挂横向电连接	链型悬挂关节电连接		链型悬挂线岔电连接
				双承双导	单承单导	双承双导	单承单导
名称			单位	处	处	处	处
人工	00230105	综合人工(安装)	工日	5.6133	4.8479	5.9252	5.1030
材料	28010414-1	软铜绞线 TRJ-120 mm^2	m	6.0300	20.1000	24.1200	2.0100
	37330341	电连接线夹 D1 型	套	2.0100	4.0200	8.0400	8.0400
	37330371	直式接触线电连接线夹	套	2.0100	2.0100	4.0200	4.0200
	X0045	其他材料费	%	1.0000	1.0000	1.0000	1.0000

工作内容：预制、安装、调整。

定额编号			F-9-2-89	F-9-2-90	F-9-2-91	F-9-2-92
项目			链型悬挂线岔电连接		线岔电连接(地面段)	
			双承双导	双承双导与单承单导	单接触线	双接触线
			处	处	处	处
预算定额编号	预算定额名称	预算定额单位	数量			
08-8-2-160	设备及避雷器 链型悬挂线岔电连接 双承双导	处	1.0000			
08-8-2-161	设备及避雷器 链型悬挂线岔电连接 双承双导与单承单导	处		1.0000		
08-8-2-162	设备及避雷器 线岔电连接(地面段)单接触线	处			1.0000	
08-8-2-163	设备及避雷器 线岔电连接(地面段)双接触线	处				1.0000

工作内容：预制、安装、调整。

定额编号				F-9-2-89	F-9-2-90	F-9-2-91	F-9-2-92
项目				链型悬挂线岔电连接		线岔电连接(地面段)	
				双承双导	双承双导与单承单导	单接触线	双接触线
名称			单位	处	处	处	处
人工	00230105	综合人工(安装)	工日	6.2370	6.5488	4.6948	4.8989
材料	28010414-1	软铜绞线 TRJ-120 mm^2	m	24.1200	24.1200	6.0300	12.0600
	37330341	电连接线夹 D1 型	套	8.0400	8.0400		
	37330371	直式接触线电连接线夹	套	4.0200	4.0200	2.0100	4.0200
	37331661	电连接线固定卡箍 A 型	套			1.0050	2.0100
	37331662	电连接线固定卡箍 B 型	套			1.0050	2.0100
	X0045	其他材料费	%	1.0000	1.0000	1.0000	1.0000

工作内容：1,2,3. 预制、定位、安装、调整。
4. 预配、吊装、安装、调整等。

定额编号			F-9-2-93	F-9-2-94	F-9-2-95	F-9-2-96
项目			接地跳线	板钢接地极		馈电线安装
				地面段无预留	高架桥预留	
			m	处	处	处
预算定额编号	预算定额名称	预算定额单位	数量			
08-8-2-169	接地 接地线 隧道外	m	1.0000			
08-8-2-171	接地 板钢接地极 地面段无预留	处		1.0000		
08-8-2-172	接地 板钢接地极 高架桥预留	处			1.0000	
08-8-2-174	供电线安装 馈电线 隧道外	处				1.0000

工作内容：1,2,3. 预制、定位、安装、调整。
4. 预配、吊装、安装、调整等。

定额编号				F-9-2-93	F-9-2-94	F-9-2-95	F-9-2-96
项目				接地跳线	板钢接地极		馈电线安装
					地面段无预留	高架桥预留	
名称			单位	m	处	处	处
人工	00230105	综合人工(安装)	工日	1.0770	0.5670	3.9690	0.5670
材料	03014101	六角螺栓连母垫	kg		0.5487	0.1829	0.1829
	03018103	膨胀螺栓(钢制)	套			20.1000	
	27060401	垂直接地体	m		4.0200		
	27060501	水平接地体	m		12.1200		
	27061211	接地跳线 TJ-120 mm^2	m	1.0050			
	27062451	连接角钢	件		1.0050		
	27110801	馈线支柱绝缘子	个				1.0050
	28021311-1	软电缆 150 mm^2	m		30.1500	15.0750	
	29090231	铜接线端子 DTG-185	个		1.0050	1.0050	
	29253001	电缆固卡环	个			20.1000	
	37330325	地线板钢	m		10.0500		
	37330343	电连接线夹 D2 型	套	1.0050			
	37330481	双线馈线线夹	个				1.0050
	37331563	连接板 G 型	套		40.2000	1.0050	
	37331841	馈线肩架	套				1.0050
	X0045	其他材料费	%	1.0000	1.0000	1.0000	1.0000

工作内容:1. 预配、安装、调整等。
2. 定位、安装、调整、编排支柱号码牌、轨面红线标记。
3. 准备、观察、测试、记录等。
4. 处理冷(热)滑中发现的问题,达到开通送电程度。

定额编号			F-9-2-97	F-9-2-98	F-9-2-99	F-9-2-100
项目			架空地线安装	标牌安装	冷热滑试验	冷热滑试验后调整
			处	块	条·km	条·km
预算定额编号	预算定额名称	预算定额单位	数量			
08-8-2-176	架空地线安装 隧道外	处	1.0000			
08-8-2-177	警示牌 号码牌	块		0.9000		
08-8-2-178	警示牌 高压危险牌	块		0.0500		
08-8-2-179	警示牌 终端警告牌	处		0.0500		
08-8-2-181	试验调整 接触悬挂 冷滑试验	条·km			1.0000	
08-8-2-182	试验调整 接触悬挂 冷滑后调整	条·km				1.0000
08-8-2-183	试验调整 接触悬挂 热滑试验	条·km			1.0000	
08-8-2-184	试验调整 接触悬挂 热滑后调整	条·km				1.0000

工作内容:1. 预配、安装、调整等。
2. 定位、安装、调整、编排支柱号码牌、轨面红线标记。
3. 准备、观察、测试、记录等。
4. 处理冷(热)滑中发现的问题,达到开通送电程度。

定额编号				F-9-2-97	F-9-2-98	F-9-2-99	F-9-2-100
项目				架空地线安装	标牌安装	冷热滑试验	冷热滑试验后调整
名称			单位	处	块	条·km	条·km
人工	00230105	综合人工(安装)	工日	0.5557	0.1460	2.4700	43.5900
材料	03014101	六角螺栓连母垫	kg	0.1879	0.1321		
材料	13010115	酚醛调和漆	kg		0.0450		
材料	28010414-1	软铜绞线 TRJ-120 mm^2	m	1.2060			
材料	29090230	铜接线端子 DTG-150	个	1.0050			
材料	34130116-1	高压危险警示牌	个		0.0500		
材料	34130117	终端警告牌	个		0.0500		
材料	34130213	号码牌	个		0.9000		
材料	37330343	电连接线夹 D2 型	套	1.0050			
材料	37330951	球头挂环 Q-7 型	个	1.0050			
材料	37332191	杵座鞍子 T 型	套	1.0050			
材料	X0045	其他材料费	%	1.0000	1.0000		
机械	99071000	轨道平车 30 t	台班			0.4640	
机械	99071500	内燃机车	台班			0.2320	
机械	99390110	电气化安装作业车	台班			0.2320	
机械	99430090	柴油发电机 50 kW	台班			0.2320	

工作内容：1. 准备、试验、记录、分析等。
2. 准备、清孔(打孔)、锚栓安装、测试、安装调整等。
3,4. 准备、吊装、运输、安装、调整等。

定额编号			F-9-2-101	F-9-2-102	F-9-2-103	F-9-2-104
项目			短路试验	绝缘支架安装	接触轨安装	膨胀接头
			条·km	套	条·km	套
预算定额编号	预算定额名称	预算定额单位	数量			
08-8-2-185	试验调整 短路试验	项	1.0000			
08-8-2-186	绝缘支架安装 预留式	套		0.9900		
08-8-2-187	绝缘支架安装 打孔式	套		0.0100		
08-8-2-188	接触轨安装 普通型	条·km			1.0000	
08-8-2-189	接触轨安装 接触轨调整	条·km			1.0000	
08-8-2-190	接触轨安装 膨胀接头	套				1.0000

工作内容:1. 准备、试验、记录、分析等。
2. 准备、清孔(打孔)、锚栓安装、测试、安装调整等。
3,4. 准备、吊装、运输、安装、调整等。

定额编号				F-9-2-101	F-9-2-102	F-9-2-103	F-9-2-104
项目				短路试验	绝缘支架安装	接触轨安装	膨胀接头
名称			单位	条·km	套	条·km	套
人工	00230105	综合人工(安装)	工日	11.3400	3.5809	221.9250	2.8580
材料	03013181	六角螺栓 M12	个		4.0800		
	03013183	六角螺栓 M16	个		4.0800		
	03019015	锚栓 M16	套		4.0800		
	03110201	砂轮片	片			17.3620	
	03210136	硬质合金冲击钻头 ϕ18	根		0.0033		
	03211011	特种钢锯条	根			2.0200	
	14090601	电力复合脂	kg			4.8890	0.1010
	34110301	电	kW·h		0.0155		
	37013001	接触轨 15 m	条·km			1.0200	
	37331195	支架底座	个		1.0000		
	37333121	中间接头(接触轨)	套			77.0000	2.0000
	37333123	中间接头附件(接触轨)	套			314.1600	8.0000
	37333131	膨胀接头(接触轨)	个				1.0100
	37333151	铸铁垫板(接触轨)	块		1.0200		
	37333161	绝缘支架(接触轨)	套		1.0100		
	X0045	其他材料费	%		1.0000	1.0000	1.0000
机械	98430810	拉力测试仪	台班		0.0020		
	99070550	载重汽车 8 t	台班				0.0100
	99070560	载重汽车 10 t	台班		0.0050		
	99070615	载重汽车(平板式) 15 m	台班			0.4630	
	99071000	轨道平车 30 t	台班		0.0080		0.0200
	99071010	轨道平车(自带吊机) 30 t	台班			1.3890	
	99071620	轨道车 210 kW	台班	1.0000			
	99071630	轨道车 ≤210 kW	台班		0.0080	1.3890	0.0200
	99090390	汽车式起重机 12 t	台班		0.0050	1.0000	0.0100
	99191650	电锤 1100 W	台班	0	0.0030	4.0000	0
	99390110	电气化安装作业车	台班	1.0000			

工作内容：1,2. 准备、吊装、运输、安装、调整等。
3,4. 开箱检查、运输布放、安装。

定　额　编　号			F-9-2-105	F-9-2-106	F-9-2-107	F-9-2-108
项　　目			端头型	中心锚结	防护罩支架	防护罩支撑卡
			套	套	10 个	100 个
预算定额编号	预算定额名称	预算定额单位	数　　量			
08-8-2-191	接触轨安装 端头型	套	1.0000			
08-8-2-192	接触轨安装 中心锚结	套		1.0000		
08-8-2-193	防护罩安装 支架	10 个			1.0000	
08-8-2-194	防护罩安装 支撑卡	100 个				1.0000

工作内容：1,2. 准备、吊装、运输、安装、调整等。
3,4. 开箱检查、运输布放、安装。

定　额　编　号				F-9-2-105	F-9-2-106	F-9-2-107	F-9-2-108
项　　目				端头型	中心锚结	防护罩支架	防护罩支撑卡
名　　称			单位	套	套	10 个	100 个
人工	00230105	综合人工(安装)	工日	3.3830	5.0190	1.5110	1.6500
材料	03013183	六角螺栓 M16	个		4.0800		
	03210661	钻头 ϕ16	根		0.0090		
	14090601	电力复合脂	kg	0.0510	0.2040		
	34110301	电	kW·h		0.7170		
	37013101	端部弯头接触轨	个	1.0000			
	37331141	中锚下锚安装底座	套		2.0000		
	37332101	中心锚结	套		2.0000		
	37332103	中心锚结附件	套		4.0800		
	37333111	防护罩支架(接触轨)	套			10.2000	
	37333115	防护罩支撑卡(接触轨)	个				105.0000
	37333121	中间接头(接触轨)	套	1.0000			
	37333123	中间接头附件(接触轨)	套	4.0800			
	X0045	其他材料费	%	1.0000	1.0000	1.0000	1.0000
机械	99070550	载重汽车 8 t	台班		0.0100	0.0100	
	99070560	载重汽车 10 t	台班	0.0250			
	99071000	轨道平车 30 t	台班	0.0030		0.0500	0.0500
	99071630	轨道车 ≤210 kW	台班	0.0030		0.0500	0.0500
	99090390	汽车式起重机 12 t	台班	0.0070			
	99191650	电锤 1100 W	台班		0.1670		

工作内容:1,2. 准备、吊装、运输布放、切割、安装。
3,4. 准备、开箱检查、就位安装、设备固定、附件安装、记录。

定额编号			F-9-2-109	F-9-2-110	F-9-2-111	F-9-2-112
项目			防护罩安装		隔离开关安装	
			搭接	普通	手动	电动
			个	100 m	台	台
预算定额编号	预算定额名称	预算定额单位	数量			
08-8-2-195	防护罩安装 防护罩 搭接	个	1.0000			
08-8-2-196	防护罩安装 防护罩 普通	100 m		1.0000		
08-8-2-197	隔离开关安装 手动	台			1.0000	
08-8-2-198	隔离开关安装 电动	台				1.0000

工作内容:1,2. 准备、吊装、运输布放、切割、安装。
3,4. 准备、开箱检查、就位安装、设备固定、附件安装、记录。

定额编号				F-9-2-109	F-9-2-110	F-9-2-111	F-9-2-112
项目				防护罩安装		隔离开关安装	
				搭接	普通	手动	电动
名称			单位	个	100 m	台	台
人工	00230105	综合人工(安装)	工日	0.3690	6.9030	4.0680	4.4820
材料	03014140	六角螺栓连母垫 M8×75	套			4.0800	4.0800
	03210133	硬质合金冲击钻头 ϕ12	根			0.1000	0.1000
	34110301	电	kW·h			0.2080	0.2080
	37333101	防护罩(接触轨)	个	1.0200			
	37333105	普通防护罩(接触轨)	m		105.0000		
	X0045	其他材料费	%			1.0000	1.0000
机械	99070550	载重汽车 8 t	台班	0.0050	0.5000		
	99071000	轨道平车 30 t	台班	0.0050	0.1000		
	99071630	轨道车 ≤210 kW	台班	0.0040	0.1000		
	99090390	汽车式起重机 12 t	台班	0.0010	0.2500		
	99191640	电锤 850 W	台班			0.1250	0.1250

工作内容：1，2. 准备、定测、安装、接地、调整等。
3. 避雷器安装、电气试验。
4. 准备、定测、预制、搬运、打孔、固定。

定额编号			F-9-2-113	F-9-2-114	F-9-2-115	F-9-2-116
项目			隔离开关安装		避雷器	均回流安装
			手动(3台)	电动(3台)		均回流母线排
			台	台	台	套
预算定额编号	预算定额名称	预算定额单位	数量			
08-8-2-199	隔离开关安装 手动(3台)	台	1.0000			
08-8-2-200	隔离开关安装 电动(3台)	台		1.0000		
08-8-2-201	避雷器 安装	台			1.0000	
08-8-2-202	避雷器 电气试验	台			1.0000	
08-8-2-203	均回流安装 均回流母线排	套				1.0000

工作内容:1,2. 准备、定测、安装、接地、调整等。
3. 避雷器安装、电气试验。
4. 准备、定测、预制、搬运、打孔、固定。

定额编号				F-9-2-113	F-9-2-114	F-9-2-115	F-9-2-116
项目				隔离开关安装		避雷器	均回流安装
				手动(3台)	电动(3台)		均回流母线排
名称			单位	台	台	台	套
人工	00230105	综合人工(安装)	工日	16.1678	18.0965	1.8340	0.8420
材料	03018176	膨胀螺栓(钢制) M16	套				2.0400
	03019035	固定锚栓 M16×80	套	12.2400	12.2400		
	03019055	化学锚栓 M16×60	套			2.0400	
	03210136	硬质合金冲击钻头 ϕ18	根	1.0100	1.0100	0.0400	
	03210663	钻头 ϕ18	根				0.0200
	14070311	冷却液 500 ml/瓶	ml				1020.0000
	27050501	避雷器底座	套			1.0100	
	27061351	接地电缆	m	2.0200	2.0200		
	29051251	铜制均回流母线排	套				1.0200
	34110301	电	kW·h	0.5560	2.2000	0.1830	
	34130101	标志牌	个	1.0200	1.0200		
	37335113	隔离开关底座	个	2.0000	2.0000		
	37335131	操作机构	台	1.0000	1.0000		
	37335135	隔离开关操作箱	台		1.0000		
	37335141	隔离开关操作杆	根	1.0000	1.0000		
	37335151	开关接线板	个		1.3330		
	80210514	预拌混凝土(非泵送型) C20 粒径 5～20	m^3	0.0200	0.0200		
	X0045	其他材料费	%	1.0000	1.0000	2.0000	2.0000
机械	98050510	绝缘测试仪	台班			0.2000	
	98050755	精密高压测量仪	台班			0.5000	
	98070870	直流高压发生器	台班			0.2000	
	99070550	载重汽车 8 t	台班			0.0050	
	99191640	电锤 850 W	台班	0.3340	0.3340		
	99191650	电锤 1100 W	台班			0.0080	
	99191810	钢轨钻孔机	台班				0.1250
	99451050	液压拉伸器	台班				0.1250

工作内容：1. 准备、定测、预制、搬运、打孔、固定。
2. 电缆长度测量、预制、敷设、固定、电缆试验。
3,4. 准备、电缆长度测量、预制、敷设、固定、电缆试验、准备、定测、钻孔、安装。

定额编号			F-9-2-117	F-9-2-118	F-9-2-119	F-9-2-120
项目			均回流安装	设备引线及电连接		
			PVC 管预埋	电连接安装	设备引线敷设	钢轨处连接端头
			10 m	根	100 m	个
预算定额编号	预算定额名称	预算定额单位	数量			
08-8-2-204	均回流安装 PVC 管预埋	10 m	1.0000			
08-8-2-205	设备引线及电连接 电连接安装	根		1.0000		
08-8-2-206	设备引线及电连接 设备引线敷设	100 m			1.0000	
08-8-2-207	设备引线及电连接 钢轨处连接端头	个				1.0000

工作内容：1. 准备、定测、预制、搬运、打孔、固定。
2. 电缆长度测量、预制、敷设、固定、电缆试验。
3,4. 准备、电缆长度测量、预制、敷设、固定、电缆试验、准备、定测、钻孔、安装。

定额编号				F-9-2-117	F-9-2-118	F-9-2-119	F-9-2-120
项目				均回流安装	设备引线及电连接		
				PVC 管预埋	电连接安装	设备引线敷设	钢轨处连接端头
名称			单位	10 m	根	100 m	个
人工	00230105	综合人工(安装)	工日	0.9400	4.1200	7.1780	9.8770
材料	03013180	六角螺栓 M10	个		72.7200		
	03013181	六角螺栓 M12	个			127.5000	
	03013183	六角螺栓 M16	个		2.0400		
	03210133	硬质合金冲击钻头 ϕ12	根		0.4850	2.5500	
	03211001	钢锯条	根	0.1030			
	03213121	焊针	个				3.3600
	13052801	防腐油	kg				0.0210
	14390231	丁烷	ml		0.1210		
	18293002	热缩套管	m		0.2040		
	28021301	软电缆	m			102.0000	
	28021311	软电缆 150 mm^2	m		30.3000		
	29060516	聚氯乙烯电线管 DN50	m	10.2000			
	29090274	铜接线端子 50 mm^2	个				3.0600
	29090278	铜接线端子 185 mm^2	个		2.0400		
	29252601	电缆固定卡子	个		36.3600	127.5000	
	34110301	电	kW·h				0.1500
	37333191	瓷环	个				3.3600
	80210514	预拌混凝土(非泵送型) C20 粒径 5～20	m^3	0.2360			
	X0045	其他材料费	%	1.0000	2.0000	2.0000	2.0000
机械	99070550	载重汽车 8 t	台班	0.0750	0.0500	0.0830	
	99071000	轨道平车 30 t	台班		0.0010	0.0630	
	99071630	轨道车 ≤210 kW	台班		0.0010	0.0630	
	99090390	汽车式起重机 12 t	台班		0.0010	0.0420	
	99191650	电锤 1100 W	台班		0.0130	0.6880	
	99250910	激光焊机	台班				0.0630

工作内容:处理冷(热)滑中发现的问题,达到开通送电程度。

定额编号			F-9-2-121
项目			冷热滑试验后调整
			条·km
预算定额编号	预算定额名称	预算定额单位	数量
08-8-2-208	试验后调整 热滑	条·km	1.0000
08-8-2-209	试验后调整 冷滑	条·km	1.0000

工作内容:处理冷(热)滑中发现的问题,达到开通送电程度。

定额编号				F-9-2-121
项目				冷热滑试验后调整
名称			单位	条·km
人工	00230105	综合人工(安装)	工日	45.8570
材料	03211001	钢锯条	根	0.6030
	13052801	防腐油	kg	0.6000
	14090601	电力复合脂	kg	1.5000
	X0045	其他材料费	%	1.0000

第三节　杂散电流

工作内容：1. 测量、定位、水泥浇灌、调整、固定、记录。
2. 测量、定位、打孔、调整、固定、记录。
3. 裁剪、测防端子电连接制作、端子除锈、电连接安装、防护。
4. 开箱检查、调整、固定、设备接地、接线、绝缘测试、单体调试、记录。

定额编号			F-9-3-1	F-9-3-2	F-9-3-3	F-9-3-4
项目			参比电极		测防端子电连接	单向导通装置
			电极安装	接线盒		
			个	个	套	面
预算定额编号	预算定额名称	预算定额单位	数量			
08-8-3-1	混凝土基础	处				1.0000
08-8-3-2	参比电极 电极安装	个	1.0000			
08-8-3-3	参比电极 接线盒	个		1.0000		
08-8-3-4	测防端子电连接	套			1.0000	
08-8-3-5	单向导通装置	面				1.0000

工作内容: 1. 测量、定位、水泥浇灌、调整、固定、记录。
2. 测量、定位、打孔、调整、固定、记录。
3. 裁剪、测防端子电连接制作、端子除锈、电连接安装、防护。
4. 开箱检查、调整、固定、设备接地、接线、绝缘测试、单体调试、记录。

定额编号				F-9-3-1	F-9-3-2	F-9-3-3	F-9-3-4
项目				参比电极		测防端子电连接	单向导通装置
				电极安装	接线盒		
名称			单位	个	个	套	面
人工	00230105	综合人工(安装)	工日	0.4440	0.5150	1.4440	16.5400
材料	01291951	钢板垫板 500×50×5	块				2.0400
	03014209	镀锌六角螺栓连母垫 M10×100以内	套				4.0800
	03014613	精制六角螺栓连母垫 M10	套			2.0200	
	03015240	地脚螺栓 M12×1070	套				4.0800
	03018173	膨胀螺栓(钢制) M10	套		4.0800		
	03019206	六角螺母 M12	个				8.1600
	03019425	镀锌钢制垫圈 M10	个		4.0800	4.0400	4.0800
	03019426	镀锌钢制垫圈 M12	个				4.0800
	03019517	镀锌弹簧垫圈 M10	个		4.0800	2.0200	4.0800
	03130101	电焊条	kg				1.0200
	03210133	硬质合金冲击钻头 $\phi12$	根		0.0500		0.4000
	13310401	石油沥青	kg			0.0400	
	14090601	电力复合脂	kg			0.0260	
	14390301	乙炔气	m^3			0.2020	
	18293051	热缩管	m			0.1300	
	27061751	接地扁钢 50×5×500	m				2.0400
	28020121	电缆 95 mm^2	m			0.5500	
	29090220	铜接线端子 DT-95	个			2.0400	
	34110301	电	kW·h				2.0000
	37340191	紧固角钢 ∠50×5×100	套				1.0200
	80210514	预拌混凝土(非泵送型) C20 粒径 5~20	m^3	0.0003			3.0540
	X0045	其他材料费	%	1.0000	1.0000	1.0000	1.0000
机械	99070550	载重汽车 8 t	台班				0.0800
	99191640	电锤 850 W	台班		0.0200		0.2080
	99192110	冲孔机	台班				0.2500
	99250010	交流弧焊机 21 kV·A	台班				0.1880
	99430010	发电机 ≤2 kW	台班				0.7460

第四节　电力监控

工作内容：开箱检查、清洁搬运、划线定位、安装固定、校正垂直水平、补充注油。

定额编号			F-9-4-1	F-9-4-2	F-9-4-3	F-9-4-4
项目			三相不间断电源			
			100 kV・A以下	200 kV・A以下	300 kV・A以下	300 kV・A以上
			套	套	套	套
预算定额编号	预算定额名称	预算定额单位	数量			
08-8-4-11	三相不间断电源 100 kV・A 以下	套	1.0000			
08-8-4-12	三相不间断电源 200 kV・A 以下	套		1.0000		
08-8-4-13	三相不间断电源 300 kV・A 以下	套			1.0000	
08-8-4-14	三相不间断电源 300 kV・A 以上	套				1.0000

工作内容：开箱检查、清洁搬运、划线定位、安装固定、校正垂直水平、补充注油。

定额编号				F-9-4-1	F-9-4-2	F-9-4-3	F-9-4-4
项目				三相不间断电源			
				100 kV・A以下	200 kV・A以下	300 kV・A以下	300 kV・A以上
名称			单位	套	套	套	套
人工	00230105	综合人工（安装）	工日	5.5400	5.7950	6.8370	9.5740
材料	03014306	镀锌六角螺栓连母垫弹垫 M8×100 以内	10 套	4.0400	4.0400	4.0400	4.0400
	03018174	膨胀螺栓（钢制）M12	套	32.3200	32.3200	32.3200	32.3200
	03131901	焊锡	kg	0.2000	0.2000	0.2000	0.2000
	03131941	焊锡膏 50 g/瓶	kg	0.0200	0.0200	0.0200	0.0200
	14030101	汽油	kg	0.5000	0.5000	0.5000	0.5000
	X0045	其他材料费	%	5.0000	5.0000	5.0000	5.0000

工作内容：开箱检查、安装、测试、盘内整理等。

定额编号			F-9-4-5	F-9-4-6
项目			信号屏	模拟屏
			面	面
预算定额编号	预算定额名称	预算定额单位	数量	
08-8-4-23	信号屏	面	1.0000	
08-8-4-24	模拟屏	面		1.0000

工作内容：开箱检查、安装、测试、盘内整理等。

定额编号				F-9-4-5	F-9-4-6
项目				信号屏	模拟屏
名称			单位	面	面
人工	00230105	综合人工(安装)	工日	6.9500	13.2500
材料	01130334	镀锌扁钢 25～45	kg	1.5000	2.5000
	01291901	钢板垫板	kg	0.2000	0.4000
	03014101	六角螺栓连母垫	kg	0.3360	0.5430
	03130101	电焊条	kg	0.1500	0.2000
	13010101	调和漆	kg	0.1000	0.1600
	13010421	酚醛磁漆	kg	0.0200	
	X0045	其他材料费	%	3.5000	3.5000
机械	99070520	载重汽车 4 t	台班	0.0600	0.1500
	99090360	汽车式起重机 8 t	台班	0.0600	0.2000
	99250010	交流弧焊机 21 kV·A	台班	0.1000	0.1000

第五节　动力照明

工作内容：开箱检查、安装、查校线、接线、接地。

定额编号			F-9-5-1	F-9-5-2	F-9-5-3	F-9-5-4
项目			动力配电箱、柜	照明配电箱、柜	事故照明切换柜、屏	控制箱
			台	台	台	台
预算定额编号	预算定额名称	预算定额单位	数量			
08-8-5-11	嵌墙式 8 回路以上	台		0.2000		
08-8-5-12	事故照明切换 柜、屏、箱	台(块)			1.0000	
08-8-5-13	卷帘门控制箱	台(块)				1.0000
08-8-5-5	嵌墙式 16 回路以下	台(块)	0.5000	0.4000		
08-8-5-6	嵌墙式 30 回路以下	台(块)		0.4000		
08-8-5-7	落地柜	台	0.5000			

工作内容：开箱检查、安装、查校线、接线、接地。

定额编号				F-9-5-1	F-9-5-2	F-9-5-3	F-9-5-4
项目				动力配电箱、柜	照明配电箱、柜	事故照明切换柜、屏	控制箱
名称			单位	台	台	台	台
人工	00230105	综合人工(安装)	工日	1.7010	1.5351	2.0480	0.8640
材料	01090211	镀锌圆钢 ϕ5～10	kg	0.1000	0.2100		
	01130336	镀锌扁钢 50～75	kg	0.7500		1.5000	
	01291901	钢板垫板	kg	0.1500		0.3000	
	03014101	六角螺栓连母垫	kg	0.1680			
	03018171	膨胀螺栓(钢制) M6	套				4.0000
	03130101	电焊条	kg	0.0750	0.0300		0.0500
	03130114	电焊条 J422 ϕ3.2	kg	0.0400	0.0640	0.1500	
	13010101	调和漆	kg	0.0350	0.0200	0.0500	0.0700
	13010421	酚醛磁漆	kg	0.0150	0.0100	0.0200	
	14090601	电力复合脂	kg	0.0250			
	27170416	电气绝缘胶带(PVC) 18×20 m	卷	0.0250	0.0400	0.1000	
	28010112	裸铜线 6 mm^2	m				0.3000
	28010113	裸铜线 10 mm^2	m	0.1000			
	29060904	电气塑料软管 ϕ6	m	4.0000	6.4000	10.0000	
	29090213	铜接线端子 DT-6	个				2.1000
	29090214	铜接线端子 DT-10	个	1.0100			
	80060413	湿拌砌筑砂浆 WM M10.0	m^3		0.0040		
	X0045	其他材料费	%	2.8100	5.0000	3.2000	5.0000
机械	99070520	载重汽车 4 t	台班	0.0300			
	99070530	载重汽车 5 t	台班			0.0600	
	99090360	汽车式起重机 8 t	台班	0.0300		0.0600	
	99250010	交流弧焊机 21 kV·A	台班	0.0750	0.0600	0.1000	0.0200

工作内容：1,2. 开箱检查、清扫、安装固定、刷漆、接地。
3,4. 平直、下料、煨弯、母线安装、接头、刷分相漆。

定额编号			F-9-5-5	F-9-5-6	F-9-5-7	F-9-5-8
项目			穿墙套管		铜母线安装	
			10 kV以下	35 kV以下	360 mm² 以下	800 mm² 以下
			个	个	10 m/单相	10 m/单相
预算定额编号	预算定额名称	预算定额单位	数量			
08-8-5-45	穿墙套管 10 kV 以下	个	1.0000			
08-8-5-46	穿墙套管 35 kV 以下	个		1.0000		
08-8-5-47	每相一片 360 mm² 以下	10 m/单相			1.0000	
08-8-5-48	每相一片 800 mm² 以下	10 m/单相				1.0000

工作内容：1,2. 开箱检查、清扫、安装固定、刷漆、接地。
3,4. 平直、下料、煨弯、母线安装、接头、刷分相漆。

定额编号				F-9-5-5	F-9-5-6	F-9-5-7	F-9-5-8
项目				穿墙套管		铜母线安装	
				10 kV以下	35 kV以下	360 mm² 以下	800 mm² 以下
名称			单位	个	个	10 m/单相	10 m/单相
人工	00230105	综合人工(安装)	工日	0.2480	1.1990	1.0900	1.5200
材料	01130336	镀锌扁钢 50～75	kg	0.7900	0.7900		
	01610106	钸钨棒	g			5.0400	5.0400
	03015125	沉头螺栓连母垫 M16×25	套			7.1400	7.1400
	03130114	电焊条 J422 ϕ3.2	kg	0.0600	0.0600		
	03131111	铜焊丝 ϕ3	kg			0.4400	0.5100
	03131572	铜焊粉(气剂 301 瓶装)	kg			0.0440	0.0510
	03131901	焊锡	kg			0.0600	0.0700
	03131941	焊锡膏 50 g/瓶	kg			0.0200	0.0200
	13010101	调和漆	kg	0.0100	0.0500	0.3500	0.4500
	13050511	醇酸防锈漆 C53-1	kg	0.0100	0.0500		
	14030101	汽油	kg	0.0100	0.0300	0.3200	0.4000
	14090611	电力复合脂 一级	kg	0.0100	0.0100	0.0100	0.0200
	14390701	氩气	m³			0.8400	0.9000
	27130401	穿墙套管	个	1.0200	1.0200		
	29050801	母线	m			10.2300	10.2300
	29130111	母线金具 JNP1	套			7.0700	7.0700
	X0045	其他材料费	%	3.2000	3.0000	0.5000	0.5000
机械	99190230	立式钻床 ϕ25	台班			0.0400	0.0400
	99191140	万能母线煨弯机	台班			0.7100	1.0000
	99250010	交流弧焊机 21 kV·A	台班	0.0300	0.0300		
	99250440	氩弧焊机 500 A	台班			0.1200	0.1500

工作内容:测位、安装、接线等。

定额编号			F-9-5-9	F-9-5-10	F-9-5-11	F-9-5-12
项目			灯具			
			吸顶式	吊链式	吊管式	嵌入式
			10套	10套	10套	10套
预算定额编号	预算定额名称	预算定额单位	数量			
08-8-5-50	方型 大口方罩	10套	0.5000			
08-8-5-53	圆球型 灯罩直径 300 mm以内	10套	0.5000			
08-8-5-54	吊链式 单管	10套		0.9000		
08-8-5-55	吊链式 双管	10套		0.1000		
08-8-5-58	吊管式 单管	10套			0.9000	
08-8-5-59	吊管式 双管	10套			0.1000	
08-8-5-66	嵌入式 单管	10套				0.9000
08-8-5-67	嵌入式 双管	10套				0.1000

工作内容:测位、安装、接线等。

定额编号				F-9-5-9	F-9-5-10	F-9-5-11	F-9-5-12
项目				灯具			
				吸顶式	吊链式	吊管式	嵌入式
名称			单位	10套	10套	10套	10套
人工	00230105	综合人工(安装)	工日	1.4930	1.5070	1.5700	1.7190
材料	03011106	木螺钉 M2～4×6～65	10个	4.6800	6.2400	6.2400	
	03012107	自攻螺钉 M2～4×6～65	10个				4.0800
	03018171	膨胀螺栓(钢制) M6	套	10.2000			
	03018807	塑料膨胀管(尼龙胀管) M6～8	个		20.6000	20.6000	
	03152513	镀锌铁丝 14#～16#	kg				1.5200
	03210203	硬质合金冲击钻头 ϕ6～8	根	0.0700	0.1700	0.1700	
	05254005	圆木台 ϕ63～138	块		10.2000	21.0000	
	05254008	圆木台 ϕ275～350	块	5.2500			
	05254321	方木台 400×400	块	5.2500			
	25050001	成套灯具	套	10.1000	10.1000	10.1000	10.1000
	25610211	日光灯吊钩 大号	个		20.4000		
	25610301	瓜子灯链	m		30.3000		
	26311411	吊线盒 3A	个		10.1000		
	27150312	瓷接头 双路	个	5.1500	10.3000	10.3000	10.3000
	28030215	铜芯聚氯乙烯绝缘线 BV-2.5 mm^2	m	3.5650	3.0500		
	28030215-1	铜芯聚氯乙烯绝缘线 BV-2.5 mm^2	m	1.5250		27.4900	23.4100
	28030813	聚氯乙烯双股胶质软线 2×23/0.15 mm^2	m		15.2700		
	X0045	其他材料费	%	5.0800	3.0000	5.0000	5.0000

工作内容：测位、安装、接线等。

定额编号			F-9-5-13	F-9-5-14	F-9-5-15	F-9-5-16
项目			灯具 壁装式	LED灯带	标志灯	高架灯
			10套	10 m	10套	10套
预算定额编号	预算定额名称	预算定额单位	数量			
08-8-5-72	一般壁灯	10套	1.0000			
08-8-5-83	LED灯带	10 m		1.0000		
08-8-5-85	墙壁式	10套			0.6000	
08-8-5-86	嵌入式	10套			0.2000	
08-8-5-87	吊杆式	10套			0.2000	
08-8-5-97	成套高杆灯 灯高11 m以下4火以下	10套				1.0000

工作内容：测位、安装、接线等。

定额编号				F-9-5-13	F-9-5-14	F-9-5-15	F-9-5-16
项目				灯具 壁装式	LED灯带	标志灯	高架灯
名称			单位	10套	10 m	10套	10套
人工	00230105	综合人工(安装)	工日	1.3000	0.8000	1.7603	31.6950
材料	03011106	木螺钉 M2～4×6～65	10个	8.3200		3.6720	
	03012108	自攻螺钉 M2～4×6～20	10个		2.0800		
	03015224	地脚螺栓 M12	套				81.6000
	03018173	膨胀螺栓(钢制) M10	套			4.0800	
	03018807	塑料膨胀管(尼龙胀管) M6～8	个	42.1000		24.7200	
	03210203	硬质合金冲击钻头 ϕ6～8	根	0.2800			
	03210209	硬质合金冲击钻头 ϕ10～12	根			0.2320	
	05254007	圆木台 ϕ150～250	块	10.5000		4.2000	
	25011851	LED灯带	10 m		1.0100		
	25050001	成套灯具	套	10.1000		10.1000	10.1000
	27150312	瓷接头 双路	个			8.2400	41.2000
	28030215	铜芯聚氯乙烯绝缘线 BV-2.5 mm^2	m	3.0500	0.6100	4.8860	
	28030216-1	铜芯聚氯乙烯绝缘线 BV-4 mm^2	m				52.0500
	28030813	聚氯乙烯双股胶质软线 2×23/0.15 mm^2	m			1.0180	
	29252611	电缆固定卡子 ϕ32	个		21.0000		
	X0045	其他材料费	%	5.0000	5.0000	5.0000	5.0000
机械	99070530	载重汽车 5 t	台班				0.7500
	99090360	汽车式起重机 8 t	台班				1.8700
	99091900	汽车式高空作业车 18 m	台班				1.8700

工作内容:测位、安装、接线、装盖等。

定额编号			F-9-5-17	F-9-5-18	F-9-5-19	F-9-5-20
项目			单相插座	三相插座	埋地安全插座	一般开关
			10套	10套	10套	10套
预算定额编号	预算定额名称	预算定额单位	数量			
08-8-5-104	明装单相插座	10套	1.0000			
08-8-5-105	明装三相安全插座	10套		1.0000		
08-8-5-114	埋地安全插座 三相 16 A以下	10套			0.5000	
08-8-5-115	埋地安全插座 三相 32 A以下	10套			0.5000	
08-8-5-119	开关及按钮 平开关	10套				1.0000

工作内容:测位、安装、接线、装盖等。

定额编号				F-9-5-17	F-9-5-18	F-9-5-19	F-9-5-20
项目				单相插座	三相插座	埋地安全插座	一般开关
名称			单位	10套	10套	10套	10套
人工	00230105	综合人工(安装)	工日	0.5700	0.7400	1.8675	0.6640
材料	03011106	木螺钉 M2～4×6～65	10个	2.0800	2.0800		
	03011118	木螺钉 M4.5～6×15～100	10个	2.0800	2.0800	4.0800	
	03152516	镀锌铁丝 18#～22#	kg	0.1000	0.1000	0.1000	
	05254005	圆木台 ϕ63～138	块	10.5000	10.5000		
	26050401	照明开关	个				10.2000
	26410901	成套插座	个	10.2000	10.2000	10.2000	
	28030214	铜芯聚氯乙烯绝缘线 BV-1.5 mm^2	m				3.0500
	28030215	铜芯聚氯乙烯绝缘线 BV-2.5 mm^2	m	4.5800	6.1000	3.0500	
	28030216	铜芯聚氯乙烯绝缘线 BV-4 mm^2	m			3.0500	
	X0045	其他材料费	%	5.0000	5.0000	5.0000	5.0000

工作内容:1. 测位、安装、接线、装盖等。
2,3,4. 制作、安装。

定额编号			F-9-5-21	F-9-5-22	F-9-5-23	F-9-5-24
项目			密闭开关	一般铁构件制作安装		
				1 kg 以内	5 kg 以内	20 kg 以内
			10 套	100 kg	100 kg	100 kg
预算定额编号	预算定额名称	预算定额单位	数量			
08-8-5-118	开关及按钮 密闭开关	10 套	1.0000			
08-8-5-133	制作 每件重 1 kg 以内	100 kg		1.0000		
08-8-5-134	制作 每件重 5 kg 以内	100 kg			1.0000	
08-8-5-135	制作 每件重 20 kg 以内	100 kg				1.0000
08-8-5-137	安装 每件重 1 kg 以内	100 kg		1.0000		
08-8-5-138	安装 每件重 5 kg 以内	100 kg			1.0000	
08-8-5-139	安装 每件重 20 kg 以内	100 kg				1.0000

工作内容:1. 测位、安装、接线、装盖等。
2,3,4. 制作、安装。

定额编号				F-9-5-21	F-9-5-22	F-9-5-23	F-9-5-24
项目				密闭开关	一般铁构件制作安装		
					1 kg 以内	5 kg 以内	20 kg 以内
名称			单位	10 套	100 kg	100 kg	100 kg
人工	00230105	综合人工(安装)	工日	0.8700	9.5040	7.9530	6.5400
材料	01150103-1	热轧型钢 综合	kg		105.0000	105.0000	105.0000
	03011106	木螺钉 M2～4×6～65	10 个	2.0800			
	03014292	镀锌六角螺栓连母垫 M10×70	10 套		6.3000	6.3000	6.3000
	03110215	尼龙砂轮片 ϕ400	片		0.5500	0.4500	0.3500
	03130114	电焊条 J422 ϕ3.2	kg		2.8000	2.3000	2.1000
	03152516	镀锌铁丝 $18^{\#}$～$22^{\#}$	kg	0.1000			
	13010101	调和漆	kg		1.6000	1.6000	1.5500
	13011011	清油 C01-1	kg		0.6000	0.6000	0.6000
	13050511	醇酸防锈漆 C53-1	kg		2.0700	2.0200	1.9200
	14050111	溶剂油 $200^{\#}$	kg		0.5400	0.5400	0.4900
	14050201	松香水	kg		0.5000	0.5000	0.5000
	26210401	成套按钮	个	10.2000			
	28030215	铜芯聚氯乙烯绝缘线 BV-2.5 mm^2	m	5.1500			
	X0045	其他材料费	%	5.0000	0.5400	0.5400	0.5300
机械	99230170	砂轮切割机 ϕ400	台班		0.2000	0.2000	0.1500
	99250010	交流弧焊机 21 kV·A	台班		1.3800	1.2500	1.1000

工作内容：制作、安装。

定　额　编　号			F-9-5-25
项　　目			一般铁构件制作安装
			20 kg 以上
			100 kg
预算定额编号	预算定额名称	预算定额单位	数　　量
08-8-5-136	制作 每件重 20 kg 以上	100 kg	1.0000
08-8-5-140	安装 每件重 20 kg 以上	100 kg	1.0000

工作内容：制作、安装。

定　额　编　号				F-9-5-25
项　　目				一般铁构件制作安装
				20 kg 以上
名　　称			单位	100 kg
人工	00230105	综合人工(安装)	工日	6.3550
材料	01150103-1	热轧型钢 综合	kg	105.0000
	03014292	镀锌六角螺栓连母垫 M10×70	10 套	6.3000
	03110215	尼龙砂轮片 ϕ400	片	0.3000
	03130114	电焊条 J422 ϕ3.2	kg	2.1000
	13010101	调和漆	kg	1.5000
	13011011	清油 C01-1	kg	0.6000
	13050511	醇酸防锈漆 C53-1	kg	1.9200
	14050111	溶剂油 200#	kg	0.4900
	14050201	松香水	kg	0.5000
	X0045	其他材料费	%	0.5300
机械	99230170	砂轮切割机 ϕ400	台班	0.1000
	99250010	交流弧焊机 21 kV·A	台班	1.1000

第六节　电缆及配管配线

工作内容：测位、锯管、敷设、刷漆、堵管口等。

定额编号			F-9-6-1	F-9-6-2	F-9-6-3	F-9-6-4
项目			玻璃纤维管			
			管径 50 mm 以下	管径 100 mm 以下	管径 150 mm 以下	管径 200 mm 以下
			10 m	10 m	10 m	10 m
预算定额编号	预算定额名称	预算定额单位	数量			
08-8-6-19	玻璃纤维管 管径 50 mm 以下	10 m	1.0000			
08-8-6-20	玻璃纤维管 管径 100 mm 以下	10 m		1.0000		
08-8-6-21	玻璃纤维管 管径 150 mm 以下	10 m			1.0000	
08-8-6-22	玻璃纤维管 管径 200 mm 以下	10 m				1.0000

工作内容：测位、锯管、敷设、刷漆、堵管口等。

定额编号				F-9-6-1	F-9-6-2	F-9-6-3	F-9-6-4
项目				玻璃纤维管			
				管径 50 mm 以下	管径 100 mm 以下	管径 150 mm 以下	管径 200 mm 以下
名称			单位	10 m	10 m	10 m	10 m
人工	00230105	综合人工(安装)	工日	1.3552	3.1680	4.9456	5.4384
材料	01290315	热轧钢板(中厚板) δ4.5～10	kg			0.5000	0.7000
	03014101	六角螺栓连母垫	kg			1.5740	1.5740
	03152501	镀锌铁丝	kg	0.0700	0.0700	1.1000	1.1000
	04011202	硅酸盐膨胀水泥	kg	0.6000	0.7000	0.8000	0.9000
	13053111	沥青清漆	kg	0.0600	0.1100	1.6000	1.8000
	29060581	玻璃纤维管(电缆保护管)	m	10.6000	10.6000	10.6000	10.6000
	29062821	管卡子(钢管用) DN150	个			4.0800	
	29062822	管卡子(钢管用) DN200	个				4.0800
	X0045	其他材料费	%	2.0000	2.0000	1.0000	1.0000
机械	99230210	玻璃纤维管切割机	台班	0.0600	0.0700	0.2000	0.4000

工作内容:1,2. 测位、锯管、敷设、打喇叭口、接口、堵管口。
3,4. 测位、锯管、敷设、打喇叭口、接口、刷漆、堵管口。

定额编号			F-9-6-5	F-9-6-6	F-9-6-7	F-9-6-8
项目			塑料管		钢管	
			管径 100 mm 以下	管径 200 mm 以下	管径 50 mm 以下	管径 100 mm 以下
			10 m	10 m	10 m	10 m
预算定额编号	预算定额名称	预算定额单位	数量			
08-8-6-23	塑料管 管径 100 mm 以下	10 m	1.0000			
08-8-6-24	塑料管 管径 200 mm 以下	10 m		1.0000		
08-8-6-25	钢管 管径 50 mm 以下	10 m			1.0000	
08-8-6-26	钢管 管径 100 mm 以下	10 m				1.0000

工作内容:1,2. 测位、锯管、敷设、打喇叭口、接口、堵管口。
3,4. 测位、锯管、敷设、打喇叭口、接口、刷漆、堵管口。

定额编号				F-9-6-5	F-9-6-6	F-9-6-7	F-9-6-8
项目				塑料管		钢管	
				管径 100 mm 以下	管径 200 mm 以下	管径 50 mm 以下	管径 100 mm 以下
名称			单位	10 m	10 m	10 m	10 m
人工	00230105	综合人工(安装)	工日	0.2250	0.3870	0.6570	0.7290
材料	01090110	圆钢 ϕ5.5～9	kg			0.2800	0.4300
	03130114	电焊条 J422 ϕ3.2	kg			0.1200	0.1300
	03131711	聚氯乙烯焊条 ϕ2.5	kg	0.4800	0.6000		
	03152510	镀锌铁丝 10#～12#	kg	0.2500	0.4000		
	03152513	镀锌铁丝 14#～16#	kg			0.0700	0.0700
	13050511	醇酸防锈漆 C53-1	kg			0.2300	0.4500
	13053111	沥青清漆	kg			0.0600	0.1100
	14050111	溶剂油 200#	kg			0.0600	0.1100
	14390101	氧气	m^3			0.7500	0.8800
	14390302	乙炔气	kg			0.3000	0.3500
	14411801	胶粘剂	kg	0.1200	0.1500		
	17250001	塑料管	m	10.6000	10.6000		
	29060011	焊接钢管(电管)	m			10.3000	10.3000
	29070631	电缆套接管	m	0.3000	0.3500		
	X0045	其他材料费	%	2.0000	2.0000	2.5000	2.5000
机械	99250010	交流弧焊机 21 kV·A	台班			0.0600	0.0700

工作内容:1,2. 测位、锯管、敷设、打喇叭口、接口、刷漆、堵管口。
3,4. 开箱检查、敷设、配合试验等。

定额编号			F-9-6-9	F-9-6-10	F-9-6-11	F-9-6-12
项目			钢管		铜芯电力电缆敷设	
					2芯以下	
			管径 150 mm 以下	管径 200 mm 以下	截面积 10 mm^2 以下	截面积 35 mm^2 以下
			10 m	10 m	100 m	100 m
预算定额编号	预算定额名称	预算定额单位	数量			
08-8-6-27	钢管 管径 150 mm 以下	10 m	1.0000			
08-8-6-28	钢管 管径 200 mm 以下	10 m		1.0000		
08-8-6-29	2芯以下 截面积 10 mm^2 以下	100 m			1.0000	
08-8-6-30	2芯以下 截面积 35 mm^2 以下	100 m				1.0000

工作内容:1,2. 测位、锯管、敷设、打喇叭口、接口、刷漆、堵管口。
3,4. 开箱检查、敷设、配合试验等。

定额编号				F-9-6-9	F-9-6-10	F-9-6-11	F-9-6-12
项目				钢管		铜芯电力电缆敷设	
						2芯以下	
				管径 150 mm 以下	管径 200 mm 以下	截面积 10 mm^2 以下	截面积 35 mm^2 以下
名称			单位	10 m	10 m	100 m	100 m
人工	00230105	综合人工(安装)	工日	0.7920	0.9000	1.5440	2.7920
材料	01290315	热轧钢板(中厚板) δ4.5～10	kg	0.5000	0.7000		
	03018807	塑料膨胀管(尼龙胀管) M6～8	个			180.0000	180.0000
	03110215	尼龙砂轮片 ϕ400	片	0.0100	0.0200		
	03130114	电焊条 J422 ϕ3.2	kg	0.3000	0.8000		
	03152510	镀锌铁丝 10#～12#	kg	1.1000	1.1000		
	03152513	镀锌铁丝 14#～16#	kg			0.2500	0.2800
	03210203	硬质合金冲击钻头 ϕ6～8	根			1.2000	1.2000
	13053111	沥青清漆	kg	1.6000	1.8000		
	14390101	氧气	m^3	0.8800	0.9800		
	14390302	乙炔气	kg	0.3500	0.3900		
	28020101-1	电缆	m			101.0000	101.0000
	29060011	焊接钢管(电管)	m	10.3000	10.3000		
	29062821	管卡子(钢管用) DN150	个	4.0800			
	29062822	管卡子(钢管用) DN200	个		4.0800		
	29252681	镀锌电缆固定卡子 2×35	个			20.2000	20.2000
	29252801	电缆吊挂	套			5.1100	7.1100
	34130112	塑料扁形标志牌	个			6.0000	6.0000
	X0045	其他材料费	%	1.0000	1.0000	3.0000	3.0000
机械	99250010	交流弧焊机 21 kV·A	台班	0.2000	0.4000		

工作内容：开箱检查、敷设、配合试验等。

定　额　编　号			F-9-6-13	F-9-6-14	F-9-6-15	F-9-6-16
项　目			铜芯电力电缆敷设			
			2 芯以下			4 芯以下
			截面积 120 mm^2 以下	截面积 240 mm^2 以下	截面积 400 mm^2 以下	截面积 10 mm^2 以下
			100 m	100 m	100 m	100 m
预算定额编号	预算定额名称	预算定额单位	数　量			
08-8-6-31	2 芯以下 截面积 70 mm^2 以下	100 m	0.8000			
08-8-6-32	2 芯以下 截面积 120 mm^2 以下	100 m	0.2000			
08-8-6-33	2 芯以下 截面积 240 mm^2 以下	100 m		1.0000		
08-8-6-34	2 芯以下 截面积 300 mm^2 以下	100 m			0.5000	
08-8-6-35	2 芯以下 截面积 400 mm^2 以下	100 m			0.5000	
08-8-6-37	4 芯以下 截面积 4 mm^2 以下	100 m				0.5000
08-8-6-38	4 芯以下 截面积 10 mm^2 以下	100 m				0.5000

工作内容：开箱检查、敷设、配合试验等。

定　额　编　号				F-9-6-13	F-9-6-14	F-9-6-15	F-9-6-16
项　目				铜芯电力电缆敷设			
				2 芯以下			4 芯以下
				截面积 120 mm^2 以下	截面积 240 mm^2 以下	截面积 400 mm^2 以下	截面积 10 mm^2 以下
名　称			单位	100 m	100 m	100 m	100 m
人工	00230105	综合人工(安装)	工日	4.5622	7.2470	10.1275	2.0440
材料	03018173	膨胀螺栓(钢制) M10	套	12.4000	14.0000	14.0000	
	03018807	塑料膨胀管(尼龙胀管) M6～8	个				240.0000
	03152513	镀锌铁丝 $14^{\#}$～$16^{\#}$	kg	0.3520	0.4500	0.4900	0.2250
	03210203	硬质合金冲击钻头 ϕ6～8	根				1.3300
	03210209	硬质合金冲击钻头 ϕ10～12	根	0.0820	0.0900	0.0900	
	28020101-1	电缆	m	101.0000	101.0000	101.0000	101.0000
	29252681	镀锌电缆固定卡子 2×35	个	16.6400			23.4000
	29252687	镀锌电缆固定卡子 3×50	个	4.3000			
	29252689	镀锌电缆固定卡子 3×100	个		21.4000	21.4000	
	29252801	电缆吊挂	套	6.5400	6.2100	6.2100	5.1100
	34130112	塑料扁形标志牌	个	6.0000	6.0000	6.0000	6.0000
	X0045	其他材料费	%	3.0000	3.0000	3.0000	3.0000
机械	99070530	载重汽车 5 t	台班	0.0300	0.0400	0.0450	
	99090360	汽车式起重机 8 t	台班	0.0300			
	99090380	汽车式起重机 10 t	台班		0.0400	0.0450	

工作内容:开箱检查、敷设、配合试验等。

定额编号			F-9-6-17	F-9-6-18	F-9-6-19	F-9-6-20
项目			铜芯电力电缆敷设			
			4 芯以下			
			截面积 35 mm^2 以下	截面积 120 mm^2 以下	截面积 240 mm^2 以下	截面积 400 mm^2 以下
			100 m	100 m	100 m	100 m
预算定额编号	预算定额名称	预算定额单位	数量			
08-8-6-39	4 芯以下 截面积 35 mm^2 以下	100 m	1.0000			
08-8-6-40	4 芯以下 截面积 70 mm^2 以下	100 m		0.4000		
08-8-6-41	4 芯以下 截面积 120 mm^2 以下	100 m		0.6000		
08-8-6-42	4 芯以下 截面积 240 mm^2 以下	100 m			1.0000	
08-8-6-43	4 芯以下 截面积 300 mm^2 以下	100 m				0.5000
08-8-6-44	4 芯以下 截面积 400 mm^2 以下	100 m				0.5000

工作内容:开箱检查、敷设、配合试验等。

定额编号				F-9-6-17	F-9-6-18	F-9-6-19	F-9-6-20
项目				铜芯电力电缆敷设			
				4 芯以下			
				截面积 35 mm^2 以下	截面积 120 mm^2 以下	截面积 240 mm^2 以下	截面积 400 mm^2 以下
名称			单位	100 m	100 m	100 m	100 m
人工	00230105	综合人工(安装)	工日	4.2300	7.4160	10.9800	15.3445
材料	03018173	膨胀螺栓(钢制) M10	套		14.0000	14.0000	14.0000
	03018807	塑料膨胀管(尼龙胀管) M6~8	个	240.0000			
	03152513	镀锌铁丝 14#~16#	kg	0.3200	0.4300	0.4800	0.5750
	03210203	硬质合金冲击钻头 ϕ6~8	根	1.3300			
	03210209	硬质合金冲击钻头 ϕ10~12	根		0.0900	0.0930	0.0930
	28020101-1	电缆	m	101.0000	101.0000	101.0000	101.0000
	29252681	镀锌电缆固定卡子 2×35	个	23.4000	9.1600		
	29252687	镀锌电缆固定卡子 3×50	个		13.3800		
	29252689	镀锌电缆固定卡子 3×100	个			21.4000	25.6800
	29252801	电缆吊挂	套	7.1100	6.6200	6.2100	7.4500
	34130112	塑料扇形标志牌	个	6.0000	6.0000	6.0000	7.2000
	X0045	其他材料费	%	5.0000	5.0000	5.0000	5.0000
机械	99070530	载重汽车 5 t	台班	0.0100	0.0700	0.1300	0.3750
	99090360	汽车式起重机 8 t	台班	0.0100	0.0700		
	99090380	汽车式起重机 10 t	台班			0.1300	0.3750

工作内容:开箱检查、敷设、配合试验等。

定额编号			F-9-6-21	F-9-6-22	F-9-6-23	F-9-6-24
项目			铜芯电力电缆敷设			
			4芯以上			
			截面积 10 mm² 以下	截面积 35 mm² 以下	截面积 120 mm² 以下	截面积 240 mm² 以下
			100 m	100 m	100 m	100 m
预算定额编号	预算定额名称	预算定额单位	数量			
08-8-6-46	4芯以上 截面积 4 mm² 以下	100 m	0.5000			
08-8-6-47	4芯以上 截面积 10 mm² 以下	100 m	0.5000			
08-8-6-48	4芯以上 截面积 35 mm² 以下	100 m		1.0000		
08-8-6-49	4芯以上 截面积 70 mm² 以下	100 m			0.5000	
08-8-6-50	4芯以上 截面积 120 mm² 以下	100 m			0.5000	
08-8-6-51	4芯以上 截面积 240 mm² 以下	100 m				1.0000

工作内容:开箱检查、敷设、配合试验等。

定额编号				F-9-6-21	F-9-6-22	F-9-6-23	F-9-6-24
项目				铜芯电力电缆敷设			
				4芯以上			
				截面积 10 mm² 以下	截面积 35 mm² 以下	截面积 120 mm² 以下	截面积 240 mm² 以下
名称			单位	100 m	100 m	100 m	100 m
人工	00230105	综合人工(安装)	工日	2.3505	4.8650	8.3835	12.6270
材料	03018173	膨胀螺栓(钢制) M10	套			14.0000	14.0000
	03018807	塑料膨胀管(尼龙胀管) M6~8	个	240.0000	240.0000		
	03152513	镀锌铁丝 14#~16#	kg	0.2250	0.3200	0.4250	0.4800
	03210203	硬质合金冲击钻头 ϕ6~8	根	1.3300	1.3300		
	03210209	硬质合金冲击钻头 ϕ10~12	根			0.0915	0.0930
	28020101-1	电缆	m	101.0000	101.0000	101.0000	101.0000
	29252681	镀锌电缆固定卡子 2×35	个	23.4000	23.4000	11.4500	
	29252687	镀锌电缆固定卡子 3×50	个			11.1800	
	29252689	镀锌电缆固定卡子 3×100	个				21.4000
	29252801	电缆吊挂	套	6.1100	7.1100	6.6000	6.2100
	34130112	塑料扁形标志牌	个	6.0000	6.0000	6.0000	6.0000
	X0045	其他材料费	%	3.0000	5.0000	5.0000	5.0000
机械	99070530	载重汽车 5 t	台班		0.0100	0.0700	0.1300
	99090360	汽车式起重机 8 t	台班		0.0100	0.0700	
	99090380	汽车式起重机 10 t	台班				0.1300

工作内容:开箱检查、敷设、配合试验等。

定额编号			F-9-6-25	F-9-6-26	F-9-6-27	F-9-6-28
项目			铜芯电力电缆敷设	控制铜芯电缆芯数		
			4 芯以上	7 芯以下	14 芯以下	24 芯以下
			截面积 400 mm^2 以下			
			100 m	100 m	100 m	100 m
预算定额编号	预算定额名称	预算定额单位	数量			
08-8-6-52	4 芯以上 截面积 300 mm^2 以下	100 m	0.5000			
08-8-6-53	4 芯以上 截面积 400 mm^2 以下	100 m	0.5000			
08-8-6-63	芯数 7 芯以下	100 m		1.0000		
08-8-6-64	芯数 14 芯以下	100 m			1.0000	
08-8-6-65	芯数 24 芯以下	100 m				1.0000

工作内容:开箱检查、敷设、配合试验等。

定额编号				F-9-6-25	F-9-6-26	F-9-6-27	F-9-6-28
项目				铜芯电力电缆敷设	控制铜芯电缆芯数		
				4 芯以上	7 芯以下	14 芯以下	24 芯以下
				截面积 400 mm^2 以下			
名称			单位	100 m	100 m	100 m	100 m
人工	00230105	综合人工(安装)	工日	17.6465	2.6100	2.8800	2.9700
材料	03018173	膨胀螺栓(钢制) M10	套	14.0000			
	03018807	塑料膨胀管(尼龙胀管) M6~8	个		240.0000	240.0000	240.0000
	03152513	镀锌铁丝 14#~16#	kg	0.5750	0.2000	0.3000	0.3200
	03210203	硬质合金冲击钻头 ϕ6~8	根		1.3300	1.3300	1.3300
	03210209	硬质合金冲击钻头 ϕ10~12	根	0.0930			
	14030112	汽油 90#	kg		0.3000	0.7000	0.8000
	28020101-1	电缆	m	101.0000			
	28271101	控制电缆	m		101.5000	101.5000	101.5000
	29252681	镀锌电缆固定卡子 2×35	个		23.4000	23.4000	23.4000
	29252689	镀锌电缆固定卡子 3×100	个	25.6800			
	29252801	电缆吊挂	套	7.4500			
	34130112	塑料扇形标志牌	个	7.2000	6.0000	6.0000	6.0000
	X0045	其他材料费	%	5.0000	4.0000	4.0000	5.0000
机械	99070530	载重汽车 5 t	台班	0.3750		0.0100	0.0100
	99090360	汽车式起重机 8 t	台班			0.0100	0.0100
	99090380	汽车式起重机 10 t	台班	0.3750			

工作内容：1. 开箱检查、敷设、配合试验等。
2,3,4. 定位、制作、安装、固定等。

定额编号			F-9-6-29	F-9-6-30	F-9-6-31	F-9-6-32
项目			控制铜芯电缆芯数	1 kV 以下	35 kV 以下	电缆中间头
			37 芯以下	电缆终端头		
			100 m	个	个	个
预算定额编号	预算定额名称	预算定额单位	数量			
08-8-6-112	10 kV 以下 截面积 120 mm^2 以下	个				0.2000
08-8-6-113	10 kV 以下 截面积 240 mm^2 以下	个				0.4000
08-8-6-114	10 kV 以下 截面积 400 mm^2 以下	个				0.4000
08-8-6-66	芯数 37 芯以下	100 m	1.0000			
08-8-6-82	1 kV 以下 截面积 10 mm^2 以下	个		0.1000		
08-8-6-83	1 kV 以下 截面积 35 mm^2 以下	个		0.2000		
08-8-6-84	1 kV 以下 截面积 120 mm^2 以下	个		0.3000		
08-8-6-85	1 kV 以下 截面积 240 mm^2 以下	个		0.3000		
08-8-6-86	1 kV 以下 截面积 400 mm^2 以下	个		0.1000		
08-8-6-92	35 kV 以下 截面积 35 mm^2 以下	个			0.2000	
08-8-6-93	35 kV 以下 截面积 120 mm^2 以下	个			0.4000	
08-8-6-94	35 kV 以下 截面积 240 mm^2 以下	个			0.4000	

工作内容:1. 开箱检查、敷设、配合试验等。
2,3,4. 定位、制作、安装、固定等。

定额编号				F-9-6-29	F-9-6-30	F-9-6-31	F-9-6-32
项目				控制铜芯电缆芯数	1 kV 以下	35 kV 以下	电缆中间头
				37 芯以下	电缆终端头		
名称			单位	100 m	个	个	个
人工	00230105	综合人工(安装)	工日	3.8700	0.7542	1.1318	1.9932
材料	02130345	聚四氟乙烯带(生料带) 宽度 60	kg				0.7800
	02311411	双面半导体布带 20×5	m				20.2000
	03018807	塑料膨胀管(尼龙胀管) M6~8	个	240.0000			
	03131901	焊锡	kg		0.3600	0.4000	0.2000
	03131941	焊锡膏 50 g/瓶	kg		0.0720	0.0760	0.0400
	03152513	镀锌铁丝 14# ~16#	kg	0.3500			
	03210203	硬质合金冲击钻头 ϕ6~8	根	1.3300			
	04092301	石英粉	kg				1.5600
	13055901	沥青绝缘漆	kg				9.8000
	14030101	汽油	kg		0.8780	0.9400	0.8600
	14030112	汽油 90#	kg	0.9000			
	14090601	电力复合脂	kg		0.0020		
	14090611	电力复合脂 一级	kg		0.0550	0.0620	0.0820
	14210112	环氧树脂 6101#	kg				1.4400
	14210806	聚酰胺树脂 650、651	kg				0.6400
	27170513	自粘性橡胶绝缘胶带 20×5 m	卷		1.1200	2.5400	20.6000
	27170601	相色带	卷				0.2320
	27170611	相色带 20×20 m	卷		0.1630	0.1640	
	28010113	裸铜线 10 mm^2	m				0.3200
	28010114	裸铜线 16 mm^2	m		1.3800	1.6000	0.6800
	28010115	裸铜线 25 mm^2	m		0.1600		0.6800

（续表）

定额编号				F-9-6-29	F-9-6-30	F-9-6-31	F-9-6-32
项目				控制铜芯电缆芯数	1 kV 以下	35 kV 以下	电缆中间头
				37 芯以下	电缆终端头		
名称			单位	100 m	个	个	个
材料	28271101	控制电缆	m	101.5000			
	29070701	热缩式电缆中间头	套				1.0200
	29070801	户内热缩式电缆终端头	个		1.0200	1.0200	
	29090215	铜接线端子 DT-16	个		1.2940	1.0200	
	29090216	铜接线端子 DT-25	个		0.1020		
	29090217	铜接线端子 DT-35	个		0.7520	0.6120	
	29090220	铜接线端子 DT-95	个		1.1280	1.2240	
	29090223	铜接线端子 DT-185	个		1.1280	1.2240	
	29090226	铜接线端子 DT-400	个		0.3760		
	29091416	铜压接连接管 95 mm^2	个				0.6040
	29091418	铜压接连接管 185 mm^2	个				1.2080
	29091421	铜压接连接管 400 mm^2	个				1.2080
	29252681	镀锌电缆固定卡子 2×35	个	23.4000	0.6180		
	29252687	镀锌电缆固定卡子 3×50	个		0.6180	0.4120	
	29252689	镀锌电缆固定卡子 3×100	个		0.8240	1.6480	
	34130112	塑料扇形标志牌	个	6.0000			
	X0045	其他材料费	%	5.0000	3.0000	3.0000	3.0000
机械	99070530	载重汽车 5 t	台班	0.0200			
	99090360	汽车式起重机 8 t	台班	0.0200			
	99350170	电动油泵压接钳 DB-3	台班		0.0630	0.1200	0.3480
	99350180	手动液压压接钳 YQ-150P×14	台班		0.0440	0.1160	0.0480

工作内容: 1. 定位、制作、安装、固定等。
2,3,4. 测位、配管、接地、补漆等。

定额编号			F-9-6-33	F-9-6-34	F-9-6-35	F-9-6-36
项目			控制电缆终端头	镀锌钢管		
				公称直径 15 mm 以内	公称直径 20 mm 以内	公称直径 25 mm 以内
			个	100 m	100 m	100 m
预算定额编号	预算定额名称	预算定额单位	数量			
08-8-6-115	终端头 7 芯以内	个	0.2000			
08-8-6-116	终端头 14 芯以内	个	0.3000			
08-8-6-117	终端头 24 芯以内	个	0.3000			
08-8-6-118	终端头 37 芯以内	个	0.1000			
08-8-6-119	终端头 48 芯以内	个	0.1000			
08-8-6-138	明配 镀锌钢管 公称直径 15 mm 以内	100 m		0.9000		
08-8-6-139	明配 镀锌钢管 公称直径 20 mm 以内	100 m			0.9000	
08-8-6-140	明配 镀锌钢管 公称直径 25 mm 以内	100 m				0.9000
08-8-6-149	暗配 镀锌钢管 公称直径 15 mm 以内	100 m		0.1000		
08-8-6-150	暗配 镀锌钢管 公称直径 20 mm 以内	100 m			0.1000	
08-8-6-151	暗配 镀锌钢管 公称直径 25 mm 以内	100 m				0.1000

工作内容:1. 定位、制作、安装、固定等。
2,3,4. 测位、配管、接地、补漆等。

定额编号				F-9-6-33	F-9-6-34	F-9-6-35	F-9-6-36
项目				控制电缆终端头	镀锌钢管		
					公称直径 15 mm 以内	公称直径 20 mm 以内	公称直径 25 mm 以内
名称			单位	个	100 m	100 m	100 m
人工	00230105	综合人工(安装)	工日	0.5687	8.3250	8.5680	9.4680
材料	02130209	聚氯乙烯带(PVC) 20×40 m	卷	0.0202			
	03011120	木螺钉 M4×65 以下	10 个		22.5270	22.5270	15.5880
	03018807	塑料膨胀管(尼龙胀管) M6～8	个		237.8340	237.8340	164.5020
	03152513	镀锌铁丝 14#～16#	kg		0.6600	1.3800	0.6600
	03210203	硬质合金冲击钻头 ϕ6～8	根		1.5300	1.5300	1.0800
	13010211	醇酸清漆	kg		0.2700	0.2700	0.3600
	13050201	铅油	kg		0.6400	0.7300	1.0000
	14050135	溶剂汽油 200#	kg		0.4500	0.5400	0.6300
	17030101	镀锌焊接钢管	m		103.0000	103.0000	103.0000
	18252311	镀锌钢管卡子 DN15	个		111.3480		
	18252312	镀锌钢管卡子 DN20	个			111.3480	
	18252313	镀锌钢管卡子 DN25	个				77.0310
	27170513	自粘性橡胶绝缘胶带 20×5 m	卷	0.5100			
	28010113	裸铜线 10 mm²	m	0.8000			
	28010114	裸铜线 16 mm²	m	0.2000			
	29060941	塑料套管 KT2 型	只	1.0500			
	29061211	镀锌电管外接头 DN15	个		16.4700		
	29061212	镀锌电管外接头 DN20	个		14.8680	16.4700	
	29061213	镀锌电管外接头 DN25	个				16.4700
	29062551	镀锌锁紧螺母 M15	个		41.2400		
	29062552	镀锌锁紧螺母 M20	个			41.2400	
	29062553	镀锌锁紧螺母 M25	个				16.4200
	29063211	塑料护口(电管用) DN15	个		41.2400		
	29063212	塑料护口(电管用) DN20	个			41.2400	
	29063213	塑料护口(电管用) DN25	个				15.4700
	29090214	铜接线端子 DT-10	个	0.8120			
	29090215	铜接线端子 DT-16	个	0.2030			
	29175211	镀锌地线夹 ϕ15	套		63.9700		
	29175212	镀锌地线夹 ϕ20	套			63.9700	
	29175213	镀锌地线夹 ϕ25	套				63.9700
	29252681	镀锌电缆固定卡子 2×35	个	1.0300			
	X0045	其他材料费	%	3.0000	3.5000	3.5000	3.5000

工作内容:测位、配管、接地、补漆等。

定额编号			F-9-6-37	F-9-6-38	F-9-6-39	F-9-6-40
项目			镀锌钢管			
			公称直径 32 mm 以内	公称直径 40 mm 以内	公称直径 50 mm 以内	公称直径 65 mm 以内
			100 m	100 m	100 m	100 m
预算定额编号	预算定额名称	预算定额单位	数量			
08-8-6-141	明配 镀锌钢管 公称直径 32 mm 以内	100 m	0.9000			
08-8-6-142	明配 镀锌钢管 公称直径 40 mm 以内	100 m		0.9000		
08-8-6-143	明配 镀锌钢管 公称直径 50 mm 以内	100 m			0.9000	
08-8-6-144	明配 镀锌钢管 公称直径 65 mm 以内	100 m				0.9000
08-8-6-152	暗配 镀锌钢管 公称直径 32 mm 以内	100 m	0.1000			
08-8-6-153	暗配 镀锌钢管 公称直径 40 mm 以内	100 m		0.1000		
08-8-6-154	暗配 镀锌钢管 公称直径 50 mm 以内	100 m			0.1000	
08-8-6-155	暗配 镀锌钢管 公称直径 65 mm 以内	100 m				0.1000

工作内容：测位、配管、接地、补漆等。

定额编号				F-9-6-37	F-9-6-38	F-9-6-39	F-9-6-40
项目				镀锌钢管			
				公称直径 32 mm 以内	公称直径 40 mm 以内	公称直径 50 mm 以内	公称直径 65 mm 以内
名称			单位	100 m	100 m	100 m	100 m
人工	00230105	综合人工(安装)	工日	10.3590	13.2300	13.5000	21.4200
材料	03011120	木螺钉 M4×65 以下	10 个	15.5880	6.2190	6.3090	
	03018171	膨胀螺栓(钢制) M6	套		60.3900	63.0900	90.0900
	03018807	塑料膨胀管(尼龙胀管) M6～8	个	164.5020	65.4030	65.7630	
	03152513	镀锌铁丝 14#～16#	kg	0.6600	0.6600	0.6600	0.6600
	03210203	硬质合金冲击钻头 ϕ6～8	根	1.0800	0.8100	0.9000	0.9000
	13010211	醇酸清漆	kg	0.5500	0.6400	0.9700	0.9090
	13050201	铅油	kg	1.2700	1.4500	1.9800	1.8210
	14050135	溶剂汽油 200#	kg	0.8100	1.0900	0.9600	1.8090
	17030101	镀锌焊接钢管	m	103.0000	103.0000	103.0000	103.0000
	18252314	镀锌钢管卡子 DN32	个	77.0310			
	18252315	镀锌钢管卡子 DN40	个		61.2630		
	18252316	镀锌钢管卡子 DN50	个			61.2630	
	18252317	镀锌钢管卡子 DN65	个				46.8450
	29061214	镀锌电管外接头 DN32	个	16.4700			
	29061215	镀锌电管外接头 DN40	个		16.4700		
	29061216	镀锌电管外接头 DN50	个			16.0700	
	29061217	镀锌电管外接头 DN65	个				13.6732
	29062554	镀锌锁紧螺母 M32	个	14.4180			
	29062555	镀锌锁紧螺母 M40	个		16.4200		
	29062556	镀锌锁紧螺母 M50	个			19.6200	
	29062557	镀锌锁紧螺母 M65	个				18.1782
	29063214	塑料护口(电管用) DN32	个	15.4700			
	29063215	塑料护口(电管用) DN40	个		15.4700		
	29063216	塑料护口(电管用) DN50	个			15.0700	
	29063217	塑料护口(电管用) DN65	个				13.6732
	29175214	镀锌地线夹 ϕ32	套	63.9700			
	29175215	镀锌地线夹 ϕ40	套		63.9700		
	29175216	镀锌地线夹 ϕ50	套			64.0500	
	29175217	镀锌地线夹 ϕ65	套				57.0912
	X0045	其他材料费	%	3.5000	3.5000	3.5000	3.5000
机械	99190750	管子切断套丝机 ϕ159	台班			0.1100	0.1100
	99190830	电动煨弯机 ϕ100	台班			0.1100	0.1310

工作内容:测位、配管、接地、补漆等。

定额编号			F-9-6-41	F-9-6-42	F-9-6-43	F-9-6-44
项目			镀锌钢管			
			公称直径 80 mm 以内	公称直径 100 mm 以内	公称直径 125 mm 以内	公称直径 150 mm 以内
			100 m	100 m	100 m	100 m
预算定额编号	预算定额名称	预算定额单位	数量			
08-8-6-145	明配 镀锌钢管 公称直径 80 mm 以内	100 m	0.9000			
08-8-6-146	明配 镀锌钢管 公称直径 100 mm 以内	100 m		0.9000		
08-8-6-147	明配 镀锌钢管 公称直径 125 mm 以内	100 m			0.9000	
08-8-6-148	明配 镀锌钢管 公称直径 150 mm 以内	100 m				0.9000
08-8-6-156	暗配 镀锌钢管 公称直径 80 mm 以内	100 m	0.1000			
08-8-6-157	暗配 镀锌钢管 公称直径 100 mm 以内	100 m		0.1000		
08-8-6-158	暗配 镀锌钢管 公称直径 125 mm 以内	100 m			0.1000	
08-8-6-159	暗配 镀锌钢管 公称直径 150 mm 以内	100 m				0.1000

工作内容:测位、配管、接地、补漆等。

定额编号				F-9-6-41	F-9-6-42	F-9-6-43	F-9-6-44
项目				镀锌钢管			
				公称直径 80 mm 以内	公称直径 100 mm 以内	公称直径 125 mm 以内	公称直径 150 mm 以内
名称			单位	100 m	100 m	100 m	100 m
人工	00230105	综合人工(安装)	工日	29.5920	30.6090	42.4800	56.0340
材料	03018171	膨胀螺栓(钢制) M6	套	90.0900	90.0900	54.0900	51.3900
	03152513	镀锌铁丝 14#～16#	kg	0.6600	0.6600	0.7900	0.7900
	03210203	硬质合金冲击钻头 ϕ6～8	根	0.9000	0.9000	0.9000	0.9000
	13010211	醇酸清漆	kg	1.0100	1.0400	1.9700	2.0000
	13050201	铅油	kg	2.0400	3.0100	3.9800	4.4000
	14050135	溶剂汽油 200#	kg	1.9000	2.8300	2.8600	3.6000
	17030101	镀锌焊接钢管	m	103.0000	103.0000	103.0000	103.0000
	18252318	镀锌钢管卡子 DN80	个	46.8450			
	18252319	镀锌钢管卡子 DN100	个		46.8450		
	18252320	镀锌钢管卡子 DN125	个			26.1270	
	18252321	镀锌钢管卡子 DN150	个				25.9470
	29061218	镀锌电管外接头 DN80	个	15.0700			
	29061219	镀锌电管外接头 DN100	个		15.0700		
	29061220	镀锌电管外接头 DN125	个			8.0300	
	29061221	镀锌电管外接头 DN150	个				8.2100
	29062558	镀锌锁紧螺母 M80	个	19.6200			
	29062559	镀锌锁紧螺母 M100	个		19.6200		
	29063218	塑料护口(电管用) DN80	个	15.0700			
	29063219	塑料护口(电管用) DN100	个		15.0700		
	29175218	镀锌地线夹 ϕ80	套	62.0400			
	29175219	镀锌地线夹 ϕ100	套		62.0400		
	29175220	镀锌地线夹 ϕ125	套			16.0700	
	29175221	镀锌地线夹 ϕ150	套				16.5200
	X0045	其他材料费	%	3.5000	3.5000	3.3000	3.3000
机械	99190750	管子切断套丝机 ϕ159	台班	0.1100	0.1100	0.1520	0.5300
	99190830	电动煨弯机 ϕ100	台班	0.3200	0.3200		
	99190850	电动煨弯机 ϕ500～1800	台班			0.3930	1.0500

工作内容:测位、划线、锯管、连接管件、配管、穿引线。

定　额　编　号			F-9-6-45	F-9-6-46	F-9-6-47	F-9-6-48
项　　目			硬塑料管			
			公称直径 15 mm 以内	公称直径 20 mm 以内	公称直径 25 mm 以内	公称直径 32 mm 以内
			100 m	100 m	100 m	100 m
预算定额编号	预算定额名称	预算定额单位	数　　量			
08-8-6-169	明配 硬塑料管 公称直径 15 mm 以内	10 m	1.0000			
08-8-6-170	明配 硬塑料管 公称直径 20 mm 以内	100 m		1.0000		
08-8-6-171	明配 硬塑料管 公称直径 25 mm 以内	100 m			1.0000	
08-8-6-287	明配 硬塑料管 公称直径 32 mm 以内	100 m				1.0000

工作内容：测位、划线、锯管、连接管件、配管、穿引线。

定额编号				F-9-6-45	F-9-6-46	F-9-6-47	F-9-6-48
项目				硬塑料管			
				公称直径 15 mm 以内	公称直径 20 mm 以内	公称直径 25 mm 以内	公称直径 32 mm 以内
名称			单位	100 m	100 m	100 m	100 m
人工	00230105	综合人工(安装)	工日	6.6600	7.2000	7.3800	7.6200
材料	03011120	木螺钉 M4×65 以下	10 个	33.3300	33.3300	24.1200	24.1200
	03018807	塑料膨胀管(尼龙胀管) M6～8	个	325.3300	325.3300	255.4600	255.4600
	03152513	镀锌铁丝 14#～16#	kg	0.4000	0.2500	0.2500	0.2500
	03210203	硬质合金冲击钻头 ϕ6～8	根	2.3000	2.3000	1.6000	1.6000
	14411801	胶粘剂	kg	0.1000	0.1000	0.1000	0.1000
	29060711	刚性阻燃塑料电线管	m	106.0000	106.0000	106.4200	106.4200
	29061321	难燃塑料管接头 DN15	个	21.0200			
	29061322	难燃塑料管接头 DN20	个		21.0200		
	29061323	难燃塑料管接头 DN25	个			21.0200	
	29061324	难燃塑料管接头 DN32	个				21.0200
	29061331	难燃塑料管弯头 DN15	个	2.1000			
	29061332	难燃塑料管弯头 DN20	个		2.1000		
	29061333	难燃塑料管弯头 DN25	个			2.1000	
	29061334	难燃塑料管弯头 DN32	个				2.1000
	29061341	难燃塑料管三通 DN15	个	3.2000			
	29061342	难燃塑料管三通 DN20	个		3.2000		
	29061343	难燃塑料管三通 DN25	个			3.2000	
	29061344	难燃塑料管三通 DN32	个				3.2000
	29061351	难燃塑料管伸缩接头 DN15	个	2.1000			
	29061352	难燃塑料管伸缩接头 DN20	个		2.1000		
	29061353	难燃塑料管伸缩接头 DN25	个			2.1000	
	29061354	难燃塑料管伸缩接头 DN32	个				2.1000
	29062911	管卡子(塑料管用) DN15	个	168.1700			
	29062912	管卡子(塑料管用) DN20	个		168.1700		
	29062913	管卡子(塑料管用) DN25	个			121.9200	
	29062914	管卡子(塑料管用) DN32	个				121.9200
	X0045	其他材料费	%		2.0000	2.0000	2.0000

工作内容：测位、划线、锯管、连接管件、配管、穿引线。

定额编号			F-9-6-49	F-9-6-50	F-9-6-51	F-9-6-52
项目			硬塑料管			
			公称直径 40 mm 以内	公称直径 50 mm 以内	公称直径 70 mm 以内	公称直径 80 mm 以内
			100 m	100 m	100 m	100 m
预算定额编号	预算定额名称	预算定额单位	数量			
08-8-6-173	明配 硬塑料管 公称直径 40 mm 以内	100 m	1.0000			
08-8-6-174	明配 硬塑料管 公称直径 50 mm 以内	10 m		1.0000		
08-8-6-175	明配 硬塑料管 公称直径 70 mm 以内	100 m			1.0000	
08-8-6-176	明配 硬塑料管 公称直径 80 mm 以内	100 m				1.0000

工作内容：测位、划线、锯管、连接管件、配管、穿引线。

定额编号				F-9-6-49	F-9-6-50	F-9-6-51	F-9-6-52
项目				硬塑料管			
				公称直径 40 mm 以内	公称直径 50 mm 以内	公称直径 70 mm 以内	公称直径 80 mm 以内
名称			单位	100 m	100 m	100 m	100 m
人工	00230105	综合人工(安装)	工日	7.9200	8.2800	8.8200	10.1860
材料	03011120	木螺钉 M4×65 以下	10 个	16.9200	16.9200	12.7100	
	03018171	膨胀螺栓(钢制) M6	套				132.6000
	03018807	塑料膨胀管(尼龙胀管) M6～8	个	178.3800	178.3800	134.3300	
	03152513	镀锌铁丝 14#～16#	kg	0.2500	0.2500	0.2500	0.2500
	03210204	硬质合金冲击钻头 ϕ6～12	根	1.1000	1.1000	0.4000	0.8800
	03211001	钢锯条	根				1.5000
	14411801	胶粘剂	kg	0.2000	0.2000	0.2000	0.2500
	29060711	刚性阻燃塑料电线管	m	107.3600	107.3600	116.0000	119.1800
	29061325	难燃塑料管接头 DN40	个	21.0200			
	29061326	难燃塑料管接头 DN50	个		21.0200		
	29061327	难燃塑料管接头 DN65	个			21.0200	
	29061328	难燃塑料管接头 DN80	个				21.0200
	29061335	难燃塑料管弯头 DN40	个	2.1000			
	29061336	难燃塑料管弯头 DN50	个		2.1000		
	29061337	难燃塑料管弯头 DN65	个			2.1000	
	29061338	难燃塑料管弯头 DN80	个				2.1000
	29061345	难燃塑料管三通 DN40	个	3.2000			
	29061346	难燃塑料管三通 DN50	个		3.2000		
	29061347	难燃塑料管三通 DN65	个			3.2000	
	29061348	难燃塑料管三通 DN80	个				3.2000
	29061355	难燃塑料管伸缩接头 DN40	个	2.1000			
	29061356	难燃塑料管伸缩接头 DN50	个		2.1000		
	29061357	难燃塑料管伸缩接头 DN65	个			2.1000	
	29061358	难燃塑料管伸缩接头 DN80	个				2.1000
	29062915	管卡子(塑料管用) DN40	个	85.1900			
	29062916	管卡子(塑料管用) DN50	个		85.1900		
	29062917	管卡子(塑料管用) DN65	个			64.1600	
	29062928	管卡子(难燃管用) DN80	个				66.9500
	X0045	其他材料费	%	2.0000		2.0000	2.0000

工作内容:1. 测位、划线、锯管、连接管件、配管、穿引线。
2,3,4. 量尺寸、配管、连接接头、固定。

定额编号			F-9-6-53	F-9-6-54	F-9-6-55	F-9-6-56
项目			硬塑料管	金属软管		
			公称直径 100 mm 以内	管径 15 mm 以内	管径 20 mm 以内	管径 25 mm 以内
			100 m	10 m	10 m	10 m
预算定额编号	预算定额名称	预算定额单位	数量			
08-8-6-177	明配 硬塑料管 公称直径 100 mm 以内	100 m	1.0000			
08-8-6-199	管径 15 mm 以内 每根长 500 mm 以内	10 m		0.5000		
08-8-6-200	管径 15 mm 以内 每根长 1000 mm 以内	10 m		0.5000		
08-8-6-202	管径 20 mm 以内 每根长 500 mm 以内	10 m			0.5000	
08-8-6-203	管径 20 mm 以内 每根长 1000 mm 以内	10 m			0.5000	
08-8-6-205	管径 25 mm 以内 每根长 500 mm 以内	10 m				0.5000
08-8-6-206	管径 25 mm 以内 每根长 1000 mm 以内	10 m				0.5000

工作内容:1. 测位、划线、锯管、连接管件、配管、穿引线。
2,3,4. 量尺寸、配管、连接接头、固定。

定额编号				F-9-6-53	F-9-6-54	F-9-6-55	F-9-6-56
项目				硬塑料管	金属软管		
				公称直径 100 mm 以内	管径 15 mm 以内	管径 20 mm 以内	管径 25 mm 以内
名称			单位	100 m	10 m	10 m	10 m
人工	00230105	综合人工(安装)	工日	11.6650	0.9500	1.1550	1.2250
材料	03018171	膨胀螺栓(钢制) M6	套	132.6000			
	03152513	镀锌铁丝 14#~16#	kg	0.2500			
	03210204	硬质合金冲击钻头 ϕ6~12	根	0.8800			
	14411801	胶粘剂	kg	3.0000			
	29060711	刚性阻燃塑料电线管	m	119.1800			
	29060811	金属软管	m		10.3000	10.3000	10.3000
	29061329	难燃塑料管接头 DN100	个	21.0200			
	29061339	难燃塑料管弯头 DN100	个	2.1000			
	29061349	难燃塑料管三通 DN100	个	3.2000			
	29061359	难燃塑料管伸缩接头 DN100	个	2.1000			
	29062232	金属软管尼龙接头 DN15	个		36.2900		
	29062233	金属软管尼龙接头 DN20	个			36.2900	
	29062234	金属软管尼龙接头 DN25	个				36.2900
	29062929	管卡子(难燃管用) DN100	个	66.9500			
	X0045	其他材料费	%	2.0000	5.0000	5.0000	5.0000

工作内容:1,2,3. 量尺寸、配管、连接接头、固定。
4. 穿引线、涂滑石粉、穿线、编号、焊接包头。

定额编号			F-9-6-57	F-9-6-58	F-9-6-59	F-9-6-60
项目			金属软管			照明线路
			管径 32 mm 以内	管径 40 mm 以内	管径 50 mm 以内	导线截面 1.5 mm^2 以内
			10 m	10 m	10 m	100 m 单线
预算定额编号	预算定额名称	预算定额单位	数量			
08-8-6-208	管径 25 mm 以内 每根长 500 mm 以内	10 m	0.5000			
08-8-6-209	管径 32 mm 以内 每根长 1000 mm 以内	10 m	0.5000			
08-8-6-211	管径 40 mm 以内 每根长 500 mm 以内	10 m		0.5000		
08-8-6-212	管径 40 mm 以内 每根长 1000 mm 以内	10 m		0.5000		
08-8-6-214	管径 50 mm 以内 每根长 500 mm 以内	10 m			0.5000	
08-8-6-215	管径 50 mm 以内 每根长 1000 mm 以内	10 m			0.5000	
08-8-6-217	照明线路 导线截面 1.5 mm^2 以内	100 m 单线				1.0000

工作内容:1,2,3. 量尺寸、配管、连接接头、固定。
4. 穿引线、涂滑石粉、穿线、编号、焊接包头。

定额编号				F-9-6-57	F-9-6-58	F-9-6-59	F-9-6-60
项目				金属软管			照明线路
				管径 32 mm 以内	管径 40 mm 以内	管径 50 mm 以内	导线截面 1.5 mm^2 以内
名称			单位	10 m	10 m	10 m	100 m 单线
人工	00230105	综合人工(安装)	工日	1.3150	1.5100	1.7100	0.7200
材料	01030117	钢丝 ϕ1.6～2.6	kg				0.0900
	03131901	焊锡	kg				0.2000
	03131941	焊锡膏 50 g/瓶	kg				0.0100
	14030101	汽油	kg				0.5000
	27170311	黄漆布带 20×40 m	卷				0.2000
	27170416	电气绝缘胶带(PVC) 18×20 m	卷				0.4000
	28030101	绝缘导线	m				116.4800
	29060811	金属软管	m	10.3000	10.3000	10.3000	
	29062235	金属软管尼龙接头 DN32	个	36.2900			
	29062236	金属软管尼龙接头 DN40	个		36.2900		
	29062237	金属软管尼龙接头 DN50	个			36.2900	
	X0045	其他材料费	%	5.0000	3.0000	3.0000	5.0000

工作内容：穿引线、涂滑石粉、穿线、编号、焊接包头。

定额编号			F-9-6-61	F-9-6-62	F-9-6-63	F-9-6-64
项目			照明线路		动力线路	
			导线截面			
			2.5 mm^2 以内	4.0 mm^2 以内	1.5 mm^2 以内	2.5 mm^2 以内
			100 m 单线	100 m 单线	100 m 单线	100 m 单线
预算定额编号	预算定额名称	预算定额单位	数量			
08-8-6-218	照明线路 导线截面 2.5 mm^2 以内	100 m 单线	1.0000			
08-8-6-219	照明线路 导线截面 4.0 mm^2 以内	100 m 单线		1.0000		
08-8-6-220	动力线路 导线截面 1.5 mm^2 以内	100 m 单线			1.0000	
08-8-6-221	动力线路 导线截面 2.5 mm^2 以内	100 m 单线				1.0000

工作内容：穿引线、涂滑石粉、穿线、编号、焊接包头。

定额编号				F-9-6-61	F-9-6-62	F-9-6-63	F-9-6-64
项目				照明线路		动力线路	
				导线截面			
				2.5 mm^2 以内	4.0 mm^2 以内	1.5 mm^2 以内	2.5 mm^2 以内
名称			单位	100 m 单线	100 m 单线	100 m 单线	100 m 单线
人工	00230105	综合人工(安装)	工日	0.8100	0.5400	0.5400	0.6300
材料	01030117	钢丝 ϕ1.6～2.6	kg	0.0900	0.0900	0.0900	0.0900
	03131901	焊锡	kg	0.2000	0.2000	0.1000	0.1000
	03131941	焊锡膏 50 g/瓶	kg	0.0100	0.0100	0.0100	0.0100
	14030101	汽油	kg	0.5000	0.5000	0.5000	0.5000
	27170311	黄漆布带 20×40 m	卷	0.2500	0.2000	0.3250	0.3500
	27170416	电气绝缘胶带(PVC) 18×20 m	卷	0.4000	0.2500	0.3250	0.7000
	28030101	绝缘导线	m	116.4800	109.2500	104.0900	104.0900
	X0045	其他材料费	%	5.0000	5.0000	5.0000	5.0000

工作内容:穿引线、涂滑石粉、穿线、编号、焊接包头。

定额编号			F-9-6-65	F-9-6-66	F-9-6-67	F-9-6-68
项目			动力线路			
			导线截面			
			4 mm^2 以内	6 mm^2 以内	10 mm^2 以内	16 mm^2 以内
			100 m 单线	100 m 单线	100 m 单线	100 m 单线
预算定额编号	预算定额名称	预算定额单位	数量			
08-8-6-222	动力线路 导线截面 4 mm^2 以内	100 m 单线	1.0000			
08-8-6-223	动力线路 导线截面 6 mm^2 以内	100 m 单线		1.0000		
08-8-6-224	动力线路 导线截面 10 mm^2 以内	100 m 单线			1.0000	
08-8-6-225	动力线路 导线截面 16 mm^2 以内	100 m 单线				1.0000

工作内容:穿引线、涂滑石粉、穿线、编号、焊接包头。

定额编号				F-9-6-65	F-9-6-66	F-9-6-67	F-9-6-68
项目				动力线路			
				导线截面			
				4 mm^2 以内	6 mm^2 以内	10 mm^2 以内	16 mm^2 以内
名称			单位	100 m 单线	100 m 单线	100 m 单线	100 m 单线
人工	00230105	综合人工(安装)	工日	0.7200	0.7200	0.8100	0.8100
材料	01030117	钢丝 ϕ1.6～2.6	kg	0.0900	0.0900	0.1300	0.1300
	03131901	焊锡	kg	0.1200	0.1200	0.1300	0.1300
	03131941	焊锡膏 50 g/瓶	kg	0.0100	0.0100	0.0200	0.0200
	14030101	汽油	kg	0.6000	0.6000	0.7000	0.7000
	27170311	黄漆布带 20×40 m	卷	0.4000	0.4500	0.5000	0.5000
	27170416	电气绝缘胶带(PVC) 18×20 m	卷	0.8000	0.9000	1.0000	1.0000
	28030101	绝缘导线	m	104.0900	104.0900	104.0900	104.0900
	X0045	其他材料费	%	5.0000	5.0000	5.0000	5.0000

工作内容：穿引线、涂滑石粉、穿线、编号、焊接包头。

定额编号			F-9-6-69	F-9-6-70	F-9-6-71	F-9-6-72
项目			动力线路			
			导线截面			
			25 mm^2 以内	35 mm^2 以内	70 mm^2 以内	95 mm^2 以内
			100 m 单线	100 m 单线	100 m 单线	100 m 单线
预算定额编号	预算定额名称	预算定额单位	数量			
08-8-6-226	动力线路 导线截面 25 mm^2 以内	100 m 单线	1.0000			
08-8-6-227	动力线路 导线截面 35 mm^2 以内	100 m 单线		1.0000		
08-8-6-228	动力线路 导线截面 70 mm^2 以内	100 m 单线			1.0000	
08-8-6-229	动力线路 导线截面 95 mm^2 以内	100 m 单线				1.0000

工作内容：穿引线、涂滑石粉、穿线、编号、焊接包头。

定额编号				F-9-6-69	F-9-6-70	F-9-6-71	F-9-6-72
项目				动力线路			
				导线截面			
				25 mm^2 以内	35 mm^2 以内	70 mm^2 以内	95 mm^2 以内
名称			单位	100 m 单线	100 m 单线	100 m 单线	100 m 单线
人工	00230105	综合人工(安装)	工日	0.9900	0.9900	2.0700	2.5200
材料	01030117	钢丝 ϕ1.6～2.6	kg	0.1400	0.1400	0.2400	0.2400
	03131901	焊锡	kg	0.1400	0.1500	0.1600	0.1800
	03131941	焊锡膏 50 g/瓶	kg	0.0300	0.0300	0.0400	0.0500
	14030101	汽油	kg	0.8000	0.8000	0.9000	0.9000
	27170311	黄漆布带 20×40 m	卷	0.5500	0.5500	0.6000	0.6500
	27170416	电气绝缘胶带(PVC) 18×20 m	卷	1.1000	1.1000	1.2000	1.3000
	28030101	绝缘导线	m	104.4500	104.4500	104.5900	103.4800
	X0045	其他材料费	%	5.0000	5.0000	5.0000	5.0000

工作内容:1. 穿引线、涂滑石粉、穿线、编号、焊接包头。
2,3,4. 桥架安装、吊支架制作安装、支架刷油等。

定额编号			F-9-6-73	F-9-6-74	F-9-6-75	F-9-6-76
项目			动力线路	桥架、托盘及线槽		
			导线截面	宽+高		
			120 mm² 以内	400 mm 以内	800 mm 以内	1000 mm 以内
			100 m 单线	10 m	10 m	10 m
预算定额编号	预算定额名称	预算定额单位	数量			
08-8-5-134	制作 每件重 5 kg 以内	100 kg		0.2449		
08-8-5-135	制作 每件重 20 kg 以内	100 kg			0.5434	0.7450
08-8-5-138	安装 每件重 5 kg 以内	100 kg		0.2449		
08-8-5-139	安装 每件重 20 kg 以内	100 kg			0.5434	0.7450
08-8-6-230	动力线路 导线截面 120 mm² 以内	100 m 单线	1.0000			
08-8-6-237	宽+高 200 mm 以内	10 m		0.2000		
08-8-6-238	宽+高 400 mm 以内	10 m		0.3000		
08-8-6-239	宽+高 600 mm 以内	10 m			0.2000	
08-8-6-240	宽+高 800 mm 以内	10 m			0.3000	
08-8-6-241	宽+高 1000 mm 以内	10 m				1.0000
08-8-6-252	宽+高 200 mm 以内	10 m		0.2000		
08-8-6-253	宽+高 400 mm 以内	10 m		0.3000		
08-8-6-254	宽+高 600 mm 以内	10 m			0.2000	
08-8-6-255	宽+高 800 mm 以内	10 m			0.3000	

工作内容:1. 穿引线、涂滑石粉、穿线、编号、焊接包头。
2,3,4. 桥架安装、吊支架制作安装、支架刷油等。

定额编号				F-9-6-73	F-9-6-74	F-9-6-75	F-9-6-76
项目				动力线路	桥架、托盘及线槽		
				导线截面	宽+高		
				120 mm² 以内	400 mm 以内	800 mm 以内	1000 mm 以内
名称			单位	100 m 单线	10 m	10 m	10 m
人工	00230105	综合人工(安装)	工日	2.6100	3.5335	7.2195	9.8313
材料	01030117	钢丝 ϕ1.6～2.6	kg	0.2500			
	01150103-1	热轧型钢 综合	kg		25.7145	57.0570	78.2250
	03014292	镀锌六角螺栓连母垫 M10×70	10 套		1.5429	3.4234	4.6935
	03110212	尼龙砂轮片 ϕ100	片		0.0150	0.0250	0.0300
	03110215	尼龙砂轮片 ϕ400	片		0.1102	0.1902	0.2607
	03110222	金刚石砂轮片 ϕ400	片		0.0150	0.0250	0.0300
	03130114	电焊条 J422 ϕ3.2	kg		0.5633	1.1981	1.8345
	03131901	焊锡	kg	0.1900			
	03131941	焊锡膏 50 g/瓶	kg	0.0600			
	13010101	调和漆	kg		0.3918	0.8423	1.1547
	13011011	清油 C01-1	kg		0.1469	0.3260	0.4470
	13050511	醇酸防锈漆 C53-1	kg		0.4947	1.0433	1.4304
	13050611	酚醛防锈漆(红丹) F53-31	kg		0.0560	0.0750	0.2000
	14030101	汽油	kg	0.9000	0.0460	0.1300	0.4000
	14050111	溶剂油 200#	kg		0.1322	0.2663	0.3650
	14050201	松香水	kg		0.1225	0.2717	0.3725
	27170311	黄漆布带 20×40 m	卷	0.7000			
	27170416	电气绝缘胶带(PVC) 18×20 m	卷	1.4000			
	28010115	裸铜线 25 mm²	m		2.2500	2.2500	2.2500
	28030101	绝缘导线	m	103.4800			
	29010101	电缆桥架	m		5.0000	5.0000	10.0000
	29031101	防火线槽	m		5.0000	5.0000	
	29090216	铜接线端子 DT-25	个		10.2000	10.2000	10.2000
	X0045	其他材料费	%	5.0000	2.2900	2.1900	1.1900
机械	99070530	载重汽车 5 t	台班		0.0160	0.0360	0.0600
	99090360	汽车式起重机 8 t	台班			0.0120	0.0300
	99230170	砂轮切割机 ϕ400	台班		0.0590	0.0915	0.1318
	99250010	交流弧焊机 21 kV·A	台班		0.3061	0.5977	0.8195
	99250140	直流弧焊机 20 kW	台班			0.0190	0.0900

工作内容:1. 桥架安装、吊支架制作安装、支架刷油等。
2,3,4. 打孔、安装、接地跨接、调整、补漆等。

<table>
<tr><td colspan="3">定　额　编　号</td><td>F-9-6-77</td><td>F-9-6-78</td><td>F-9-6-79</td><td>F-9-6-80</td></tr>
<tr><td colspan="3" rowspan="4">项　　目</td><td>桥架、托盘及线槽</td><td colspan="3">电缆支架安装</td></tr>
<tr><td>宽+高</td><td rowspan="2">三层以下</td><td rowspan="2">五层以下</td><td rowspan="2">七层以下</td></tr>
<tr><td>1500 mm 以内</td></tr>
<tr><td>10 m</td><td>套</td><td>套</td><td>套</td></tr>
<tr><td>预算定额编号</td><td>预算定额名称</td><td>预算定额单位</td><td colspan="4">数　　量</td></tr>
<tr><td>08-8-5-135</td><td>制作 每件重 20 kg 以内</td><td>100 kg</td><td>0.9476</td><td></td><td></td><td></td></tr>
<tr><td>08-8-5-139</td><td>安装 每件重 20 kg 以内</td><td>100 kg</td><td>0.9476</td><td></td><td></td><td></td></tr>
<tr><td>08-8-6-243</td><td>宽+高 1500 mm 以内</td><td>10 m</td><td>1.0000</td><td></td><td></td><td></td></tr>
<tr><td>08-8-6-244【换】</td><td>电缆支架安装 三层以下</td><td>套</td><td></td><td>1.0000</td><td></td><td></td></tr>
<tr><td>08-8-6-245【换】</td><td>电缆支架安装 五层以下</td><td>套</td><td></td><td></td><td>1.0000</td><td></td></tr>
<tr><td>08-8-6-246【换】</td><td>电缆支架安装 七层以下</td><td>套</td><td></td><td></td><td></td><td>1.0000</td></tr>
</table>

工作内容： 1. 桥架安装、吊支架制作安装、支架刷油等。
2,3,4. 打孔、安装、接地跨接、调整、补漆等。

定额编号				F-9-6-77	F-9-6-78	F-9-6-79	F-9-6-80
项目				桥架、托盘及线槽	电缆支架安装		
				宽+高	三层以下	五层以下	七层以下
				1500 mm 以内			
名称			单位	10 m	套	套	套
人工	00230105	综合人工(安装)	工日	13.0013	0.3280	0.3895	0.4572
材料	01130334	镀锌扁钢 25～45	kg		0.8800	0.8800	0.8800
	01150103-1	热轧型钢 综合	kg	99.4980			
	03014101	六角螺栓连母垫	kg		0.3100	0.3100	0.3150
	03014292	镀锌六角螺栓连母垫 M10×70	10 套	5.9699			
	03018102	膨胀螺栓(钢制)	10 套				3.0000
	03018172	膨胀螺栓(钢制) M8	套		3.0000	3.0000	
	03018173	膨胀螺栓(钢制) M10	套				3.0000
	03018183	膨胀螺栓(钢制) M10	10 套		3.0000	3.0000	
	03110212	尼龙砂轮片 ϕ100	片	0.0300			
	03110215	尼龙砂轮片 ϕ400	片	0.3317			
	03110222	金刚石砂轮片 ϕ400	片	0.0400			
	03130101	电焊条	kg		0.0600	0.0750	0.0900
	03130114	电焊条 J422 ϕ3.2	kg	2.4910			
	13010101	调和漆	kg	1.4688			
	13011011	清油 C01-1	kg	0.5686			
	13050511	醇酸防锈漆 C53-1	kg	1.8194			
	13050611	酚醛防锈漆(红丹) F53-31	kg	0.3000			
	14030101	汽油	kg	0.7010			
	14050111	溶剂油 200#	kg	0.4643			
	14050201	松香水	kg	0.4738			
	28010115	裸铜线 25 mm^2	m	2.2500			2.2500
	29010101	电缆桥架	m	10.0000			
	29020741	电缆支架	个		1.0200	1.0200	1.0200
	29090216	铜接线端子 DT-25	个	10.2000			
	X0045	其他材料费	%	1.2100	3.5000	3.5000	3.5000
机械	99070530	载重汽车 5 t	台班	0.0700			
	99090360	汽车式起重机 8 t	台班	0.0600			
	99230170	砂轮切割机 ϕ400	台班	0.1721			
	99250010	交流弧焊机 21 kV·A	台班	1.4424	0.0750	0.0900	0.1150
	99250140	直流弧焊机 20 kW	台班	0.1400			

工作内容:1. 测位、固定、修孔。
2. 运料、安装、清理等。

定额编号			F-9-6-81	F-9-6-82
项目			接线盒	防火堵料
			10个	m^3
预算定额编号	预算定额名称	预算定额单位	数量	
08-8-6-287	明装 接线盒	10个	1.0000	
08-8-6-292	防火堵料 墙体	m^3		0.5000
08-8-6-293	防火堵料 楼板	m^3		0.5000

工作内容:1. 测位、固定、修孔。
2. 运料、安装、清理等。

定额编号				F-9-6-81	F-9-6-82
项目				接线盒	防火堵料
名称			单位	10个	m^3
人工	00230105	综合人工(安装)	工日	0.5500	15.0850
材料	03017208	半圆头镀锌螺栓连母垫 M2～5×15～50	10套	2.0600	
	03018807	塑料膨胀管(尼龙胀管) M6～8	个	20.6000	
	03150106	圆钉 $L<70$	kg		0.6300
	05030102	一般木成材	m^3		0.0900
	23170101	防火堵料	m^3		1.0500
	29110201	接线盒	个	10.2000	
	34110101	水	m^3		0.8000
	X0045	其他材料费	%	5.0000	4.0000
机械	99210010	木工圆锯机 $\phi500$	台班		0.1000

第七节 综合接地

工作内容:1,2. 安装、接地等。
3. 加工、埋设、引出等。
4. 加工、油漆、接地极(板)打入地下及埋设等。

定额编号			F-9-7-1	F-9-7-2	F-9-7-3	F-9-7-4
项目			避雷器	接地电阻柜	扁铜接地网	接地极
						角铁
			组	台	m	根
预算定额编号	预算定额名称	预算定额单位	数量			
08-8-7-2	避雷器 DC 1500 V	组	1.0000			
08-8-7-3	接地电阻柜	台		1.0000		
08-8-7-4	扁铜接地网 TMY-50X5	m			1.0000	
08-8-7-5	接地极 角铁 坚土	根				1.0000

工作内容:1,2. 安装、接地等。
3. 加工、埋设、引出等。
4. 加工、油漆、接地极(板)打入地下及埋设等。

定额编号				F-9-7-1	F-9-7-2	F-9-7-3	F-9-7-4
项目				避雷器	接地电阻柜	扁铜接地网	接地极
							角铁
名称			单位	组	台	m	根
人工	00230105	综合人工(安装)	工日	6.7402	1.4000	3.6975	0.2210
材料	01130302	镀锌扁钢	kg	22.2000		2.0210	
	01130336	镀锌扁钢 50～75	kg		0.3200		0.2600
	01291901	钢板垫板	kg	2.5000		0.6600	
	01390333	圆形紫铜棒材 ϕ6	kg	0.3780			
	03013201	镀锌六角螺栓	kg	2.3870		0.3930	
	03014101	六角螺栓连母垫	kg		0.3700		
	03130101	电焊条	kg	0.6500	0.1000	0.1000	
	03130114	电焊条 J422 ϕ3.2	kg				0.0500
	03130581	钨极棒	g			0.3500	
	03131101	铜焊丝	kg			0.2000	
	03152501	镀锌铁丝	kg	10.0000		0.1500	
	13010101	调和漆	kg	0.5000		0.2000	
	13010801	喷漆	kg			0.6480	
	13050401	防锈漆	kg	0.8000			
	13053111	沥青清漆	kg				0.0200
	14030101	汽油	kg	0.3000		0.3000	
	14090601	电力复合脂	kg	0.2000		0.0800	
	14354701	硝基漆稀释剂	kg			1.2950	
	14390101	氧气	m^3	0.5000		0.0500	
	14390302	乙炔气	kg	0.1700		0.0170	
	14390701	氩气	m^3			0.4000	
	27061511	扁铜接地网 TMY-40X4	m			1.0400	
	27061701	角钢接地极	根				1.0500
	28010112	裸铜线 6 mm^2	m		0.5100		
	29090213	铜接线端子 DT-6	个		2.0300		
	35030331	脚手架钢管(包括扣件) ϕ48	kg			3.3830	
	X0045	其他材料费	%		5.0000		0.5000
机械	99070530	载重汽车 5 t	台班	0.1000		0.0600	
	99090360	汽车式起重机 8 t	台班	0.3000		0.1400	
	99091460	电动卷扬机单筒慢速 30 kN	台班	0.6000			
	99250010	交流弧焊机 21 kV·A	台班	0.1300	0.0500	0.2000	0.0500
	99250440	氩弧焊机 500 A	台班			0.1500	
	99430200	电动空气压缩机 0.6 m^3/min	台班			0.3000	

工作内容:1,2,3. 加工、油漆、接地极(板)打入地下及埋设等。
4. 挖地沟、敷设、焊接、回填土夯实、刷漆等。

定额编号			F-9-7-5	F-9-7-6	F-9-7-7	F-9-7-8
项目			接地极	接地板		接地母线
			钢管	铜板	钢板	沿桥架、支架敷设
			根	块	块	10 m
预算定额编号	预算定额名称	预算定额单位	数量			
08-8-7-10	接地母线 沿桥架敷设	10 m				0.5000
08-8-7-6	接地极 钢管 坚土	根	1.0000			
08-8-7-7	接地板 铜板	块		1.0000		
08-8-7-8	接地板 钢板	块			1.0000	
08-8-7-9	接地母线 沿电缆沟内支架敷设	10 m				0.5000

工作内容:1,2,3. 加工、油漆、接地极(板)打入地下及埋设等。
4. 挖地沟、敷设、焊接、回填土夯实、刷漆等。

定额编号				F-9-7-5	F-9-7-6	F-9-7-7	F-9-7-8
项目				接地极	接地板		接地母线
				钢管	铜板	钢板	沿桥架、支架敷设
名称			单位	根	块	块	10 m
人工	00230105	综合人工(安装)	工日	0.3100	1.4900	1.5890	0.4410
材料	01130336	镀锌扁钢 50~75	kg	0.2600			
	03130114	电焊条 J422 ϕ3.2	kg	0.1000		0.5000	0.2250
	03131111	铜焊丝 ϕ3	kg		1.0000		
	03131572	铜焊粉(气剂 301 瓶装)	kg		0.1200		
	13010101	调和漆	kg				0.1500
	13053111	沥青清漆	kg	0.0200			
	14030101	汽油	kg		1.0000	1.0000	
	14390101	氧气	m^3		4.0000		
	14390302	乙炔气	kg		1.7400		
	27061101	接地母线	m				10.5000
	27061601	钢管接地极	根	1.0300			
	27061901	钢板接地极	块			1.0400	
	27062001	铜板接地极	块		1.0400		
	X0045	其他材料费	%	0.5000	5.0000	5.0000	5.0000
机械	99250010	交流弧焊机 21 kV·A	台班	0.1400		0.5000	0.0950

工作内容:1. 挖地沟、敷设、焊接、回填土夯实、刷漆等。
2. 下料、钻孔、煨弯、固定、刷漆。
3. 测位、安装、刷漆等。

定额编号			F-9-7-9	F-9-7-10	F-9-7-11
项目			接地母线 埋地敷设	接地跨接线	端子箱
			10 m	10 处	个
预算定额编号	预算定额名称	预算定额单位	数量		
08-8-7-13	接地母线 埋地敷设	10 m	1.0000		
08-8-7-14	接地跨接线 焊接连接	10 处		0.5000	
08-8-7-15	接地跨接线 螺栓连接	10 处		0.5000	
08-8-7-18	端子箱 等电位接地(线)	个			1.0000

工作内容:1. 挖地沟、敷设、焊接、回填土夯实、刷漆等。
2. 下料、钻孔、煨弯、固定、刷漆。
3. 测位、安装、刷漆等。

定额编号				F-9-7-9	F-9-7-10	F-9-7-11
项目				接地母线 埋地敷设	接地跨接线	端子箱
名称			单位	10 m	10 处	个
人工	00230105	综合人工(安装)	工日	1.8300	1.4020	0.0720
材料	01130336	镀锌扁钢 50～75	kg		4.5900	
	03130114	电焊条 J422 ϕ3.2	kg	0.2000		
	03130115	电焊条 J422 ϕ4.0	kg		0.3000	
	13011011	清油 C01-1	kg		0.0100	
	13050201	铅油	kg		0.0200	
	13050511	醇酸防锈漆 C53-1	kg		0.0400	
	13053111	沥青清漆	kg	0.0100		
	27061101	接地母线	m	10.5000		
	28030216	铜芯聚氯乙烯绝缘线 BV-4 mm^2	m			0.7500
	29090951	等电位端子盒	个			1.0500
	X0045	其他材料费	%	5.0000	2.1500	1.8000
机械	99250010	交流弧焊机 21 kV·A	台班	0.0400	0.1500	

第八节　电气设备调试

工作内容：1. 变压器、断路器、互感器、隔离开关、风冷及油循环装置等一、二次回路的调试及空投试验。
2. 自动开关或断路器、隔离开关、常规保护装置、电测量仪表、电力电缆等一、二次回路的调试试验。
3. 开关、整流变压器、硅整流设备及一、二次回路的调试。

定额编号			F-9-8-1	F-9-8-2	F-9-8-3	F-9-8-4
项目			变压器	400 V 开关柜	整流器柜	直流设备
			系统	台	台	台
预算定额编号	预算定额名称	预算定额单位	数量			
08-8-9-10	整流器柜	台			1.0000	
08-8-9-11	开关设备 直流开关 1500 V	系统(台)				1.0000
08-8-9-2	三相电力变压器 2000 kV·A 以下	系统	0.5000			
08-8-9-3	三相电力变压器 4000 kV·A 以下	系统	0.5000			
08-8-9-9	开关柜 400 V	系统(台)		1.0000		

工作内容:1. 变压器、断路器、互感器、隔离开关、风冷及油循环装置等一、二次回路的调试及空投试验。
2. 自动开关或断路器、隔离开关、常规保护装置、电测量仪表、电力电缆等一、二次回路的调试试验。
3. 开关、整流变压器、硅整流设备及一、二次回路的调试。

定额编号				F-9-8-1	F-9-8-2	F-9-8-3	F-9-8-4
项目				变压器	400 V 开关柜	整流器柜	直流设备
名称			单位	系统	台	台	台
人工	00230105	综合人工(安装)	工日	16.6130	5.1000	6.4000	6.4000
机械	98010110	变比自动测量仪 AOJ-2	台班	3.5000			
	98050160	电桥 YY2814	台班	4.0000			
	98050550	高压绝缘电阻测试仪 3124	台班	2.5000			1.0000
	98050730	变压器电阻测试仪 JD2520	台班	4.0000			
	98050750	最佳阻容调节器 RCK	台班			3.0000	
	98050780	模拟负载电阻装置 150 A/0.2 Ω 四组	台班			3.0000	
	98050790	电能校验仪 ST9040	台班	3.5000	1.0000		2.0000
	98050820	真空断路测试仪 VIDAR	台班	1.0000	1.0000		
	98050850	绝缘电阻测试仪 BM12	台班			2.0000	
	98050980	数字万用表 F-87	台班	3.7500		5.0000	2.0000
	98051630	各量程电压电流表	台班	3.7500		2.0000	2.0000
	98052060	电压电流互感升流器 HJ12-E	台班	3.5000	1.0000		
	98052070	数显高压表 GYB-Ⅱ	台班	3.5000			1.0000
	98070880	直流高压发生器 ZGF-200	台班	2.5000			1.0000
	98110410	晶体管特性图示仪 XJ-4810	台班			2.0000	
	98110420	继电器保护测试仪 JBC	台班	3.7500			1.0000
	98110450	继电器校验仪 RLC-50	台班	3.5000			
	98130160	相位频率计 704-3	台班	3.0000	2.0000		
	98130710	数字毫秒计 DM3-802H	台班	4.5000			
	98150310	光导介损测量仪	台班	2.5000	0	0	0
	98350010	电缆测试仪 JH5132	台班				1.0000
	98470020	交流试验变压器 TSB-10/50	台班	2.5000			
	98470040	高压试验变压器装置 YDJHJ12-E	台班	2.5000			
	98470110	高压整流硅堆、滤波器	台班	3.5000			

工作内容:1. 自动开关或断路器、隔离开关、常规保护装置、电测量仪表、电力电缆等一、二次回路的调试试验。
2,3. 母线耐压试验、接触电阻测量、电压互感器、母线绝缘监视装置的调试。
4. 切换装置本体、控制回路的系统调整试验。

定额编号			F-9-8-5	F-9-8-6	F-9-8-7	F-9-8-8
项目			35 kV 开关设备	母线电压		交流屏
				1 kV 以下	35 kV 以下	
			台	段	段	台
预算定额编号	预算定额名称	预算定额单位	数量			
08-8-9-12	开关设备 主开关 35 kV	台	1.0000			
08-8-9-14	母线电压 1 kV 以下	段		1.0000		
08-8-9-16	母线电压 35 kV 以下	段			1.0000	
08-8-9-17	切换装置 交流屏	台				1.0000

工作内容:1. 自动开关或断路器、隔离开关、常规保护装置、电测量仪表、电力电缆等一、二次回路的调试试验。
2,3. 母线耐压试验、接触电阻测量、电压互感器、母线绝缘监视装置的调试。
4. 切换装置本体、控制回路的系统调整试验。

定额编号				F-9-8-5	F-9-8-6	F-9-8-7	F-9-8-8
项目				35 kV 开关设备	母线电压		交流屏
					1 kV 以下	35 kV 以下	
名称			单位	台	段	段	台
人工	00230105	综合人工(安装)	工日	15.3000	1.3000	6.5600	3.1400
材料	27170517	自粘性橡胶绝缘胶带 25×20 m	卷		0.0830	0.0250	
	28030906	铜芯橡皮绝缘电线 BX-500 V 2.5 mm^2	m		0.1660	0.4980	
	X0045	其他材料费	%		2.0000	2.0000	
机械	98050160	电桥 YY2814	台班			2.5230	
	98050550	高压绝缘电阻测试仪 3124	台班		0.8410	2.5230	
	98050790	电能校验仪 ST9040	台班			1.2620	1.0000
	98050820	真空断路测试仪 VIDAR	台班				1.0000
	98051150	数字万用表 PF-56	台班		0.8410	2.5230	
	98052060	电压电流互感升流器 HJ12-E	台班				1.0000
	98052070	数显高压表 GYB-Ⅱ	台班			1.2620	
	98070870	直流高压发生器	台班		0.8410		
	98070880	直流高压发生器 ZGF-200	台班			2.5230	
	98110380	电感电容测试仪	台班		0.8410	1.2620	
	98110420	继电器保护测试仪 JBC	台班			2.5230	
	98130160	相位频率计 704-3	台班				2.0000
	98470020	交流试验变压器 TSB-10/50	台班			3.7850	

工作内容:1,2,3. 切换装置本体、控制回路的系统调整试验。
4. 信号(操作)屏装置本体及二次回路的调试试验。

定额编号			F-9-8-9	F-9-8-10	F-9-8-11	F-9-8-12
项目			直流屏	馈电屏	蓄电池屏	操作屏
			台	台	台	台
预算定额编号	预算定额名称	预算定额单位	数量			
08-8-9-18	切换装置 直流屏	面(台)	1.0000			
08-8-9-19	切换装置 馈电屏	系统(台)		1.0000		
08-8-9-20	切换装置 蓄电池屏	系统(台)			1.0000	
08-8-9-21	操作屏 车站控制室	台				1.0000

工作内容:1,2,3. 切换装置本体、控制回路的系统调整试验。
4. 信号(操作)屏装置本体及二次回路的调试试验。

定额编号				F-9-8-9	F-9-8-10	F-9-8-11	F-9-8-12
项目				直流屏	馈电屏	蓄电池屏	操作屏
名称			单位	台	台	台	台
人工	00230105	综合人工(安装)	工日	8.0750	6.4600	6.8000	20.4000
机械	98010120	自动 LCR 测量仪 ZL6	台班	3.0000			
	98050060	标准电阻电容箱 ZX-25a	台班	4.0000			
	98050750	最佳阻容调节器 RCK	台班	4.0000			
	98050780	模拟负载电阻装置 150 A/0.2 Ω 四组	台班	3.0000			
	98050850	绝缘电阻测试仪 BM12	台班	3.0000			
	98050980	数字万用表 F-87	台班	12.0000	3.0000	4.0000	6.0000
	98051630	各量程电压电流表	台班	4.0000	2.0000	3.0000	5.0000
	98070840	直流标准电流电压发生器 YJ87	台班			4.0000	7.0000
	98110410	晶体管特性图示仪 XJ-4810	台班	5.0000			
	98110420	继电器保护测试仪 JBC	台班		2.0000	4.0000	7.0000
	98130710	数字毫秒计 DM3-802H	台班		2.0000	3.0000	7.0000
	98230500	数字储存打印示波器 HP-54512B	台班	2.0000		1.0000	

工作内容：1,2. 信号(操作)屏装置本体及二次回路的调试试验。
3,4. 接地电阻试验、避雷器及耦合电容器试验。

定额编号			F-9-8-13	F-9-8-14	F-9-8-15	F-9-8-16
项目			信号屏		接地装置	
			降压变电所	牵引变电所	接地极	接地网
			台	台	组(系统)	组(系统)
预算定额编号	预算定额名称	预算定额单位	数量			
08-8-9-22	信号屏 降压变电所	台	1.0000			
08-8-9-23	中央信号屏 牵引变电所	系统		1.0000		
08-8-9-25	接地装置 接地极	组(系统)			1.0000	
08-8-9-26	接地装置 接地网	组(系统)				1.0000

工作内容：1,2. 信号(操作)屏装置本体及二次回路的调试试验。
3,4. 接地电阻试验、避雷器及耦合电容器试验。

定额编号				F-9-8-13	F-9-8-14	F-9-8-15	F-9-8-16
项目				信号屏		接地装置	
				降压变电所	牵引变电所	接地极	接地网
名称			单位	台	台	组(系统)	组(系统)
人工	00230105	综合人工(安装)	工日	30.6000	35.7000	2.1870	5.4680
材料	28030216	铜芯聚氯乙烯绝缘线 BV-4 mm^2	m			2.1500	5.4600
	X0045	其他材料费	%			3.0000	3.0000
机械	98050580	接地电阻测试仪 3150	台班			1.6820	4.2060
	98050980	数字万用表 F-87	台班	10.0000	10.0000		
	98051630	各量程电压电流表	台班	8.0000	8.0000		
	98070840	直流标准电流电压发生器 YJ87	台班	10.0000	10.0000		
	98110420	继电器保护测试仪 JBC	台班	10.0000	10.0000		
	98130710	数字毫秒计 DM3-802H	台班	10.0000	10.0000		

工作内容:1,2,3. 接地电阻试验、避雷器及耦合电容器试验。
4. 检查接线、设备调整、电源连接、系统调试。

定额编号			F-9-8-17	F-9-8-18	F-9-8-19	F-9-8-20
项目			避雷器、耦合电容器		避雷针数装置	杂散电流系统
			10 kV 以下	35 kV 以下		
			组	组	组	牵变电所
预算定额编号	预算定额名称	预算定额单位	数量			
08-8-3-6	杂散电流系统	牵变电所				1.0000
08-8-9-27	避雷器、耦合电容器 10 kV 以下	组	1.0000			
08-8-9-29	避雷器、耦合电容器 35 kV 以下	组		1.0000		
08-8-9-30	避雷针数装置	组			1.0000	

工作内容:1,2,3. 接地电阻试验、避雷器及耦合电容器试验。
4. 检查接线、设备调整、电源连接、系统调试。

定额编号				F-9-8-17	F-9-8-18	F-9-8-19	F-9-8-20
项目				避雷器、耦合电容器		避雷针数装置	杂散电流系统
				10 kV 以下	35 kV 以下		
名称			单位	组	组	组	牵变电所
人工	00230105	综合人工(安装)	工日	5.5800	9.3000	6.9750	4.0000
材料	28030216	铜芯聚氯乙烯绝缘线 BV-4 mm^2	m	2.1500	2.1500	3.6000	
	55310801	可变电阻	个				1.0000
	X0045	其他材料费	%				5.0000
机械	98050360	绝缘摇表 2500 V	台班				1.0000
	98050550	高压绝缘电阻测试仪 3124	台班	1.0000	3.0000	1.0000	
	98051150	数字万用表 PF-56	台班	1.5000	2.0000	1.0000	
	98051200	手持万用表	台班				1.0000
	98052070	数显高压表 GYB-Ⅱ	台班	1.0000	1.5000	1.0000	
	98070880	直流高压发生器 ZGF-200	台班	1.0000	1.5000	1.0000	
	98110380	电感电容测试仪	台班	1.0000	1.5000	1.0000	
	98150310	光导介损测量仪	台班	0.1500	0.3500	0.1500	
	98370890	便携式计算机	台班				1.0000
	98470020	交流试验变压器 TSB-10/50	台班	1.0000	1.5000	1.0000	
	98470110	高压整流硅堆、滤波器	台班	1.0000	2.0000	1.0000	

工作内容：准备、系统联网远程监控功能调试、记录。

定　额　编　号			F-9-8-21	F-9-8-22
项　　目			电力监控	
			降压	牵引
			系统	系统
预算定额编号	预算定额名称	预算定额单位	数　　量	
08-8-4-20	变电所 降压	系统	1.0000	
08-8-4-21	变电所 牵引	系统		1.0000

工作内容：准备、系统联网远程监控功能调试、记录。

定　额　编　号				F-9-8-21	F-9-8-22
项　　目				电力监控	
				降压	牵引
名　　称			单位	系统	系统
人工	00230105	综合人工(安装)	工日	40.0000	80.0000

第十章　智能与控制系统安装工程

章说明

一、本章定额包括综合监控系统、环境与机电设备监控系统、火灾报警系统、安全防范系统、自动售检票系统,共5节。

二、本章定额不包括UPS不间断电源、电源线、控制电缆敷设、电缆托架铁件制作、电线槽安装、桥架安装、电线管敷设、电缆沟工程,相关内容可套用第九章供电工程相关定额子目。本章屏柜设备基础的安装套用第九章供电工程第一节变电所中屏柜基础定额。

三、综合监控系统

1. 本节定额包括中央监控中心(OCC)设备安装,车站、车辆段综合监控系统设备安装工程。

2. 本节定额不包括各类大屏显示系统设备,相关内容可套用第七章通信工程相关定额子目。

四、环境与机电设备监控系统

1. 本节定额不包括阀门及电动执行机构安装定额,相关内容可套用第十一章机电设备安装工程相关定额子目。

2. 环境与机电设备监控控制器柜可套用第九章供电工程动力配电柜定额子目。

五、火灾报警系统

1. 点型探测器(其他)定额综合考虑了感烟探测器、可燃气体探测器等各类除感烟以外的其他点型探测器。

2. 模块箱定额已综合了配套的端子箱安装费用。

3. 报警联动一体机定额综合了壁挂式及落地式的安装方式。

4. 消防电话总机安装费中已综合了配套的配线架安装费,根据规模不同分主变及车站/站场两个定额。

5. 手报箱定额综合了壁挂式及落地式的安装方式。

六、安全防范系统

1. 车站防盗报警控制器定额综合了入侵系统的调试费。

2. 门禁控制器安装定额综合了单门及双门两种类型及相应的系统调试。

3. X射线安全检查设备安装定额综合了单通道及双通道两种类型的设备。

七、自动售检票系统

1. 售票机安装定额综合了自动及半自动两种类型及相应单体测试费用。

2. 检票闸机安装定额综合了进出闸机及宽通道闸机几种类型及相应单体测试费用。

3. 售检票系统的设备联网调试是按车站的点数来计算的。

工程量计算规则

一、综合监控系统

1. 各类交换机设备、工作站安装调试以“台”“套”为计量单位。

2. 中央服务器设备安装已考虑了相应系统软件安装费。

3. 存储设备安装调试,以“台”为计量单位。

4. 前置通信处理器(FEP)、综合后备盘(ISP)安装调试以“台”为计量单位。

二、环境与机电设备监控系统

1. 模块箱安装、调试以“台”为计量单位。

2. 传感器安装、调试以“只”为计量单位。

3. 液位开关安装以“个”为计量单位。

4. 流量计安装以“台”为计量单位。

5. 环境与机电设备监控系统的系统调试费是按站/场段的点数来计算的。

三、火灾报警系统

1. 点型探测器不分规格、型号及安装方式,以“只”为计量单位。

2. 红外线探测器是成对使用的,以“对”为计量单位。

3. 线型探测器以“10 m”为计量单位。

4. 感温光缆终端盒以“只”为计量单位。

5. 按钮、各类模块以“只”为计量单位。

6. 报警联动一体机综合不同安装方式,以“台”为计量单位。

7. 重复显示器、消防电话交换机以“台”为计量单位;通信分机、插孔分别以“部”“个”为计量单位。

8. 手报箱安装、极早期空气采样报警器以“台”为计量单位。

9. 空气采样管以“m”为计量单位。

10. 门磁开关以“套”为计量单位。

四、安全防范系统

1. 入侵报警器设备安装工程以“套”为计量单位。

2. 出入口控制设备安装工程以“台”为计量单位。

3. 光电转换器、开门按钮、信息采集器、信息钮以“个”为计量单位。

4. 安全检查设备安装工程以“台”为计量单位。

五、自动售检票系统

1. 车票分类/编码机、操作台分别以“台”为计量单位。

2. 中央计算机系统设备调试以“系统/全线”为计量单位。

3. 全线自动售检票系统联网调试以“站”为计量单位。

4. 检票闸机、闸机端头箱、售票机、自动充值、验票机、车站服务器、车票清点包装设备、车票清洁消毒设备、二路切换配电柜以“台”为计量单位。

5. 紧急按钮箱以“个”为计量单位。

6. 车站自动售检票系统设备联网调试以“车站”为计量单位。

第一节 综合监控系统

工作内容:1,2,3. 本体安装、接线、接地、调试。

4. 本体安装、接线、接地、调试,系统软件安装、调试。

定额编号			F-10-1-1	F-10-1-2	F-10-1-3	F-10-1-4
项目			交换机设备			中央服务器设备
			接入层	汇聚层	核心层	实时
			台	台	台	台
预算定额编号	预算定额名称	预算定额单位	数量			
08-9-1-1	交换机设备 接入层	台	1.0000			
08-9-1-2	交换机设备 核心层	台		1.0000		
08-9-1-3	交换机设备 汇聚层	台			1.0000	
08-9-1-6	中央服务器设备 实时	台(套)				1.0000
08-9-1-8	中央服务器系统软件 实时	台				1.0000

工作内容:1,2,3. 本体安装、接线、接地、调试。

4. 本体安装、接线、接地、调试,系统软件安装、调试。

定额编号				F-10-1-1	F-10-1-2	F-10-1-3	F-10-1-4
项目				交换机设备			中央服务器设备
				接入层	汇聚层	核心层	实时
名称			单位	台	台	台	台
人工	00230105	综合人工(安装)	工日	1.3500	1.6200	1.7100	4.3000
材料	14353601	上光清洁剂	盒	0.1000	0.1000	0.1000	0.1000
	34090502	脱脂棉	kg	0.0200	0.0200	0.0200	0.0200
	X0045	其他材料费	%	3.0000	3.0000	3.0000	3.0000
机械	98051170	数字多用表 DF11	台班				0.5000
	98320060	网络分析仪 HP8410C	台班	0.2000	0.5000	0.6000	
	98370890	便携式计算机	台班	0.3000	0.6000	0.7000	

工作内容:1,2. 本体安装、接线、接地、调试,系统软件安装、调试。
3,4. 本体安装、接线、接地、调试。

定额编号			F-10-1-5	F-10-1-6	F-10-1-7	F-10-1-8
项目			中央服务器设备	中央工作站	打印机	
			历史	工作站	针式喷墨	激光
			台	台	台	台
预算定额编号	预算定额名称	预算定额单位	数量			
08-9-1-10	中央工作站 工作站	台(套)		1.0000		
08-9-1-12	打印机 喷墨	台			1.0000	
08-9-1-13	打印机 激光	台				1.0000
08-9-1-7	中央服务器设备 历史	台(套)	1.0000			
08-9-1-9	中央服务器系统软件 历史	台	1.0000			

工作内容:1,2. 本体安装、接线、接地、调试,系统软件安装、调试。
3,4. 本体安装、接线、接地、调试。

定额编号				F-10-1-5	F-10-1-6	F-10-1-7	F-10-1-8
项目				中央服务器设备	中央工作站	打印机	
				历史	工作站	针式喷墨	激光
名称			单位	台	台	台	台
人工	00230105	综合人工(安装)	工日	5.8000	1.8000	0.2700	0.4500
材料	14353601	上光清洁剂	盒	0.1000	0.1000		
	34090502	脱脂棉	kg	0.0200	0.0100	0.0200	0.0200
	X0045	其他材料费	%	3.0000	3.0000	3.0000	3.0000
机械	98051150	数字万用表 PF-56	台班		0.2000		
	98051170	数字多用表 DF11	台班	0.5000			
	98370890	便携式计算机	台班		0.5000		

工作内容：本体安装、接线、接地、调试。

定额编号			F-10-1-9	F-10-1-10	F-10-1-11
项目			磁盘阵列	前置通信处理器（FEP）	综合后备盘（IBP）
			台	台	台
预算定额编号	预算定额名称	预算定额单位	数量		
08-9-1-14	存储设备 磁盘阵列 32 通道	台	1.0000		
08-9-1-50	前置通信处理器（FEP）20 个以内	台		1.0000	
08-9-1-54	综合后备盘（ISP）20 个以内	台			1.0000

工作内容：本体安装、接线、接地、调试。

定额编号				F-10-1-9	F-10-1-10	F-10-1-11
项目				磁盘阵列	前置通信处理器（FEP）	综合后备盘（IBP）
名称			单位	台	台	台
人工	00230105	综合人工（安装）	工日	10.0000	3.6000	2.7000
材料	14330101	乙醇（酒精）	kg	3.5000		
	34050112	标签纸 50 页/本	本		0.8000	0.8000
	34090502	脱脂棉	kg	3.5000		
	X0045	其他材料费	%	3.0000	3.0000	3.0000
机械	98051170	数字多用表 DF11	台班	1.0000	0.8500	0.8500
	98230010	示波器 SR10	台班		1.2500	1.2500
	98370890	便携式计算机	台班	3.0000	1.5000	1.5000
	98470200	对讲机	台班		1.5000	1.5000

第二节　环境与机电设备监控系统(BAS)

工作内容:本体安装、调试。

定额编号			F-10-2-1	F-10-2-2	F-10-2-3	F-10-2-4
项目			模块箱(含模块及端子)	传感器 温度、湿度	液位开关	流量计
			台	只	个	台
预算定额编号	预算定额名称	预算定额单位	数量			
08-9-2-11	接管箱 出口点 12 点以下	台	1.0000			
08-9-2-20	传感器 温度、湿度	只		1.0000		
08-9-2-21	液位开关	个			1.0000	
08-9-2-22	流量计 电磁	台				0.5000
08-9-2-23	流量计 超声波	台				0.5000
08-9-2-8	接线箱 端子数 48 对以内	台	1.0000			

工作内容：本体安装、调试。

定额编号				F-10-2-1	F-10-2-2	F-10-2-3	F-10-2-4
项目				模块箱（含模块及端子）	传感器 温度、湿度	液位开关	流量计
名称			单位	台	只	个	台
人工	00230105	综合人工(安装)	工日	4.7000	0.4000	0.6800	1.2150
材料	02130311	聚四氟乙烯带(生料带) 宽度 20	m				0.4000
	03012130	自攻螺钉 M6×45	个			6.1200	
	03014101	六角螺栓连母垫	kg	0.0480			
	03018173	膨胀螺栓(钢制) M10	套	4.0000			
	03018807	塑料膨胀管(尼龙胀管) M6～8	个		2.0000		
	03018884	塑料膨胀管(尼龙胀管) M6	个			6.1800	
	24590101-1	仪表接头	套	12.0000			
	28030214	铜芯聚氯乙烯绝缘线 BV-1.5 mm^2	m	5.0000			
	28030216	铜芯聚氯乙烯绝缘线 BV-4 mm^2	m	0.8000			
	29060951	线号套管	m	0.2900			
	34130214	位号牌	个	14.0000	1.0000		
	X0045	其他材料费	%	3.2300	3.0000	3.0000	3.0000
机械	98010331	数字快速对线仪	台班	0.2900			
	98051150	数字万用表 PF-56	台班	0.9600	0.0600		
	98051170	数字多用表 DF11	台班				0.0200
	98430170	精密压力表	台班			0.0400	
	98450030	超声波流量计 AJ854	台班				0.0500

工作内容:系统调试。

定额编号			F-10-2-5
项目			BAS 系统调试
			站
预算定额编号	预算定额名称	预算定额单位	数量
08-9-2-41	BAS 系统调试 1000 点以内	系统	1.0000

工作内容:系统调试。

定额编号				F-10-2-5
项目				BAS 系统调试
名称			单位	站
人工	00230105	综合人工(安装)	工日	5.0000
材料	34050312	打印纸 132-1	包	0.2000
	X0045	其他材料费	%	3.0000
机械	98051170	数字多用表 DF11	台班	2.0000
	98470200	对讲机	台班	2.0000

第三节　火灾报警系统(FAS)

工作内容:本体安装、调试。

定　额　编　号			F-10-3-1	F-10-3-2	F-10-3-3	F-10-3-4
项　　目			点型探测器			线型探测器
			感温	其他	红外光束	
			只	只	对	10 m
预算定额编号	预算定额名称	预算定额单位	数　　量			
08-9-3-7	线型探测器	10 m				1.0000
08-9-3-1	点型探测器 感温	只	1.0000			
08-9-3-2	点型探测器 感烟	只		0.9990		
08-9-3-3	点型探测器 可燃气体	只		0.0010		
08-9-3-6	点型探测器 红外光束	对			1.0000	

工作内容:本体安装、调试。

定　额　编　号				F-10-3-1	F-10-3-2	F-10-3-3	F-10-3-4
项　　目				点型探测器			线型探测器
				感温	其他	红外光束	
名　　称			单位	只	只	对	10 m
人工	00230105	综合人工(安装)	工日	0.2740	0.2740	1.5600	0.7220
材料	03011120	木螺钉 M4×65 以下	10 个	0.2060	0.2060	0.4120	
	03015135	沉头螺栓 M16×25	个	2.0600	2.0600	4.1200	
	03018807	塑料膨胀管(尼龙胀管) M6～8	个	2.0600	2.0600	4.1200	
	14390211	丙烷	kg		0.0005		
	17251701	异形塑料管	m	0.0500	0.0500	0.1600	
	23370221	温感探测器(点型)	套	1.0000			
	23370341	感烟探测器(点型)	套		0.9990		
	23370401	红外光束探测器(点型)	套			2.0000	
	23370501	可燃气体探测器	套		0.0010		
	23370701	线型探测器	m				13.2000
	29173511	塑料线卡 ϕ15	个				15.7500
	29174001	尼龙扎带	根				18.3800
	34130112	塑料扁形标志牌	个				0.6000
	X0045	其他材料费	%	8.0000	8.0000	8.0000	8.0000
机械	98051150	数字万用表 PF-56	台班	0.0100	0.0100	0.0700	0.0100
	98530480	火灾探测器实验器 BHTS-1	台班		0.0300	0.0100	

工作内容:本体安装、调试。

定额编号			F-10-3-5	F-10-3-6	F-10-3-7	F-10-3-8
项目			线性探测器	防爆探测器		感温光缆终端盒
			信号转换装置	感烟	其他	
			台	只	只	只
预算定额编号	预算定额名称	预算定额单位	数量			
08-9-3-10	线性探测器 信号转换装置	台	1.0000			
08-9-3-11	防爆探测器 感烟	只		1.0000		
08-9-3-12	防爆探测器 感温	只			0.9500	
08-9-3-13	防爆探测器 多功能	只			0.0500	
08-9-3-15	感温光缆终端盒	只				1.0000

工作内容:本体安装、调试。

定额编号				F-10-3-5	F-10-3-6	F-10-3-7	F-10-3-8
项目				线性探测器	防爆探测器		感温光缆终端盒
				信号转换装置	感烟	其他	
名称			单位	台	只	只	只
人工	00230105	综合人工(安装)	工日	1.4710	0.2603	0.2747	0.5000
材料	03011103	木螺钉	10个	2.0400			
	03011120	木螺钉 M4×65以下	10个		0.2060	0.2060	
	03015135	沉头螺栓 M16×25	个		2.0600	2.0600	
	03018802	塑料膨胀管(尼龙胀管)	个	2.1000			
	03018807	塑料膨胀管(尼龙胀管) M6~8	个		2.0600	2.0600	
	17251701	异形塑料管	m		0.1000	0.0975	
	23370141	多功能探测器(防爆型)	只			0.0500	
	23370211	温感探测器(防爆型)	套			0.9500	
	23370321	感烟探测器(防爆型)	只		1.0000		
	29091911	铜接线卡	个	1.5750			
	29174001	尼龙扎带	根	1.8380			
	29251201	光缆终端盒	个				1.0200
	34130112-1	塑料扁形标志牌	个	0.0060			
	X0045	其他材料费	%	4.0000	8.0000	8.0000	
机械	98150180	光纤切割器 AV33011	台班				0.5000
	98150240	光纤熔接机 AV33119	台班				0.5000
	98530480	火灾探测器实验器 BHTS-1	台班			0.0300	
	98051150	数字万用表 PF-56	台班	0.0100	0.0100	0.0100	

工作内容: 本体安装、调试。

定额编号			F-10-3-9	F-10-3-10	F-10-3-11	F-10-3-12
项目			报警按钮	模块 安装	模块箱(含端子)	报警联动一体机安装 500点以下
			个	只	个	台
预算定额编号	预算定额名称	预算定额单位	数量			
08-9-3-16	报警按钮	个	1.0000			
08-9-3-19	模块(接口)单输出	只		1.0000		
08-9-3-21	消防专用模块 模块箱	个			1.0000	
08-9-3-22	消防专用模块 端子箱	个			1.0000	
08-9-3-41	壁挂式 500 点以下	台				0.5000
08-9-3-45	落地式 500 点以下	台				0.5000

工作内容: 本体安装、调试。

定额编号				F-10-3-9	F-10-3-10	F-10-3-11	F-10-3-12
项目				报警按钮	模块 安装	模块箱(含端子)	报警联动一体机安装 500点以下
名称			单位	个	只	个	台
人工	00230105	综合人工(安装)	工日	0.1160	0.7220	0.6318	18.7870
材料	03011120	木螺钉 M4×65 以下	10个	0.2060	0.2060		
	03014221	镀锌六角螺栓连母垫 M8×120	10套				0.2020
	03015135	沉头螺栓 M16×25	个		2.0600		
	03018807	塑料膨胀管(尼龙胀管) M6～8	个	2.0600	2.0600		
	03018171	膨胀螺栓(钢制) M6	套			8.1600	
	17251701	异形塑料管	m	0.1300	0.1500		0.6300
	03018172	膨胀螺栓(钢制) M8	套				2.0200
	03130111	电焊条 J422	kg			0.9000	
	03210203	硬质合金冲击钻头 ϕ6～8	根			0.0800	0.0500
	23390301	报警联动一体机	台				1.0000
	23400101	控制模块	个		1.0000		
	23410201	报警按钮	个	1.0000			
	29173511	塑料线卡 ϕ15	个				15.0000
	34130112	塑料扁形标志牌	个				1.0000
	X0045	其他材料费	%	8.0000	8.0000	1.0000	8.0000
机械	98051150	数字万用表 PF-56	台班	0.0700	0.1100		2.8000
	98030140	直流稳压稳流电源 WYK-6005	台班				1.4000
	98030240	交流稳压电源 JH1741/05	台班				1.4000
	98050580	接地电阻测试仪 3150	台班				0.0700
	98470100	自耦调压器 TDJC-S-1	台班				1.4000
	99250005	电焊机	台班			0.3000	

工作内容:本体安装、调试。

定额编号			F-10-3-13	F-10-3-14	F-10-3-15	F-10-3-16
项目			报警联动一体机安装	警报装置		重复显示器
			2000点以下	警铃	声光报警	
			台	台	台	台
预算定额编号	预算定额名称	预算定额单位	数量			
08-9-3-43	壁挂式 2000 点以下	台	0.5000			
08-9-3-47	落地式 2000 点以下	台	0.5000			
08-9-3-50	警报装置 警铃	台		1.0000		
08-9-3-52	警报装置 声光报警	台			1.0000	
08-9-3-58	重复显示器	台				1.0000

工作内容:本体安装、调试。

定额编号				F-10-3-13	F-10-3-14	F-10-3-15	F-10-3-16
项目				报警联动一体机安装	警报装置		重复显示器
				2000点以下	警铃	声光报警	
名称			单位	台	台	台	台
人工	00230105	综合人工(安装)	工日	28.6430	0.2490	0.4810	2.6560
材料	03011120	木螺钉 M4×65 以下	10个		0.2060	0.2060	
	03014221	镀锌六角螺栓连母垫 M8×120	10套	0.2020			
	03018172	膨胀螺栓(钢制) M8	套	2.0200			4.0400
	03018807	塑料膨胀管(尼龙胀管) M6~8	个		2.0600	2.0600	
	03210203	硬质合金冲击钻头 ϕ6~8	根	0.0500	0.0500	0.1000	0.1000
	23390301	报警联动一体机	台	1.0000			
	17251701	异形塑料管	m	2.0000	0.0500	0.0500	0.2000
	23390501	声光报警器	台			1.0000	
	23391011	警铃	台		1.0000		
	23410401	重复显示器	套				1.0000
	29173511	塑料线卡 ϕ15	个	84.0000			7.0000
	34130112	塑料扁形标志牌	个	1.0000	1.0000	1.0000	1.0000
	X0045	其他材料费	%	8.0000	8.0000	8.0000	8.0000
机械	98030140	直流稳压稳流电源 WYK-6005	台班	4.5600			0.3000
	98030240	交流稳压电源 JH1741/05	台班	4.5600			0.3000
	98050580	接地电阻测试仪 3150	台班	0.0700			0.0700
	98051150	数字万用表 PF-56	台班	9.1200	0.0300	0.0400	0.6000
	98260010	精密声级计 ND2	台班		0.0200	0.0300	
	98470100	自耦调压器 TDJC-S-1	台班	4.5600			0.3000

工作内容：本体安装、调试。

定额编号			F-10-3-17	F-10-3-18	F-10-3-19	F-10-3-20
项目			消防电话总机(含配线架)		通信	
			主变用	车站/车场用	插孔	分机
			台	台	个	部
预算定额编号	预算定额名称	预算定额单位	数量			
08-9-3-67	电话交换机 20 门	台	1.0000			
08-9-3-69	电话交换机 60 门	台		1.0000		
08-9-3-70	通信 插孔	个			1.0000	
08-9-3-71	通信 分机	部				1.0000
08-9-3-72	配线架 20 门	台	1.0000			
08-9-3-74	配线架 60 门	台		1.0000		

工作内容：本体安装、调试。

定额编号				F-10-3-17	F-10-3-18	F-10-3-19	F-10-3-20
项目				消防电话总机(含配线架)		通信	
				主变用	车站/车场用	插孔	分机
名称			单位	台	台	个	部
人工	00230105	综合人工(安装)	工日	7.6100	13.0340	0.0450	0.0810
材料	03011120	木螺钉 M4×65 以下	10 个			0.2060	
	03018173	膨胀螺栓(钢制) M10	套	4.0400	4.0400		
	03018807	塑料膨胀管(尼龙胀管) M6～8	个			2.0600	2.0600
	23430311	消防电话交换机 HJ-1756/20 门	台	1.0000			
	23430313	消防电话交换机 HJ-1756/60 门	台		1.0000		
	30070212	电话 分机	部				1.0000
	30090801	通信插孔	个			1.0000	
	30153111	配线架 20 门	台	1.0000			
	30153113	配线架 60 门	台		1.0000		
	03210203	硬质合金冲击钻头 ϕ6～8	根	0.1000	0.1000	0.0600	
	17251701	异形塑料管	m	1.0500	3.0500		
	X0045	其他材料费	%	8.5000	8.5000	8.5000	8.5000
机械	98050950	数字电压表 PZ38	台班	1.8800	2.8200		
	98051150	数字万用表 PF-56	台班	4.3200	6.7000		

工作内容:1,2,3. 本体安装、调试。
4. 固定安装。

定额编号			F-10-3-21	F-10-3-22	F-10-3-23	F-10-3-24
项目			备用电源安装	手报箱安装	极早期空气采样报警器	空气采样采样管
			台	台	台	m
预算定额编号	预算定额名称	预算定额单位	数量			
08-9-3-75	备用电源安装 10 A・H	台	1.0000			
08-9-3-78	悬挂式	台		0.5000		
08-9-3-79	嵌墙式	台		0.5000		
08-9-3-80	极早期空气采样 报警器 2 路	台			1.0000	
08-9-3-83	空气采样 采样管	m				1.0000

工作内容:1,2,3. 本体安装、调试。
4. 固定安装。

定额编号				F-10-3-21	F-10-3-22	F-10-3-23	F-10-3-24
项目				备用电源安装	手报箱安装	极早期空气采样报警器	空气采样采样管
名称			单位	台	台	台	m
人工	00230105	综合人工(安装)	工日	0.3570	1.1040	7.1100	0.2530
材料	01090211	镀锌圆钢 ϕ5～10	kg		0.2000		
	01130334	镀锌扁钢 25～45	kg	0.3100			
	02070210	橡胶垫 δ2	m^2	0.0200			
	03011103	木螺钉	10 个				2.0400
	03017211	半圆头镀锌螺栓连母垫 M6～12×12～50	10 套	0.4120			
	03018174	膨胀螺栓(钢制) M12	套		2.0400		
	03018182	膨胀螺栓(钢制) M8	10 套			0.4120	
	03018802	塑料膨胀管(尼龙胀管)	个				2.1000
	18255643	塑料管卡 DN20	个				1.0500
	23390911	空气采样报警器	台			1.0000	
	23452511	消防报警备用电源 10 A・H	个	1.0000			
	24690901	空气采样管	m				1.0500
	28010113	裸铜线 10 mm^2	m		0.3000		
	29090214	铜接线端子 DT-10	个		2.0200		
	34110301	电	kW・h			0.3900	0.5900
	34130112	塑料扁形标志牌	个			1.0000	
	80060413	湿拌砌筑砂浆 WM M10.0	m^3		0.0160		
	X0045	其他材料费	%	8.5000	4.0000	4.0000	4.0000
机械	98051150	数字万用表 PF-56	台班	0.0400		0.0100	0.0100
	98530490	火灾探测器实验器	台班			0.0300	

工作内容：1. 本体安装、调试。
2,3. 系统调试

定额编号			F-10-3-25	F-10-3-26	F-10-3-27
项目			门磁开关	自动报警系统调试	
				500点以下	2000点以下
			套	系统	系统
预算定额编号	预算定额名称	预算定额单位	数量		
08-9-3-85	门磁开关	套	1.0000		
08-9-3-89	系统装置点数500点以下	系统		1.0000	
08-9-3-91	系统装置点数2000点以下	系统			1.0000

工作内容：1. 本体安装、调试。
2,3. 系统调试

定额编号				F-10-3-25	F-10-3-26	F-10-3-27
项目				门磁开关	自动报警系统调试	
					500点以下	2000点以下
名称			单位	套	系统	系统
人工	00230105	综合人工(安装)	工日	0.1000	141.5930	312.5310
材料	03018807	塑料膨胀管(尼龙胀管) M6～8	个	4.1200		
	14330101	乙醇(酒精)	kg		0.5600	0.7000
	27170420	电气绝缘胶带(PVC) 20×50 m	卷		10.0300	16.8200
	28030313	铜芯阻燃聚氯乙烯绝缘线 ZR-BV1.0 mm^2	m		15.3200	15.3200
	30013201	门磁开关	套	1.0000		
	34050301	打字机用纸	包		0.3200	0.5000
	34110301	电	kW·h		180.0000	740.0000
	X0045	其他材料费	%	4.0000	4.0000	4.0000
机械	98030140	直流稳压稳流电源 WYK-6005	台班		10.5000	22.5000
	98030240	交流稳压电源 JH1741/05	台班		14.4000	24.0000
	98050580	接地电阻测试仪 3150	台班		0.3200	0.3200
	98051000	数字万用表 34401A	台班		10.5600	17.6000
	98230500	数字储存打印示波器 HP-54512B	台班		9.9000	16.0000
	98470100	自耦调压器 TDJC-S-1	台班		10.5600	17.6000
	98530480	火灾探测器实验器 BHTS-1	台班		14.6000	75.8000

第四节　安全防范系统(SPS)

工作内容:1. 本体安装、调试,系统调试。
2,3,4. 本体安装、调试。

定额编号			F-10-4-1	F-10-4-2	F-10-4-3	F-10-4-4
项目			车站防盗报警控制器(含系统调试)	红外探测器 被动(有线)	红外探测器 主动(对)	周界探测器(对)
			套	套	套	套
预算定额编号	预算定额名称	预算定额单位	数量			
08-9-4-1	防盗报警控制器 总线制 32 路	套	1.0000			
08-9-4-31	入侵报警系统	系统	1.0000			
08-9-4-5	红外探测器 被动 有线	套		1.0000		
08-9-4-7	红外探测器 主动(对)	套			1.0000	
08-9-4-9	周界探测器(对)	套				1.0000

工作内容:1. 本体安装、调试,系统调试。
2,3,4. 本体安装、调试。

定额编号				F-10-4-1	F-10-4-2	F-10-4-3	F-10-4-4
项目				车站防盗报警控制器(含系统调试)	红外探测器 被动(有线)	红外探测器 主动(对)	周界探测器(对)
名称			单位	套	套	套	套
人工	00230105	综合人工(安装)	工日	37.2000	0.2000	0.7000	3.9000
材料	03011106	木螺钉 M2～4×6～65	10 个				0.8240
	03018172	膨胀螺栓(钢制) M8	套	4.0400			
	03018807	塑料膨胀管(尼龙胀管) M6～8	个				8.2400
	03132231	单头焊片 ϕ3.5	个		5.0000	8.0000	
	14330114	乙醇(酒精) 浓度 99.5%	kg	0.3000			0.2000
	17251714	异形塑料管 ϕ5	m	0.5000			
	30010830	周界探测器	套				1.0000
	30012013	防盗报警控制器 32 路	套	1.0000			
	34050411	复印纸 A4	包	0.1000			
	34090502	脱脂棉	kg	0.1000			0.1000
	X0045	其他材料费	%	3.0000	3.0000	3.0000	3.0000
机械	98051150	数字万用表 PF-56	台班	10.0000			
	98051170	数字多用表 DF11	台班		0.4000	0.4000	
	98370890	便携式计算机	台班	10.0000			
	98470200	对讲机	台班	30.0000			

工作内容:1,2,4. 本体安装、调试。
3. 本体安装、调试,系统调试。

定　额　编　号			F-10-4-5	F-10-4-6	F-10-4-7	F-10-4-8
项　　目			对讲分机 室内外可视(非可视)	对讲主机 可视(非可视)	门禁就地控制器	电子巡更系统信息采集器
			套	台	台	个
预算定额编号	预算定额名称	预算定额单位	数　量			
08-9-4-10	对讲分机 室内可视(非可视)	台	0.8800			
08-9-4-11	对讲分机 室外	台	0.1200			
08-9-4-12	对讲主机 可视(非可视)	台		1.0000		
08-9-4-13	门禁控制器 单门	台			0.0500	
08-9-4-14	门禁控制器 双门	台			0.9000	
08-9-4-15	门禁控制器 4门	台			0.0500	
08-9-4-17	电子巡更系统 信息采集器	个				1.0000
08-9-4-28	出入口系统 双门	系统			0.9500	
08-9-4-29	出入口系统 4门	系统			0.0500	

工作内容:1,2,4. 本体安装、调试。
3. 本体安装、调试,系统调试。

定　额　编　号				F-10-4-5	F-10-4-6	F-10-4-7	F-10-4-8
项　　目				对讲分机 室内外可视(非可视)	对讲主机 可视(非可视)	门禁就地控制器	电子巡更系统信息采集器
名　　称			单位	套	台	台	个
人工	00230105	综合人工(安装)	工日	0.9360	1.3000	2.5895	0.1000
材料	03018172	膨胀螺栓(钢制) M8	套			4.0800	
	03018173	膨胀螺栓(钢制) M10	套		0.4040		
	14330114	乙醇(酒精) 浓度 99.5%	kg	0.0200	0.0200		
	34090502	脱脂棉	kg	0.0200	0.0200	0.0300	
	X0045	其他材料费	%	3.0000	3.0000	3.0000	
机械	98051150	数字万用表 PF-56	台班				0.0100
	98051170	数字多用表 DF11	台班			0.4000	
	98470200	对讲机	台班			0.8250	

工作内容:本体安装、调试。

定额编号			F-10-4-9	F-10-4-10	F-10-4-11	F-10-4-12
项目			电子巡更系统信息钮	光电转换器	开门按钮	闭门器
			个	个	个	台
预算定额编号	预算定额名称	预算定额单位	数量			
08-9-4-18	电子巡更系统 信息钮	个	1.0000			
08-9-4-20	光电转换器	个		1.0000		
08-9-4-21	开门按钮	个			1.0000	
08-9-4-22	闭门器	台				1.0000

工作内容:本体安装、调试。

定额编号				F-10-4-9	F-10-4-10	F-10-4-11	F-10-4-12
项目				电子巡更系统信息钮	光电转换器	开门按钮	闭门器
名称			单位	个	个	个	台
人工	00230105	综合人工(安装)	工日	0.1050	0.1200	0.1900	0.2000
材料	03011103	木螺钉	10个	0.2100			
	03012125	自攻螺钉 M4×20	个			2.0400	
	03012137	自攻螺钉 M8×35	个				4.0800
	03012141	自攻螺钉 M10×30～50	个				4.0800
	03018802	塑料膨胀管(尼龙胀管)	个	2.0600			
	34090101	棉纱头	kg		0.0200		
	X0045	其他材料费	%	3.0000	3.0000	3.0000	3.0000
机械	98051150	数字万用表 PF-56	台班		0.0500	0.0400	
	98051170	数字多用表 DF11	台班	0.1000			0.0800

工作内容：本体安装、调试。

定额编号			F-10-4-13	F-10-4-14	F-10-4-15	F-10-4-16
项目			电磁吸力锁	电控锁	读卡器	X射线安全检查设备
			台	台	台	台
预算定额编号	预算定额名称	预算定额单位	数量			
08-9-4-23	电磁吸力锁	台	1.0000			
08-9-4-24	电控锁	台		1.0000		
08-9-4-25	读卡器	台			1.0000	
08-9-4-26	X射线安全检查设备 单通道	台				0.0500
08-9-4-27	X射线安全检查设备 双通道	台				0.9500

工作内容：本体安装、调试。

定额编号				F-10-4-13	F-10-4-14	F-10-4-15	F-10-4-16
项目				电磁吸力锁	电控锁	读卡器	X射线安全检查设备
名称			单位	台	台	台	台
人工	00230105	综合人工(安装)	工日	0.3500	0.4000	0.9500	8.0855
材料	03012137	自攻螺钉 M8×35	个	4.0800			
	03012141	自攻螺钉 M10×30～50	个	2.0400			
	03018171	膨胀螺栓(钢制) M6	套			4.0400	
	14330114	乙醇(酒精) 浓度 99.5%	kg				0.1000
	34090502	脱脂棉	kg				0.1000
	X0045	其他材料费	%	3.0000		3.0100	3.0000
机械	98051170	数字多用表 DF11	台班	0.1500	0.4000	0.2000	
	99090650	叉式起重机 6 t	台班				0.5950

第五节 自动售检票系统(AFC)

工作内容: 1,4. 本体安装、调试。
2,3. 系统调试。

定额编号			F-10-5-1	F-10-5-2	F-10-5-3	F-10-5-4
项目			车票分类/编码机	中央计算机系统设备调试	全线自动售检票系统联网调试	售票机 自动、半自动
			台	系统	站	台
预算定额编号	预算定额名称	预算定额单位	数量			
08-9-5-3	车票分类/编码机	台	1.0000			
08-9-5-4	中央计算机系统 设备调试	系统/全线		1.0000		
08-9-5-5	全线自动售检票系统 联网调试	站			1.0000	
08-9-5-6	售票机 半自动	台				0.1890
08-9-5-7	售票机 自动	台				0.8110

工作内容: 1,4. 本体安装、调试。
2,3. 系统调试。

定额编号				F-10-5-1	F-10-5-2	F-10-5-3	F-10-5-4
项目				车票分类/编码机	中央计算机系统设备调试	全线自动售检票系统联网调试	售票机 自动、半自动
名称			单位	台	系统	站	台
人工	00230105	综合人工(安装)	工日	6.5000	76.0000	116.0000	17.2179
材料	03018174	膨胀螺栓(钢制) M12	套				4.0000
	14330101	乙醇(酒精)	kg	0.2000			
	29060510	聚氯乙烯电线管 DN10	m	15.0000			
	29174001	尼龙扎带	根	28.0000			20.0000
	37340801	接插件	片				10.0000
	X0045	其他材料费	%	5.0000			5.0000
机械	98050340	兆欧表 3311	台班				0.7000
	98050550	高压绝缘电阻测试仪 3124	台班	1.0000			
	98051000	数字万用表 34401A	台班	1.5000	12.0000	5.0000	
	98051170	数字多用表 DF11	台班				1.0000
	98350210	双绞线测试仪 LANCATV	台班	0.5000	5.0000	4.0000	
	98370890	便携式计算机	台班		4.0000	10.0000	

工作内容：本体安装、调试。

定额编号			F-10-5-5	F-10-5-6	F-10-5-7	F-10-5-8
项目			检票闸机	紧急按钮箱	闸机端头箱	自动查询机
			台	个	台	台
预算定额编号	预算定额名称	预算定额单位	数量			
08-9-5-10	紧急按钮箱	个		1.0000		
08-9-5-11	闸机端头箱	台			1.0000	
08-9-5-12	自动查询机	台				1.0000
08-9-5-8	检票闸机 进、出站闸机	台	0.9460			
08-9-5-9	检票闸机 宽通道闸机	通道	0.0540			

工作内容：本体安装、调试。

定额编号				F-10-5-5	F-10-5-6	F-10-5-7	F-10-5-8
项目				检票闸机	紧急按钮箱	闸机端头箱	自动查询机
名称			单位	台	个	台	台
人工	00230105	综合人工(安装)	工日	16.0592	1.5000	4.0000	6.0000
材料	03018172	膨胀螺栓(钢制) M8	套		4.0000		
	03018174	膨胀螺栓(钢制) M12	套	4.0000		4.0000	
	03018176	膨胀螺栓(钢制) M16	套				6.1200
	29174001	尼龙扎带	根	20.0000		20.0000	
	37340801	接插件	片	10.0000			
	X0045	其他材料费	%	3.1100	5.0000	5.0000	5.0000
机械	98050340	兆欧表 3311	台班	0.7000		0.7000	
	98051170	数字多用表 DF11	台班	1.0000		1.0000	0.2000

工作内容:本体安装、调试。

定额编号			F-10-5-9	F-10-5-10	F-10-5-11	F-10-5-12
项目			自动充值、验票机	售检票设备		车票设备清点包装
				服务器	工作站	
			台	台	台	台
预算定额编号	预算定额名称	预算定额单位	数量			
08-9-5-13	自动充值、验票机	台	1.0000			
08-9-5-14	售检票设备 服务器	台		1.0000		
08-9-5-15	售检票设备 工作站	台			1.0000	
08-9-5-16	车票设备 清点包装	台				1.0000

工作内容:本体安装、调试。

定额编号				F-10-5-9	F-10-5-10	F-10-5-11	F-10-5-12
项目				自动充值、验票机	售检票设备		车票设备清点包装
					服务器	工作站	
名称			单位	台	台	台	台
人工	00230105	综合人工(安装)	工日	12.0000	2.5000	2.0000	1.9000
材料	03018174	膨胀螺栓(钢制) M12	套	4.0000			
	14353601	上光清洁剂	盒		0.1000	0.1000	
	29174001	尼龙扎带	根	20.0000			
	34090502	脱脂棉	kg		0.0200	0.0200	
	37340801	接插件	片	10.0000			
	X0045	其他材料费	%	5.0000	5.0000	5.0000	
机械	98050340	兆欧表 3311	台班	0.7000			
	98051170	数字多用表 DF11	台班	1.0000	0.5000	0.2000	

工作内容：1，2，3．本体安装、调试。
4．系统调试。

定额编号			F-10-5-13	F-10-5-14	F-10-5-15	F-10-5-16
项目			车票设备清洁消毒	操作台、椅	配电柜二路切换	系统软件
			台	台	台	套
预算定额编号	预算定额名称	预算定额单位	数量			
08-9-5-17	车票设备 清洁消毒	台	1.0000			
08-9-5-18	操作台、椅	台		1.0000		
08-9-5-19	配电柜 二路切换	台			1.0000	
08-9-5-20	系统软件	套				1.0000

工作内容：1，2，3．本体安装、调试。
4．系统调试。

定额编号				F-10-5-13	F-10-5-14	F-10-5-15	F-10-5-16
项目				车票设备清洁消毒	操作台、椅	配电柜二路切换	系统软件
名称			单位	台	台	台	套
人工	00230105	综合人工(安装)	工日	2.0000	1.2000	12.0000	0.6000
材料	03018174	膨胀螺栓(钢制) M12	套			4.0400	
	34090502	脱脂棉	kg				0.0200
	X0045	其他材料费	%			5.0000	5.0000
机械	98050340	兆欧表 3311	台班			1.0000	
	98051170	数字多用表 DF11	台班			1.5000	

工作内容:系统调试。

定额编号			F-10-5-17
项目			售检票系统设备联网调试
			站
预算定额编号	预算定额名称	预算定额单位	数量
08-9-5-21	售检票系统 设备联网调试	车站	1.0000

工作内容:系统调试。

定额编号				F-10-5-17
项目				售检票系统设备联网调试
名称			单位	站
人工	00230105	综合人工(安装)	工日	68.0000
机械	98051170	数字多用表 DF11	台班	4.0000
	98350210	双绞线测试仪 LANCATV	台班	1.0000
	98370890	便携式计算机	台班	4.0000

第十一章　机电设备安装工程

章说明

一、本章定额包括通风空调工程、给排水及消防工程、屏蔽门及安全门，共3节。

二、本章定额适用于上海轨道交通机电设备安装工程，包括专有、特殊及部分通用机电设备安装项目，本定额不足项目参考相关专业定额。

三、通风空调工程

1. 落地式空调器、组合式空调机组安装定额中已考虑设备支架、金属结构刷油、帆布软接头、温度风量测定孔子目；离心式通风机、轴流式通风机安装定额中已考虑设备支架、金属结构刷油、帆布软接头；多联体空调机室外机、屋顶通风机安装定额中已考虑设备支架、金属结构刷油。

2. 薄钢板矩形风管安装定额中已考虑综合风管检查孔制作安装，温度、风量测定口制作安装，管道刷防锈漆、调和漆。

3. 分体式空调器安装定额中包括随设备带来的支架安装。

4. 制冷机组安装定额中已包括施工单位配合制造厂试车的工作内容。

5. 各种管件、阀件及设备上人孔、管口凹凸部分的除锈已综合考虑在定额内。

6. 各种管件、阀件和设备上人孔、管口凹凸部分的刷油已综合考虑在定额内，不得另行计算。

7. 管道绝热工程除法兰、阀门外，其他管件均已考虑在内；设备绝热工程除法兰、人孔外，其封头已考虑在内。

8. 管道绝热均按现场安装后绝热施工考虑。

9. 周长16000 mm以上的组合风阀、长度2000 mm以内，周长4500 mm以上的消声器、片式消声器、地源(水源、气源)热泵机组、落地式空调器、组合式空调机组、多联体空调机室外机、风量140000 m^3/h以上的轴流风机、玻璃钢冷却塔、螺杆式冷水机组、离心式冷水机组已考虑其基础。

四、给排水及消防工程

1. 单级离心泵、潜水泵定额中已包含设备基础，无需另外考虑。

2. 界线划分

(1) 给水管道室内外界线以建筑物外墙面1.5 m为界，入口处设阀门的，以阀门为界；与市政管道界线以水表井为界，无水表井的，以与市政管道碰头点为界。

(2) 排水管道室内外以出户第一个排水检查井为界；室外管道与市政管道界线以与市政管道碰头井为界。

3. 本章管道安装定额包括以下工作内容：

(1) 管道及接头零件安装。

(2) 水压试验或灌水试验。

(3) 室内DN32以内钢管包括管卡及托钩制作安装。

(4) 钢管包括弯管制作与安装(伸缩器除外)，无论是现场煨制或成品弯管均不得换算。

(5) 塑料雨水管及排水管均包括管卡及托吊支架、臭气帽、雨水漏斗制作安装。

(6) 穿墙及过楼板铁皮套管安装人工。

4. 螺纹阀门安装适用于各种内外螺纹连接的阀门安装。

5. 法兰阀门安装适用于各种法兰阀门的安装，如仅为一侧法兰连接时，定额中的法兰、带帽螺栓及钢垫圈数量减半。

6. 各种法兰连接用垫片均按橡胶板计算，如用其他材料，不作调整。

7. 减压器安装依据国家建筑标准设计图集《常用小型仪表及特种阀门选用安装》01SS105编制，且均按成组安装考虑。单独安装减压器时，执行阀门安装相应定额子目。

8. 各种水箱连接管,均未包括在定额内,可执行室内管道安装的相应项目。

9. 各类水箱均未包括支架制作安装,如为型钢支架,执行本章“管道支架”项目,混凝土或砖支座可按土建相应项目执行。

10. 现场在主管上挖眼接管三通及摔制异径管,均按实际数量执行本章项目,但不得再执行管件制作定额。

11. 在管道上安装的仪表一次部件,执行本章管件连接相应定额项目乘以系数 0.7。

12. 仪表的温度计扩大管制作安装,执行本章管件连接相应定额项目乘以系数 1.5。

13. 阀门安装项目不考虑壳体压力试验、解体研磨工作内容,如设计要求,可按实计算。

14. 调节阀门安装定额仅包括安装工序内容;安全阀门已包括调试内容;电动阀门安装包括电动机的安装。各种法兰阀门安装,定额中只包括一个垫片和一副法兰用的螺栓。

15. 本章管道压力试验、吹扫与清洗定额项目均包括了所用的摊销材料,不包括管道之间的串通临时管以及管道排放口至排放点的临时管。

16. 管道液压试验是按普通水考虑的。管道系统水冲洗定额按系统循环清洗考虑,但不包括管内除锈,需要时另行计算。

17. 泵安装定额包括设备本体与本体联体的附件、管道、润滑冷却装置的清洗、组装、刮研,泵的泵体扬水管及滤水网安装,联轴器或皮带安装。

18. 泵安装定额不包括支架、底座、混凝土基础及灌浆、联轴器、键和键槽的加工、制作,泵的扬水管与平面的垂直度测量,电动机的检查、干燥、配线、调试等,试运转时所需排水的附加工程(如修筑水沟、接排水管等)。

19. 泵重量计算方法

(1) 直联式泵按泵本体、电动机、底座及扬水管的总重量计算;

(2) 非直联式泵按泵本体及底座的总重量计算,不包括电动机重量,但包括电动机安装。

20. 各类泵安装若采用防震垫或减震器施工,则应扣除定额中斜垫铁和平垫铁的消耗量,增加防震垫或减震器的消耗量,定额中的人工工日和机械台班不变。

21. 本章所有卫生器具安装项目,均参照《全国通用给水排水标准图集》中有关标准图集计算,设计无特殊要求均不作调整。

22. 成组安装的卫生器具,定额均已按标准图集计算了与给水、排水管道连接的人工和材料。

23. 洗脸盆肘式开关安装不分单双把均执行同一项目。

24. 淋浴器铜制品安装适用于各种成品淋浴器安装。

25. 小便槽冲洗管制作安装定额中,不包括阀门安装,可按相应项目另行计算。

26. 大、小便槽水箱托架安装已按标准图集计算在定额内,不得另行计算。

27. 感应式冲水器安装,适用于小便斗、蹲式大便器、洗涤盆等的配套项目。

28. 电热水器、电开水炉等安装定额中只考虑了本体安装,连接管、连接件等可按相应项目另行计算。

29. 管道安装

(1) 包括工序内一次性水压试验及水冲洗工作内容。

(2) 镀锌钢管法兰连接定额管件按成品、弯头两端按接短管焊接法兰考虑,定额中包括了直管、管件、法兰等全部安装工序内容,但管件、法兰及螺栓的主材数量应按设计规定另行计算。

(3) 钢管(法兰连接)定额也适用于镀锌无缝钢管的安装,定额中已考虑两次安装。

(4) 水压试验定额仅适用于因工程需要而发生的非正常情况的管道水压试验。管道安装定额中已经包括了规范要求的水压试验,不得重复计算。

(5) 因工程需要再次发生管道冲洗时,执行本章消毒冲洗定额子目,同时扣减定额中漂白粉消耗量,其他消耗量乘以系数 0.6。

(6) 无缝钢管和钢制管件内外镀锌及因镀锌而发生的场外运输费用另行计算。

(7) 无缝钢管螺纹连接定额中不包括钢制管件连接,应按设计用量执行钢制管件连接定额。

(8) 无缝钢管法兰连接定额管件按成品、弯头两端按接短管焊接法兰考虑,定额中包括了直管、管件、法兰等全部安装工序内容,但管件、法兰及螺栓的主材数量应按设计规定另行计算。

30. 喷头安装定额中包括管件安装及配合水压试验安装、拆除丝堵的工作内容。

31. 贮存装置安装定额中包括灭火剂贮存容器和驱动气瓶的安装固定支框架、系统组件、安全阀等贮存装置和阀驱动装置的安装及氮气增压。二氧化碳贮存装置安装时,无需增压,执行定额时,扣除高纯氮气,其余不变。

32. 二氧化碳称重检漏装置包括泄露报警开关、配重及支架。

33. 系统组件包括选择阀、容器阀、气液单向阀、集流管和高压软管。

34. 管道及支吊架的防腐刷油,管道系统强度试验、严密性试验等均套用本章相应定额。

35. 喷头、报警装置及水流指示器安装定额均按管网系统试压、冲洗合格后安装考虑,定额中已包括丝堵、临时短管的安装、拆除及其摊销。

36. 温感式水幕装置安装定额中已包括给水三通至喷头、阀门间的管道、管件、阀门、喷头等全部安装内容。但管道的主材数量按设计管道中心长度另加损耗计算,喷头数量按设计数量另加损耗计算。

37. 管道支吊架制作安装定额中包括了支架、吊架及防晃支架。

38. 管网冲洗定额是按水冲洗考虑的,只适用于自动喷水灭火系统。若采用水压气动冲洗法,可按施工方案另行计算。

39. 水灭火系统安装工程定额不包括以下工作内容:

(1) 阀门、法兰安装,钢管各种套管的制作安装,泵房间管道安装及管道系统试验、严密性试验。

(2) 消火栓管道、室外给水管道安装及水箱制作安装。

40. 系统调试是指消防报警和灭火系统安装完毕且联通开通,并达到国家有关消防施工验收规范、标准所进行的全系统的检测、调整和试验。

41. 自动报警系统装置包括各种探测器、手动报警按钮和报警控制器,灭火系统控制装置包括消火栓、自动喷水、卤代烷、二氧化碳、烟烙净等固定灭火系统的控制装置。

42. 气体灭火系统调试时采取的安全措施,应按施工组织设计另行计算。

五、屏蔽门及安全门

本节定额适用于城市轨道交通工程屏蔽门及安全门安装工程。

工程量计算规则

一、通风空调工程

1. 散流器安装子目适用于圆形直流散流器、方形直流散流器、流线型散流器等。

2. 对开多叶调节阀、风管防火阀、立式组合风阀、卧式组合风阀、防火排烟口阀按不同周长以“个”为计量单位，消声器安装按其周长不同以“只”为计量单位，结构风道片式消声器安装以“组”为计量单位，贴吸音材料安装以“10 m^2”为计量单位，静压箱制作按表面积以“只”为计量单位，螺杆式、离心式、冷水机组安装按重量以“台”为计量单位。

3. 风管制作安装以“10 m^2”为计量单位。

4. 空调器安装(一拖一分体空调以室内机、室外机之和)按设计图示数量以“台”为计量单位。

5. 组合式空调器安装依据设计风量，按设计图示数量以“台”为计量单位。

6. 多联体空调室外机安装依据制冷量，按设计图示数量以“台”为计量单位。

7. 风机盘管安装按安装方式不同，以“台”为计量单位。

8. 玻璃钢冷却塔以“台”为计量单位。

9. 设备减振台座安装以“座”为计量单位。

10. 镀锌薄钢板连体法兰矩形风管制作安装，包括加固、加强和吊托支架。

11. 绝热工程中，绝热层以“m^3”为计量单位。

12. 设备和管道绝热均按现场安装后绝热施工考虑，若先绝热后安装，其人工乘以系数 0.9。

13. 保护层、镀锌铁皮的规格按 1000 mm×2000 mm 和 900 mm×1800 mm、厚度 0.8 mm 以下综合考虑；若采用其他规格铁皮等，可按实际调整。

(1) 厚度大于 0.8 mm 时，其人工乘以系数 1.2。

(2) 卧式设备保护层安装，其人工乘以系数 1.05。

14. 绝热保温材料不需粘结的，执行相应项目时，需减去其中的粘结材料，人工乘以系数 0.5。

二、给排水及消防工程

1. 本节各种管道均按施工图所示中心长度，以“m”为计量单位，不扣除阀门、管件(包括减压器、流水器、水表、伸缩器等组成安装)所占的长度。

2. 管道安装(铸铁给水管、承插塑料雨水管除外)已包括管件安装及管件耗量。承插铸铁给水管、承插塑料雨水管安装定额中，未列入接头零件耗量，应按实另行计算。

3. 挖填土项目中，单根埋地管道、挖土深度在 1.5 m 以内的，以“m”为计量单位。多根埋地管道、挖土深度在 1.5 m 以内的，以“m^3”为计量单位；挖土深度在 1.5 m 以上的，执行《上海市建筑和装饰工程预算定额(2016)》相应子目。

4. 管道保护管制作与安装，分为钢制和塑料两种材质，区分不同规格，按设计图示管道中心线长度以“m”为计量单位。

5. 管道消毒、冲洗、压力试验均按管道长度以“m”为计量单位，不扣除阀门、管件所占的长度。

6. 各种阀门安装均以“个”为计量单位。法兰阀门安装，如仅为一侧法兰连接时，定额所列法兰、带帽螺栓及垫圈数量减半，其余不变。各种法兰连接用垫片，均按石棉橡胶板计算，如用其他材料不得调整。

7. 自动排气阀安装以“个”为计量单位，已包括了支架制作安装，不得另行计算。

8. 浮球阀安装均以“个”为计量单位，已包括了联杆及浮球的安装，不得另行计算。

9. 减压器组成安装，按照不同组成结构、连接方式、公称直径，以“组”为计量单位。减压器安装按高压侧的直径计算。

10. 定额中各类管道适用材质范围：碳钢管适用于焊接钢管、无缝钢管、16Mn 钢管，管件、阀门、法兰适用范围参照管道材质。

11. 本定额的管道壁厚是考虑了压力等级所涉及的壁厚范围综合取定的，套用定额时，不得调整。

12. 管件连接中已综合考虑了弯头、三通、异径管、管帽、管接头等管口含量的差异。

13. 阀门安装不包括壳体压力试验（强度试验和严密性试验）、解体研磨、阀体磁粉探伤、密封作气密性试验、阀杆密封填料的更换等特殊要求的工作内容，发生时另行计算。

14. 管件、法兰、阀门上的各种法兰安装，应按不同材质、规格和种类，分别以“副”为计量单位。

15. 法兰安装不包括安装后系统调试运转中的冷、热态紧固内容，发生时另行计算。

16. 液压试验已包括水压强度试验的工作内容，气压试验已包括气体严密性试验的工作内容。

17. 管道支架制作安装，适用于室内外管道的管架制作与安装，按单件重量列项，以“100 kg”为计量单位。

18. 柔性防水套管和刚性防水套管制作与安装定额，按不同规格，以“个”为计量单位。

19. 蹲式大便器安装，已包括了固定大便器的垫砖，但不包括大便器蹲台砌筑。

20. 感应式冲水器安装不分规格及电源种类，以“组”为计量单位。

21. 温度计、压力表安装，均以“支（块）”为计量单位。

22. 气体高压管道安装中，高压碳钢的对焊法兰（电弧焊）各种规格管道安装以“副”为计量单位。

23. 刚性套管的制作与安装按不同规格以“个”为计量单位。

24. 喷头安装均按不同规格以“10 个”为计量单位。

25. 贮存装置安装包括灭火剂贮存容器和驱动气瓶的安装固定和支框架、系统组件（集流管、容器阀、单向阀、高压软管）、安全阀等贮存装置和阀驱动装置的安装及氮气增压，贮存装置安装按贮存容器的规格，以“套”为计量单位。

26. 二氧化碳称重检漏装置包括泄漏报警开关、配重、支架等，以“套”为计量单位。

27. 系统组件试验为水压强度试验和气压严密性试验，以“个”为计量单位。

28. 湿式报警装置、温感式水幕装置按不同规格，以“组”为计量单位；水流指示器安装按不同连接方式，以“个”为计量单位；减压孔板按不同规格，以“个”为计量单位；集热板制作、安装，以“个”为计量单位。

29. 自动喷水灭火系统管网冲洗，按不同规格，以“100 m”为计量单位。

30. 消火栓安装中的室内消火栓、室外地上式消火栓、消防水泵结合器按不同规格、型号和安装方式，均以“套”为计量单位。

31. 气体灭火系统装置调试中，气体装置等调试以“个”为计量单位。

32. 水灭火系统控制装置调试按不同点数以“系统”为计量单位。

三、屏蔽门及安全门

1. 半高安全门、全高全门及屏蔽门以“门单元”为计量单位。

2. 固定门、滑动门、应急门、端门以“道”为计量单位。

3. 门控单元、门机系统、就地控制盘、中央控制盘以“套”为计量单位。

4. 红外探测器以 “组”为计量单位。

第一节　通风空调工程

工作内容：阀门安装。

定额编号			F-11-1-1	F-11-1-2	F-11-1-3	F-11-1-4
项目			多叶调节阀		防火阀	
			周长 5200 mm 以内	周长 5200 mm 以上	周长 3600 mm 以内	周长 3600 mm 以上
			个	个	个	个
预算定额编号	预算定额名称	预算定额单位	数量			
08-10-1-1	对开多叶调节阀 周长 2800 mm 以内	个	0.6600			
08-10-1-10	风管防火阀 周长 8000 mm 以内	个				0.4800
08-10-1-2	对开多叶调节阀 周长 4000 mm 以内	个	0.1700			
08-10-1-3	对开多叶调节阀 周长 5200 mm 以内	个	0.1700			
08-10-1-4	对开多叶调节阀 周长 6500 mm 以内	个		0.5400		
08-10-1-5	对开多叶调节阀 周长 8000 mm 以内	个		0.3000		
08-10-1-6	对开多叶调节阀 周长 10000 mm 以内	个		0.1600		
08-10-1-7	风管防火阀 周长 2200 mm 以内	个			0.2700	
08-10-1-8	风管防火阀 周长 3600 mm 以内	个			0.7300	
08-10-1-9	风管防火阀 周长 5400 mm 以内	个				0.5200

工作内容：阀门安装。

定额编号				F-11-1-1	F-11-1-2	F-11-1-3	F-11-1-4
项目				多叶调节阀		防火阀	
				周长 5200 mm 以内	周长 5200 mm 以上	周长 3600 mm 以内	周长 3600 mm 以上
名称			单位	个	个	个	个
人工	00230105	综合人工(安装)	工日	0.4737	0.7976	1.0144	1.8628
材料	02010107	橡胶板 δ3～6	kg	0.8561	2.5613	0.7198	2.2935
	03014191	六角螺栓连母垫 M8×75 以内	10 套	2.8080	5.5160	2.5300	4.8640
	22530102	调节阀	只	1.0000	1.0000		
	22530701	防火阀	只			1.0000	1.0000
机械	99190200	台式钻床 ϕ16	台班	0.1568	0.2500	0.1646	0.2084

工作内容:阀门安装。

定额编号			F-11-1-5	F-11-1-6	F-11-1-7	F-11-1-8
项目			组合风阀			
			周长10000 mm以内	周长14000 mm以内	周长16000 mm以内	周长18000 mm以内
			个	个	个	个
预算定额编号	预算定额名称	预算定额单位	数量			
08-10-1-11	立式组合风阀 周长10000 mm以内	个	0.7500			
08-10-1 12	立式组合风阀 周长14000 mm以内	个		0.7500		
08-10-1-13	立式组合风阀 周长16000 mm以内	个			0.7500	
08-10-1-14	立式组合风阀 周长18000 mm以内	个				0.7500
08-10-1-16	卧式组合风阀 周长10000 mm以内	个	0.2500			
08-10-1-17	卧式组合风阀 周长14000 mm以内	个		0.2500		
08-10-1-18	卧式组合风阀 周长16000 mm以内	个			0.2500	
08-10-1-19	卧式组合风阀 周长18000 mm以内	个				0.2500
08-13-3-30	底板 模板	m^2				7.3600
08-4-1-3	地下结构工程 混凝土底板	m^3				1.4400
08-4-2-4	普通钢筋 板钢筋	t				0.0864

工作内容:阀门安装。

定额编号				F-11-1-5	F-11-1-6	F-11-1-7	F-11-1-8
项目				组合风阀			
				周长 10000 mm 以内	周长 14000 mm 以内	周长 16000 mm 以内	周长 18000 mm 以内
名称			单位	个	个	个	个
人工	00230103	综合人工(土建)	工日				4.4240
	00230105	综合人工(安装)	工日	1.7850	2.1420	2.9750	3.2130
材料	01010212	热轧带肋钢筋(HRB400) $\phi>10$	t				0.0886
	02010107	橡胶板 δ3～6	kg	2.0000	2.4400	2.6000	3.6600
	03014101	六角螺栓连母垫	kg	2.1000	2.6880	3.5280	10.2144
	03130101	电焊条	kg				0.6665
	03150101	圆钉	kg				0.2282
	03152501	镀锌铁丝	kg				0.3093
	14070101	机油	kg				0.8096
	22531201	电动组合风阀	只	1.0000	1.0000	1.0000	1.0000
	34110101	水	m^3				0.4128
	35010101	钢模板	kg				4.6368
	35010703	木模板成材	m^3				0.0736
	35020111	钢管支撑 $\phi48$	kg				1.6192
	35020401	钢模零配件	kg				2.4288
	36030252	涤纶针刺土工布 200 g/m²	m^2				1.2684
	80210424	预拌混凝土(泵送型) C30 粒径 5～40	m^3				1.4544
机械	99050930	混凝土振捣器(插入式)	台班				0.0527
	99070540	载重汽车 6 t	台班				0.0545
	99090080	履带式起重机 10 t	台班				0.1601
	99090360	汽车式起重机 8 t	台班				0.0361
	99170030	钢筋切断机 $\phi40$	台班				0.0213
	99170050	钢筋弯曲机 $\phi40$	台班				0.0044
	99210010	木工圆锯机 $\phi500$	台班				0.1016
	99250020	交流弧焊机 32 kV·A	台班				0.1402
	99250280	对焊机 75 kV·A	台班				0.0263

工作内容: 1. 阀门安装。
2,3,4. 本体安装。

定额编号			F-11-1-9	F-11-1-10	F-11-1-11	F-11-1-12
项目			组合风阀	防火排烟口（阀）	散流器	
			周长 21000 mm 以内		周长 1000 mm 以内	周长 2000 mm 以内
			个	套	个	个
预算定额编号	预算定额名称	预算定额单位	数量			
08-10-1-15	立式组合风阀 周长 21000 mm 以内	个	0.7500			
08-10-1-20	卧式组合风阀 周长 21000 mm 以内	个	0.2500			
08-10-1-21	防火排烟口（阀）控制缆绳及执行机构	套		1.0000		
08-10-1-23	方形散流器 周长 1000 mm 以内	个			1.0000	
08-10-1-24	方形散流器 周长 2000 mm 以内	个				1.0000
08-13-3-30	底板 模板	m^2	8.5600			
08-4-1-3	地下结构工程 混凝土底板	m^3	1.6800			
08-4-2-4	普通钢筋 板钢筋	t	0.1008			

工作内容:1. 阀门安装。
2,3,4. 本体安装。

定额编号				F-11-1-9	F-11-1-10	F-11-1-11	F-11-1-12
项目				组合风阀	防火排烟口(阀)	散流器	
				周长 21000 mm 以内		周长 1000 mm 以内	周长 2000 mm 以内
名称			单位	个	套	个	个
人工	00230103	综合人工(土建)	工日	5.1481			
	00230105	综合人工(安装)	工日	3.5700	0.5780	0.2440	0.3520
材料	01010212	热轧带肋钢筋(HRB400) $\phi>10$	t	0.1033			
	01050119	钢丝绳 ϕ4.2～10	m		6.3000		
	02010105	橡胶板 δ1～3	kg			0.1600	0.2700
	02010107	橡胶板 δ3～6	kg	4.0000			
	03014101	六角螺栓连母垫	kg	11.3904			
	03014658	精制六角螺栓连母垫 M2～5×4～20	10 套			0.4000	0.8000
	03016182	镀锌 U 形螺栓 DN20	套		6.0000		
	03130101	电焊条	kg	0.7776			
	03150101	圆钉	kg	0.2654			
	03152501	镀锌铁丝	kg	0.3609			
	14070101	机油	kg	0.9416			
	22430101	散流器	个			1.0000	1.0000
	22531201	电动组合风阀	只	1.0000			
	22612201	执行机构	套		1.0000		
	29060112	电线管 DN20	m		6.3000		
	34110101	水	m^3	0.4817			
	35010101	钢模板	kg	5.3928			
	35010703	木模板成材	m^3	0.0856			
	35020111	钢管支撑 ϕ48	kg	1.8832			
	35020401	钢模零配件	kg	2.8248			
	36030252	涤纶针刺土工布 200 g/m^2	m^2	1.4797			
	80210424	预拌混凝土(泵送型) C30 粒径 5～40	m^3	1.6968			
	X0045	其他材料费	%			1.0000	1.0000
机械	99050930	混凝土振捣器(插入式)	台班	0.0615			
	99070540	载重汽车 6 t	台班	0.0633			
	99090080	履带式起重机 10 t	台班	0.1863			
	99090360	汽车式起重机 8 t	台班	0.0419			
	99170030	钢筋切断机 ϕ40	台班	0.0248			
	99170050	钢筋弯曲机 ϕ40	台班	0.0051			
	99210010	木工圆锯机 ϕ500	台班	0.1181			
	99250020	交流弧焊机 32 kV·A	台班	0.1636			
	99250280	对焊机 75 kV·A	台班	0.0306			

工作内容:本体安装。

定额编号			F-11-1-13	F-11-1-14	F-11-1-15	F-11-1-16
项目			带调节阀散流器			
			周长 800 mm 以内	周长 1200 mm 以内	周长 1800 mm 以内	周长 2400 mm 以内
			个	个	个	个
预算定额编号	预算定额名称	预算定额单位	数量			
08-10-1-25	带调节阀散流器(方、矩形)周长 800 mm 以内	个	1.0000			
08-10-1-26	带调节阀散流器(方、矩形)周长 1200 mm 以内	个		1.0000		
08-10-1-27	带调节阀散流器(方、矩形)周长 1800 mm 以内	个			1.0000	
08-10-1-28	带调节阀散流器(方、矩形)周长 2400 mm 以内	个				1.0000

工作内容:本体安装。

定额编号				F-11-1-13	F-11-1-14	F-11-1-15	F-11-1-16
项目				带调节阀散流器			
				周长 800 mm 以内	周长 1200 mm 以内	周长 1800 mm 以内	周长 2400 mm 以内
名称			单位	个	个	个	个
人工	00230105	综合人工(安装)	工日	0.4100	0.5020	0.5860	0.8660
材料	01130114	扁钢 25～45	kg	0.4960	0.7440	1.1160	1.4880
	02010105	橡胶板 δ1～3	kg	0.2600	0.3900	0.5200	0.6500
	03011120	木螺钉 M4×65 以下	10 个	0.8300	1.2500	1.4600	2.0800
	22430114	散流器(带阀)	个	1.0000	1.0000	1.0000	1.0000
	X0045	其他材料费	%	1.0000	1.0000	1.0000	1.0000

工作内容:消声器安装。

定额编号			F-11-1-17	F-11-1-18	F-11-1-19	F-11-1-20
项目			消声器			
			长度1000 mm以内,周长2500 mm以内	长度1000 mm以内,周长4500 mm以下	长度1000 mm以内,周长4500 mm以上	长度2000 mm以内,周长2500 mm以内
			只	只	只	只
预算定额编号	预算定额名称	预算定额单位	数量			
08-10-1-29	长度1000 mm以内 周长2000 mm以内	只	0.7400			
08-10-1-30	长度1000 mm以内 周长2500 mm以内	只	0.2600			
08-10-1-31	长度1000 mm以内 周长3000 mm以内	只		0.3900		
08-10-1-32	长度1000 mm以内 周长3600 mm以内	只		0.5000		
08-10-1-33	长度1000 mm以内 周长4500 mm以内	只		0.1100		
08-10-1-34	长度1000 mm以内 周长5200 mm以内	只			1.0000	
08-10-1-36	长度2000 mm以内 周长2000 mm以内	只				0.5000
08-10-1-37	长度2000 mm以内 周长2500 mm以内	只				0.5000

工作内容:消声器安装。

定额编号				F-11-1-17	F-11-1-18	F-11-1-19	F-11-1-20
项目				消声器			
				长度1000 mm以内,周长2500 mm以内	长度1000 mm以内,周长4500 mm以下	长度1000 mm以内,周长4500 mm以上	长度2000 mm以内,周长2500 mm以内
名称			单位	只	只	只	只
人工	00230105	综合人工(安装)	工日	0.5153	1.2267	2.5670	0.8882
材料	02010107	橡胶板 δ3～6	kg	1.3040	2.1713	3.2000	1.4000
	03014101	六角螺栓连母垫	kg	1.5246	2.3092	3.2760	1.5750
	22550101	消声器	台	1.0000	1.0000	1.0000	1.0000

工作内容:消声器安装。

定额编号			F-11-1-21	F-11-1-22	F-11-1-23	F-11-1-24
项目			消声器		片式消声器	
			长度2000 mm以内,周长4500 mm以下	长度2000 mm以内,周长4500 mm以上	长度2220 mm以内,周长10000 mm以内	长度2220 mm以内,周长14000 mm以内
			个	只	组	组
预算定额编号	预算定额名称	预算定额单位	数量			
08-10-1-39	长度2000 mm以内 周长3600 mm以内	只	0.0700			
08-10-1-40	长度2000 mm以内 周长4500 mm以内	只	0.9300			
08-10-1-41	长度2000 mm以内 周长5200 mm以内	只		0.0700		
08-10-1-42	长度2000 mm以内 周长6500 mm以内	只		0.9300		
08-10-1-50	片式 长度2220 mm以内 周长10000 mm以内	组			1.0000	
08-10-1-51	片式 长度2220 mm以内 周长14000 mm以内	组				1.0000
08-13-3-30	底板 模板	m^2		2.8000	3.6000	3.6000
08-4-1-3	地下结构工程 混凝土底板	m^3		2.4400	3.6000	3.6000
08-4-2-4	普通钢筋 板钢筋	t		0.1440	0.2160	0.2160

工作内容:消声器安装。

定额编号				F-11-1-21	F-11-1-22	F-11-1-23	F-11-1-24
项目				消声器		片式消声器	
				长度 2000 mm 以内,周长 4500 mm 以下	长度 2000 mm 以内,周长 4500 mm 以上	长度 2220 mm 以内,周长 10000 mm 以内	长度 2220 mm 以内,周长 14000 mm 以内
名称			单位	个	只	组	组
人工	00230103	综合人工(土建)	工日		2.7131	3.7635	3.7635
	00230105	综合人工(安装)	工日	2.7917	4.8307	5.9840	10.3360
材料	01010212	热轧带肋钢筋(HRB400) $\phi>10$	t		0.1476	0.2214	0.2214
	02010107	橡胶板 δ3～6	kg	2.6971	4.0370	6.4000	9.0400
	03014101	六角螺栓连母垫	kg	2.8207	6.3311	9.7440	12.4320
	03130101	电焊条	kg		1.1108	1.6662	1.6662
	03150101	圆钉	kg		0.0868	0.1116	0.1116
	03152501	镀锌铁丝	kg		0.5155	0.7733	0.7733
	14070101	机油	kg		0.3080	0.3960	0.3960
	22550101	消声器	台	1.0000	1.0000	1.0000	1.0000
	34110101	水	m^3		0.6995	1.0321	1.0321
	35010101	钢模板	kg		1.7640	2.2680	2.2680
	35010703	木模板成材	m^3		0.0280	0.0360	0.0360
	35020111	钢管支撑 $\phi48$	kg		0.6160	0.7920	0.7920
	35020401	钢模零配件	kg		0.9240	1.1880	1.1880
	36030252	涤纶针刺土工布 200 g/m^2	m^2		2.1492	3.1709	3.1709
	80210424	预拌混凝土(泵送型) C30 粒径 5～40	m^3		2.4644	3.6360	3.6360
机械	99050930	混凝土振捣器(插入式)	台班		0.0893	0.1318	0.1318
	99070540	载重汽车 6 t	台班		0.0207	0.0266	0.0266
	99090080	履带式起重机 10 t	台班		0.1030	0.1441	0.1441
	99090360	汽车式起重机 8 t	台班		0.0137	0.0176	0.0176
	99170030	钢筋切断机 $\phi40$	台班		0.0354	0.0531	0.0531
	99170050	钢筋弯曲机 $\phi40$	台班		0.0073	0.0110	0.0110
	99210010	木工圆锯机 $\phi500$	台班		0.0386	0.0497	0.0497
	99250020	交流弧焊机 32 kV·A	台班		0.2337	0.3506	0.3506
	99250280	对焊机 75 kV·A	台班		0.0438	0.0657	0.0657

工作内容：1,2. 消声器安装。
3,4. 本体安装。

定额编号			F-11-1-25	F-11-1-26	F-11-1-27	F-11-1-28
项目			片式消声器		静压箱	
			长度 2220 mm 以内,周长 16000 mm 以内	长度 2220 mm 以内,周长 18000 mm 以内	表面积 5 m^2 以内	表面积 10 m^2 以内
			组	组	只	只
预算定额编号	预算定额名称	预算定额单位	数量			
08-10-1-52	片式 长度 2220 mm 以内 周长 16000 mm 以内	组	1.0000			
08-10-1-53	片式 长度 2220 mm 以内 周长 18000 mm 以内	组		1.0000		
08-10-1-55	静压箱 每只表面积 5 m^2 以内	只			1.0000	
08-10-1-56	静压箱 每只表面积 10 m^2 以内	只				1.0000
08-13-3-30	底板 模板	m^2	3.6000	3.6000		
08-4-1-3	地下结构工程 混凝土底板	m^3	3.6000	3.6000		
08-4-2-4	普通钢筋 板钢筋	t	0.2160	0.2160		

工作内容:1,2. 消声器安装。
3,4. 本体安装。

定额编号				F-11-1-25	F-11-1-26	F-11-1-27	F-11-1-28
项目				片式消声器		静压箱	
				长度 2220 mm 以内,周长 16000 mm 以内	长度 2220 mm 以内,周长 18000 mm 以内	表面积 5 m^2 以内	表面积 10 m^2 以内
名称			单位	组	组	只	只
人工	00230103	综合人工(土建)	工日	3.7635	3.7635		
	00230105	综合人工(安装)	工日	13.3280	15.2320	0.9000	1.2600
材料	01010212	热轧带肋钢筋(HRB400) ϕ>10	t	0.2214	0.2214		
	02010107	橡胶板 δ3~6	kg	9.5600	10.9200	2.2500	2.8800
	03014101	六角螺栓连母垫	kg	13.0200	14.4480		
	03014681	精制六角螺栓连母垫 M8×75 以下	10 套			6.0000	8.4000
	03130101	电焊条	kg	1.6662	1.6662		
	03150101	圆钉	kg	0.1116	0.1116		
	03152501	镀锌铁丝	kg	0.7733	0.7733		
	14070101	机油	kg	0.3960	0.3960		
	22550101	消声器	台	1.0000	1.0000		
	22590101	静压箱	只			1.0000	1.0000
	34110101	水	m^3	1.0321	1.0321		
	35010101	钢模板	kg	2.2680	2.2680		
	35010703	木模板成材	m^3	0.0360	0.0360		
	35020111	钢管支撑 ϕ48	kg	0.7920	0.7920		
	35020401	钢模零配件	kg	1.1880	1.1880		
	36030252	涤纶针刺土工布 200 g/m^2	m^2	3.1709	3.1709		
	80210424	预拌混凝土(泵送型) C30 粒径 5~40	m^3	3.6360	3.6360		
	X0045	其他材料费	%			1.0000	1.0000
机械	99050930	混凝土振捣器(插入式)	台班	0.1318	0.1318		
	99070540	载重汽车 6 t	台班	0.0266	0.0266		
	99090080	履带式起重机 10 t	台班	0.1441	0.1441		
	99090360	汽车式起重机 8 t	台班	0.0176	0.0176		
	99170030	钢筋切断机 ϕ40	台班	0.0531	0.0531		
	99170050	钢筋弯曲机 ϕ40	台班	0.0110	0.0110		
	99190200	台式钻床 ϕ16	台班			0.2000	0.4000
	99210010	木工圆锯机 ϕ500	台班	0.0497	0.0497		
	99250020	交流弧焊机 32 kV·A	台班	0.3506	0.3506		
	99250280	对焊机 75 kV·A	台班	0.0657	0.0657		

工作内容:1,3,4. 本体安装。

2. 放样、下料、钻孔、粘贴、填充消声材料。

定额编号			F-11-1-29	F-11-1-30	F-11-1-31	F-11-1-32
项目			静压箱	吸音材料	空气幕	
			表面积 20 m^2 以内		L≤1000 mm	L≤1500 mm
			只	10 m^2	台	台
预算定额编号	预算定额名称	预算定额单位	数量			
08-10-1-57	静压箱 每只表面积 20 m^2 以内	只	1.0000			
08-10-1-58	贴吸音材料	10 m^2		1.0000		
08-10-1-59	空气幕 L≤1000 mm	台			1.0000	
08-10-1-60	空气幕 L≤1500 mm	台				1.0000

工作内容:1,3,4. 本体安装。

2. 放样、下料、钻孔、粘贴、填充消声材料。

定额编号				F-11-1-29	F-11-1-30	F-11-1-31	F-11-1-32
项目				静压箱	吸音材料	空气幕	
				表面积 20 m^2 以内		L≤1000 mm	L≤1500 mm
名称			单位	只	10 m^2	台	台
人工	00230105	综合人工(安装)	工日	2.4600	1.5000	0.5865	0.6715
材料	02010107	橡胶板 δ3～6	kg	4.1400			
	03014681	精制六角螺栓连母垫 M8×75 以下	10 套	10.4000			
	03152501	镀锌铁丝	kg			0.2000	0.2000
	14411801	胶粘剂	kg		2.5000		
	16030601	吸音材料	m^2		11.0000		
	22590101	静压箱	只	1.0000			
	50110101	空气幕	台			1.0000	1.0000
	X0045	其他材料费	%	1.0000	1.0000	2.0000	2.0000
机械	99190200	台式钻床 ϕ16	台班	0.4000			

工作内容:1. 本体安装。
2,3,4. 本体安装试运转。

定额编号			F-11-1-33	F-11-1-34	F-11-1-35	F-11-1-36
项目			空气幕	热泵机组		
			$L\leqslant2000$ mm	设备重量 1 t 以内	设备重量 3 t 以内	设备重量 5 t 以内
			台	组	组	组
预算定额编号	预算定额名称	预算定额单位	数量			
08-10-1-61	空气幕 $L\leqslant2000$ mm	台	1.0000			
08-10-1-62	地源(水源、气源)热泵机组 设备重量 1 t 以内	组		1.0000		
08-10-1-63	地源(水源、气源)热泵机组 设备重量 3 t 以内	组			1.0000	
08-10-1-64	地源(水源、气源)热泵机组 设备重量 5 t 以内	组				1.0000
08-13-3-30	底板 模板	m^2		2.0000	2.6400	3.4400
08-4-1-3	地下结构工程 混凝土底板	m^3		1.2500	2.0500	3.0500
08-4-2-4	普通钢筋 板钢筋	t		0.0750	0.1230	0.1830

工作内容:1. 本体安装。

2,3,4. 本体安装试运转。

定额编号				F-11-1-33	F-11-1-34	F-11-1-35	F-11-1-36
项目				空气幕		热泵机组	
				$L \leqslant 2000$ mm	设备重量 1 t 以内	设备重量 3 t 以内	设备重量 5 t 以内
名称			单位	台	组	组	组
人工	00230103	综合人工(土建)	工日		1.6765	2.4340	3.3808
	00230105	综合人工(安装)	工日	0.7735	9.5000	18.3800	29.1900
材料	01010212	热轧带肋钢筋(HRB400) $\phi>10$	t		0.0769	0.1261	0.1876
	02010107	橡胶板 δ3～6	kg		1.8600	4.6150	6.0000
	03014101	六角螺栓连母垫	kg		1.6800	2.2176	2.8896
	03130101	电焊条	kg		0.5786	0.9488	1.4117
	03130114	电焊条 J422 $\phi3.2$	kg		0.4100	0.7200	0.8000
	03150101	圆钉	kg		0.0620	0.0818	0.1066
	03152501	镀锌铁丝	kg	0.2000	0.2685	0.4403	0.6551
	03152508	镀锌铁丝 8#～12#	kg		1.6000	2.0000	2.5000
	05030102	一般木成材	m^3		0.0090	0.0160	0.0300
	05031701	道木	m^3		0.0100	0.0300	0.0400
	14030101	汽油	kg		0.1530	0.4080	0.5500
	14030501	煤油	kg		1.7300	3.1500	4.1800
	14070101	机油	kg		1.2000	1.7704	2.3484
	14090401	钙基润滑脂	kg		0.4100	0.7200	1.0000
	14390101	氧气	m^3		0.3600	0.6900	0.8100
	14390302	乙炔气	kg		0.1200	0.2300	0.2700
	33331701	平垫铁	kg		5.0800	8.1300	12.2600
	33331801	斜垫铁	kg		5.1000	8.1600	12.6100
	34110101	水	m^3		0.3584	0.5877	0.8744
	35010101	钢模板	kg		1.2600	1.6632	2.1672
	35010703	木模板成材	m^3		0.0200	0.0264	0.0344
	35020111	钢管支撑 $\phi48$	kg		0.4400	0.5808	0.7568
	35020401	钢模零配件	kg		0.6600	0.8712	1.1352
	36030252	涤纶针刺土工布 200 g/m^2	m^2		1.1010	1.8056	2.6864
	50110101	空气幕	台	1.0000			
	80210424	预拌混凝土(泵送型) C30 粒径 5～40	m^3		1.2625	2.0705	3.0805
	X0045	其他材料费	%	2.0000	0.1600	0.2800	0.3900
机械	99050930	混凝土振捣器(插入式)	台班		0.0457	0.0750	0.1116
	99070530	载重汽车 5 t	台班		0.4000	0.4400	0.5000
	99070540	载重汽车 6 t	台班		0.0148	0.0195	0.0255
	99090005	吊装机械(综合)	台班		0.1710	0.4230	0.5500
	99090080	履带式起重机 10 t	台班		0.0630	0.0923	0.1289
	99090360	汽车式起重机 8 t	台班		0.0098	0.0129	0.0169
	99170030	钢筋切断机 $\phi40$	台班		0.0185	0.0303	0.0450
	99170050	钢筋弯曲机 $\phi40$	台班		0.0038	0.0063	0.0093
	99210010	木工圆锯机 $\phi500$	台班		0.0276	0.0364	0.0475
	99250020	交流弧焊机 32 kV·A	台班		0.1217	0.1996	0.2970
	99250150	直流弧焊机 32 kW	台班		0.1580	0.2780	0.3090
	99250280	对焊机 75 kV·A	台班		0.0228	0.0374	0.0556

工作内容:1. 本体安装试运转。
　　　2,3,4. 本体安装。

定额编号			F-11-1-37	F-11-1-38	F-11-1-39	F-11-1-40
项目			热泵机组	吊顶式空调器		
			设备重量 8 t以内	重量 0.15 t以内	重量 0.2 t以内	重量 0.4 t以内
			组	台	台	台
预算定额编号	预算定额名称	预算定额单位	数量			
08-10-1-65	地源(水源、气源)热泵机组 设备重量8 t以内	组	1.0000			
08-10-1-66	吊顶式空调器 重量0.15 t以内	台		1.0000		
08-10-1-67	吊顶式空调器 重量0.2 t以内	台			1.0000	
08-10-1-68	吊顶式空调器 重量0.4 t以内	台				1.0000
08-13-3-30	底板 模板	m^2	5.4000			
08-4-1-3	地下结构工程 混凝土底板	m^3	5.5000			
08-4-2-4	普通钢筋 板钢筋	t	0.3300			

工作内容:1. 本体安装试运转。
2,3,4. 本体安装。

定额编号				F-11-1-37	F-11-1-38	F-11-1-39	F-11-1-40
项目				热泵机组	吊顶式空调器		
				设备重量 8 t 以内	重量 0.15 t 以内	重量 0.2 t 以内	重量 0.4 t 以内
名称			单位	组	台	台	台
人工	00230103	综合人工(土建)	工日	5.7005			
	00230105	综合人工(安装)	工日	42.5300	1.3160	1.4140	1.8090
材料	01010212	热轧带肋钢筋(HRB400) $\phi>10$	t	0.3382			
	02010107	橡胶板 δ3～6	kg	9.0000			
	03014101	六角螺栓连母垫	kg	4.5360			
	03130101	电焊条	kg	2.5456			
	03130114	电焊条 J422 ϕ3.2	kg	1.0500			
	03150101	圆钉	kg	0.1674			
	03152501	镀锌铁丝	kg	1.1814			
	03152508	镀锌铁丝 8#～12#	kg	4.8000			
	05030102	一般木成材	m^3	0.0350			
	05031701	道木	m^3	0.0620			
	14030101	汽油	kg	0.9200			
	14030501	煤油	kg	5.8800			
	14070101	机油	kg	3.3970			
	14090401	钙基润滑脂	kg	1.8700			
	14390101	氧气	m^3	1.5300			
	14390302	乙炔气	kg	0.5100			
	33331701	平垫铁	kg	15.4900			
	33331801	斜垫铁	kg	16.0500			
	34090101	棉纱头	kg		0.5000	0.5000	0.5000
	34110101	水	m^3	1.5769			
	35010101	钢模板	kg	3.4020			
	35010703	木模板成材	m^3	0.0540			
	35020111	钢管支撑 ϕ48	kg	1.1880			
	35020401	钢模零配件	kg	1.7820			
	36030252	涤纶针刺土工布 200 g/m^2	m^2	4.8444			
	80210424	预拌混凝土(泵送型) C30 粒径 5～40	m^3	5.5550			
	X0045	其他材料费	%	0.5200	1.0000	1.0000	1.0000
机械	99050930	混凝土振捣器(插入式)	台班	0.2013			
	99070530	载重汽车 5 t	台班	0.6000	0.0090	0.0090	0.0090
	99070540	载重汽车 6 t	台班	0.0400			
	99090005	吊装机械(综合)	台班	0.8250			
	99090080	履带式起重机 10 t	台班	0.2185			
	99090360	汽车式起重机 8 t	台班	0.0265	0.0210	0.0210	0.0210
	99091450	电动卷扬机单筒慢速 10 kN	台班		0.0130	0.0130	0.0130
	99170030	钢筋切断机 ϕ40	台班	0.0812			
	99170050	钢筋弯曲机 ϕ40	台班	0.0168			
	99210010	木工圆锯机 ϕ500	台班	0.0745			
	99250020	交流弧焊机 32 kV·A	台班	0.5356			
	99250150	直流弧焊机 32 kW	台班	0.4060			
	99250280	对焊机 75 kV·A	台班	0.1003			

工作内容：1,2. 本体安装。

3,4. 本体安装、支吊架安装刷油、帆布软接安装、温度风量测定孔安装。

定额编号			F-11-1-41	F-11-1-42	F-11-1-43	F-11-1-44
项目			吊顶式空调器		落地式空调器	
			重量 0.8 t以内	重量 1.2 t以内	重量 0.4 t以内	重量 0.8 t以内
			台	台	台	台
预算定额编号	预算定额名称	预算定额单位	数量			
08-10-1-206	温度、风量测定孔	个			1.0000	1.0000
08-10-1-208	帆布接口	m^2			1.1200	1.5800
08-10-1-255	金属结构刷油 防锈漆 第一遍	100 kg			0.4200	0.5400
08-10-1-256	金属结构刷油 防锈漆 增一遍	100 kg			0.4200	0.5400
08-10-1-262	金属结构刷油 调和漆 第一遍	100 kg			0.4200	0.5400
08-10-1-263	金属结构刷油 调和漆 增一遍	100 kg			0.4200	0.5400
08-10-1-69	吊顶式空调器 重量 0.8 t以内	台	1.0000			
08-10-1-70	吊顶式空调器 重量 1.2 t以内	台		1.0000		
08-10-1-73	落地式空调器 重量 0.4 t以内	台			1.0000	
08-10-1-74	落地式空调器 重量 0.8 t以内	台				1.0000
08-10-2-113	管道支架制作 单件重量 50 kg以内	100 kg			0.4200	0.5400
08-10-2-118	管道支架安装 单件重量 50 kg以内	100 kg			0.4200	0.5400
08-13-3-30	底板 模板	m^2			1.2400	1.4400
08-4-1-3	地下结构工程 混凝土底板	m^3			0.4800	0.6460
08-4-2-4	普通钢筋 板钢筋	t			0.0288	0.0388

工作内容：1，2. 本体安装。

3，4. 本体安装、支吊架安装刷油、帆布软接安装、温度风量测定孔安装。

定额编号				F-11-1-41	F-11-1-42	F-11-1-43	F-11-1-44
项目				吊顶式空调器		落地式空调器	
				重量 0.8 t以内	重量 1.2 t以内	重量 0.4 t以内	重量 0.8 t以内
名称			单位	台	台	台	台
人工	00230103	综合人工(土建)	工日			0.8765	1.0668
	00230105	综合人工(安装)	工日	3.1550	5.1200	6.9378	10.3671
材料	01010212	热轧带肋钢筋(HRB400) $\phi>10$	t			0.0295	0.0397
	01130114	扁钢 25～45	kg			9.3184	13.1456
	01150103-1	热轧型钢 综合	kg			44.1000	56.7000
	01210115	等边角钢 45～50	kg			20.5296	28.9614
	01290217	热轧钢板(薄板) δ2.0～2.5	kg			0.1800	0.1800
	02010107	橡胶板 δ3～6	kg			1.6352	2.3068
	02270201	帆布	m^2			1.2880	1.8170
	03014101	六角螺栓连母垫	kg			3.3263	4.2996
	03014658	精制六角螺栓连母垫 M2～5×4～20	10套			0.4160	0.4160
	03018105	膨胀螺栓(钢制) M8～16	kg			0.5321	0.6842
	03019502	弹簧垫圈 M2～10	10个			0.4240	0.4240
	03110212	尼龙砂轮片 $\phi100$	片			0.0202	0.0259
	03110215	尼龙砂轮片 $\phi400$	片			0.3751	0.4822
	03130101	电焊条	kg			0.2894	0.3938
	03130114	电焊条 J422 $\phi3.2$	kg			1.5842	2.0054
	03150101	圆钉	kg			0.0384	0.0446
	03152501	镀锌铁丝	kg			0.1031	0.1388
	03210210	硬质合金冲击钻头 $\phi10$～20	根			0.3402	0.4374
	13010123	酚醛调和漆 F03-1	kg			0.6300	0.8100
	13050611-1	酚醛防锈漆(红丹) F53-31	kg			0.7140	0.9180
	14050135	溶剂汽油 $200^{\#}$	kg			0.0882	0.1134
	14070101	机油	kg			0.2876	0.3528
	14390101	氧气	m^3			0.8215	1.0562
	14390302	乙炔气	kg			0.2738	0.3521
	18035316	镀锌外接头 DN50	个			1.0000	1.0000

(续表)

定额编号				F-11-1-41	F-11-1-42	F-11-1-43	F-11-1-44
项目				吊顶式空调器		落地式空调器	
				重量 0.8 t 以内	重量 1.2 t 以内	重量 0.4 t 以内	重量 0.8 t 以内
名称			单位	台	台	台	台
材料	18151616	镀锌管堵 DN50	个			1.0000	1.0000
	34090101	棉纱头	kg	0.5000	0.5000	0.5000	0.5000
	34110101	水	m^3			0.1376	0.1852
	34110301	电	kW·h			0.8371	1.0762
	35010101	钢模板	kg			0.7812	0.9072
	35010703	木模板成材	m^3			0.0124	0.0144
	35020111	钢管支撑 ϕ48	kg			0.2728	0.3168
	35020401	钢模零配件	kg			0.4092	0.4752
	36030252	涤纶针刺土工布 200 g/m^2	m^2			0.4228	0.5690
	80060214	干混抹灰砂浆 DP M20.0	m^3			0.0160	0.0205
	80210424	预拌混凝土(泵送型) C30 粒径 5～40	m^3			0.4848	0.6525
	X0045	其他材料费	%	1.0000	1.0000	0.4400	0.4300
机械	99050930	混凝土振捣器(插入式)	台班			0.0176	0.0236
	99070530	载重汽车 5 t	台班	0.0090	0.0130	0.0090	0.0090
	99070540	载重汽车 6 t	台班			0.0092	0.0107
	99090080	履带式起重机 10 t	台班			0.0324	0.0396
	99090360	汽车式起重机 8 t	台班	0.0210	0.0310	0.0271	0.0281
	99091450	电动卷扬机单筒慢速 10 kN	台班	0.0130	0.0130	0.0200	0.0200
	99170030	钢筋切断机 ϕ40	台班			0.0071	0.0095
	99170050	钢筋弯曲机 ϕ40	台班			0.0015	0.0020
	99190030	普通车床 ϕ400×1000	台班			0.0500	0.0500
	99190200	台式钻床 ϕ16	台班			0.2541	0.3406
	99190230	立式钻床 ϕ25	台班			0.3545	0.4558
	99210010	木工圆锯机 ϕ500	台班			0.0171	0.0199
	99230170	砂轮切割机 ϕ400	台班			0.2554	0.3283
	99250005	电焊机	台班			0.8820	1.1340
	99250010	交流弧焊机 21 kV·A	台班			0.0324	0.0416
	99250020	交流弧焊机 32 kV·A	台班			0.0467	0.0629
	99250280	对焊机 75 kV·A	台班			0.0088	0.0118

工作内容：1. 本体安装、支吊架安装刷油、帆布软接安装、温度风量测定孔安装。
2,3,4. 本体安装。

定额编号			F-11-1-45	F-11-1-46	F-11-1-47	F-11-1-48
项目			落地式空调器	墙上式空调器		
			重量 1.2 t 以内	重量 0.1 t 以内	重量 0.15 t 以内	重量 0.2 t 以内
			台	台	台	台
预算定额编号	预算定额名称	预算定额单位	数量			
08-10-1-206	温度、风量测定孔	个	1.0000			
08-10-1-208	帆布接口	m^2	2.0200			
08-10-1-255	金属结构刷油 防锈漆 第一遍	100 kg	0.6300			
08-10-1-256	金属结构刷油 防锈漆 增一遍	100 kg	0.6300			
08-10-1-262	金属结构刷油 调和漆 第一遍	100 kg	0.6300			
08-10-1-263	金属结构刷油 调和漆 增一遍	100 kg	0.6300			
08-10-1-75	落地式空调器 重量 1.2 t 以内	台	1.0000			
08-10-1-76	墙上式空调器 重量 0.1 t 以内	台		1.0000		
08-10-1-77	墙上式空调器 重量 0.15 t 以内	台			1.0000	
08-10-1-78	墙上式空调器 重量 0.2 t 以内	台				1.0000
08-10-2-113	管道支架制作 单件重量 50 kg 以内	100 kg	0.6300			
08-10-2-118	管道支架安装 单件重量 50 kg 以内	100 kg	0.6300			
08-13-3-30	底板 模板	m^2	1.8400			
08-4-1-3	地下结构工程 混凝土底板	m^3	1.0260			
08-4-2-4	普通钢筋 板钢筋	t	0.0616			

工作内容:1. 本体安装、支吊架安装刷油、帆布软接安装、温度风量测定孔安装。
2,3,4. 本体安装。

定额编号				F-11-1-45	F-11-1-46	F-11-1-47	F-11-1-48
项目				落地式空调器	墙上式空调器		
				重量 1.2 t 以内	重量 0.1 t 以内	重量 0.15 t 以内	重量 0.2 t 以内
名称			单位	台	台	台	台
人工	00230103	综合人工(土建)	工日	1.4739			
	00230105	综合人工(安装)	工日	13.3536	1.0610	1.2380	1.4140
材料	01010212	热轧带肋钢筋(HRB400) ϕ>10	t	0.0631			
	01130114	扁钢 25~45	kg	16.8064			
	01150103-1	热轧型钢 综合	kg	66.1500			
	01210115	等边角钢 45~50	kg	37.0266			
	01290217	热轧钢板(薄板) δ2.0~2.5	kg	0.1800			
	02010107	橡胶板 δ3~6	kg	2.9492			
	02270201	帆布	m^2	2.3230			
	03014101	六角螺栓连母垫	kg	5.3432			
	03014658	精制六角螺栓连母垫 M2~5×4~20	10 套	0.4160			
	03018105	膨胀螺栓(钢制) M8~16	kg	0.7982			
	03019502	弹簧垫圈 M2~10	10 个	0.4240			
	03110212	尼龙砂轮片 ϕ100	片	0.0302			
	03110215	尼龙砂轮片 ϕ400	片	0.5626			
	03130101	电焊条	kg	0.5961			
	03130114	电焊条 J422 ϕ3.2	kg	2.3213			
	03150101	圆钉	kg	0.0570			
	03152501	镀锌铁丝	kg	0.2204			
	03210210	硬质合金冲击钻头 ϕ10~20	根	0.5103			
	13010123	酚醛调和漆 F03-1	kg	0.9450			
	13050611-1	酚醛防锈漆(红丹) F53-31	kg	1.0710			
	14050135	溶剂汽油 200#	kg	0.1323			
	14070101	机油	kg	0.4292			
	14390101	氧气	m^3	1.2323			
	14390302	乙炔气	kg	0.4108			
	18035316	镀锌外接头 DN50	个	1.0000			
	18151616	镀锌管堵 DN50	个	1.0000			

（续表）

定额编号				F-11-1-45	F-11-1-46	F-11-1-47	F-11-1-48
项目				落地式空调器	墙上式空调器		
				重量 1.2 t以内	重量 0.1 t以内	重量 0.15 t以内	重量 0.2 t以内
名称			单位	台	台	台	台
材料	34090101	棉纱头	kg	0.5000	0.5000	0.5000	0.5000
	34110101	水	m^3	0.2942			
	34110301	电	kW·h	1.2556			
	35010101	钢模板	kg	1.1592			
	35010703	木模板成材	m^3	0.0184			
	35020111	钢管支撑 ϕ48	kg	0.4048			
	35020401	钢模零配件	kg	0.6072			
	36030252	涤纶针刺土工布 200 g/m^2	m^2	0.9037			
	80060214	干混抹灰砂浆 DP M20.0	m^3	0.0239			
	80210424	预拌混凝土(泵送型) C30 粒径 5～40	m^3	1.0363			
	X0045	其他材料费	%	0.4200	1.0000	1.0000	1.0000
机械	99050930	混凝土振捣器(插入式)	台班	0.0376			
	99070530	载重汽车 5 t	台班	0.0130		0.0090	0.0090
	99070540	载重汽车 6 t	台班	0.0136			
	99090080	履带式起重机 10 t	台班	0.0552			
	99090360	汽车式起重机 8 t	台班	0.0400		0.0210	0.0210
	99091450	电动卷扬机单筒慢速 10 kN	台班			0.0130	0.0130
	99091460	电动卷扬机单筒慢速 30 kN	台班	0.0200			
	99170030	钢筋切断机 ϕ40	台班	0.0151			
	99170050	钢筋弯曲机 ϕ40	台班	0.0031			
	99190030	普通车床 ϕ400×1000	台班	0.0500			
	99190200	台式钻床 ϕ16	台班	0.4206			
	99190230	立式钻床 ϕ25	台班	0.5317			
	99210010	木工圆锯机 ϕ500	台班	0.0254			
	99230170	砂轮切割机 ϕ400	台班	0.3830			
	99250005	电焊机	台班	1.3230			
	99250010	交流弧焊机 21 kV·A	台班	0.0504			
	99250020	交流弧焊机 32 kV·A	台班	0.0999			
	99250280	对焊机 75 kV·A	台班	0.0187			

工作内容:1,2. 本体安装。
3,4. 本体安装、支吊架安装刷油、帆布软接安装、温度风量测定孔安装。

定额编号			F-11-1-49	F-11-1-50	F-11-1-51	F-11-1-52
项目			墙上式空调器		组合式空调机组	
			重量 0.4 t 以内	重量 0.8 t 以内	风量 30000 m^3/h 以内	风量 40000 m^3/h 以内
			台	台	台	台
预算定额编号	预算定额名称	预算定额单位	数量			
08-10-1-206	温度、风量测定孔	个			1.0000	1.0000
08-10-1-208	帆布接口	m^2			2.4500	2.7000
08-10-1-255	金属结构刷油 防锈漆 第一遍	100 kg			1.5800	1.7400
08-10-1-256	金属结构刷油 防锈漆 增一遍	100 kg			1.5800	1.7400
08-10-1-262	金属结构刷油 调和漆 第一遍	100 kg			1.5800	1.7400
08-10-1-263	金属结构刷油 调和漆 增一遍	100 kg			1.5800	1.7400
08-10-1-79	墙上式空调器 重量 0.4 t 以内	台	1.0000			
08-10-1-80	墙上式空调器 重量 0.8 t 以内	台		1.0000		
08-10-1-84	组合式空调机组 风量 30000 m^3/h 以内	台			1.0000	
08-10-1-85	组合式空调机组 风量 40000 m^3/h 以内	台				1.0000
08-10-2-113	管道支架制作 单件重量 50 kg 以内	100 kg			1.5800	1.7400
08-10-2-118	管道支架安装 单件重量 50 kg 以内	100 kg			1.5800	1.7400
08-13-3-30	底板 模板	m^2			3.9600	4.2400
08-4-1-3	地下结构工程 混凝土底板	m^3			3.7000	4.4660
08-4-2-4	普通钢筋 板钢筋	t			0.2220	0.2680

工作内容：1,2. 本体安装。

3,4. 本体安装、支吊架安装刷油、帆布软接安装、温度风量测定孔安装。

定额编号				F-11-1-49	F-11-1-50	F-11-1-51	F-11-1-52
项目				墙上式空调器		组合式空调机组	
				重量 0.4 t 以内	重量 0.8 t 以内	风量 30000 m^3/h 以内	风量 40000 m^3/h 以内
名称			单位	台	台	台	台
人工	00230103	综合人工(土建)	工日			3.9962	4.5574
	00230105	综合人工(安装)	工日	1.8090	3.1550	31.7605	37.8034
材料	01010212	热轧带肋钢筋(HRB400) ϕ>10	t			0.2276	0.2747
	01130114	扁钢 25～45	kg			20.3840	22.4640
	01150103-1	热轧型钢 综合	kg			165.9000	182.7000
	01210115	等边角钢 45～50	kg			44.9085	49.4910
	01290217	热轧钢板(薄板) δ2.0～2.5	kg			0.1800	0.1800
	02010107	橡胶板 δ3～6	kg			3.5770	3.9420
	02270201	帆布	m^2			2.8175	3.1050
	03014101	六角螺栓连母垫	kg			9.9990	10.9120
	03014658	精制六角螺栓连母垫 M2～5×4～20	10套			0.4160	0.4160
	03018105	膨胀螺栓(钢制) M8～16	kg			2.0019	2.2046
	03019502	弹簧垫圈 M2～10	10个			0.4240	0.4240
	03110212	尼龙砂轮片 ϕ100	片			0.0758	0.0835
	03110215	尼龙砂轮片 ϕ400	片			1.4109	1.5538
	03130101	电焊条	kg			1.8595	2.2290
	03130114	电焊条 J422 ϕ3.2	kg			5.6558	6.2174
	03150101	圆钉	kg			0.1228	0.1314
	03152501	镀锌铁丝	kg			0.7948	0.9593
	03210210	硬质合金冲击钻头 ϕ10～20	根			1.2798	1.4094
	13010123	酚醛调和漆 F03-1	kg			2.3700	2.6100
	13050611-1	酚醛防锈漆(红丹) F53-31	kg			2.6860	2.9580
	14030501	煤油	kg			2.3900	3.2000
	14050135	溶剂汽油 200#	kg			0.3318	0.3654
	14070101	机油	kg			1.0044	1.0928
	14390101	氧气	m^3			3.0905	3.4034
	14390302	乙炔气	kg			1.0302	1.1345
	18035316	镀锌外接头 DN50	个			1.0000	1.0000

(续表)

定额编号				F-11-1-49	F-11-1-50	F-11-1-51	F-11-1-52
项目				墙上式空调器		组合式空调机组	
				重量 0.4 t 以内	重量 0.8 t 以内	风量 30000 m^3/h 以内	风量 40000 m^3/h 以内
名称			单位	台	台	台	台
材料	18151616	镀锌管堵 DN50	个			1.0000	1.0000
	34090101	棉纱头	kg	0.5000	0.5000	1.1900	1.6000
	34110101	水	m^3			1.0608	1.2804
	34110301	电	kW·h			3.1489	3.4678
	35010101	钢模板	kg			2.4948	2.6712
	35010703	木模板成材	m^3			0.0396	0.0424
	35020111	钢管支撑 ϕ48	kg			0.8712	0.9328
	35020401	钢模零配件	kg			1.3068	1.3992
	36030252	涤纶针刺土工布 200 g/m^2	m^2			3.2590	3.9337
	80060214	干混抹灰砂浆 DP M20.0	m^3			0.0600	0.0661
	80210424	预拌混凝土(泵送型) C30 粒径 5～40	m^3			3.7370	4.5107
	X0045	其他材料费	%	1.0000	1.0000	0.4500	0.4600
机械	99050930	混凝土振捣器(插入式)	台班			0.1354	0.1635
	99070530	载重汽车 5 t	台班	0.0090	0.0090	0.2920	0.2920
	99070540	载重汽车 6 t	台班			0.0293	0.0314
	99090080	履带式起重机 10 t	台班			0.1526	0.1749
	99090360	汽车式起重机 8 t	台班	0.0210	0.0210	0.2704	0.3248
	99091380	电动卷扬机单筒快速 10 kN	台班			0.1830	0.1700
	99091450	电动卷扬机单筒慢速 10 kN	台班	0.0130	0.0130		
	99091460	电动卷扬机单筒慢速 30 kN	台班			0.0600	0.1200
	99170030	钢筋切断机 ϕ40	台班			0.0546	0.0659
	99170050	钢筋弯曲机 ϕ40	台班			0.0113	0.0137
	99190030	普通车床 $\phi400\times1000$	台班			0.0500	0.0500
	99190200	台式钻床 ϕ16	台班			0.5911	0.6482
	99190230	立式钻床 ϕ25	台班			1.3335	1.4686
	99210010	木工圆锯机 ϕ500	台班			0.0546	0.0585
	99230170	砂轮切割机 ϕ400	台班			0.9606	1.0579
	99250005	电焊机	台班			3.3180	3.6540
	99250010	交流弧焊机 21 kV·A	台班			0.0590	0.0640
	99250020	交流弧焊机 32 kV·A	台班			0.3603	0.4349
	99250280	对焊机 75 kV·A	台班			0.0675	0.0815

工作内容：1,2,3. 本体安装、设备基础浇筑、支吊架安装刷油、帆布软接安装、温度风量测定孔安装。
4. 本体安装、支架制安、刷油、设备基础浇筑。

定额编号			F-11-1-53	F-11-1-54	F-11-1-55	F-11-1-56
项目			组合式空调机组			多联体空调机室外机
			风量 60000 m^3/h 以内	风量 80000 m^3/h 以内	风量 100000 m^3/h 以内	制冷量 30 kW 以内
			台	台	台	台
预算定额编号	预算定额名称	预算定额单位	数量			
08-10-1-206	温度、风量测定孔	个	1.0000	1.0000	1.0000	
08-10-1-208	帆布接口	m^2	3.1000	3.6000	4.0000	
08-10-1-255	金属结构刷油 防锈漆 第一遍	100 kg	1.9100	2.1100	2.3400	0.2700
08-10-1-256	金属结构刷油 防锈漆 增一遍	100 kg	1.9100	2.1100	2.3400	0.2700
08-10-1-262	金属结构刷油 调和漆 第一遍	100 kg	1.9100	2.1100	2.3400	0.2700
08-10-1-263	金属结构刷油 调和漆 增一遍	100 kg	1.9100	2.1100	2.3400	0.2700
08-10-1-86	组合式空调机组 风量 60000 m^3/h 以内	台	1.0000			
08-10-1-87	组合式空调机组 风量 80000 m^3/h 以内	台		1.0000		
08-10-1-88	组合式空调机组 风量 100000 m^3/h 以内	台			1.0000	
08-10-1-89	多联体空调机室外机 制冷量 30 kW 以内	台				1.0000
08-10-2-113	管道支架制作 单件重量 50 kg 以内	100 kg	1.9100	2.1100	2.3400	0.2700
08-10-2-118	管道支架安装 单件重量 50 kg 以内	100 kg	1.9100	2.1100	2.3400	0.2700
08-13-3-30	底板 模板	m^2	4.5200	5.2400	5.6400	0.8800
08-4-1-3	地下结构工程 混凝土底板	m^3	5.5440	7.3800	8.5360	0.2400
08-4-2-4	普通钢筋 板钢筋	t	0.3326	0.4428	0.5122	0.0144

工作内容:1,2,3. 本体安装、设备基础浇筑、支吊架安装刷油、帆布软接安装、温度风量测定孔安装。
4. 本体安装、支架制安、刷油、设备基础浇筑。

定额编号				F-11-1-53	F-11-1-54	F-11-1-55	F-11-1-56
项目				组合式空调机组			多联体空调机室外机
				风量 60000 m^3/h 以内	风量 80000 m^3/h 以内	风量 100000 m^3/h 以内	制冷量 30 kW 以内
名称			单位	台	台	台	台
人工	00230103	综合人工(土建)	工日	5.2910	6.6602	7.4960	0.5664
	00230105	综合人工(安装)	工日	43.5814	52.4200	65.3496	5.4241
材料	01010212	热轧带肋钢筋(HRB400) $\phi>10$	t	0.3410	0.4539	0.5250	0.0148
	01130114	扁钢 25～45	kg	25.7920	29.9520	33.2800	
	01150103-1	热轧型钢 综合	kg	200.5500	221.5500	245.7000	28.3500
	01210115	等边角钢 45～50	kg	56.8230	65.9880	73.3200	
	01290217	热轧钢板(薄板) δ2.0～2.5	kg	0.1800	0.1800	0.1800	
	02010107	橡胶板 δ3～6	kg	4.5260	5.2560	5.8400	
	02270201	帆布	m^2	3.5650	4.1400	4.6000	
	03014101	六角螺栓连母垫	kg	12.0138	13.6702	15.0248	1.4231
	03014658	精制六角螺栓连母垫 M2～5×4～20	10套	0.4160	0.4160	0.4160	
	03018105	膨胀螺栓(钢制) M8～16	kg	2.4200	2.6734	2.9648	0.3421
	03019502	弹簧垫圈 M2～10	10个	0.4240	0.4240	0.4240	
	03110212	尼龙砂轮片 $\phi100$	片	0.0917	0.1013	0.1123	0.0130
	03110215	尼龙砂轮片 $\phi400$	片	1.7056	1.8842	2.0896	0.2411
	03130101	电焊条	kg	2.7520	3.6318	4.1908	0.1111
	03130114	电焊条 J422 $\phi3.2$	kg	6.8141	7.5161	8.3234	0.9477
	03150101	圆钉	kg	0.1401	0.1624	0.1748	0.0273
	03152501	镀锌铁丝	kg	1.1909	1.5852	1.8335	0.0516
	03210210	硬质合金冲击钻头 $\phi10$～20	根	1.5471	1.7091	1.8954	0.2187
	13010123	酚醛调和漆 F03-1	kg	2.8650	3.1650	3.5100	0.4050
	13050611-1	酚醛防锈漆(红丹) F53-31	kg	3.2470	3.5870	3.9780	0.4590
	14030501	煤油	kg	4.8300	8.4200	10.3300	0.1250
	14050135	溶剂汽油 200#	kg	0.4011	0.4431	0.4914	0.0567
	14070101	机油	kg	1.1848	1.3360	1.4628	0.1940
	14390101	氧气	m^3	3.7360	4.1272	4.5770	0.5281
	14390302	乙炔气	kg	1.2453	1.3757	1.5257	0.1760
	18035316	镀锌外接头 DN50	个	1.0000	1.0000	1.0000	

（续表）

定额编号				F-11-1-53	F-11-1-54	F-11-1-55	F-11-1-56
项目				组合式空调机组		多联体空调机室外机	
				风量 60000 m³/h 以内	风量 80000 m³/h 以内	风量 100000 m³/h 以内	制冷量 30 kW 以内
名称			单位	台	台	台	台
材料	18151616	镀锌管堵 DN50	个	1.0000	1.0000	1.0000	
	34090101	棉纱头	kg	2.4200	4.2100	5.1600	0.5000
	34110101	水	m³	1.5895	2.1158	2.4473	0.0688
	34110301	电	kW·h	3.8066	4.2052	4.6636	0.5381
	35010101	钢模板	kg	2.8476	3.3012	3.5532	0.5544
	35010703	木模板成材	m³	0.0452	0.0524	0.0564	0.0088
	35020111	钢管支撑 ϕ48	kg	0.9944	1.1528	1.2408	0.1936
	35020401	钢模零配件	kg	1.4916	1.7292	1.8612	0.2904
	36030252	涤纶针刺土工布 200 g/m²	m²	4.8832	6.5003	7.5185	0.2114
	80060214	干混抹灰砂浆 DP M20.0	m³	0.0726	0.0802	0.0889	0.0103
	80210424	预拌混凝土(泵送型) C30 粒径 5～40	m³	5.5994	7.4538	8.6214	0.2424
	X0045	其他材料费	%	0.4700	0.4800	0.4800	0.5000
机械	99050930	混凝土振捣器(插入式)	台班	0.2029	0.2701	0.3124	0.0088
	99070530	载重汽车 5 t	台班	0.3750	0.3750	0.3750	0.0090
	99070540	载重汽车 6 t	台班	0.0334	0.0388	0.0417	0.0065
	99090080	履带式起重机 10 t	台班	0.2043	0.2585	0.2917	0.0207
	99090360	汽车式起重机 8 t	台班	0.4141	0.4417	0.4786	0.0253
	99091380	电动卷扬机单筒快速 10 kN	台班	0.1700	0.1700	0.1570	0.0130
	99091460	电动卷扬机单筒慢速 30 kN	台班	0.3000	0.3000	0.0600	
	99091470	电动卷扬机单筒慢速 50 kN	台班			0.3000	
	99170030	钢筋切断机 ϕ40	台班	0.0818	0.1089	0.1260	0.0035
	99170050	钢筋弯曲机 ϕ40	台班	0.0170	0.0226	0.0261	0.0007
	99190030	普通车床 ϕ400×1000	台班	0.0500	0.0500	0.0500	
	99190200	台式钻床 ϕ16	台班	0.7304	0.8318	0.9204	0.0289
	99190230	立式钻床 ϕ25	台班	1.6120	1.7808	1.9750	0.2279
	99210010	木工圆锯机 ϕ500	台班	0.0624	0.0723	0.0778	0.0121
	99230170	砂轮切割机 ϕ400	台班	1.1613	1.2829	1.4227	0.1642
	99250005	电焊机	台班	4.0110	4.4310	4.9140	0.5670
	99250010	交流弧焊机 21 kV·A	台班	0.0720	0.0820	0.0900	
	99250020	交流弧焊机 32 kV·A	台班	0.5399	0.7187	0.8312	0.0234
	99250280	对焊机 75 kV·A	台班	0.1011	0.1346	0.1557	0.0044

工作内容:1,2,3. 本体安装、支架制安、刷油、设备基础浇筑。
4. 本体安装。

定　额　编　号			F-11-1-57	F-11-1-58	F-11-1-59	F-11-1-60
项　　目			多联体空调机室外机			风机盘管
			制冷量 50 kW 以内	制冷量 90 kW 以内	制冷量 140 kW 以内	落地式
			台	台	台	台
预算定额编号	预算定额名称	预算定额单位	数　量			
08-10-1-255	金属结构刷油 防锈漆 第一遍	100 kg	0.5500	0.6500	0.9500	
08-10-1-256	金属结构刷油 防锈漆 增一遍	100 kg	0.5500	0.6500	0.9500	
08-10-1-262	金属结构刷油 调和漆 第一遍	100 kg	0.5500	0.6500	0.9500	
08-10-1-263	金属结构刷油 调和漆 增一遍	100 kg	0.5500	0.6500	0.9500	
08-10-1-90	多联体空调机室外机 制冷量 50 kW 以内	台	1.0000			
08-10-1-91	多联体空调机室外机 制冷量 90 kW 以内	台		1.0000		
08-10-1-92	多联体空调机室外机 制冷量 140 kW 以内	台			1.0000	
08-10-1-93	风机盘管 落地式	台				1.0000
08-10-2-113	管道支架制作 单件重量 50 kg 以内	100 kg	0.5500	0.6500	0.9500	
08-10-2-118	管道支架安装 单件重量 50 kg 以内	100 kg	0.5500	0.6500	0.9500	
08-13-3-30	底板 模板	m^2	1.0000	1.4000	1.5200	
08-4-1-3	地下结构工程 混凝土底板	m^3	0.3000	0.5000	0.5600	
08-4-2-4	普通钢筋 板钢筋	t	0.0180	0.0300	0.0336	

工作内容：1,2,3. 本体安装、支架制安、刷油、设备基础浇筑。
4. 本体安装。

定额编号				F-11-1-57	F-11-1-58	F-11-1-59	F-11-1-60
项目				多联体空调机室外机			风机盘管
				制冷量 50 kW 以内	制冷量 90 kW 以内	制冷量 140 kW 以内	落地式
名称			单位	台	台	台	台
人工	00230103	综合人工(土建)	工日	0.6587	0.9664	1.0587	
	00230105	综合人工(安装)	工日	9.0562	11.0015	13.6753	0.6100
材料	01010212	热轧带肋钢筋(HRB400) $\phi>10$	t	0.0185	0.0307	0.0344	
	01150103-1	热轧型钢 综合	kg	57.7500	68.2500	99.7500	
	02090303	聚氯乙烯薄膜	kg				0.0100
	03014101	六角螺栓连母垫	kg	2.2332	2.8224	3.6831	
	03018105	膨胀螺栓(钢制) M8～16	kg	0.6968	0.8236	1.2037	
	03018173	膨胀螺栓(钢制) M10	套				4.1600
	03110212	尼龙砂轮片 $\phi100$	片	0.0264	0.0312	0.0456	
	03110215	尼龙砂轮片 $\phi400$	片	0.4911	0.5805	0.8484	
	03130101	电焊条	kg	0.1389	0.2314	0.2592	
	03130114	电焊条 J422 $\phi3.2$	kg	1.9305	2.2815	3.3345	
	03150101	圆钉	kg	0.0310	0.0434	0.0471	
	03152501	镀锌铁丝	kg	0.0644	0.1074	0.1203	
	03210210	硬质合金冲击钻头 $\phi10$～20	根	0.4455	0.5265	0.7695	0.0100
	13010123	酚醛调和漆 F03-1	kg	0.8250	0.9750	1.4250	
	13050611-1	酚醛防锈漆(红丹) F53-31	kg	0.9350	1.1050	1.6150	
	14030501	煤油	kg	0.1250	0.1690	0.2530	0.2800
	14050135	溶剂汽油 200#	kg	0.1155	0.1365	0.1995	
	14070101	机油	kg	0.3080	0.3880	0.5092	
	14390101	氧气	m^3	1.0758	1.2714	1.8582	
	14390302	乙炔气	kg	0.3586	0.4238	0.6194	
	15132301	聚酯乙烯泡沫塑料	kg				0.1000
	34090101	棉纱头	kg	0.5000	0.5000	0.7500	
	34110101	水	m^3	0.0860	0.1434	0.1606	
	34110301	电	kW·h	1.0961	1.2954	1.8934	

(续表)

定额编号				F-11-1-57	F-11-1-58	F-11-1-59	F-11-1-60
项目				多联体空调机室外机			风机盘管
				制冷量 50 kW 以内	制冷量 90 kW 以内	制冷量 140 kW 以内	落地式
名称			单位	台	台	台	台
材料	35010101	钢模板	kg	0.6300	0.8820	0.9576	
	35010703	木模板成材	m^3	0.0100	0.0140	0.0152	
	35020111	钢管支撑 φ48	kg	0.2200	0.3080	0.3344	
	35020401	钢模零配件	kg	0.3300	0.4620	0.5016	
	36030252	涤纶针刺土工布 200 g/m^2	m^2	0.2642	0.4404	0.4932	
	80060214	干混抹灰砂浆 DP M20.0	m^3	0.0209	0.0247	0.0361	
	80210424	预拌混凝土(泵送型) C30 粒径 5～40	m^3	0.3030	0.5050	0.5656	
	X0045	其他材料费	%	0.5400	0.4900	0.5200	1.0000
机械	99050930	混凝土振捣器(插入式)	台班	0.0110	0.0183	0.0205	
	99070530	载重汽车 5 t	台班	0.0090	0.0090	0.0130	0.0100
	99070540	载重汽车 6 t	台班	0.0074	0.0104	0.0112	
	99090080	履带式起重机 10 t	台班	0.0241	0.0356	0.0390	
	99090360	汽车式起重机 8 t	台班	0.0259	0.0279	0.0384	
	99091380	电动卷扬机单筒快速 10 kN	台班	0.0130	0.0130		
	99091450	电动卷扬机单筒慢速 10 kN	台班				0.0400
	99091460	电动卷扬机单筒慢速 30 kN	台班			0.0600	
	99170030	钢筋切断机 φ40	台班	0.0044	0.0074	0.0083	
	99170050	钢筋弯曲机 φ40	台班	0.0009	0.0015	0.0017	
	99190200	台式钻床 φ16	台班	0.0588	0.0696	0.1017	
	99190230	立式钻床 φ25	台班	0.4642	0.5486	0.8018	
	99210010	木工圆锯机 φ500	台班	0.0138	0.0193	0.0210	
	99230170	砂轮切割机 φ400	台班	0.3344	0.3952	0.5776	
	99250005	电焊机	台班	1.1550	1.3650	1.9950	
	99250020	交流弧焊机 32 kV·A	台班	0.0292	0.0487	0.05457	
	99250280	对焊机 75 kV·A	台班	0.0055	0.0091	0.0102	

工作内容:1,2,3. 本体安装。

4. 本体安装、支吊架安装刷油、帆布软接安装。

定额编号			F-11-1-61	F-11-1-62	F-11-1-63	F-11-1-64
项目			风机盘管			离心式通风机
			壁挂式	吊顶式	卡式嵌入式	风量4500 m^3/h以内
			台	台	台	台
预算定额编号	预算定额名称	预算定额单位	数量			
08-10-1-208	帆布接口	m^2				0.5000
08-10-1-255	金属结构刷油 防锈漆 第一遍	100 kg				0.1500
08-10-1-256	金属结构刷油 防锈漆 增一遍	100 kg				0.1500
08-10-1-262	金属结构刷油 调和漆 第一遍	100 kg				0.1500
08-10-1-263	金属结构刷油 调和漆 增一遍	100 kg				0.1500
08-10-1-94	风机盘管 壁挂式	台	1.0000			
08-10-1-95	风机盘管 吊顶式	台		1.0000		
08-10-1-96	风机盘管 卡式嵌入式	台			1.0000	
08-10-1-98	离心式通风机 风量4500 m^3/h以内	台				1.0000
08-10-2-113	管道支架制作 单件重量50 kg以内	100 kg				0.1500
08-10-2-118	管道支架安装 单件重量50 kg以内	100 kg				0.1500

工作内容:1,2,3. 本体安装。

4. 本体安装、支吊架安装刷油、帆布软接安装。

定额编号				F-11-1-61	F-11-1-62	F-11-1-63	F-11-1-64
项目				风机盘管			离心式通风机
				壁挂式	吊顶式	卡式嵌入式	风量 4500 m^3/h 以内
名称			单位	台	台	台	台
人工	00230105	综合人工(安装)	工日	0.9030	1.5030	1.8400	2.8809
材料	01090111	圆钢 ϕ10～12	kg			2.8050	
	01090112	圆钢 ϕ10～15	kg		2.5500		
	01130114	扁钢 25～45	kg				4.1600
	01150103-1	热轧型钢 综合	kg				15.7500
	01210115	等边角钢 45～50	kg		2.9180	2.9180	9.1650
	01210116	等边角钢 56～63	kg		0.5920		
	01292401	铸铁垫板	kg				3.9000
	02010107	橡胶板 δ3～6	kg				0.7300
	02090303	聚氯乙烯薄膜	kg	0.0100	0.0100	0.0100	
	02270201	帆布	m^2				0.5750
	03014101	六角螺栓连母垫	kg				0.9250
	03018105	膨胀螺栓(钢制) M8～16	kg				0.1900
	03018173	膨胀螺栓(钢制) M10	套	4.1600	4.1600	4.1600	
	03019319	镀锌六角螺母 M10	10个		1.2720	1.2720	
	03019425	镀锌钢制垫圈 M10	个		8.4800	8.4800	
	03019517	镀锌弹簧垫圈 M10	个		4.2400	4.2400	
	03110212	尼龙砂轮片 ϕ100	片				0.0072
	03110215	尼龙砂轮片 ϕ400	片				0.1340
	03110216	尼龙砂轮片 ϕ500	片		0.0080		
	03130101	电焊条	kg				0.0300
	03130114	电焊条 J422 ϕ3.2	kg				0.5265

（续表）

定额编号				F-11-1-61	F-11-1-62	F-11-1-63	F-11-1-64
项目				风机盘管			离心式通风机
				壁挂式	吊顶式	卡式嵌入式	风量 4500 m^3/h 以内
名称			单位	台	台	台	台
材料	03210210	硬质合金冲击钻头 ϕ10～20	根	0.0100	0.0100	0.0100	0.1215
	13010123	酚醛调和漆 F03-1	kg				0.2250
	13050611-1	酚醛防锈漆（红丹）F53-31	kg				0.2550
	14030501	煤油	kg	0.2800	0.2800	0.2800	
	14050135	溶剂汽油 200#	kg				0.0315
	14070101	机油	kg				0.0540
	14390101	氧气	m^3				0.2934
	14390302	乙炔气	kg				0.0978
	15132301	聚酯乙烯泡沫塑料	kg	0.1000	0.1000	0.1000	
	34110301	电	kW·h				0.2989
	80060214	干混抹灰砂浆 DP M20.0	m^3				0.0057
	80210514	预拌混凝土（非泵送型）C20 粒径 5～20	m^3				0.0100
	X0045	其他材料费	%	1.0000	1.0000	1.0000	1.4200
机械	99070530	载重汽车 5 t	台班	0.0100	0.0100	0.0100	
	99091450	电动卷扬机单筒慢速 10 kN	台班	0.0400	0.0400	0.0400	
	99190200	台式钻床 ϕ16	台班		0.0100		0.0960
	99190230	立式钻床 ϕ25	台班				0.1266
	99230170	砂轮切割机 ϕ400	台班				0.0912
	99230180	砂轮切割机 ϕ500	台班		0.0100		
	99250005	电焊机	台班				0.3150
	99250010	交流弧焊机 21 kV·A	台班		0.1000		0.0100

工作内容:本体安装、支吊架安装刷油、帆布软接安装。

定额编号			F-11-1-65	F-11-1-66	F-11-1-67	F-11-1-68
项目			离心式通风机			轴流式通风机
			风量 7000 m^3/h 以内	风量 19300 m^3/h 以内	风量 62000 m^3/h 以内	风量 8900 m^3/h 以内
			台	台	台	台
预算定额编号	预算定额名称	预算定额单位	数量			
08-10-1-100	离心式通风机 风量 19300 m^3/h 以内	台		1.0000		
08-10-1-101	离心式通风机 风量 62000 m^3/h 以内	台			1.0000	
08-10-1-104	轴流式通风机 风量 8900 m^3/h 以内	台				1.0000
08-10-1-208	帆布接口	m^2	0.7300	0.9700	1.4900	0.7700
08-10-1-255	金属结构刷油 防锈漆 第一遍	100 kg	0.3500	0.6000	1.0000	0.1080
08-10-1-256	金属结构刷油 防锈漆 增一遍	100 kg	0.3500	0.6000	1.0000	0.1080
08-10-1-262	金属结构刷油 调和漆 第一遍	100 kg	0.3500	0.6000	1.0000	0.1080
08-10-1-263	金属结构刷油 调和漆 增一遍	100 kg	0.3500	0.6000	1.0000	0.1080
08-10-1-99	离心式通风机 风量 7000 m^3/h 以内	台	1.0000			
08-10-2-113	管道支架制作 单件重量 50 kg 以内	100 kg	0.3500	0.6000	1.0000	0.1080
08-10-2-118	管道支架安装 单件重量 50 kg 以内	100 kg	0.3500	0.6000	1.0000	0.1080

工作内容：本体安装、支吊架安装刷油、帆布软接安装。

定额编号				F-11-1-65	F-11-1-66	F-11-1-67	F-11-1-68
项目				离心式通风机			轴流式通风机
				风量 7000 m^3/h 以内	风量 19300 m^3/h 以内	风量 62000 m^3/h 以内	风量 8900 m^3/h 以内
名称			单位	台	台	台	台
人工	00230105	综合人工(安装)	工日	5.4706	9.9044	18.1985	2.8594
材料	01130114	扁钢 25～45	kg	6.0736	8.0704	12.3968	6.4064
	01150103-1	热轧型钢 综合	kg	36.7500	63.0000	105.0000	11.3400
	01210115	等边角钢 45～50	kg	13.3809	17.7801	27.3117	14.1141
	01292401	铸铁垫板	kg	3.9000	5.2000	21.6000	
	02010107	橡胶板 δ3～6	kg	1.0658	1.4162	2.1754	1.1242
	02270201	帆布	m^2	0.8395	1.1155	1.7135	0.8855
	03014101	六角螺栓连母垫	kg	1.6823	2.5771	4.1571	1.1129
	03018105	膨胀螺栓(钢制) M8～16	kg	0.4435	0.7602	1.2670	0.1368
	03110212	尼龙砂轮片 ϕ100	片	0.0168	0.0288	0.0480	0.0052
	03110215	尼龙砂轮片 ϕ400	片	0.3125	0.5358	0.8930	0.0964
	03130101	电焊条	kg	0.0438	0.0582	0.0894	0.0462
	03130114	电焊条 J422 ϕ3.2	kg	1.2285	2.1060	3.5100	0.3791
	03210210	硬质合金冲击钻头 ϕ10～20	根	0.2835	0.4860	0.8100	0.0875
	13010123	酚醛调和漆 F03-1	kg	0.5250	0.9000	1.5000	0.1620
	13050611-1	酚醛防锈漆(红丹) F53-31	kg	0.5950	1.0200	1.7000	0.1836
	14030501	煤油	kg	0.7500	0.7500	1.5000	
	14050135	溶剂汽油 200#	kg	0.0735	0.1260	0.2100	0.0227
	14070101	机油	kg	0.1260	0.2160	0.3600	0.0389
	14090401	钙基润滑脂	kg	0.4000	0.4000	0.5000	
	14390101	氧气	m^3	0.6846	1.1736	1.9560	0.2112
	14390302	乙炔气	kg	0.2282	0.3912	0.6520	0.0704
	34110301	电	kW·h	0.6976	1.1958	1.9930	0.2152
	80060214	干混抹灰砂浆 DP M20.0	m^3	0.0133	0.0228	0.0380	0.0041
	80210514	预拌混凝土(非泵送型) C20 粒径 5～20	m^3	0.0300	0.0300	0.0300	0.0100
	X0045	其他材料费	%	1.3300	1.2700	1.2100	1.4000
机械	99070530	载重汽车 5 t	台班		0.0090	0.0090	
	99090360	汽车式起重机 8 t	台班		0.0210	0.0210	
	99091450	电动卷扬机单筒慢速 10 kN	台班		0.0130	0.0130	
	99190200	台式钻床 ϕ16	台班	0.1542	0.2194	0.3454	0.1348
	99190230	立式钻床 ϕ25	台班	0.2954	0.5064	0.8440	0.0912
	99230170	砂轮切割机 ϕ400	台班	0.2128	0.3648	0.6080	0.0657
	99250005	电焊机	台班	0.7350	1.2600	2.1000	0.2268
	99250010	交流弧焊机 21 kV·A	台班	0.0146	0.0194	0.0298	0.0154

工作内容:本体安装、支吊架安装刷油、帆布软接安装。

定额编号			F-11-1-69	F-11-1-70	F-11-1-71	F-11-1-72
项目			轴流式通风机			
			风量 25000 m^3/h 以内	风量 63000 m^3/h 以内	风量 140000 m^3/h 以内	风量 140000 m^3/h 以上
			台	台	台	台
预算定额编号	预算定额名称	预算定额单位	数量			
08-10-1-105	轴流式通风机 风量 25000 m^3/h 以内	台	1.0000			
08-10-1-106	轴流式通风机 风量 63000 m^3/h 以内	台		1.0000		
08-10-1-107	轴流式通风机 风量 140000 m^3/h 以内	台			1.0000	
08-10-1-108	轴流式通风机 风量 140000 m^3/h 以上	台				1.0000
08-10-1-208	帆布接口	m^2	0.5800	1.4200	1.9200	2.5900
08-10-1-255	金属结构刷油 防锈漆 第一遍	100 kg	0.1580	0.3240	0.6400	1.2800
08-10-1-256	金属结构刷油 防锈漆 增一遍	100 kg	0.1580	0.3240	0.6400	1.2800
08-10-1-262	金属结构刷油 调和漆 第一遍	100 kg	0.1580	0.3240	0.6400	1.2800
08-10-1-263	金属结构刷油 调和漆 增一遍	100 kg	0.1580	0.3240	0.6400	1.2800
08-10-2-113	管道支架制作 单件重量 50 kg 以内	100 kg	1.0000	0.3240	0.6400	1.2800
08-10-2-118	管道支架安装 单件重量 50 kg 以内	100 kg	1.0000	0.3240	0.6400	1.2800
08-13-3-30	底板 模板	m^2				11.5200
08-4-1-3	地下结构工程 混凝土底板	m^3				2.8560
08-4-2-4	普通钢筋 板钢筋	t				0.1714

工作内容：本体安装、支吊架安装刷油、帆布软接安装。

定额编号				F-11-1-69	F-11-1-70	F-11-1-71	F-11-1-72
项目				轴流式通风机			
				风量 25000 m³/h 以内	风量 63000 m³/h 以内	风量 140000 m³/h 以内	风量 140000 m³/h 以上
名称			单位	台	台	台	台
人工	00230103	综合人工(土建)	工日				7.2571
	00230105	综合人工(安装)	工日	8.0258	9.6615	14.6357	23.9914
材料	01010212	热轧带肋钢筋(HRB400) $\phi>10$	t				0.1756
	01130114	扁钢 25～45	kg	4.8256	11.8144	15.9744	21.5488
	01150103-1	热轧型钢 综合	kg	105.0000	34.0200	67.2000	134.4000
	01210115	等边角钢 45～50	kg	10.6314	26.0286	35.1936	47.4747
	02010107	橡胶板 δ3～6	kg	0.8468	2.0732	2.8032	3.7814
	02270201	帆布	m²	0.6670	1.6330	2.2080	2.9785
	03014101	六角螺栓连母垫	kg	3.1652	2.3685	3.7139	15.7421
	03018105	膨胀螺栓(钢制) M8～16	kg	1.2670	0.4105	0.8109	1.6218
	03110212	尼龙砂轮片 ϕ100	片	0.0480	0.0156	0.0307	0.0614
	03110215	尼龙砂轮片 ϕ400	片	0.8930	0.2893	0.5715	1.1430
	03130101	电焊条	kg	0.0348	0.0852	0.1152	1.4773
	03130114	电焊条 J422 ϕ3.2	kg	3.5100	1.1372	2.2464	4.4928
	03150101	圆钉	kg				0.3571
	03152501	镀锌铁丝	kg				0.6135
	03210210	硬质合金冲击钻头 ϕ10～20	根	0.8100	0.2624	0.5184	1.0368
	13010123	酚醛调和漆 F03-1	kg	0.2370	0.4860	0.9600	1.9200
	13050611-1	酚醛防锈漆(红丹) F53-31	kg	0.2686	0.5508	1.0880	2.1760
	14050135	溶剂汽油 200#	kg	0.0332	0.0680	0.1344	0.2688
	14070101	机油	kg	0.3600	0.1166	0.2304	1.7280
	14390101	氧气	m³	1.9560	0.6337	1.2518	2.5037
	14390302	乙炔气	kg	0.6520	0.2112	0.4173	0.8346
	34110101	水	m³				0.8188
	34110301	电	kW·h	1.9930	0.6457	1.2755	2.5510
	35010101	钢模板	kg				7.2576

(续表)

定额编号				F-11-1-69	F-11-1-70	F-11-1-71	F-11-1-72
项目				轴流式通风机			
				风量 25000 m^3/h 以内	风量 63000 m^3/h 以内	风量 140000 m^3/h 以内	风量 140000 m^3/h 以上
名称			单位	台	台	台	台
材料	35010703	木模板成材	m^3				0.1152
	35020111	钢管支撑 ϕ48	kg				2.5344
	35020401	钢模零配件	kg				3.8016
	36030252	涤纶针刺土工布 200 g/m^2	m^2				2.5156
	80060214	干混抹灰砂浆 DP M20.0	m^3	0.0380	0.0123	0.0243	0.0486
	80210424	预拌混凝土(泵送型) C30 粒径 5～40	m^3				2.8846
	80210514	预拌混凝土(非泵送型) C20 粒径 5～20	m^3	0.0100	0.0300	0.0700	0.1000
	X0045	其他材料费	%	1.5200	1.2600	1.2000	0.2900
机械	99050930	混凝土振捣器(插入式)	台班				0.1045
	99070530	载重汽车 5 t	台班	0.0090	0.0090	0.0900	0.0130
	99070540	载重汽车 6 t	台班				0.0852
	99090080	履带式起重机 10 t	台班				0.2642
	99090360	汽车式起重机 8 t	台班	0.0210	0.0210	0.0310	0.1034
	99091450	电动卷扬机单筒慢速 10 kN	台班	0.0130	0.0130	0.0200	0.0200
	99170030	钢筋切断机 ϕ40	台班				0.0422
	99170050	钢筋弯曲机 ϕ40	台班				0.0087
	99190200	台式钻床 ϕ16	台班	0.1998	0.2619	0.3757	0.5514
	99190230	立式钻床 ϕ25	台班	0.8440	0.2735	0.5402	1.0803
	99210010	木工圆锯机 ϕ500	台班				0.1590
	99230170	砂轮切割机 ϕ400	台班	0.6080	0.1970	0.3891	0.7782
	99250005	电焊机	台班	2.1000	0.6804	1.3440	2.6880
	99250010	交流弧焊机 21 kV·A	台班	0.0116	0.0284	0.0384	0.0518
	99250020	交流弧焊机 32 kV·A	台班				0.2781
	99250280	对焊机 75 kV·A	台班				0.0521

工作内容：本体安装、支吊架安装刷油。

定额编号			F-11-1-73	F-11-1-74	F-11-1-75	F-11-1-76
项目			屋顶通风机			排气扇
			风量 2760 m^3/h 以内	风量 9100 m^3/h 以内	风量 9100 m^3/h 以上	
			台	台	台	台
预算定额编号	预算定额名称	预算定额单位	数量			
08-10-1-114	屋顶通风机 风量 2760 m^3/h 以内	台	1.0000			
08-10-1-115	屋顶通风机 风量 9100 m^3/h 以内	台		1.0000		
08-10-1-116	屋顶通风机 风量 9100 m^3/h 以上	台			1.0000	
08-10-1-117	排气扇	台				1.0000
08-10-1-255	金属结构刷油 防锈漆 第一遍	100 kg	0.3000	0.3000	0.3000	0.0090
08-10-1-256	金属结构刷油 防锈漆 增一遍	100 kg	0.3000	0.3000	0.3000	0.0090
08-10-1-262	金属结构刷油 调和漆 第一遍	100 kg	0.3000	0.3000	0.3000	0.0090
08-10-1-263	金属结构刷油 调和漆 增一遍	100 kg	0.3000	0.3000	0.3000	0.0090
08-10-2-113	管道支架制作 单件重量 50 kg 以内	100 kg	0.3000	0.3000	0.3000	0.0090
08-10-2-118	管道支架安装 单件重量 50 kg 以内	100 kg	0.3000	0.3000	0.3000	0.0090

工作内容:本体安装、支吊架安装刷油。

定额编号				F-11-1-73	F-11-1-74	F-11-1-75	F-11-1-76
项目				屋顶通风机			排气扇
				风量 2760 m^3/h 以内	风量 9100 m^3/h 以内	风量 9100 m^3/h 以上	
名称			单位	台	台	台	台
人工	00230105	综合人工(安装)	工日	2.5279	2.6579	2.8579	0.1295
材料	01150103-1	热轧型钢 综合	kg	31.5000	31.5000	31.5000	0.9450
	01292401	铸铁垫板	kg	3.9000	3.9000	3.9000	
	03014101	六角螺栓连母垫	kg	0.7599	0.7599	0.7599	0.0228
	03018105	膨胀螺栓(钢制) M8～16	kg	0.3801	0.3801	0.3801	0.0114
	03110212	尼龙砂轮片 ϕ100	片	0.0144	0.0144	0.0144	0.0004
	03110215	尼龙砂轮片 ϕ400	片	0.2679	0.2679	0.2679	0.0080
	03130114	电焊条 J422 ϕ3.2	kg	1.0530	1.0530	1.0530	0.0316
	03210210	硬质合金冲击钻头 ϕ10～20	根	0.2430	0.2430	0.2430	0.0073
	13010123	酚醛调和漆 F03-1	kg	0.4500	0.4500	0.4500	0.0135
	13050611-1	酚醛防锈漆(红丹) F53-31	kg	0.5100	0.5100	0.5100	0.0153
	14050135	溶剂汽油 200#	kg	0.0630	0.0630	0.0630	0.0019
	14070101	机油	kg	0.1080	0.1080	0.1080	0.0032
	14390101	氧气	m^3	0.5868	0.5868	0.5868	0.0176
	14390302	乙炔气	kg	0.1956	0.1956	0.1956	0.0059
	34110301	电	kW·h	0.5979	0.5979	0.5979	0.0179
	50350201	排气扇	台				1.0000
	80060214	干混抹灰砂浆 DP M20.0	m^3	0.0114	0.0114	0.0114	0.0003
	80210514	预拌混凝土(非泵送型) C20 粒径 5～20	m^3	0.0200	0.0300	0.0300	
	X0045	其他材料费	%	1.9500	1.9500	1.9500	1.9900
机械	99070530	载重汽车 5 t	台班			0.0090	
	99090360	汽车式起重机 8 t	台班			0.0210	
	99091450	电动卷扬机单筒慢速 10 kN	台班	0.0130	0.0130	0.0130	
	99190200	台式钻床 ϕ16	台班	0.0321	0.0321	0.0321	0.0010
	99190230	立式钻床 ϕ25	台班	0.2532	0.2532	0.2532	0.0076
	99230170	砂轮切割机 ϕ400	台班	0.1824	0.1824	0.1824	0.0055
	99250005	电焊机	台班	0.6300	0.6300	0.6300	0.0189

工作内容：本体安装。

定额编号			F-11-1-77	F-11-1-78	F-11-1-79	F-11-1-80
项目			设备减振台座			
			重量 0.1 t以内	重量 0.2 t以内	重量 0.3 t以内	重量 0.5 t以内
			座	座	座	座
预算定额编号	预算定额名称	预算定额单位	数量			
08-10-1-118	设备减振台座 重量 0.1 t以内	座	1.0000			
08-10-1-119	设备减振台座 重量 0.2 t以内	座		1.0000		
08-10-1-120	设备减振台座 重量 0.3 t以内	座			1.0000	
08-10-1-121	设备减振台座 重量 0.5 t以内	座				1.0000

工作内容：本体安装。

定额编号				F-11-1-77	F-11-1-78	F-11-1-79	F-11-1-80
项目				设备减振台座			
				重量 0.1 t以内	重量 0.2 t以内	重量 0.3 t以内	重量 0.5 t以内
名称			单位	座	座	座	座
人工	00230105	综合人工(安装)	工日	0.7400	1.4700	1.9700	2.6200
材料	01290102	热轧钢板 综合	kg	0.6000	0.6000	0.7000	1.0000
	14030501	煤油	kg	0.1600	0.1920	0.2400	0.3200
	X0045	其他材料费	%	5.0000	5.0000	5.0000	5.0000
机械	99090640	叉式起重机 5 t	台班	0.0500	0.1000	0.1500	0.2000

工作内容:1. 本体安装。
2,3,4. 本体安装、设备基础。

定额编号			F-11-1-81	F-11-1-82	F-11-1-83	F-11-1-84
项目			设备减振台座	冷却塔		
			重量 1.0 t 以内	处理水量 100 m^3/h 以内	处理水量 150 m^3/h 以内	处理水量 250 m^3/h 以内
			座	台	台	台
预算定额编号	预算定额名称	预算定额单位	数量			
08-10-1-122	设备减振台座 重量 1.0 t 以内	座	1.0000			
08-10-1-123	玻璃钢冷却塔 处理水量 100 m^3/h 以内	台		1.0000		
08-10-1-124	玻璃钢冷却塔 处理水量 150 m^3/h 以内	台			1.0000	
08-10-1-125	玻璃钢冷却塔 处理水量 250 m^3/h 以内	台				1.0000
08-13-3-30	底板 模板	m^2		2.4000	2.8000	3.4000
08-4-1-3	地下结构工程 混凝土底板	m^3		1.7020	2.3520	3.5280
08-4-2-4	普通钢筋 板钢筋	t		0.1021	0.1411	0.2117

工作内容:1. 本体安装。
2,3,4. 本体安装、设备基础。

定额编号				F-11-1-81	F-11-1-82	F-11-1-83	F-11-1-84
项目				设备减振台座	冷却塔		
				重量 1.0 t 以内	处理水量 100 m³/h 以内	处理水量 150 m³/h 以内	处理水量 250 m³/h 以内
名称			单位	座	台	台	台
人工	00230103	综合人工(土建)	工日		2.1234	2.6797	3.6251
	00230105	综合人工(安装)	工日	4.8300	17.9060	20.8590	28.9580
材料	01010212	热轧带肋钢筋(HRB400) $\phi>10$	t		0.1047	0.1446	0.2170
	01290102	热轧钢板 综合	kg	1.6000			
	01290215	热轧钢板(薄板) δ1.6～1.9	kg		0.8000	1.0000	1.4000
	02010194	橡胶板(高压) δ1～6	kg		1.6000	1.6000	1.8000
	02090402	塑料布	kg		9.2100	9.2100	18.4200
	02330212	草袋 700×800	只				1.5000
	03014101	六角螺栓连母垫	kg		2.0160	2.3520	2.8560
	03130101	电焊条	kg		0.7878	1.0886	1.6329
	03130115	电焊条 J422 ϕ4.0	kg		0.2600	0.3200	0.3200
	03150101	圆钉	kg		0.0744	0.0868	0.1054
	03152501	镀锌铁丝	kg		0.3656	0.5052	0.7578
	03152508	镀锌铁丝 8#～12#	kg		4.8000	4.8000	4.8000
	05030121	木板成材	m³		0.0060	0.0060	0.0080
	05031701	道木	m³		0.0270	0.0300	0.0410
	13010112	调白漆	kg		0.3000	0.3000	0.6000
	14030101	汽油	kg		0.7140	1.2240	2.0400
	14030501	煤油	kg	0.4000	3.0000	6.0000	6.0000
	14070101	机油	kg		0.3650	0.4090	0.5760
	14090401	钙基润滑脂	kg		0.5760	0.5760	0.5760
	14210171	树脂胶 405#	kg		2.5000	3.0000	4.0000
	33331701	平垫铁	kg		8.8200	8.8200	11.6400

(续表)

定额编号				F-11-1-81	F-11-1-82	F-11-1-83	F-11-1-84
项目				设备减振台座	冷却塔		
				重量 1.0 t 以内	处理水量 100 m^3/h 以内	处理水量 150 m^3/h 以内	处理水量 250 m^3/h 以内
名称			单位	座	台	台	台
材料	34110101	水	m^3		0.4880	0.6743	2.5515
	34110301	电	kW·h		9.8800	9.8800	8.5720
	35010101	钢模板	kg		1.5120	1.7640	2.1420
	35010703	木模板成材	m^3		0.0240	0.0280	0.0340
	35020111	钢管支撑 ϕ48	kg		0.5280	0.6160	0.7480
	35020401	钢模零配件	kg		0.7920	0.9240	1.1220
	36030252	涤纶针刺土工布 200 g/m^2	m^2		1.4991	2.0716	3.1075
	80210424	预拌混凝土(泵送型) C30 粒径 5～40	m^3		1.7190	2.3755	3.5633
	X0045	其他材料费	%	5.0000	0.7200	0.7900	1.1300
机械	99050930	混凝土振捣器(插入式)	台班		0.0623	0.0861	0.1291
	99070540	载重汽车 6 t	台班		0.0178	0.0207	0.0252
	99070560	载重汽车 10 t	台班		0.5000	0.5000	0.6000
	99090080	履带式起重机 10 t	台班		0.0802	0.1019	0.1390
	99090360	汽车式起重机 8 t	台班		0.0118	0.0137	0.0167
	99090400	汽车式起重机 16 t	台班		0.2500	0.3000	0.8000
	99090640	叉式起重机 5 t	台班	0.2500			
	99170030	钢筋切断机 ϕ40	台班		0.0251	0.0347	0.0521
	99170050	钢筋弯曲机 ϕ40	台班		0.0052	0.0072	0.0108
	99192120	电动修钎机	台班		0.2000	0.2000	0.2000
	99210010	木工圆锯机 ϕ500	台班		0.0331	0.0386	0.0469
	99250020	交流弧焊机 32 kV·A	台班		0.1657	0.2290	0.3436
	99250280	对焊机 75 kV·A	台班		0.0310	0.0429	0.0644

工作内容：本体安装、设备基础。

定 额 编 号			F-11-1-85	F-11-1-86	F-11-1-87	F-11-1-88
项 目			冷却塔		螺杆式冷水机组	
			处理水量 300 m^3/h 以内	处理水量 500 m^3/h 以内	设备重量 2 t 以内	设备重量 3 t 以内
			台	台	台	台
预算定额编号	预算定额名称	预算定额单位	数 量			
08-10-1-126	玻璃钢冷却塔 处理水量 300 m^3/h 以内	台	1.0000			
08-10-1-127	玻璃钢冷却塔 处理水量 500 m^3/h 以内	台		1.0000		
08-10-1-129	螺杆式冷水机组 设备重量 2 t 以内	台			1.0000	
08-10-1-130	螺杆式冷水机组 设备重量 3 t 以内	台				1.0000
08-13-3-30	底板 模板	m^2	3.6400	4.5600	2.1200	2.1600
08-4-1-3	地下结构工程 混凝土底板	m^3	3.9600	6.2980	1.1400	1.2160
08-4-2-4	普通钢筋 板钢筋	t	0.2376	0.3779	0.0684	0.0730

工作内容：本体安装、设备基础。

定额编号				F-11-1-85	F-11-1-86	F-11-1-87	F-11-1-88
项目				冷却塔		螺杆式冷水机组	
				处理水量 300 m^3/h 以内	处理水量 500 m^3/h 以内	设备重量 2 t 以内	设备重量 3 t 以内
名称			单位	台	台	台	台
人工	00230103	综合人工(土建)	工日	3.9821	5.7272	1.6749	1.7366
	00230105	综合人工(安装)	工日	35.4380	38.1060	19.8450	23.8000
材料	01010212	热轧带肋钢筋(HRB400) $\phi>10$	t	0.2435	0.3873	0.0701	0.0748
	01290215	热轧钢板(薄板) δ1.6～1.9	kg	1.8000	1.8000		
	01290315	热轧钢板(中厚板) δ4.5～10	kg			2.0000	3.0000
	01290319	热轧钢板(中厚板) δ11～20	kg			0.3600	0.4200
	02010194	橡胶板(高压) δ1～6	kg	2.0000	2.5000		
	02090402	塑料布	kg	27.6300	46.0000		
	02330212	草袋 700×800	只	5.0000	5.0000		
	03014101	六角螺栓连母垫	kg	3.0576	3.8304	1.7808	1.8144
	03130101	电焊条	kg	1.8328	2.9150	0.5276	0.5628
	03130115	电焊条 J422 ϕ4.0	kg	0.4200	0.4200	0.2000	0.2000
	03150101	圆钉	kg	0.1128	0.1414	0.0657	0.0670
	03152501	镀锌铁丝	kg	0.8506	1.3528	0.2449	0.2612
	03152508	镀锌铁丝 8#～12#	kg	4.8000	5.5500	0.3000	0.3000
	05030121	木板成材	m^3	0.0170	0.0170		
	05031701	道木	m^3	0.0410	0.0410		
	13010112	调白漆	kg	0.9000	1.5000		
	14030101	汽油	kg	2.5500	3.5700		
	14030501	煤油	kg	9.0000	12.0000	1.5000	1.5000
	14070101	机油	kg	0.6024	0.8046	0.6332	0.8376
	14090401	钙基润滑脂	kg	0.5760	0.5760	0.2500	0.3000
	14210171	树脂胶 405#	kg	5.0000	6.0000		
	14390302	乙炔气	kg			0.1200	0.1400

（续表）

定额编号				F-11-1-85	F-11-1-86	F-11-1-87	F-11-1-88
项目				冷却塔		螺杆式冷水机组	
				处理水量 300 m^3/h 以内	处理水量 500 m^3/h 以内	设备重量 2 t 以内	设备重量 3 t 以内
名称			单位	台	台	台	台
材料	33331701	平垫铁	kg	14.8200	15.8000		
	34110101	水	m^3	7.0353	7.7056	0.3268	0.3486
	34110301	电	kW·h	11.4300	11.4300		
	35010101	钢模板	kg	2.2932	2.8728	1.3356	1.3608
	35010703	木模板成材	m^3	0.0364	0.0456	0.0212	0.0216
	35020111	钢管支撑 ϕ48	kg	0.8008	1.0032	0.4664	0.4752
	35020401	钢模零配件	kg	1.2012	1.5048	0.6996	0.7128
	36030252	涤纶针刺土工布 200 g/m^2	m^2	3.4880	5.5473	1.0041	1.0711
	80210424	预拌混凝土(泵送型) C30 粒径 5～40	m^3	3.9996	6.3610	1.1514	1.2282
	X0045	其他材料费	%	1.4500	1.8700	0.0700	0.0800
机械	99050930	混凝土振捣器(插入式)	台班	0.1449	0.2305	0.0417	0.0445
	99070540	载重汽车 6 t	台班	0.0269	0.0337	0.0157	0.0160
	99070560	载重汽车 10 t	台班	0.8000	1.0000		
	99090080	履带式起重机 10 t	台班	0.1530	0.2221	0.0626	0.0650
	99090360	汽车式起重机 8 t	台班	0.0178	0.0223	0.0804	0.1206
	99090400	汽车式起重机 16 t	台班	0.7000	0.9000		
	99090420	汽车式起重机 25 t	台班	0.5000	0.5000		
	99170030	钢筋切断机 ϕ40	台班	0.0584	0.0930	0.0168	0.0179
	99170050	钢筋弯曲机 ϕ40	台班	0.0121	0.0193	0.0035	0.0037
	99192120	电动修钎机	台班	0.4000	0.5000	0.1000	0.1500
	99210010	木工圆锯机 ϕ500	台班	0.0502	0.0629	0.0293	0.0298
	99250020	交流弧焊机 32 kV·A	台班	0.3856	0.6133	0.1110	0.1184
	99250280	对焊机 75 kV·A	台班	0.0722	0.1149	0.0208	0.0222

工作内容:1,2,3. 本体安装、设备基础。
4. 风口安装。

定额编号			F-11-1-89	F-11-1-90	F-11-1-91	F-11-1-92
项目			螺杆式冷水机组	离心式冷水机组		百叶风口
			设备重量5 t以内	设备重量3 t以内	设备重量5 t以内	周长1800 mm以内
			台	台	台	个
预算定额编号	预算定额名称	预算定额单位	数量			
08-10-1-131	螺杆式冷水机组 设备重量5 t以内	台	1.0000			
08-10-1-134	离心式冷水机组 设备重量3 t以内	台		1.0000		
08-10-1-135	离心式冷水机组 设备重量5 t以内	台			1.0000	
08-10-1-136	带调节阀(过滤器)百叶风口 周长900 mm以内	个				0.0400
08-10-1-137	带调节阀(过滤器)百叶风口 周长1300 mm以内	个				0.5700
08-10-1-138	带调节阀(过滤器)百叶风口 周长1800 mm以内	个				0.3900
08-13-3-30	底板 模板	m^2	2.3600	3.3200	3.3200	
08-4-1-3	地下结构工程 混凝土底板	m^3	1.5200	3.1320	3.1320	
08-4-2-4	普通钢筋 板钢筋	t	0.0912	0.1879	0.1879	

工作内容：1，2，3. 本体安装、设备基础。

4. 风口安装。

定额编号				F-11-1-89	F-11-1-90	F-11-1-91	F-11-1-92
项目				螺杆式冷水机组	离心式冷水机组		百叶风口
				设备重量 5 t以内	设备重量 3 t以内	设备重量 5 t以内	周长 1800 mm 以内
名称			单位	台	台	台	个
人工	00230103	综合人工(土建)	工日	2.0032	3.3669	3.3669	
	00230105	综合人工(安装)	工日	36.9290	23.8000	36.9290	0.3036
材料	01010212	热轧带肋钢筋(HRB400) ϕ>10	t	0.0935	0.1926	0.1926	
	01130114	扁钢 25～45	kg				0.9156
	01290315	热轧钢板(中厚板) δ4.5～10	kg	4.0000	3.0000	4.0000	
	01290319	热轧钢板(中厚板) δ11～20	kg	0.6000	0.2000	0.6000	
	02010105	橡胶板 δ1～3	kg				0.2127
	03012123	自攻螺钉 M4×12	10个				1.3302
	03014101	六角螺栓连母垫	kg	1.9824	2.7888	2.7888	
	03130101	电焊条	kg	0.7035	1.4496	1.4496	
	03130115	电焊条 J422 ϕ4.0	kg	0.2500	0.3000	0.2000	
	03150101	圆钉	kg	0.0732	0.1029	0.1029	
	03152501	镀锌铁丝	kg	0.3265	0.6728	0.6728	
	03152508	镀锌铁丝 8#～12#	kg	0.3000	0.3000	0.3000	
	14030501	煤油	kg	2.0000	1.5000	2.0000	
	14070101	机油	kg	0.9596	0.9652	1.0652	
	14090401	钙基润滑脂	kg	0.3500	0.2500	0.3500	
	14390302	乙炔气	kg	0.2000	0.1400	0.2000	
	22410151	风口带阀(过滤器)	个				1.0000
	34110101	水	m^3	0.4358	0.8979	0.8979	
	35010101	钢模板	kg	1.4868	2.0916	2.0916	
	35010703	木模板成材	m^3	0.0236	0.0332	0.0332	
	35020111	钢管支撑 ϕ48	kg	0.5192	0.7304	0.7304	
	35020401	钢模零配件	kg	0.7788	1.0956	1.0956	
	36030252	涤纶针刺土工布 200 g/m^2	m^2	1.3388	2.7587	2.7587	
	80210424	预拌混凝土(泵送型) C30 粒径 5～40	m^3	1.5352	3.1633	3.1633	
	X0045	其他材料费	%	0.1000	0.0800	0.1000	1.0000
机械	99050930	混凝土振捣器(插入式)	台班	0.0556	0.1146	0.1146	
	99070540	载重汽车 6 t	台班	0.0175	0.0246	0.0246	
	99090080	履带式起重机 10 t	台班	0.0754	0.1287	0.1287	
	99090360	汽车式起重机 8 t	台班	0.1916	0.1263	0.1963	
	99170030	钢筋切断机 ϕ40	台班	0.0224	0.0462	0.0462	
	99170050	钢筋弯曲机 ϕ40	台班	0.0047	0.0096	0.0096	
	99192120	电动修钎机	台班	0.2000	0.1500	0.2000	
	99210010	木工圆锯机 ϕ500	台班	0.0326	0.0458	0.0458	
	99250020	交流弧焊机 32 kV·A	台班	0.1480	0.3050	0.3050	
	99250280	对焊机 75 kV·A	台班	0.0277	0.0571	0.0571	

工作内容:1,2. 风口安装。
3,4. 风管制作安装、吊拖支架制作安装。

定额编号			F-11-1-93	F-11-1-94	F-11-1-95	F-11-1-96
项目			百叶风口		镀锌薄钢板矩形风管	
			周长 4800 mm 以内	周长 9000 mm 以内	长边×厚度:320 mm 以下×0.5 mm	长边×厚度:630 mm 以下×0.6 mm
			个	个	10 m^2	10 m^2
预算定额编号	预算定额名称	预算定额单位	数量			
08-10-1-139	带调节阀(过滤器)百叶风口 周长 2500 mm 以内	个	0.5500			
08-10-1-140	带调节阀(过滤器)百叶风口 周长 3300 mm 以内	个	0.4200			
08-10-1-141	带调节阀(过滤器)百叶风口 周长 4800 mm 以内	个	0.0300			
08-10-1-142	带调节阀(过滤器)百叶风口 周长 6000 mm 以内	个		0.5600		
08-10-1-143	带调节阀(过滤器)百叶风口 周长 7000 mm 以内	个		0.2800		
08-10-1-144	带调节阀(过滤器)百叶风口 周长 9000 mm 以内	个		0.1600		
08-10-1-168	镀锌薄钢板矩形风管 法兰连接(咬口)长边×厚度 320 mm 以下×0.5 mm	10 m^2			1.0000	
08-10-1-169	镀锌薄钢板矩形风管 法兰连接(咬口)长边×厚度 630 mm 以下×0.6 mm	10 m^2				1.0000

工作内容:1,2. 风口安装。

3,4. 风管制作安装、吊拖支架制作安装。

定额编号				F-11-1-93	F-11-1-94	F-11-1-95	F-11-1-96
项目				百叶风口		镀锌薄钢板矩形风管	
				周长 4800 mm 以内	周长 9000 mm 以内	长边×厚度:320 mm 以下×0.5 mm	长边×厚度:630 mm 以下×0.6 mm
名称			单位	个	个	10 m^2	10 m^2
人工	00230105	综合人工(安装)	工日	0.5389	1.0750	9.1200	6.6400
材料	01090110	圆钢 ϕ5.5～9	kg			3.2900	2.7500
	01130114	扁钢 25～45	kg	1.8124	4.1223		
	01190211	热轧槽钢 5#～14#	kg			2.0600	1.2930
	01210113	等边角钢 20～30	kg			26.1200	24.8000
	01210114	等边角钢 36～40	kg			2.3000	2.5000
	01290652	镀锌薄钢板 δ0.5	m^2			11.3800	
	01290654	镀锌薄钢板 δ0.6	m^2				11.3800
	02010105	橡胶板 δ1～3	kg	0.4176	0.9216		
	02010107	橡胶板 δ3～6	kg			2.7600	2.3500
	03010245	镀锌铆钉 M4	kg			0.4700	
	03010246	镀锌铆钉 M5	kg				0.4520
	03012123	自攻螺钉 M4×12	10个	2.6374	5.6832		
	03014218	镀锌六角螺栓连母垫 M8×75 以下	10套			9.5300	8.9700
	03018174	膨胀螺栓(钢制) M12	套			6.4200	3.9500
	03019257	精制六角螺母 M8～14	10个			2.5230	1.5790
	03110215	尼龙砂轮片 ϕ400	片			0.1000	0.1000
	03130114	电焊条 J422 ϕ3.2	kg			2.2400	1.0600
	14390101	氧气	m^3			0.5000	0.4500
	14390302	乙炔气	kg			0.1800	0.1600
	22410151	风口带阀(过滤器)	个	1.0000	1.0000		
	X0045	其他材料费	%	1.0000	1.0000	1.0000	1.0000
机械	99190200	台式钻床 ϕ16	台班			1.1500	0.5900
	99190330	剪板机 6.3×2000	台班			0.0400	0.0400
	99190640	折方机 4×2000	台班			0.0400	0.0400
	99190670	咬口机 δ1.5	台班			0.0400	0.0400
	99230170	砂轮切割机 ϕ400	台班			0.0200	0.0200
	99250010	交流弧焊机 21 kV·A	台班			0.4800	0.2200

工作内容:风管制作安装、吊拖支架制作安装。

定额编号			F-11-1-97	F-11-1-98	F-11-1-99	F-11-1-100
项目			镀锌薄钢板矩形风管			
			长边×厚度:1000 mm以下×0.75 mm	长边×厚度:2000 mm以下×1.0 mm	长边×厚度:2000 mm以上×1.2 mm	无法兰插条连接(咬口)长边×厚度:320 mm以下×0.5 mm
			10 m^2	10 m^2	10 m^2	10 m^2
预算定额编号	预算定额名称	预算定额单位	数量			
08-10-1-170	镀锌薄钢板矩形风管 法兰连接(咬口)长边×厚度 1000 mm 以下×0.75 mm	10 m^2	1.0000			
08-10-1-171	镀锌薄钢板矩形风管 法兰连接(咬口)长边×厚度 2000 mm 以下×1.0 mm	10 m^2		1.0000		
08-10-1-172	镀锌薄钢板矩形风管 法兰连接(咬口)长边×厚度 2000 mm 以上×1.2 mm	10 m^2			1.0000	
08-10-1-173	镀锌薄钢板矩形风管 无法兰插条连接(咬口)长边×厚度 320 mm以下×0.5 mm	10 m^2				1.0000

工作内容：风管制作安装、吊拖支架制作安装。

定额编号				F-11-1-97	F-11-1-98	F-11-1-99	F-11-1-100
项目				镀锌薄钢板矩形风管			
				长边×厚度：1000 mm 以下 ×0.75 mm	长边×厚度：2000 mm 以下 ×1.0 mm	长边×厚度：2000 mm 以上 ×1.2 mm	无法兰插条连接(咬口)长边×厚度：320 mm 以下 ×0.5 mm
名称			单位	10 m^2	10 m^2	10 m^2	10 m^2
人工	00230105	综合人工(安装)	工日	4.5500	5.4900	6.4500	3.9420
材料	01090110	圆钢 ϕ5.5～9	kg				3.0500
	01090112	圆钢 ϕ10～15	kg	1.9400	1.3100	1.8500	
	01190211	热轧槽钢 5#～14#	kg	1.2300	3.3100	11.9000	2.0600
	01210113	等边角钢 20～30	kg	34.2300			8.2000
	01210114	等边角钢 36～40	kg	3.0300	10.6800	20.4200	2.3000
	01210115	等边角钢 45～50	kg		38.0200	38.0200	
	01290652	镀锌薄钢板 δ0.5	m^2				11.5000
	01290656-1	镀锌薄钢板 δ0.75	m^2	11.3800			
	01290659	镀锌薄钢板 δ1	m^2		11.3800		
	01290660	镀锌薄钢板 δ1.2	m^2			11.3800	
	02010107	橡胶板 δ3～6	kg	1.9500	1.3800	1.3800	0.3800
	03010246	镀锌铆钉 M5	kg	0.3900	0.5100	0.3300	
	03014218	镀锌六角螺栓连母垫 M8×75 以下	10 套	6.2130	5.7000	3.6700	2.0100
	03018174	膨胀螺栓(钢制) M12	套	2.3800	1.4100	0.6800	6.5000
	03019257	精制六角螺母 M8～14	10 个	0.9500	0.5670	0.3260	3.6600
	03110215	尼龙砂轮片 ϕ400	片	0.1000	0.1000	0.1000	0.0200
	03130111	电焊条 J422	kg				0.2500
	03130114	电焊条 J422 ϕ3.2	kg	0.7500	0.4900	0.3400	
	03130153	碳钢气焊条 ϕ2	kg				0.0500
	14390101	氧气	m^3	0.4500	0.5600	0.5600	0.1900
	14390302	乙炔气	kg	0.1600	0.2000	0.2000	0.0700
	X0045	其他材料费	%	1.0000	1.0000	1.0000	1.0000
机械	99190200	台式钻床 ϕ16	台班	0.5900	0.3600	0.3100	0.2500
	99190330	剪板机 6.3×2000	台班	0.0400	0.0300	0.0200	0.0100
	99190640	折方机 4×2000	台班	0.0400	0.0300	0.0200	
	99190670	咬口机 δ1.5	台班	0.0400	0.0300	0.0200	
	99230170	砂轮切割机 ϕ400	台班	0.0200	0.0200	0.0200	0.0100
	99250010	交流弧焊机 21 kV·A	台班	0.2200	0.1000	0.0700	0.1000

工作内容:1,2. 风管制作安装、吊拖支架制作安装。
3,4. 风管制作安装、管道刷漆。

定额编号			F-11-1-101	F-11-1-102	F-11-1-103	F-11-1-104
项目			镀锌薄钢板矩形风管		薄钢板矩形风管	
			无法兰插条连接(咬口)长边×厚度:450 mm 以下×0.6 mm	无法兰插条连接(咬口)长边×厚度:630 mm 以下×0.75 mm	法兰连接(焊接)长边×厚度:450 mm 以下×1.5 mm	法兰连接(焊接)长边×厚度:450 mm 以下×2.0 mm
			10 m^2	10 m^2	10 m^2	10 m^2
预算定额编号	预算定额名称	预算定额单位	数量			
08-10-1-174	镀锌薄钢板矩形风管 无法兰插条连接(咬口)长边×厚度 450 mm 以下×0.6 mm	10 m^2	1.0000			
08-10-1-175	镀锌薄钢板矩形风管 无法兰插条连接(咬口)长边×厚度 630 mm 以下×0.75 mm	10 m^2		1.0000		
08-10-1-181	薄钢板矩形风管 法兰连接(焊接)长边×厚度 450 mm 以下×1.5 mm	10 m^2			1.0000	
08-10-1-182	薄钢板矩形风管 法兰连接(焊接)长边×厚度 450 mm 以下×2.0 mm	10 m^2				1.0000
08-10-1-228	管道刷油 防锈漆 第一遍	10 m^2			2.0000	2.0000
08-10-1-229	管道刷油 防锈漆 增一遍	10 m^2			2.0000	2.0000
08-10-1-233	管道刷油 调和漆 第一遍	10 m^2			2.0000	2.0000
08-10-1-234	管道刷油 调和漆 增一遍	10 m^2			2.0000	2.0000

工作内容：1,2. 风管制作安装、吊拖支架制作安装。
3,4. 风管制作安装、管道刷漆。

定额编号				F-11-1-101	F-11-1-102	F-11-1-103	F-11-1-104
项目				镀锌薄钢板矩形风管		薄钢板矩形风管	
				无法兰插条连接(咬口)长边×厚度:450 mm 以下×0.6 mm	无法兰插条连接(咬口)长边×厚度:630 mm 以下×0.75 mm	法兰连接(焊接)长边×厚度:450 mm 以下×1.5 mm	法兰连接(焊接)长边×厚度:450 mm 以下×2.0 mm
名称			单位	10 m^2	10 m^2	10 m^2	10 m^2
人工	00230105	综合人工(安装)	工日	3.4060	2.8690	10.3510	12.5010
材料	01090110	圆钢 ϕ5.5～9	kg	2.7400	2.6000	2.7600	2.7600
	01190211	热轧槽钢 5#～14#	kg	2.0600	1.2930	2.0600	2.0600
	01210113	等边角钢 20～30	kg	5.7500	5.1800	27.9700	30.2700
	01210114	等边角钢 36～40	kg	2.5000	3.0300		
	01210115	等边角钢 45～50	kg			3.0900	5.3900
	01290296	热轧钢板(薄板) δ1.5	m^2			10.8000	
	01290297	热轧钢板(薄板) δ2	m^2				10.8000
	01290654	镀锌薄钢板 δ0.6	m^2	11.5000			
	01290656-1	镀锌薄钢板 δ0.75	m^2		11.5000		
	02010107	橡胶板 δ3～6	kg	0.5800	1.2200	2.7600	2.7600
	03014218	镀锌六角螺栓连母垫 M8×75 以下	10 套	1.2700	0.8900		
	03014681	精制六角螺栓连母垫 M8×75 以下	10 套			9.3500	9.3500
	03018174	膨胀螺栓(钢制) M12	套	3.6500	3.5100	5.8000	5.8000
	03019257	精制六角螺母 M8～14	10 个	2.5230	1.5790	2.4000	2.4000
	03110215	尼龙砂轮片 ϕ400	片	0.0100	0.0100	0.1000	0.1000
	03130111	电焊条 J422	kg	0.2500	0.2500		
	03130113	电焊条 J422 ϕ2.5	kg			5.1700	4.5300
	03130114	电焊条 J422 ϕ3.2	kg			1.0600	1.1100
	03130153	碳钢气焊条 ϕ2	kg	0.0500	0.0500	0.9300	0.9300
	13010115-1	酚醛调和漆	kg			3.9600	3.9600
	13050610-1	酚醛防锈漆	kg			4.8600	4.8600
	14050135	溶剂汽油 200#	kg			0.5760	0.5760
	14390101	氧气	m^3	0.1900	0.1900	1.0300	1.0300
	14390302	乙炔气	kg	0.0700	0.0700	0.4500	0.4500
	X0045	其他材料费	%	1.0000	1.0000	1.0000	1.0000
机械	99190200	台式钻床 ϕ16	台班	0.2500	0.2500	0.4700	0.4700
	99190330	剪板机 6.3×2000	台班	0.0100	0.0100	0.0600	0.0600
	99190640	折方机 4×2000	台班			0.0600	0.0600
	99230170	砂轮切割机 ϕ400	台班	0.0100	0.0100	0.0500	0.0500
	99250010	交流弧焊机 21 kV·A	台班	0.1000	0.1000	2.0500	2.0500

工作内容:1,2,3. 风管制作安装、管道刷漆。
4. 风管制作安装、吊拖支架制作安装。

定额编号			F-11-1-105	F-11-1-106	F-11-1-107	F-11-1-108
项目			薄钢板矩形风管			玻纤板复合型矩形风管
			法兰连接(焊接)长边×厚度1000 mm以下×2.0 mm	法兰连接(焊接)长边×厚度1250 mm以下×2.0 mm	法兰连接(焊接)长边×厚度2000 mm以下×2.0 mm	长边300 mm以下
			10 m^2	10 m^2	10 m^2	10 m^2
预算定额编号	预算定额名称	预算定额单位	数量			
08-10-1-183	薄钢板矩形风管 法兰连接(焊接)长边×厚度 1000 mm 以下×2.0 mm	10 m^2	1.0000			
08-10-1-184	薄钢板矩形风管 法兰连接(焊接)长边×厚度 1250 mm 以下×2.0 mm	10 m^2		1.0000		
08-10-1-185	薄钢板矩形风管 法兰连接(焊接)长边×厚度 2000 mm 以下×2.0 mm	10 m^2			1.0000	
08-10-1-190	玻纤板复合型矩形风管 长边 300 mm 以下	10 m^2				1.0000
08-10-1-228	管道刷油 防锈漆 第一遍	10 m^2	2.0000	2.0000	2.0000	
08-10-1-229	管道刷油 防锈漆 增一遍	10 m^2	2.0000	2.0000	2.0000	
08-10-1-233	管道刷油 调和漆 第一遍	10 m^2	2.0000	2.0000	2.0000	
08-10-1-234	管道刷油 调和漆 增一遍	10 m^2	2.0000	2.0000	2.0000	

工作内容：1，2，3. 风管制作安装、管道刷漆。
4. 风管制作安装、吊拖支架制作安装。

定额编号				F-11-1-105	F-11-1-106	F-11-1-107	F-11-1-108
项目				薄钢板矩形风管			玻纤板复合型矩形风管
				法兰连接（焊接）长边×厚度 1000 mm 以下 ×2.0 mm	法兰连接（焊接）长边×厚度 1250 mm 以下 ×2.0 mm	法兰连接（焊接）长边×厚度 2000 mm 以下 ×2.0 mm	长边 300 mm 以下
名称			单位	10 m^2	10 m^2	10 m^2	10 m^2
人工	00230105	综合人工(安装)	工日	9.3350	9.1000	8.3940	1.0680
材料	01090110	圆钢 ϕ5.5～9	kg				5.4200
	01090112	圆钢 ϕ10～15	kg	2.5100	2.5800	1.3100	
	01190211	热轧槽钢 5[#]～14[#]	kg	1.2300	1.4700	3.3100	
	01210114	等边角钢 36～40	kg	25.2100	24.0100		8.3900
	01210115	等边角钢 45～50	kg	3.0800	2.9300	34.5000	
	01290297	热轧钢板(薄板) δ2	m^2	10.8000	10.8000	10.8000	
	01290614	镀锌薄钢板 δ1～1.5	kg				0.7100
	02010107	橡胶板 δ3～6	kg	1.9500	1.3800	1.3100	
	03014681	精制六角螺栓连母垫 M8×75 以下	10 套	6.2130	7.5600	5.7000	
	03018174	膨胀螺栓(钢制) M12	套	2.3800	2.6400	1.4100	6.4200
	03019257	精制六角螺母 M8～14	10 个	1.5600	1.6400	0.5670	
	03110212	尼龙砂轮片 ϕ100	片	0.1000			
	03110215	尼龙砂轮片 ϕ400	片		0.1000	0.1000	
	03130113	电焊条 J422 ϕ2.5	kg	4.1000	4.1000	3.6900	
	03130114	电焊条 J422 ϕ3.2	kg	0.4900	0.4900	0.4410	
	03130153	碳钢气焊条 ϕ2	kg	0.7300	0.7300	0.4400	
	13010115-1	酚醛调和漆	kg	3.9600	3.9600	3.9600	
	13050610-1	酚醛防锈漆	kg	4.8600	4.8600	4.8600	
	14050135	溶剂汽油 200[#]	kg	0.5760	0.5760	0.5760	
	14390101	氧气	m^3	0.8610	0.8200	0.7380	
	14390302	乙炔气	kg	0.3750	0.3570	0.3210	
	14430711	热敏铝箔胶带 宽 64	m				22.2900
	22450201	复合玻纤板风管	m^2				11.8000
	X0045	其他材料费	%	1.0000	1.0000	1.0000	1.0000
机械	99190200	台式钻床 ϕ16	台班	0.2700	0.2700	0.2300	
	99190330	剪板机 6.3×2000	台班	0.0400	0.0400	0.0400	
	99190640	折方机 4×2000	台班	0.0400	0.0400	0.0400	
	99191150	封口机	台班				0.1500
	99191350	开槽机	台班				0.1300
	99230170	砂轮切割机 ϕ400	台班	0.0500	0.0500	0.0500	
	99250010	交流弧焊机 21 kV·A	台班	1.2700	1.2700	1.2700	

工作内容：风管制作安装、吊拖支架制作安装。

定额编号			F-11-1-109	F-11-1-110	F-11-1-111	F-11-1-112
项目			玻纤板复合型矩形风管			
			长边 630 mm 以下	长边 1000 mm 以下	长边 2000 mm 以下	长边 2000 mm 以上
			10 m^2	10 m^2	10 m^2	10 m^2
预算定额编号	预算定额名称	预算定额单位	数量			
08-10-1-191	玻纤板复合型矩形风管 长边 630 mm 以下	10 m^2	1.0000			
08-10-1-192	玻纤板复合型矩形风管 长边 1000 mm 以下	10 m^2		1.0000		
08-10-1-193	玻纤板复合型矩形风管 长边 2000 mm 以下	10 m^2			1.0000	
08-10-1-194	玻纤板复合型矩形风管 长边 2000 mm 以上	10 m^2				1.0000

工作内容：风管制作安装、吊拖支架制作安装。

定额编号				F-11-1-109	F-11-1-110	F-11-1-111	F-11-1-112
项目				玻纤板复合型矩形风管			
				长边 630 mm 以下	长边 1000 mm 以下	长边 2000 mm 以下	长边 2000 mm 以上
名称			单位	10 m^2	10 m^2	10 m^2	10 m^2
人工	00230105	综合人工(安装)	工日	1.0190	0.9600	0.9510	0.8530
材料	01090110	圆钢 ϕ5.5～9	kg	6.1200	4.3000	8.0000	7.9000
	01210114	等边角钢 36～40	kg	11.8700	4.7300	2.9800	4.4000
	01290614	镀锌薄钢板 δ1～1.5	kg	0.7100	1.2600	1.2600	1.6500
	03012123	自攻螺钉 M4×12	10个	4.0000	4.0000	5.0000	5.0000
	03018174	膨胀螺栓(钢制) M12	套	3.5600	2.3800	1.4100	0.6800
	03019257	精制六角螺母 M8～14	10个		2.3100	5.4400	3.4500
	03019411	普通钢制垫圈 M2～8	10个		2.3100	5.4400	3.4500
	14430711	热敏铝箔胶带 宽 64	m	21.2300	18.0400	18.5200	10.2700
	22450201	复合玻纤板风管	m^2	11.8000	11.8000	11.8000	11.8000
	X0045	其他材料费	%	1.0000	1.0000	1.0000	1.0000
机械	99191150	封口机	台班	0.1300	0.1200	0.1100	0.1300
	99191350	开槽机	台班	0.1600	0.1600	0.1600	0.1800

工作内容:风管安装、吊拖支架制作安装。

定额编号			F-11-1-113	F-11-1-114	F-11-1-115	F-11-1-116
项目			不燃性无机复合风管			
			长边×厚度 1000 mm 以下 ×5.0 mm	长边×厚度 1500 mm 以下 ×6.0 mm	长边×厚度 2000 mm 以下 ×7.0 mm	长边×厚度 2000 mm 以上 ×8.0 mm
			10 m^2	10 m^2	10 m^2	10 m^2
预算定额编号	预算定额名称	预算定额单位	数量			
08-10-1-195	不燃性无机复合风管 长边×厚度 300 mm 以下×3.0 mm	10 m^2	0.4000			
08-10-1-196	不燃性无机复合风管 长边×厚度 500 mm 以下×4.0 mm	10 m^2	0.3000			
08-10-1-197	不燃性无机复合风管 长边×厚度 1000 mm 以下×5.0 mm	10 m^2	0.3000			
08-10-1-198	不燃性无机复合风管 长边×厚度 1500 mm 以下×6.0 mm	10 m^2		1.0000		
08-10-1-199	不燃性无机复合风管 长边×厚度 2000 mm 以下×7.0 mm	10 m^2			1.0000	
08-10-1-200	不燃性无机复合风管 长边×厚度 2000 mm 以上×8.0 mm	10 m^2				1.0000

工作内容:风管安装、吊拖支架制作安装。

定额编号				F-11-1-113	F-11-1-114	F-11-1-115	F-11-1-116
项目				不燃性无机复合风管			
				长边×厚度 1000 mm 以下 ×5.0 mm	长边×厚度 1500 mm 以下 ×6.0 mm	长边×厚度 2000 mm 以下 ×7.0 mm	长边×厚度 2000 mm 以上 ×8.0 mm
名称			单位	10 m^2	10 m^2	10 m^2	10 m^2
人工	00230105	综合人工(安装)	工日	5.0100	3.2000	2.7500	3.3000
材料	01090112	圆钢 ϕ10～15	kg	3.8930	2.3200	2.5000	1.8500
	01210115	等边角钢 45～50	kg	5.0040	6.6900	7.2300	
	01210117	等边角钢 70～80	kg				7.9000
	02010107	橡胶板 δ3～6	kg	1.9260	1.6200	1.3800	1.3800
	03014641	精制六角螺栓连母垫 M8×75	10 套	8.7980	6.8000	3.5000	3.3400
	03018174	膨胀螺栓(钢制) M12	套	4.3680	1.8000	1.2500	0.6800
	03019257	精制六角螺母 M8～14	10 个	1.7679	0.5670	0.3260	0.3280
	03130114	电焊条 J422 ϕ3.2	kg	0.0910	0.0400	0.0250	0.0150
	22450301	不燃型无机复合风管	m^2	10.0000	10.0000	10.0000	10.0000
	X0045	其他材料费	%	1.0000	1.0000	1.0000	1.0000
机械	99091460	电动卷扬机单筒慢速 30 kN	台班	0.2000	0.2000	0.2000	0.2000

工作内容: 1. 本体安装。
2. 本体制作安装。
3,4. 保温棉安装。

定额编号			F-11-1-117	F-11-1-118	F-11-1-119	F-11-1-120
项目			中、低效过滤器	过滤器框架制作安装	离心玻璃棉保温	
					厚度 30 mm	厚度 40 mm
			台	100 kg	m^3	m^3
预算定额编号	预算定额名称	预算定额单位	数量			
08-10-1-210	过滤器 中、低效过滤器	台	1.0000			
08-10-1-212	过滤器 框架制作安装	100 kg		1.0000		
08-10-1-282	离心玻璃棉保温 DN50 mm 以下(厚度)30 mm	m^3			0.1500	
08-10-1-283	离心玻璃棉保温 DN50 mm 以下(厚度)40 mm	m^3				0.1500
08-10-1-286	离心玻璃棉保温 DN125 mm 以下(厚度)30 mm	m^3			0.5700	
08-10-1-287	离心玻璃棉保温 DN125 mm 以下(厚度)40 mm	m^3				0.5700
08-10-1-290	离心玻璃棉保温 DN300 mm 以下(厚度)30 mm	m^3			0.2800	
08-10-1-291	离心玻璃棉保温 DN300 mm 以下(厚度)40 mm	m^3				0.2800

工作内容:1. 本体安装。
2. 本体制作安装。
3,4. 保温棉安装。

定额编号				F-11-1-117	F-11-1-118	F-11-1-119	F-11-1-120
项目				中、低效过滤器	过滤器框架制作安装	离心玻璃棉保温	
						厚度 30 mm	厚度 40 mm
名称			单位	台	100 kg	m^3	m^3
人工	00230105	综合人工(安装)	工日	0.0780	5.4880	2.8355	2.5069
材料	01190211	热轧槽钢 5$^{\#}$～14$^{\#}$	kg		73.8000		
	01210115	等边角钢 45～50	kg		17.0000		
	01210117	等边角钢 70～80	kg		14.0000		
	02010173	橡胶板(低中压) δ0.8～6	kg	0.1000			
	02090303	聚氯乙烯薄膜	kg		0.4000		
	02130501	塑料打包带	kg		0.1000		
	02270402	白布	m^2		0.2000		
	03010245	镀锌铆钉 M4	kg		35.1000		
	03013211	镀锌六角螺栓 M8×250	10 个		0.5600		
	03014681	精制六角螺栓连母垫 M8×75 以下	10 套		2.3900		
	03019395	铝蝶形螺母 M12	10 个		0.5600		
	03130114	电焊条 J422 ϕ3.2	kg		1.9000		
	03152525	镀锌铁丝 ϕ1.5～2.5	kg			3.1109	3.1109
	03154501	铁皮打包扣	10 个		0.6000		
	13351211	密封胶	kg		2.6000		
	13351221	密封胶 KS 型	kg	0.4600			
	14352212	洗涤剂	kg		7.7700		
	14430615	铝箔胶带 长 45 m	卷			4.4421	3.5343
	15070331	离心玻璃棉管壳	m^3			1.0300	1.0300
	15130811	闭孔乳胶海绵 δ5	kg		7.1000		
	34090311	破布	kg			0.2000	0.2000
	34090601	白绸	m^2		0.2000		
	X0045	其他材料费	%	1.0000	1.0000		
机械	99190200	台式钻床 ϕ16	台班		0.2000		
	99250010	交流弧焊机 21 kV·A	台班		0.3000		

工作内容:保温棉安装。

定额编号			F-11-1-121	F-11-1-122	F-11-1-123	F-11-1-124
项目			离心玻璃棉保温			橡塑保温管(板)
			厚度 50 mm	厚度 60 mm	厚度 70 mm	厚度 15 mm
			m^3	m^3	m^3	m^3
预算定额编号	预算定额名称	预算定额单位	数量			
08-10-1-284	离心玻璃棉保温 DN50 mm 以下(厚度) 50 mm	m^3	0.1500			
08-10-1-285	离心玻璃棉保温 DN50 mm 以下(厚度) 60 mm	m^3		0.1500		
08-10-1-288	离心玻璃棉保温 DN125 mm 以下(厚度) 50 mm	m^3	0.5700			
08-10-1-289	离心玻璃棉保温 DN125 mm 以下(厚度) 60 mm	m^3		0.5700		
08-10-1-292	离心玻璃棉保温 DN300 mm 以下(厚度) 50 mm	m^3	0.2800			
08-10-1-293	离心玻璃棉保温 DN300 mm 以下(厚度) 60 mm	m^3		0.2800		
08-10-1-294	离心玻璃棉保温 DN300 mm 以下(厚度) 70 mm	m^3			1.0000	
08-10-1-295	橡塑保温管(板) DN50 mm 以下(厚度) 15 mm	m^3				0.1500
08-10-1-300	橡塑保温管(板) DN125 mm 以下(厚度) 15 mm	m^3				0.5700
08-10-1-305	橡塑保温管(板) DN300 mm 以下(厚度) 15 mm	m^3				0.2800

工作内容:保温棉安装。

定额编号				F-11-1-121	F-11-1-122	F-11-1-123	F-11-1-124
项目				离心玻璃棉保温			橡塑保温管(板)
				厚度 50 mm	厚度 60 mm	厚度 70 mm	厚度 15 mm
名称			单位	m^3	m^3	m^3	m^3
人工	00230105	综合人工(安装)	工日	2.1572	1.8507	1.0630	3.7866
材料	03152525	镀锌铁丝 ϕ1.5~2.5	kg	3.1109	3.1109	2.9300	
	14411801	胶粘剂	kg				18.4430
	14430211	胶带 9 m/卷	卷				21.3700
	14430615	铝箔胶带 长 45 m	卷	3.0651	1.8806	1.2700	
	15070331	离心玻璃棉管壳	m^3	1.0300	1.0300	1.0300	
	15133105	橡塑保温管	m^3				1.0300
	34090311	破布	kg	0.2000	0.2000	0.2000	

工作内容:保温棉安装。

定　额　编　号			F-11-1-125	F-11-1-126	F-11-1-127	F-11-1-128
项　　目			橡塑保温管(板)			
			厚度 20 mm	厚度 30 mm	厚度 40 mm	厚度 50 mm
			m^3	m^3	m^3	m^3
预算定额编号	预算定额名称	预算定额单位	数　　量			
08-10-1-296	橡塑保温管(板) DN50 mm 以下(厚度) 20 mm	m^3	0.1500			
08-10-1-297	橡塑保温管(板) DN50 mm 以下(厚度) 30 mm	m^3		0.1500		
08-10-1-298	橡塑保温管(板) DN50 mm 以下(厚度) 40 mm	m^3			0.1500	
08-10-1-301	橡塑保温管(板) DN125 mm 以下(厚度) 20 mm	m^3	0.5700			
08-10-1-302	橡塑保温管(板) DN125 mm 以下(厚度) 30 mm	m^3		0.5700		
08-10-1-303	橡塑保温管(板) DN125 mm 以下(厚度) 40 mm	m^3			0.5700	0.1500
08-10-1-304	橡塑保温管(板) DN125 mm 以下(厚度) 50 mm	m^3				0.5700
08-10-1-306	橡塑保温管(板) DN300 mm 以下(厚度) 20 mm	m^3	0.2800			
08-10-1-307	橡塑保温管(板) DN300 mm 以下(厚度) 30 mm	m^3		0.2800		
08-10-1-308	橡塑保温管(板) DN300 mm 以下(厚度) 40 mm	m^3			0.2800	
08-10-1-309	橡塑保温管(板) DN300 mm 以下(厚度) 50 mm	m^3				0.2800

工作内容:保温棉安装。

定　额　编　号				F-11-1-125	F-11-1-126	F-11-1-127	F-11-1-128
项　　目				橡塑保温管(板)			
				厚度 20 mm	厚度 30 mm	厚度 40 mm	厚度 50 mm
名　　称			单位	m^3	m^3	m^3	m^3
人工	00230105	综合人工(安装)	工日	3.4138	3.0335	2.6903	2.2597
材料	14411801	胶粘剂	kg	13.9000	9.4000	7.4250	6.6500
	14430211	胶带 9 m/卷	卷	14.8450	11.0540	8.2700	7.0670
	15133105	橡塑保温管	m^3	1.0300	1.0300	1.0300	1.0300

工作内容:保温套管安装。

定额编号			F-11-1-129	F-11-1-130	F-11-1-131	F-11-1-132
项目			橡塑保温套管			
			管道公称直径 15 mm	管道公称直径 20 mm	管道公称直径 25 mm	管道公称直径 32 mm
			10 m^3	10 m^3	10 m^3	10 m^3
预算定额编号	预算定额名称	预算定额单位	数量			
08-10-1-310	橡塑保温套管 管道公称直径 15 mm	10 m^3	1.0000			
08-10-1-311	橡塑保温套管 管道公称直径 20 mm	10 m^3		1.0000		
08-10-1-312	橡塑保温套管 管道公称直径 25 mm	10 m^3			1.0000	
08-10-1-313	橡塑保温套管 管道公称直径 32 mm	10 m^3				1.0000

工作内容:保温套管安装。

定额编号				F-11-1-129	F-11-1-130	F-11-1-131	F-11-1-132
项目				橡塑保温套管			
				管道公称直径 15 mm	管道公称直径 20 mm	管道公称直径 25 mm	管道公称直径 32 mm
名称			单位	10 m^3	10 m^3	10 m^3	10 m^3
人工	00230105	综合人工(安装)	工日	0.0720	0.0720	0.1350	0.1620
材料	02130801	保温扎带	卷	6.8900	7.6800	8.4600	9.5300
	15133105	橡塑保温管	m^3	10.2000	10.2000	10.2000	10.2000

工作内容：1,2. 保温套管安装。
3,4. 本体制作、安装。

定额编号			F-11-1-133	F-11-1-134	F-11-1-135	F-11-1-136
项目			橡塑保温套管		金属保护盒、托盘、钩钉制作安装	
			管道公称直径 40 mm	管道公称直径 50 mm	镀锌铁皮盒制作安装（人孔）	镀锌铁皮盒制作安装（法兰）
			10 m^3	10 m^3	10 m^2	10 m^2
预算定额编号	预算定额名称	预算定额单位	数量			
08-10-1-314	橡塑保温套管 管道公称直径 40 mm	10 m^3	1.0000			
08-10-1-315	橡塑保温套管 管道公称直径 50 mm	10 m^3		1.0000		
08-10-1-316	金属保护盒、托盘、钩钉制作安装 镀锌铁皮盒制作安装 人孔	10 m^2			1.0000	
08-10-1-317	金属保护盒、托盘、钩钉制作安装 镀锌铁皮盒制作安装 法兰	10 m^2				1.0000

工作内容：1,2. 保温套管安装。
3,4. 本体制作、安装。

定额编号				F-11-1-133	F-11-1 134	F-11-1-135	F-11-1-136
项目				橡塑保温套管		金属保护盒、托盘、钩钉制作安装	
				管道公称直径 40 mm	管道公称直径 50 mm	镀锌铁皮盒制作安装（人孔）	镀锌铁皮盒制作安装（法兰）
名称			单位	10 m^3	10 m^3	10 m^2	10 m^2
人工	00230105	综合人工(安装)	工日	0.2340	0.2610	5.7700	6.4430
材料	01290291	热轧钢板(薄板) δ0.5	m^2			13.5000	13.5000
	02130801	保温扎带	卷	10.7600	12.2800		
	15133105	橡塑保温管	m^3	10.2000	10.2000		
机械	99190562	卷板机 2×1600	台班			0.0800	0.0600
	99190670	咬口机 δ1.5	台班			0.0800	0.0600
	99191370	压鼓机	台班			0.0800	0.0600

工作内容:1,2. 本体制作、安装。
3,4. 本体安装。

<table>
<tr><td colspan="3">定　额　编　号</td><td>F-11-1-137</td><td>F-11-1-138</td><td>F-11-1-139</td><td>F-11-1-140</td></tr>
<tr><td colspan="3" rowspan="3">项　　目</td><td>金属保护盒、托盘、钩钉制作安装</td><td>防潮层、保护层安装</td><td rowspan="2">二通调节阀及执行机构</td><td rowspan="2">三通调节阀及执行机构</td></tr>
<tr><td>镀锌铁皮盒制作安装（阀门）</td><td>金属薄板钉口安装（管道）</td></tr>
<tr><td>10 m²</td><td>10 m²</td><td>个</td><td>个</td></tr>
<tr><td>预算定额编号</td><td>预算定额名称</td><td>预算定额单位</td><td colspan="4">数　　量</td></tr>
<tr><td>08-10-1-318</td><td>金属保护盒、托盘、钩钉制作安装 镀锌铁皮盒制作安装 阀门</td><td>10 m²</td><td>1.0000</td><td></td><td></td><td></td></tr>
<tr><td>08-10-1-319</td><td>防潮层、保护层安装 金属薄板钉口安装 管道</td><td>10 m²</td><td></td><td>1.0000</td><td></td><td></td></tr>
<tr><td>08-9-2-26</td><td>二通调节阀及执行机构 公称直径 50 mm 以内</td><td>个</td><td></td><td></td><td>0.3200</td><td></td></tr>
<tr><td>08-9-2-27</td><td>二通调节阀及执行机构 公称直径 100 mm 以内</td><td>个</td><td></td><td></td><td>0.3500</td><td></td></tr>
<tr><td>08-9-2-28</td><td>二通调节阀及执行机构 公称直径 200 mm 以内</td><td>个</td><td></td><td></td><td>0.3300</td><td></td></tr>
<tr><td>08-9-2-29</td><td>三通调节阀及执行机构 公称直径 50 mm 以内</td><td>个</td><td></td><td></td><td></td><td>0.3300</td></tr>
<tr><td>08-9-2-30</td><td>三通调节阀及执行机构 公称直径 100 mm 以内</td><td>个</td><td></td><td></td><td></td><td>0.3500</td></tr>
<tr><td>08-9-2-31</td><td>三通调节阀及执行机构 公称直径 200 mm 以内</td><td>个</td><td></td><td></td><td></td><td>0.3200</td></tr>
</table>

工作内容：1,2. 本体制作、安装。
　　　　　3,4. 本体安装。

定额编号				F-11-1-137	F-11-1-138	F-11-1-139	F-11-1-140
项目				金属保护盒、托盘、钩钉制作安装	防潮层、保护层安装	二通调节阀及执行机构	三通调节阀及执行机构
				镀锌铁皮盒制作安装（阀门）	金属薄板钉口安装（管道）		
名称			单位	10 m²	10 m²	个	个
人工	00230105	综合人工(安装)	工日	7.0710	1.7960	1.6123	2.1222
材料	01290291	热轧钢板(薄板) δ0.5	m²	13.6000			
	01290603	镀锌薄钢板	m²		12.0000		
	03012208	镀锌自攻螺钉 M4～6×20～35	10个		17.4000		
	03017416	双头螺栓连母垫 M20×65	套			10.9344	16.3404
	03130111	电焊条 J422	kg			1.1390	1.6965
	03210651	钻头	根		2.0000		
	20010247	平焊钢法兰 PN0.6DN50	副			2.0000	3.0000
	X0045	其他材料费	%		1.0000	3.0000	3.0000
机械	98050340	兆欧表 3311	台班			0.5680	0.5290
	98051170	数字多用表 DF11	台班			2.0770	2.1032
	98470200	对讲机	台班			2.0100	2.1900
	99190390	剪板机 20×2500	台班		0.1200		
	99190670	咬口机 δ1.5	台班	0.0800			
	99191370	压鼓机	台班	0.0800			
	99250010	交流弧焊机 21 kV·A	台班			0.2680	0.2990
	99450950	压线机	台班		0.0400		

工作内容：本体安装。

定额编号			F-11-1-141	F-11-1-142	F-11-1-143
项目			蝶阀及执行机构	风阀执行机构	防火板
			个	个	10 m^2
预算定额编号	预算定额名称	预算定额单位	数量		
03-9-7-50	防火板安装 支架支撑	10 m^2			1.0000
08-9-2-32	蝶阀及执行机构 公称直径 100 mm 以内	个	0.3200		
08-9-2-33	蝶阀及执行机构 公称直径 250 mm 以内	个	0.3500		
08-9-2-34	蝶阀及执行机构 公称直径 400 mm 以内	个	0.3300		
08-9-2-35	风阀执行机构	个		1.0000	

工作内容：本体安装。

定额编号				F-11-1-141	F-11-1-142	F-11-1-143
项目				蝶阀及执行机构	风阀执行机构	防火板
名称			单位	个	个	10 m^2
人工	00050101	综合人工 安装	工日			4.0500
	00230105	综合人工(安装)	工日	3.8313	0.9500	
材料	Z09110101	防火板	m^2			(10.6000)
	01210115	等边角钢 45～50	kg			5.0000
	03014651	精制六角螺栓连母垫 M6×25～75	10 套			8.0000
	03017416	双头螺栓连母垫 M20×65	套	13.7088	16.3200	
	03018172	膨胀螺栓(钢制) M8	套			26.0000
	03110215	尼龙砂轮片 ϕ400	片			1.0000
	03130111	电焊条 J422	kg	0.6015		
	03210211	硬质合金冲击钻头 ϕ14～16	根			0.3000
	10010312	轻钢竖龙骨 QC75	m			62.5000
	20010247	平焊钢法兰 PN0.6DN50	副	1.3400		
	20010259	平焊钢法兰 PN0.6DN400	副	0.6600		
	X0045	其他材料费	%	3.0000	3.0000	4.0000
机械	98050340	兆欧表 3311	台班	0.1300	0.1300	
	98051170	数字多用表 DF11	台班	0.1400	0.1400	
	98470200	对讲机	台班	4.0200	1.0000	
	99230170	砂轮切割机 ϕ400	台班			0.1000
	99250010	交流弧焊机 21 kV·A	台班	0.0133		

第二节　给排水及消防工程

工作内容：管道及管件安装、水压试验及水冲洗、室外管道人工挖土等。

定额编号			F-11-2-1	F-11-2-2	F-11-2-3	F-11-2-4
项目			室外镀锌钢管(螺纹连接)		室外钢管(焊接)	
			公称直径 50 mm 以内	公称直径 100 mm 以内	公称直径 150 mm 以内	公称直径 200 mm 以内
			10 m	10 m	10 m	10 m
预算定额编号	预算定额名称	预算定额单位	数量			
08-10-2-16	室外钢管(焊接) 公称直径 125 mm 以内	10 m			0.4000	
08-10-2-17	室外钢管(焊接) 公称直径 150 mm 以内	10 m			0.6000	
08-10-2-18	室外钢管(焊接) 公称直径 200 mm 以内	10 m				1.0000
08-10-2-45	室外管道 管道人工挖土 公称直径 50 mm 1 m 深	100 m	0.1000			
08-10-2-46	室外管道 管道人工挖土 公称直径 100 mm 1 m 深	100 m		0.1000		
08-10-2-47	室外管道 管道人工挖土 公称直径 200 mm 1 m 深	100 m			0.1000	0.1000
08-10-2-6	室外镀锌钢管(螺纹连接) 公称直径 50 mm 以内	10 m	1.0000			
08-10-2-7	室外镀锌钢管(螺纹连接) 公称直径 65 mm 以内	10 m		0.2000		
08-10-2-8	室外镀锌钢管(螺纹连接) 公称直径 80 mm 以内	10 m		0.3000		
08-10-2-9	室外镀锌钢管(螺纹连接) 公称直径 100 mm 以内	10 m		0.5000		

工作内容:管道及管件安装、水压试验及水冲洗、室外管道人工挖土等。

定额编号				F-11-2-1	F-11-2-2	F-11-2-3	F-11-2-4
项目				室外镀锌钢管(螺纹连接)		室外钢管(焊接)	
				公称直径 50 mm 以内	公称直径 100 mm 以内	公称直径 150 mm 以内	公称直径 200 mm 以内
名称			单位	10 m	10 m	10 m	10 m
人工	00230105	综合人工(安装)	工日	3.9730	4.4863	5.4600	5.8950
材料	01210102	等边角钢	kg				0.1920
	01290326	热轧钢板(中厚板) δ<10	kg	0.0420	0.0474	0.0952	0.1480
	02010105	橡胶板 δ1~3	kg	0.0100	0.0115	0.0152	0.0180
	02130311	聚四氟乙烯带(生料带) 宽度 20	m	4.4700	8.9150		
	03014101	六角螺栓连母垫	kg	0.0050	0.0060	0.0104	0.0180
	03110212	尼龙砂轮片 ϕ100	片			0.7700	1.2270
	03110215	尼龙砂轮片 ϕ400	片	0.0210	0.0410		
	03130114	电焊条 J422 ϕ3.2	kg	0.0020	0.0028	1.0330	1.7630
	03152508	镀锌铁丝 8#~12#	kg	0.0830	0.0942	0.1100	0.1310
	04090101	白灰	kg	1.2000	1.2000	1.2000	1.2000
	14070101	机油	kg	0.0570	0.0841	0.1340	0.2000
	14390101	氧气	m^3	0.0060	0.0060	0.8712	1.2480
	14390302	乙炔气	kg	0.0020	0.0020	0.2904	0.4160
	17010136	焊接钢管 DN20	m	0.0170	0.0203	0.0226	0.0240
	17010801	钢管	m			10.0000	10.0000
	17030101	镀锌焊接钢管	m	10.2000	10.1300		
	17271011	橡胶软管 DN20	m	0.0080	0.0085	0.0096	0.0100
	18030131	钢管焊接管件	个			0.6700	0.6700
	18034401	镀锌管件	个	2.0500	1.8920		
	19010013	螺纹阀门 DN20	只	0.0050	0.0058	0.0060	0.0070
	24110331	弹簧压力表 Y-100、0~1.6 MPa	套	0.0030	0.0030	0.0030	0.0030
	24590123	压力表弯管 DN15	个	0.0030	0.0030	0.0030	0.0030
	34090311	破布	kg	0.2130	0.2731	0.3332	0.4080
	34110101	水	m^3	0.0880	0.2667	0.6772	1.3460
	34110301	电	kW·h			1.0000	1.6900
	X0045	其他材料费	%	2.0000	2.0000	2.0000	2.0000
机械	99070530	载重汽车 5 t	台班	0.0030	0.0091	0.0196	0.0400
	99090360	汽车式起重机 8 t	台班	0.0030	0.0411	0.0926	0.1380
	99190750	管子切断套丝机 ϕ159	台班	0.0800	0.1279		
	99230170	砂轮切割机 ϕ400	台班	0.0050	0.0083		
	99250005	电焊机	台班	0.0020	0.0020	0.4060	0.5920
	99270060	电焊条烘干箱 600×500×750	台班			0.0404	0.0590
	99440030	电动单级离心清水泵 ϕ100	台班	0.0010	0.0018	0.0042	0.0070
	99440420	试压泵 3 MPa	台班	0.0020	0.0020	0.0030	0.0030

工作内容:管道及管件安装、水压试验及水冲洗、室外管道人工挖土等。

定额编号			F-11-2-5	F-11-2-6	F-11-2-7	F-11-2-8
项目			室外钢管(焊接)			室外铸铁管给水管(胶圈接口)
			公称直径 250 mm 以内	公称直径 300 mm 以内	公称直径 350 mm 以内	公称直径 100 mm 以内
			10 m	10 m	10 m	10 m
预算定额编号	预算定额名称	预算定额单位	数量			
08-10-2-19	室外钢管(焊接) 公称直径 250 mm 以内	10 m	1.0000			
08-10-2-20	室外钢管(焊接) 公称直径 300 mm 以内	10 m		1.0000		
08-10-2-21	室外钢管(焊接) 公称直径 350 mm 以内	10 m			1.0000	
08-10-2-22	室外铸铁管给水管(胶圈接口) 公称直径 100 mm 以内	10 m				1.0000
08-10-2-46	室外管道 管道人工挖土 公称直径 100 mm 1 m 深	100 m				0.1000
08-10-2-48	室外管道 管道人工挖土 公称直径 350 mm 1 m 深	100 m	0.1000	0.1000	0.1000	

工作内容：管道及管件安装、水压试验及水冲洗、室外管道人工挖土等。

定额编号				F-11-2-5	F-11-2-6	F-11-2-7	F-11-2-8
项目				室外钢管(焊接)			室外铸铁管给水管(胶圈接口)
				公称直径 250 mm 以内	公称直径 300 mm 以内	公称直径 350 mm 以内	公称直径 100 mm 以内
		名称	单位	10 m	10 m	10 m	10 m
人工	00230105	综合人工(安装)	工日	6.6970	7.2950	7.7240	4.7240
材料	01210102	等边角钢	kg	0.1970	0.2320	0.2380	
	01290326	热轧钢板(中厚板) δ<10	kg	0.2310	0.3330	0.3800	0.0490
	02010105	橡胶板 δ1～3	kg	0.0210	0.0240	0.0380	0.0120
	02050213	橡胶圈(给水) DN100	个				2.4450
	03014101	六角螺栓连母垫	kg	0.0280	0.0380	0.0460	0.0060
	03110212	尼龙砂轮片 ϕ100	片	2.0180	2.3350	3.3120	
	03130114	电焊条 J422 ϕ3.2	kg	3.0440	3.5940	5.7940	0.0030
	03152508	镀锌铁丝 8#～12#	kg	0.1400	0.1440	0.1480	0.1010
	04090101	白灰	kg	1.2000	1.2000	1.2000	1.2000
	14070101	机油	kg	0.2000	0.2000	0.2000	
	14390101	氧气	m^3	1.8150	2.2590	3.1910	0.0060
	14390302	乙炔气	kg	0.6050	0.7530	1.0640	0.0020
	17010136	焊接钢管 DN20	m	0.0250	0.0260	0.0270	0.0210
	17010801	钢管	m	9.8500	9.8500	9.7500	
	17111210	承插式铸铁给水管	m				10.1000
	17271011	橡胶软管 DN20	m	0.0110	0.0110	0.0110	0.0090
	18010911	承插式铸铁给水管管件	个				1.0700
	18030131	钢管焊接管件	个	0.6300	0.6300	0.6300	
	19010013	螺纹阀门 DN20	只	0.0070	0.0070	0.0080	0.0060
	24110331	弹簧压力表 Y-100、0～1.6 MPa	套	0.0030	0.0040	0.0040	0.0030
	24590123	压力表弯管 DN15	个	0.0030	0.0040	0.0040	0.0030
	34090311	破布	kg	0.4510	0.4680	0.4930	0.2980
	34110101	水	m^3	2.1390	3.0370	4.0470	0.3530
	34110301	电	kW·h	2.1100	2.4500	3.2100	
	X0045	其他材料费	%	2.0000	2.0000	2.0000	2.0000
机械	99070530	载重汽车 5 t	台班	0.0580	0.0760	0.1010	0.0120
	99090360	汽车式起重机 8 t	台班				0.0730
	99090400	汽车式起重机 16 t	台班	0.1840	0.2230	0.2550	
	99190761	液压断管机 ϕ500	台班				0.0110
	99250005	电焊机	台班	0.9020	1.0520	1.4720	0.0020
	99270060	电焊条烘干箱 600×500×750	台班	0.0900	0.1050	0.1470	
	99440030	电动单级离心清水泵 ϕ100	台班	0.0090	0.0120	0.0140	0.0020
	99440420	试压泵 3 MPa	台班	0.0040	0.0040	0.0050	0.0020

工作内容:管道及管件安装、水压试验及水冲洗、室外管道人工挖土等。

定　额　编　号			F-11-2-9	F-11-2-10	F-11-2-11	F-11-2-12
项　　目			室外铸铁管 给水管(胶圈接口)			
			公称直径 150 mm 以内	公称直径 200 mm 以内	公称直径 250 mm 以内	公称直径 300 mm 以内
			10 m	10 m	10 m	10 m
预算定额编号	预算定额名称	预算定额单位	数　　量			
08-10-2-23	室外铸铁管 给水管(胶圈接口) 公称直径 150 mm 以内	10 m	1.0000			
08-10-2-24	室外铸铁管 给水管(胶圈接口) 公称直径 200 mm 以内	10 m		1.0000		
08-10-2-25	室外铸铁管 给水管(胶圈接口) 公称直径 250 mm 以内	10 m			1.0000	
08-10-2-26	室外铸铁管 给水管(胶圈接口) 公称直径 300 mm 以内	10 m				1.0000
08-10-2-47	室外管道 管道人工挖土 公称直径 200 mm 1 m 深	100 m	0.1000	0.1000		
08-10-2-48	室外管道 管道人工挖土 公称直径 350 mm 1 m 深	100 m			0.1000	0.1000

工作内容:管道及管件安装、水压试验及水冲洗、室外管道人工挖土等。

定额编号				F-11-2-9	F-11-2-10	F-11-2-11	F-11-2-12
项目				室外铸铁管给水管(胶圈接口)			
				公称直径 150 mm 以内	公称直径 200 mm 以内	公称直径 250 mm 以内	公称直径 300 mm 以内
名称			单位	10 m	10 m	10 m	10 m
人工	00230105	综合人工(安装)	工日	5.2870	5.5540	6.2530	6.3320
材料	01290326	热轧钢板(中厚板) δ<10	kg	0.1100	0.1480	0.2310	0.3330
	02010105	橡胶板 δ1~3	kg	0.0160	0.0180	0.0210	0.0240
	02050215	橡胶圈(给水) DN150	个	2.3050			
	02050217	橡胶圈(给水) DN200	个		2.2450		
	02050219	橡胶圈(给水) DN250	个			2.1220	
	02050221	橡胶圈(给水) DN300	个				2.0330
	03014101	六角螺栓连母垫	kg	0.0120	0.0180	0.0280	0.0380
	03130114	电焊条 J422 ϕ3.2	kg	0.0030	0.0030	0.0040	0.0040
	03152508	镀锌铁丝 8#~12#	kg	0.1120	0.1310	0.1400	0.1440
	04090101	白灰	kg	1.2000	1.2000	1.2000	1.2000
	14390101	氧气	m^3	0.0060	0.0090	0.0090	0.0090
	14390302	乙炔气	kg	0.0020	0.0030	0.0030	0.0030
	17010136	焊接钢管 DN20	m	0.0230	0.0240	0.0250	0.0260
	17111210	承插式铸铁给水管	m	10.0500	10.0500	9.9000	9.9000
	17271011	橡胶软管 DN20	m	0.0100	0.0100	0.0110	0.0110
	18010911	承插式铸铁给水管管件	个	1.0100	0.9800	0.9200	0.8800
	19010013	螺纹阀门 DN20	只	0.0060	0.0070	0.0070	0.0070
	24110331	弹簧压力表 Y-100、0~1.6 MPa	套	0.0030	0.0030	0.0030	0.0040
	24590123	压力表弯管 DN15	个	0.0030	0.0030	0.0030	0.0040
	34090311	破布	kg	0.3400	0.4080	0.4510	0.4680
	34110101	水	m^3	0.7640	1.3460	2.1390	3.0370
	X0045	其他材料费	%	2.0000	2.0000	2.0000	2.0000
机械	99070530	载重汽车 5 t	台班	0.0200	0.0400	0.0580	0.0760
	99090360	汽车式起重机 8 t	台班	0.0940	0.1310		
	99090400	汽车式起重机 16 t	台班			0.1930	0.2340
	99190761	液压断管机 ϕ500	台班	0.0130	0.0190	0.0230	0.0280
	99250005	电焊机	台班	0.0020	0.0020	0.0020	0.0020
	99440030	电动单级离心清水泵 ϕ100	台班	0.0050	0.0070	0.0090	0.0120
	99440420	试压泵 3 MPa	台班	0.0030	0.0030	0.0040	0.0040

工作内容：管道及管件安装、水压试验及水冲洗、室外管道人工挖土等。

定额编号			F-11-2-13	F-11-2-14	F-11-2-15	F-11-2-16
项目			室外铸铁管 给水管(胶圈接口)			室外塑料给水管(粘接)
			公称直径350 mm以内	公称直径400 mm以内	公称直径450 mm以内	公称外径50 mm以内
			10 m	10 m	10 m	10 m
预算定额编号	预算定额名称	预算定额单位	数量			
08-10-2-27	室外铸铁管 给水管(胶圈接口)公称直径350 mm以内	10 m	1.0000			
08-10-2-28	室外铸铁管 给水管(胶圈接口)公称直径400 mm以内	10 m		1.0000		
08-10-2-29	室外铸铁管 给水管(胶圈接口)公称直径450 mm以内	10 m			1.0000	
08-10-2-32	室外塑料给水管(粘接)公称外径50 mm以内	10 m				1.0000
08-10-2-45	室外管道 管道人工挖土 公称直径50 mm 1 m深	100 m				0.1000
08-10-2-48	室外管道 管道人工挖土 公称直径350 mm 1 m深	100 m	0.1000	0.1000	0.1000	

工作内容:管道及管件安装、水压试验及水冲洗、室外管道人工挖土等。

定额编号				F-11-2-13	F-11-2-14	F-11-2-15	F-11-2-16
项目				室外铸铁管给水管(胶圈接口)			室外塑料给水管(粘接)
				公称直径 350 mm 以内	公称直径 400 mm 以内	公称直径 450 mm 以内	公称外径 50 mm 以内
名称			单位	10 m	10 m	10 m	10 m
人工	00230105	综合人工(安装)	工日	6.4890	6.7420	7.1970	3.8160
材料	01290326	热轧钢板(中厚板) $\delta<10$	kg	0.3800	0.4260	0.4720	0.0390
	02010105	橡胶板 $\delta 1\sim3$	kg	0.0380	0.0420	0.0510	0.0100
	02050223	橡胶圈(给水) DN350	个	1.9220			
	02050225	橡胶圈(给水) DN400	个		1.8810		
	02050227	橡胶圈(给水) DN450	个			1.7980	
	03014101	六角螺栓连母垫	kg	0.0460	0.0540	0.0620	0.0050
	03110601	铁砂布	张				0.0500
	03130114	电焊条 J422 $\phi 3.2$	kg	0.0040	0.0040	0.0040	0.0020
	03152508	镀锌铁丝 8# ～12#	kg	0.1480	0.1530	0.1580	
	04090101	白灰	kg	1.2000	1.2000	1.2000	1.2000
	14330601	丙酮	kg				0.0300
	14390101	氧气	m^3	0.0120	0.0120	0.0120	0.0060
	14390302	乙炔气	kg	0.0040	0.0040	0.0040	0.0020
	14411801	胶粘剂	kg				0.0750
	17010136	焊接钢管 DN20	m	0.0270	0.0280	0.0290	0.0160
	17111210	承插式铸铁给水管	m	9.9000	9.9000	9.8500	
	17251101	聚丙烯给水管(PP-R)	m				10.2000
	17271011	橡胶软管 DN20	m	0.0110	0.0120	0.0120	0.0070
	18010911	承插式铸铁给水管管件	个	0.8300	0.8100	0.7700	
	18093201	塑料给水管粘接管件	个				2.8600
	19010013	螺纹阀门 DN20	只	0.0080	0.0080	0.0080	0.0050
	24110331	弹簧压力表 Y-100、0～1.6 MPa	套	0.0040	0.0040	0.0040	0.0020
	24590123	压力表弯管 DN15	个	0.0040	0.0040	0.0040	0.0020
	34090311	破布	kg	0.4930	0.5100	0.5270	
	34110101	水	m^3	4.0470	5.2270	6.3590	0.0530
	X0045	其他材料费	%	2.0000	2.0000	2.0000	2.0000
机械	99070530	载重汽车 5 t	台班	0.1010	0.1030	0.1050	
	99090400	汽车式起重机 16 t	台班	0.2680	0.2820	0.2900	
	99190761	液压断管机 $\phi 500$	台班	0.0290	0.0320	0.0380	
	99250005	电焊机	台班	0.0020	0.0020	0.0020	0.0020
	99440030	电动单级离心清水泵 $\phi 100$	台班	0.0140	0.0160	0.0180	0.0010
	99440420	试压泵 3 MPa	台班	0.0050	0.0060	0.0060	0.0020

工作内容：管道及管件安装、水压试验及水冲洗、室外管道人工挖土等。

定额编号			F-11-2-17	F-11-2-18	F-11-2-19	F-11-2-20
项目			室外塑料给水管(粘接)			室外塑料排水管(热熔连接)
			公称外径75 mm以内	公称外径110 mm以内	公称外径160 mm以内	公称外径50 mm以内
			10 m	10 m	10 m	10 m
预算定额编号	预算定额名称	预算定额单位	数量			
08-10-2-34	室外塑料给水管(粘接)公称外径75 mm以内	10 m	1.0000			
08-10-2-36	室外塑料给水管(粘接)公称外径110 mm以内	10 m		1.0000		
08-10-2-38	室外塑料给水管(粘接)公称外径160 mm以内	10 m			1.0000	
08-10-2-39	室外塑料排水管(热熔连接)公称外径50 mm以内	10 m				1.0000
08-10-2-45	室外管道 管道人工挖土 公称直径50 mm 1 m深	100 m				0.1000
08-10-2-46	室外管道 管道人工挖土 公称直径100 mm 1 m深	100 m	0.1000	0.1000		
08-10-2-47	室外管道 管道人工挖土 公称直径200 mm 1 m深	100 m			0.1000	

工作内容:管道及管件安装、水压试验及水冲洗、室外管道人工挖土等。

定额编号				F-11-2-17	F-11-2-18	F-11-2-19	F-11-2-20
项目				室外塑料给水管(粘接)			室外塑料排水管(热熔连接)
				公称外径 75 mm 以内	公称外径 110 mm 以内	公称外径 160 mm 以内	公称外径 50 mm 以内
名称			单位	10 m	10 m	10 m	10 m
人工	00230105	综合人工(安装)	工日	4.1210	4.2570	4.6480	3.7640
材料	01290326	热轧钢板(中厚板) δ<10	kg	0.0440	0.0490	0.1100	
	02010105	橡胶板 δ1~3	kg	0.0110	0.0120	0.0160	
	03014101	六角螺栓连母垫	kg	0.0060	0.0060	0.0120	
	03110601	铁砂布	张	0.0700	0.0760	0.0810	0.0500
	03130114	电焊条 J422 ϕ3.2	kg	0.0030	0.0030	0.0030	
	04090101	白灰	kg	1.2000	1.2000	1.2000	1.2000
	14330601	丙酮	kg	0.0360	0.0450	0.0560	
	14390101	氧气	m^3	0.0060	0.0060	0.0060	
	14390302	乙炔气	kg	0.0020	0.0020	0.0020	
	14411801	胶粘剂	kg	0.0790	0.1150	0.1580	
	17010136	焊接钢管 DN20	m	0.0190	0.0210	0.0230	
	17250200	硬聚氯乙烯排水管(PVC-U)	m				9.9300
	17251101	聚丙烯给水管(PP-R)	m	10.1500	10.1500	10.1500	
	17271011	橡胶软管 DN20	m	0.0080	0.0090	0.0100	
	18093201	塑料给水管粘接管件	个	2.8100	2.7300	1.7400	
	18095431	塑料排水管热熔直通接头	个				2.6800
	19010013	螺纹阀门 DN20	只	0.0050	0.0060	0.0060	
	24110331	弹簧压力表 Y-100、0~1.6 MPa	套	0.0030	0.0030	0.0030	
	24590123	压力表弯管 DN15	个	0.0030	0.0030	0.0030	
	34110101	水	m^3	0.1450	0.3530	0.7640	0.0330
	34110301	电	kW·h				0.7250
	X0045	其他材料费	%	2.0000	2.0000	2.0000	2.0000
机械	99070530	载重汽车 5 t	台班			0.0050	
	99090360	汽车式起重机 8 t	台班			0.0510	
	99210010	木工圆锯机 ϕ500	台班			0.0110	
	99250005	电焊机	台班	0.0020	0.0020	0.0020	
	99440030	电动单级离心清水泵 ϕ100	台班	0.0010	0.0020	0.0050	0.0010
	99440420	试压泵 3 MPa	台班	0.0020	0.0020	0.0030	

工作内容:1,2,3. 管道及管件安装、水压试验及水冲洗、室外管道人工挖土等。
4. 管道及管件安装、水压试验及水冲洗。

定　额　编　号			F-11-2-21	F-11-2-22	F-11-2-23	F-11-2-24
项　　目			室外塑料排水管(热熔连接)			室内镀锌钢管(螺纹连接)
			公称外径 75 mm 以内	公称外径 110 mm 以内	公称外径 160 mm 以内	公称直径 32 mm 以内
			10 m	10 m	10 m	10 m
预算定额编号	预算定额名称	预算定额单位	数　　量			
08-10-2-40	室外塑料排水管(热熔连接) 公称外径 75 mm 以内	10 m	1.0000			
08-10-2-41	室外塑料排水管(热熔连接) 公称外径 110 mm 以内	10 m		1.0000		
08-10-2-42	室外塑料排水管(热熔连接) 公称外径 160 mm 以内	10 m			1.0000	
08-10-2-46	室外管道 管道人工挖土 公称直径 100 mm 1 m 深	100 m	0.1000	0.1000		
08-10-2-47	室外管道 管道人工挖土 公称直径 200 mm 1 m 深	100 m			0.1000	
08-10-2-55	室内镀锌钢管(螺纹连接) 公称直径 25 mm 以内	10 m				0.6250
08-10-2-56	室内镀锌钢管(螺纹连接) 公称直径 32 mm 以内	10 m				0.3750

工作内容:1,2,3. 管道及管件安装、水压试验及水冲洗、室外管道人工挖土等。
4. 管道及管件安装、水压试验及水冲洗。

定额编号				F-11-2-21	F-11-2-22	F-11-2-23	F-11-2-24
项目				室外塑料排水管(热熔连接)			室内镀锌钢管(螺纹连接)
				公称外径 75 mm 以内	公称外径 110 mm 以内	公称外径 160 mm 以内	公称直径 32 mm 以内
名称			单位	10 m	10 m	10 m	10 m
人工	00230105	综合人工(安装)	工日	4.1150	4.2280	4.6960	2.1547
材料	01290326	热轧钢板(中厚板) δ<10	kg				0.0351
	02010105	橡胶板 δ1~3	kg				0.0084
	02130311	聚四氟乙烯带(生料带) 宽度 20	m				15.6950
	03014101	六角螺栓连母垫	kg				0.0044
	03110215	尼龙砂轮片 ϕ400	片				0.0976
	03110601	铁砂布	张	0.0750	0.0760	0.0810	
	03130114	电焊条 J422 ϕ3.2	kg				0.0020
	03152508	镀锌铁丝 8#~12#	kg				0.0706
	04090101	白灰	kg	1.2000	1.2000	1.2000	
	14070101	机油	kg				0.2041
	14390101	氧气	m^3				0.0041
	14390302	乙炔气	kg				0.0014
	17010136	焊接钢管 DN20	m				0.0154
	17030101	镀锌焊接钢管	m				9.9100
	17250200	硬聚氯乙烯排水管(PVC-U)	m	9.9300	9.9300	9.9300	
	17271011	橡胶软管 DN20	m				0.0070
	18034401	镀锌管件	个				10.8112
	18095431	塑料排水管热熔直通接头	个	2.6500	2.5800		
	19010013	螺纹阀门 DN20	只				0.0050
	24110331	弹簧压力表 Y-100、0~1.6 MPa	套				0.0020
	24590123	压力表弯管 DN15	个				0.0020
	34090311	破布	kg				0.1564
	34110101	水	m^3	0.0540	0.1320	0.2870	0.0294
	34110301	电	kW·h	1.1630	1.7620		
	X0045	其他材料费	%	2.0000	2.0000	2.0000	2.0000
机械	99070530	载重汽车 5 t	台班			0.0500	
	99090005	吊装机械(综合)	台班				0.0034
	99090360	汽车式起重机 8 t	台班			0.0510	
	99190750	管子切断套丝机 ϕ159	台班				0.2204
	99210010	木工圆锯机 ϕ500	台班			0.0110	
	99230170	砂轮切割机 ϕ400	台班				0.0235
	99250005	电焊机	台班				0.0010
	99250386	热熔焊接机 ϕ63/ϕ160	台班			0.1500	
	99440030	电动单级离心清水泵 ϕ100	台班	0.0010	0.0020	0.0050	0.0010
	99440420	试压泵 3 MPa	台班				0.0014

工作内容:管道及管件安装、水压试验及水冲洗。

定 额 编 号			F-11-2-25	F-11-2-26	F-11-2-27	F-11-2-28
项 目			室内镀锌钢管(螺纹连接)			室内塑料给水管(热熔连接)
			公称直径50 mm以内	公称直径80 mm以内	公称直径100 mm以内	公称外径32 mm以内
			10 m	10 m	10 m	10 m
预算定额编号	预算定额名称	预算定额单位	数 量			
08-10-2-57	室内镀锌钢管(螺纹连接) 公称直径40 mm以内	10 m	0.4400			
08-10-2-58	室内镀锌钢管(螺纹连接) 公称直径50 mm以内	10 m	0.5600			
08-10-2-59	室内镀锌钢管(螺纹连接) 公称直径65 mm以内	10 m		0.3100		
08-10-2-60	室内镀锌钢管(螺纹连接) 公称直径80 mm以内	10 m		0.6900		
08-10-2-61	室内镀锌钢管(螺纹连接) 公称直径100 mm以内	10 m			1.0000	
08-10-2-80	室内塑料给水管(热熔连接) 公称外径32 mm以内	10 m				1.0000

工作内容:管道及管件安装、水压试验及水冲洗。

定额编号				F-11-2-25	F-11-2-26	F-11-2-27	F-11-2-28
项目				室内镀锌钢管(螺纹连接)			室内塑料给水管(热熔连接)
				公称直径 50 mm 以内	公称直径 80 mm 以内	公称直径 100 mm 以内	公称外径 32 mm 以内
名称			单位	10 m	10 m	10 m	10 m
人工	00230105	综合人工(安装)	工日	2.4042	2.6979	3.1260	1.2170
材料	01290326	热轧钢板(中厚板) δ<10	kg	0.0407	0.0461	0.0490	0.0340
	02010105	橡胶板 δ1~3	kg	0.0100	0.0110	0.0120	0.0080
	02130311	聚四氟乙烯带(生料带) 宽度 20	m	16.4084	18.8884	20.8800	
	03014101	六角螺栓连母垫	kg	0.0050	0.0060	0.0060	0.0040
	03110215	尼龙砂轮片 ϕ400	片	0.1228	0.1444	0.1580	
	03110601	铁砂布	张				0.0700
	03130114	电焊条 J422 ϕ3.2	kg	0.0020	0.0027	0.0030	0.0020
	03152508	镀锌铁丝 8#~12#	kg	0.0812	0.0878	0.1010	
	14070101	机油	kg	0.2112	0.2178	0.2250	
	14390101	氧气	m^3	0.0060	0.0060	0.0060	0.0030
	14390302	乙炔气	kg	0.0020	0.0020	0.0020	0.0010
	17010136	焊接钢管 DN20	m	0.0166	0.0197	0.0210	0.0150
	17030101	镀锌焊接钢管	m	10.0200	10.0200	10.0200	
	17251101	聚丙烯给水管(PP-R)	m				10.1600
	17271011	橡胶软管 DN20	m	0.0076	0.0080	0.0090	0.0070
	18034401	镀锌管件	个	7.1600	4.8253	4.1500	
	18097211	塑料给水管热熔管件	个				10.8100
	19010013	螺纹阀门 DN20	只	0.0050	0.0057	0.0060	0.0040
	24110331	弹簧压力表 Y-100、0~1.6 MPa	套	0.0026	0.0030	0.0030	0.0020
	24590123	压力表弯管 DN15	个	0.0026	0.0030	0.0030	0.0020
	34090311	破布	kg	0.2016	0.2497	0.2980	
	34110101	水	m^3	0.0726	0.1857	0.3530	0.0230
	34110301	电	kW·h				1.4050
	X0045	其他材料费	%	2.0000	2.0000	2.0000	2.0000
机械	99070530	载重汽车 5 t	台班	0.0017	0.0054	0.0130	
	99090005	吊装机械(综合)	台班	0.0061	0.0111	0.0840	
	99190750	管子切断套丝机 ϕ159	台班	0.2890	0.3099	0.3200	
	99230170	砂轮切割机 ϕ400	台班	0.0291	0.0317	0.0340	
	99250005	电焊机	台班	0.0020	0.0020	0.0020	0.0010
	99440030	电动单级离心清水泵 ϕ100	台班	0.0010	0.0017	0.0020	0.0010
	99440420	试压泵 3 MPa	台班	0.0020	0.0020	0.0020	0.0010

工作内容:管道及管件安装、水压试验及水冲洗。

定额编号			F-11-2-29	F-11-2-30	F-11-2-31	F-11-2-32
项目			室内塑料给水管(热熔连接)			
			公称外径 50 mm 以内	公称外径 75 mm 以内	公称外径 90 mm 以内	公称外径 110 mm 以内
			10 m	10 m	10 m	10 m
预算定额编号	预算定额名称	预算定额单位	数量			
08-10-2-82	室内塑料给水管(热熔连接) 公称外径 50 mm 以内	10 m	1.0000			
08-10-2-84	室内塑料给水管(热熔连接) 公称外径 75 mm 以内	10 m		1.0000		
08-10-2-85	室内塑料给水管(热熔连接) 公称外径 90 mm 以内	10 m			1.0000	
08-10-2-86	室内塑料给水管(热熔连接) 公称外径 110 mm 以内	10 m				1.0000

工作内容:管道及管件安装、水压试验及水冲洗。

定额编号				F-11-2-29	F-11-2-30	F-11-2-31	F-11-2-32
项目				室内塑料给水管(热熔连接)			
				公称外径 50 mm 以内	公称外径 75 mm 以内	公称外径 90 mm 以内	公称外径 110 mm 以内
名称			单位	10 m	10 m	10 m	10 m
人工	00230105	综合人工(安装)	工日	1.5920	1.7880	1.9510	2.0350
材料	01290326	热轧钢板(中厚板) δ<10	kg	0.0390	0.0440	0.0470	0.0490
	02010105	橡胶板 δ1~3	kg	0.0100	0.0110	0.0110	0.0120
	03014101	六角螺栓连母垫	kg	0.0050	0.0060	0.0060	0.0060
	03110601	铁砂布	张	0.1510	0.2100	0.2260	0.2290
	03130114	电焊条 J422 ϕ3.2	kg	0.0020	0.0020	0.0030	0.0030
	14390101	氧气	m^3	0.0060	0.0060	0.0060	0.0060
	14390302	乙炔气	kg	0.0020	0.0020	0.0020	0.0020
	17010136	焊接钢管 DN20	m	0.0160	0.0190	0.0200	0.0210
	17251101	聚丙烯给水管(PP-R)	m	10.1600	10.1600	10.1600	10.1600
	17271011	橡胶软管 DN20	m	0.0070	0.0080	0.0080	0.0090
	18097211	塑料给水管热熔管件	个	7.4200	6.0300	3.9500	3.0800
	19010013	螺纹阀门 DN20	只	0.0050	0.0050	0.0060	0.0060
	24110331	弹簧压力表 Y-100、0~1.6 MPa	套	0.0020	0.0030	0.0030	0.0030
	24590123	压力表弯管 DN15	个	0.0030	0.0030	0.0030	0.0030
	34110101	水	m^3	0.0530	0.1450	0.2040	0.3530
	34110301	电	kW·h	1.6370	2.1170	2.2310	2.2590
	X0045	其他材料费	%	2.0000	2.0000	2.0000	2.0000
机械	99250005	电焊机	台班	0.0020	0.0020	0.0020	0.0020
	99440030	电动单级离心清水泵 ϕ100	台班	0.0010	0.0010	0.0020	0.0020
	99440420	试压泵 3 MPa	台班	0.0020	0.0020	0.0020	0.0020

工作内容:管道及管件安装、水压试验及水冲洗。

定额编号			F-11-2-33	F-11-2-34	F-11-2-35	F-11-2-36
项目			室内塑料排水管(热熔连接)			
			公称外径 50 mm 以内	公称外径 75 mm 以内	公称外径 110 mm 以内	公称外径 160 mm 以内
			10 m	10 m	10 m	10 m
预算定额编号	预算定额名称	预算定额单位	数量			
08-10-2-94	室内塑料排水管(热熔连接) 公称外径 50 mm 以内	10 m	1.0000			
08-10-2-95	室内塑料排水管(热熔连接) 公称外径 75 mm 以内	10 m		1.0000		
08-10-2-96	室内塑料排水管(热熔连接) 公称外径 110 mm 以内	10 m			1.0000	
08-10-2-97	室内塑料排水管(热熔连接) 公称外径 160 mm 以内	10 m				1.0000

工作内容:管道及管件安装、水压试验及水冲洗。

定额编号				F-11-2-33	F-11-2-34	F-11-2-35	F-11-2-36
项目				室内塑料排水管(热熔连接)			
				公称外径 50 mm 以内	公称外径 75 mm 以内	公称外径 110 mm 以内	公称外径 160 mm 以内
名称			单位	10 m	10 m	10 m	10 m
人工	00230105	综合人工(安装)	工日	1.3760	1.8420	2.0680	2.8880
材料	03110601	铁砂布	张	0.1450	0.2080	0.2270	0.2420
	17250200	硬聚氯乙烯排水管(PVC-U)	m	10.1200	9.8000	9.5000	9.5000
	18095411	塑料排水管热熔管件	个	6.9000	8.8500	11.5600	5.9500
	34110101	水	m^3	0.0330	0.0540	0.1320	0.5870
	34110301	电	kW·h	1.4570	3.7410	5.9920	
	X0045	其他材料费	%	2.0000	2.0000	2.0000	2.0000
机械	99070530	载重汽车 5 t	台班				0.0050
	99090005	吊装机械(综合)	台班				0.0170
	99210010	木工圆锯机 ϕ500	台班				0.0400
	99250386	热熔焊接机 ϕ63/ϕ160	台班				0.3130
	99440030	电动单级离心清水泵 ϕ100	台班	0.0010	0.0010	0.0020	0.0050

工作内容:管道及管件安装、水压试验及水冲洗。

定　额　编　号			F-11-2-37	F-11-2-38	F-11-2-39	F-11-2-40
项　　目			室内钢塑复合管(螺纹连接)			
			公称直径 32 mm以内	公称直径 50 mm以内	公称直径 80 mm以内	公称直径 100 mm以内
			10 m	10 m	10 m	10 m
预算定额编号	预算定额名称	预算定额单位	数　　量			
08-10-2-140	室内钢塑复合管(螺纹连接) 公称直径 20 mm 以内	10 m	0.3300			
08-10-2-141	室内钢塑复合管(螺纹连接) 公称直径 25 mm 以内	10 m	0.5000			
08-10-2-142	室内钢塑复合管(螺纹连接) 公称直径 32 mm 以内	10 m	0.1700			
08-10-2-143	室内钢塑复合管(螺纹连接) 公称直径 40 mm 以内	10 m		0.6875		
08-10-2-144	室内钢塑复合管(螺纹连接) 公称直径 50 mm 以内	10 m		0.3125		
08-10-2-145	室内钢塑复合管(螺纹连接) 公称直径 65 mm 以内	10 m			0.3000	
08-10-2-146	室内钢塑复合管(螺纹连接) 公称直径 80 mm 以内	10 m			0.7000	
08-10-2-147	室内钢塑复合管(螺纹连接) 公称直径 100 mm 以内	10 m				1.0000

工作内容:管道及管件安装、水压试验及水冲洗。

定额编号				F-11-2-37	F-11-2-38	F-11-2-39	F-11-2-40
项目				室内钢塑复合管(螺纹连接)			
				公称直径 32 mm 以内	公称直径 50 mm 以内	公称直径 80 mm 以内	公称直径 100 mm 以内
名称			单位	10 m	10 m	10 m	10 m
人工	00230105	综合人工(安装)	工日	2.0441	2.3955	2.7573	3.1720
材料	01290326	热轧钢板(中厚板) δ<10	kg	0.0338	0.0399	0.0461	0.0490
	02010105	橡胶板 δ1~3	kg	0.0082	0.0100	0.0110	0.0120
	02130311	聚四氟乙烯带(生料带) 宽度 20	m	14.7766	16.3119	18.9020	20.8800
	03014101	六角螺栓连母垫	kg	0.0042	0.0050	0.0060	0.0060
	03110215	尼龙砂轮片 ϕ400	片	0.0744	0.1216	0.1445	0.1580
	03130114	电焊条 J422 ϕ3.2	kg	0.0020	0.0020	0.0027	0.0030
	14070101	机油	kg	0.1926	0.2102	0.1160	0.0400
	14390101	氧气	m^3	0.0035	0.0060	0.0060	0.0060
	14390302	乙炔气	kg	0.0012	0.0020	0.0020	0.0020
	17010136	焊接钢管 DN20	m	0.0148	0.0163	0.0197	0.0210
	17271011	橡胶软管 DN20	m	0.0067	0.0073	0.0080	0.0090
	17280201	钢塑复合管	m	9.9100	10.0200	10.0200	10.0200
	18111701	钢塑复合管管件	个	11.3641	7.4694	4.8190	4.1500
	19010013	螺纹阀门 DN20	只	0.0042	0.0050	0.0057	0.0060
	24110331	弹簧压力表 Y-100、0~1.6 MPa	套	0.0020	0.0023	0.0030	0.0030
	24590123	压力表弯管 DN15	个	0.0020	0.0023	0.0030	0.0030
	34110101	水	m^3	0.0229	0.0639	0.1863	0.3530
	X0045	其他材料费	%	2.0000	2.0000	2.0000	2.0000
机械	99070530	载重汽车 5 t	台班		0.0009	0.0054	0.0130
	99090005	吊装机械(综合)	台班	0.0028	0.0056	0.0111	0.0840
	99190750	管子切断套丝机 ϕ159	台班	0.1684	0.2868	0.3101	0.3200
	99230170	砂轮切割机 ϕ400	台班	0.0187	0.0286	0.0317	0.0340
	99250005	电焊机	台班	0.0010	0.0020	0.0020	0.0020
	99440030	电动单级离心清水泵 ϕ100	台班	0.0010	0.0010	0.0017	0.0020
	99440420	试压泵 3 MPa	台班	0.0012	0.0020	0.0020	0.0020

工作内容:管道及管件安装、水压试验及水冲洗。

定额编号			F-11-2-41	F-11-2-42	F-11-2-43	F-11-2-44
项目			室内钢塑复合管（螺纹连接）	室内钢管(沟槽连接)		
			公称直径150 mm以内	公称直径100 mm以内	公称直径150 mm以内	公称直径200 mm以内
			10 m	10 m	10 m	10 m
预算定额编号	预算定额名称	预算定额单位	数量			
08-10-2-148	室内钢塑复合管(螺纹连接)公称直径125 mm以内	10 m	0.5000			
08-10-2-149	室内钢塑复合管(螺纹连接)公称直径150 mm以内	10 m	0.5000			
08-10-2-157	室内钢管(沟槽连接)公称直径100 mm以内	10 m		1.0000		
08-10-2-158	室内钢管(沟槽连接)公称直径125 mm以内	10 m			0.3000	
08-10-2-159	室内钢管(沟槽连接)公称直径150 mm以内	10 m			0.7000	
08-10-2-160	室内钢管(沟槽连接)公称直径200 mm以内	10 m				1.0000

工作内容:管道及管件安装、水压试验及水冲洗。

定额编号				F-11-2-41	F-11-2-42	F-11-2-43	F-11-2-44
项目				室内钢塑复合管(螺纹连接)	室内钢管(沟槽连接)		
				公称直径150 mm以内	公称直径100 mm以内	公称直径150 mm以内	公称直径200 mm以内
名称			单位	10 m	10 m	10 m	10 m
人工	00230105	综合人工(安装)	工日	3.7160	2.6840	3.2852	3.7030
材料	01290326	热轧钢板(中厚板) δ<10	kg	0.0915	0.0490	0.0989	0.1480
	02010105	橡胶板 δ1~3	kg	0.0150	0.0120	0.0154	0.0180
	02130311	聚四氟乙烯带(生料带) 宽度 20	m	21.1300			
	03014101	六角螺栓连母垫	kg	0.0100	0.0060	0.0108	0.0180
	03130114	电焊条 J422 ϕ3.2	kg	0.0030	0.0030	0.0030	0.0030
	03152508	镀锌铁丝 8#~12#	kg		0.1010	0.1070	0.1120
	03210130	硬质合金冲击钻头	根		0.0200	0.0224	0.0250
	14070101	机油	kg	0.0300			
	14070201	润滑油	kg		0.0500	0.0575	0.0640
	14390101	氧气	m^3	0.0060	0.0060	0.0060	0.0090
	14390302	乙炔气	kg	0.0020	0.0020	0.0020	0.0030
	17010136	焊接钢管 DN20	m	0.0225	0.0210	0.0227	0.0240
	17010801	钢管	m		9.6800	9.7800	9.7800
	17271011	橡胶软管 DN20	m	0.0095	0.0090	0.0097	0.0100
	17280201	钢塑复合管	m	10.0200			
	18031801	钢管沟槽管件	个		3.6000	2.0360	1.6700
	18111701	钢塑复合管管件	个	3.4650			
	18254551	卡箍连接件(含胶圈)	套		8.6560	5.2496	4.4380
	19010013	螺纹阀门 DN20	只	0.0060	0.0060	0.0060	0.0070
	24110331	弹簧压力表 Y-100、0~1.6 MPa	套	0.0030	0.0030	0.0030	0.0030
	24590123	压力表弯管 DN15	个	0.0030	0.0030	0.0030	0.0030
	34090311	破布	kg		0.2980	0.3349	0.4080
	34110101	水	m^3	0.6555	0.3530	0.6989	1.3460
	X0045	其他材料费	%	2.0000	2.0000	2.0000	2.0000
机械	99030801	开孔机 DN200	台班		0.0090	0.0107	0.0120
	99070530	载重汽车 5 t	台班	0.0190	0.0130	0.0202	0.0400
	99090005	吊装机械(综合)	台班	0.1200	0.0840	0.1212	0.1690
	99190710	管子切断机 ϕ150	台班	0.0360	0.0460	0.0576	
	99190720	管子切断机 ϕ250	台班				0.0660
	99190750	管子切断套丝机 ϕ159	台班	0.4165			
	99191380	滚槽机	台班		0.2590	0.3071	0.3340
	99250005	电焊机	台班	0.0020	0.0020	0.0020	0.0020
	99440030	电动单级离心清水泵 ϕ100	台班	0.0040	0.0020	0.0044	0.0070
	99440420	试压泵 3 MPa	台班	0.0030	0.0020	0.0030	0.0030

工作内容：管道及管件安装、水压试验及水冲洗。

定　额　编　号			F-11-2-45	F-11-2-46	F-11-2-47	F-11-2-48
项　　目			室内钢管(沟槽连接)			
			公称直径 250 mm 以内	公称直径 300 mm 以内	公称直径 350 mm 以内	公称直径 400 mm 以内
			10 m	10 m	10 m	10 m
预算定额编号	预算定额名称	预算定额单位	数　　量			
08-10-2-161	室内钢管(沟槽连接)公称直径 250 mm 以内	10 m	1.0000			
08-10-2-162	室内钢管(沟槽连接)公称直径 300 mm 以内	10 m		1.0000		
08-10-2-163	室内钢管(沟槽连接)公称直径 350 mm 以内	10 m			1.0000	
08-10-2-164	室内钢管(沟槽连接)公称直径 400 mm 以内	10 m				1.0000

工作内容:管道及管件安装、水压试验及水冲洗。

定额编号				F-11-2-45	F-11-2-46	F-11-2-47	F-11-2-48
项目				室内钢管(沟槽连接)			
				公称直径 250 mm 以内	公称直径 300 mm 以内	公称直径 350 mm 以内	公称直径 400 mm 以内
名称			单位	10 m	10 m	10 m	10 m
人工	00230105	综合人工(安装)	工日	4.9380	5.4090	6.1110	6.6620
材料	01290326	热轧钢板(中厚板) δ<10	kg	0.2320	0.2320	0.2840	0.2840
	02010105	橡胶板 δ1~3	kg	0.0210	0.0240	0.0380	0.0420
	03014101	六角螺栓连母垫	kg	0.0280	0.0380	0.0460	0.0540
	03130114	电焊条 J422 ϕ3.2	kg	0.0040	0.0040	0.0040	0.0040
	03152508	镀锌铁丝 8# ~12#	kg	0.1400	0.1440	0.1480	0.1530
	03210130	硬质合金冲击钻头	根	0.0280	0.0310	0.0350	0.0390
	14070201	润滑油	kg	0.0690	0.0740	0.0790	0.0850
	14390101	氧气	m^3	0.0090	0.0090	0.0120	0.0120
	14390302	乙炔气	kg	0.0030	0.0030	0.0040	0.0040
	17010136	焊接钢管 DN20	m	0.0250	0.0260	0.0270	0.0280
	17010801	钢管	m	9.7800	9.7800	9.4500	9.4500
	17271011	橡胶软管 DN20	m	0.0110	0.0110	0.0110	0.0120
	18031801	钢管沟槽管件	个	1.6100	1.6100	1.6100	1.6100
	18254551	卡箍连接件(含胶圈)	套	4.2580	4.2580	4.2580	4.2580
	19010013	螺纹阀门 DN20	只	0.0070	0.0070	0.0080	0.0080
	24110331	弹簧压力表 Y-100、0~1.6 MPa	套	0.0030	0.0040	0.0040	0.0040
	24590123	压力表弯管 DN15	个	0.0030	0.0040	0.0040	0.0040
	34090311	破布	kg	0.4510	0.4680	0.4930	0.5100
	34110101	水	m^3	2.1390	3.0370	4.0470	5.2270
	X0045	其他材料费	%	2.0000	2.0000	2.0000	2.0000
机械	99030803	开孔机 DN400	台班	0.0060	0.0060	0.0060	0.0060
	99070530	载重汽车 5 t	台班	0.0580	0.0760	0.1010	0.1030
	99090005	吊装机械(综合)	台班	0.2390	0.2710	0.2980	0.3270
	99191380	滚槽机	台班	0.3490	0.3760	0.3950	0.4150
	99230520	管道切割坡口机 ISD-300	台班	0.0720	0.0810		
	99230530	管道切割坡口机 ISD-450	台班			0.0920	0.1030
	99250005	电焊机	台班	0.0020	0.0020	0.0020	0.0020
	99440030	电动单级离心清水泵 ϕ100	台班	0.0090	0.0120	0.0140	0.0160
	99440420	试压泵 3 MPa	台班	0.0040	0.0040	0.0050	0.0060

工作内容：管道及管件安装、水压试验及水冲洗。

定　额　编　号			F-11-2-49	F-11-2-50	F-11-2-51	F-11-2-52
项　　目			室内不锈钢管(对接电弧焊)			
			公称直径 32 mm 以内	公称直径 50 mm 以内	公称直径 80 mm 以内	公称直径 100 mm 以内
			10 m	10 m	10 m	10 m
预算定额 编号	预算定额 名称	预算定额 单位	数　　量			
08-10-2-165	室内不锈钢管(对接电弧焊) 公称直径 15 mm 以内	10 m	0.3000			
08-10-2-166	室内不锈钢管(对接电弧焊) 公称直径 20 mm 以内	10 m	0.1800			
08-10-2-167	室内不锈钢管(对接电弧焊) 公称直径 25 mm 以内	10 m	0.3700			
08-10-2-168	室内不锈钢管(对接电弧焊) 公称直径 32 mm 以内	10 m	0.1500			
08-10-2-169	室内不锈钢管(对接电弧焊) 公称直径 40 mm 以内	10 m		0.1200		
08-10-2-170	室内不锈钢管(对接电弧焊) 公称直径 50 mm 以内	10 m		0.8800		
08-10-2-171	室内不锈钢管(对接电弧焊) 公称直径 65 mm 以内	10 m			0.5000	
08-10-2-172	室内不锈钢管(对接电弧焊) 公称直径 80 mm 以内	10 m			0.5000	
08-10-2-173	室内不锈钢管(对接电弧焊) 公称直径 100 mm 以内	10 m				1.0000

工作内容:管道及管件安装、水压试验及水冲洗。

定额编号				F-11-2-49	F-11-2-50	F-11-2-51	F-11-2-52
项目				室内不锈钢管(对接电弧焊)			
				公称直径 32 mm 以内	公称直径 50 mm 以内	公称直径 80 mm 以内	公称直径 100 mm 以内
名称			单位	10 m	10 m	10 m	10 m
人工	00230105	综合人工(安装)	工日	1.5599	2.2281	2.6475	3.1970
材料	01290326	热轧钢板(中厚板) δ<10	kg	0.0329	0.0416	0.0455	0.0490
	02010105	橡胶板 δ1~3	kg	0.0078	0.0100	0.0110	0.0120
	02090401	塑料布	m^2	0.6047	0.7008	0.7245	0.7740
	03014101	六角螺栓连母垫	kg	0.0042	0.0050	0.0060	0.0060
	03110212	尼龙砂轮片 φ100	片	0.2137	0.5404	0.6100	0.6240
	03130114	电焊条 J422 φ3.2	kg	0.0020	0.0020	0.0025	0.0030
	03130201	不锈钢焊条	kg	0.2247	0.4330	0.5000	0.5760
	03152508	镀锌铁丝 8#~12#	kg	0.0565	0.0825	0.0870	0.1010
	03210771	树脂砂轮切割片 φ400	片	0.0729	0.1412	0.1690	0.1900
	14330601	丙酮	kg	0.0491	0.0877	0.1230	0.1650
	14353101	酸洗膏	kg	0.0276	0.0546	0.0715	0.0870
	14390101	氧气	m^3	0.0034	0.0060	0.0060	0.0060
	14390302	乙炔气	kg	0.0011	0.0020	0.0020	0.0020
	17010136	焊接钢管 DN20	m	0.0144	0.0169	0.0195	0.0210
	17050101	不锈钢管	m	9.5000	9.6500	9.6500	9.6500
	17271011	橡胶软管 DN20	m	0.0065	0.0079	0.0080	0.0090
	18051101	焊接式不锈钢管件	个	10.3657	5.3072	3.6950	2.9900
	19010013	螺纹阀门 DN20	只	0.0042	0.0050	0.0055	0.0060
	24110331	弹簧压力表 Y-100、0~1.6 MPa	套	0.0020	0.0029	0.0030	0.0030
	24590123	压力表弯管 DN15	个	0.0020	0.0029	0.0030	0.0030
	34090311	破布	kg	0.1207	0.2099	0.2465	0.2980
	34110101	水	m^3	0.0194	0.0838	0.1745	0.3530
	34110301	电	kW·h	0.1730	0.2908	0.3560	0.4030
	X0045	其他材料费	%	2.0000	2.0000	2.0000	2.0000
机械	99070530	载重汽车 5 t	台班		0.0026	0.0050	0.0130
	99090005	吊装机械(综合)	台班	0.0027	0.0068	0.0105	0.0840
	99230170	砂轮切割机 φ400	台班	0.0236	0.0363	0.0630	0.0740
	99250005	电焊机	台班	0.0775	0.2412	0.3460	0.4110
	99270060	电焊条烘干箱 600×500×750	台班	0.0080	0.0241	0.0350	0.0410
	99430230	电动空气压缩机 6 m^3/min	台班	0.0020	0.0020	0.0020	0.0020
	99440030	电动单级离心清水泵 φ100	台班	0.0010	0.0010	0.0015	0.0020
	99440420	试压泵 3 MPa	台班	0.0011	0.0020	0.0020	0.0020

工作内容：1，2．管道及管件安装、水压试验及水冲洗。
3．管道支架制作、安装。
4．伸缩器安装、水压试验。

定额编号			F-11-2-53	F-11-2-54	F-11-2-55	F-11-2-56
项目			室内不锈钢管（对接电弧焊）		管道支架	螺纹连接法兰式套筒伸缩器
			公称直径150 mm以内	公称直径200 mm以内	制作安装	公称直径25 mm以内
			10 m	10 m	100 kg	个
预算定额编号	预算定额名称	预算定额单位	数量			
08-10-1-255	金属结构刷油 防锈漆 第一遍	100 kg			1.0000	
08-10-1-256	金属结构刷油 防锈漆 增一遍	100 kg			1.0000	
08-10-1-258	金属结构刷油 银粉漆 第一遍	100 kg			1.0000	
08-10-1-259	金属结构刷油 银粉漆 增一遍	100 kg			1.0000	
08-10-2-111	管道支架制作 单件重量10 kg以内	100 kg			1.0000	
08-10-2-116	管道支架安装 单件重量10 kg以内	100 kg			1.0000	
08-10-2-174	室内不锈钢管（对接电弧焊）公称直径125 mm以内	10 m	0.5000			
08-10-2-175	室内不锈钢管（对接电弧焊）公称直径150 mm以内	10 m	0.5000			
08-10-2-176	室内不锈钢管（对接电弧焊）公称直径200 mm以内	10 m		1.0000		
08-10-2-187	螺纹连接法兰式套筒伸缩器 公称直径25 mm以内	个				1.0000

工作内容:1,2. 管道及管件安装、水压试验及水冲洗。
3. 管道支架制作、安装。
4. 伸缩器安装、水压试验。

定额编号				F-11-2-53	F-11-2-54	F-11-2-55	F-11-2-56
项目				室内不锈钢管(对接电弧焊)		管道支架	螺纹连接法兰式套筒伸缩器
				公称直径150 mm以内	公称直径200 mm以内	制作安装	公称直径25 mm以内
名称			单位	10 m	10 m	100 kg	个
人工	00230105	综合人工(安装)	工日	3.4940	4.4760	8.0510	0.1600
材料	01150103-1	热轧型钢 综合	kg			105.0000	
	01290326	热轧钢板(中厚板) δ<10	kg	0.0915	0.1480		
	02010105	橡胶板 δ1~3	kg	0.0150	0.0180		
	02010163	橡胶板(低压) δ0.8~6	kg				0.1190
	02090401	塑料布	m^2	0.8165	0.9130		
	03014101	六角螺栓连母垫	kg	0.0100	0.0180	3.3890	1.6730
	03018105	膨胀螺栓(钢制) M8~16	kg			2.8230	
	03110212	尼龙砂轮片 ϕ100	片	0.7145	0.8310	0.0640	
	03110215	尼龙砂轮片 ϕ400	片			1.1520	
	03130114	电焊条 J422 ϕ3.2	kg	0.0030	0.0030	5.2750	
	03130201	不锈钢焊条	kg	0.9270	1.6310		
	03152508	镀锌铁丝 8#~12#	kg	0.1095	0.1310		
	03210210	硬质合金冲击钻头 ϕ10~20	根			1.0810	
	13050611-1	酚醛防锈漆(红丹) F53-31	kg			1.7000	
	13090101	银粉漆	kg			0.6200	
	14050135	溶剂汽油 200#	kg			0.4560	
	14070101	机油	kg			0.4820	0.0100
	14330601	丙酮	kg	0.1790	0.2150		
	14353101	酸洗膏	kg	0.1045	0.1460		
	14390101	氧气	m^3	0.0060	0.0060	2.8200	
	14390302	乙炔气	kg	0.0020	0.0020	0.9400	
	15011806	石棉松绳 ϕ13~19	kg				0.0100
	17010136	焊接钢管 DN20	m	0.0225	0.0240		

（续表）

定额编号				F-11-2-53	F-11-2-54	F-11-2-55	F-11-2-56
项目				室内不锈钢管（对接电弧焊）		管道支架	螺纹连接法兰式套筒伸缩器
				公称直径 150 mm 以内	公称直径 200 mm 以内	制作安装	公称直径 25 mm 以内
名称			单位	10 m	10 m	100 kg	个
材料	17050101	不锈钢管	m	9.6500	9.6500		
	17271011	橡胶软管 DN20	m	0.0095	0.0100		
	18051101	焊接式不锈钢管件	个	2.1150	1.6800		
	18211001	螺纹套筒伸缩器	个				1.0000
	19010013	螺纹阀门 DN20	只	0.0060	0.0070		
	20010010	螺纹法兰	片				2.0000
	24110331	弹簧压力表 Y-100、0～1.6 MPa	套	0.0030	0.0030		
	24590123	压力表弯管 DN15	个	0.0030	0.0030		
	34090311	破布	kg	0.3315	0.4080		
	34110101	水	m^3	0.6555	1.3460		
	34110301	电	kW·h	0.4690	0.7120	2.6840	
	80060214	干混抹灰砂浆 DP M20.0	m^3			0.0530	
	X0045	其他材料费	%	2.0000	2.0000	2.0000	5.0000
机械	99070530	载重汽车 5 t	台班	0.0190	0.0400		
	99090005	吊装机械(综合)	台班	0.1200	0.1690		
	99190200	台式钻床 ϕ16	台班			0.2250	
	99190230	立式钻床 ϕ25	台班			0.9580	
	99230040	等离子切割机 400 A	台班	0.2015	0.2720		
	99230170	砂轮切割机 ϕ400	台班			0.7840	
	99250005	电焊机	台班	0.4560	0.5520	3.2950	
	99270060	电焊条烘干箱 600×500×750	台班	0.0455	0.0550		
	99430210	电动空气压缩机 1 m^3/min	台班	0.2015	0.2720		
	99430230	电动空气压缩机 6 m^3/min	台班	0.0020	0.0020		
	99440030	电动单级离心清水泵 ϕ100	台班	0.0040	0.0070		
	99440420	试压泵 3 MPa	台班	0.0030	0.0030		

工作内容:伸缩器安装、水压试验。

定额编号			F-11-2-57	F-11-2-58	F-11-2-59	F-11-2-60
项目			螺纹连接法兰式套筒伸缩器	焊接法兰式套筒伸缩器		
			公称直径 50 mm 以内		公称直径 100 mm 以内	公称直径 150 mm 以内
			个	个	个	个
预算定额编号	预算定额名称	预算定额单位	数量			
08-10-2-188	螺纹连接法兰式套筒伸缩器 公称直径 32 mm 以内	个	0.3000			
08-10-2-189	螺纹连接法兰式套筒伸缩器 公称直径 40 mm 以内	个	0.3000			
08-10-2-190	螺纹连接法兰式套筒伸缩器 公称直径 50 mm 以内	个	0.4000			
08-10-2-191	焊接法兰式套筒伸缩器 公称直径 50 mm 以内	个		1.0000		
08-10-2-192	焊接法兰式套筒伸缩器 公称直径 65 mm 以内	个			0.3000	
08-10-2-193	焊接法兰式套筒伸缩器 公称直径 80 mm 以内	个			0.3000	
08-10-2-194	焊接法兰式套筒伸缩器 公称直径 100 mm 以内	个			0.4000	
08-10-2-195	焊接法兰式套筒伸缩器 公称直径 125 mm 以内	个				0.5000
08-10-2-196	焊接法兰式套筒伸缩器 公称直径 150 mm 以内	个				0.5000

工作内容:伸缩器安装、水压试验。

定额编号				F-11-2-57	F-11-2-58	F-11-2-59	F-11-2-60
项目				螺纹连接法兰式套筒伸缩器	焊接法兰式套筒伸缩器		
				公称直径 50 mm 以内		公称直径 100 mm 以内	公称直径 150 mm 以内
名称			单位	个	个	个	个
人工	00230105	综合人工(安装)	工日	0.2336	0.3120	0.5392	0.9560
材料	02010163	橡胶板(低压) δ0.8～6	kg	0.1337	0.1400	0.2720	0.5050
	03014101	六角螺栓连母垫	kg	2.1749	2.3900	4.0630	6.2650
	03130101	电焊条	kg		0.2100	0.5090	0.8000
	14070101	机油	kg	0.0170			
	14390101	氧气	m^3		0.0400	0.0640	0.1050
	14390302	乙炔气	kg		0.0100	0.0212	0.0350
	15011806	石棉松绳 ϕ13～19	kg	0.0100			
	18211001	螺纹套筒伸缩器	个	0.6000			
	18211101	法兰套筒伸缩器	个	0.4000	1.0000	1.0000	1.0000
	20010010	螺纹法兰	片	2.0000			
	20010201-1	平焊钢法兰	片		2.0000	2.0000	2.0000
	X0045	其他材料费	%	5.0000	3.0000	3.0000	2.5700
机械	99250010	交流弧焊机 21 kV·A	台班		0.1400	0.2460	0.2900

工作内容:1,2. 伸缩器安装、水压试验。
3,4. 阀门、法兰安装,水压试验。

定额编号			F-11-2-61	F-11-2-62	F-11-2-63	F-11-2-64
项目			焊接法兰式套筒伸缩器		螺纹阀门	
			公称直径 200 mm 以内	公称直径 300 mm 以内	公称直径 25 mm 以内	公称直径 50 mm 以内
			个	个	个	个
预算定额编号	预算定额名称	预算定额单位	数量			
08-10-2-197	焊接法兰式套筒伸缩器 公称直径 200 mm 以内	个	1.0000			
08-10-2-198	焊接法兰式套筒伸缩器 公称直径 300 mm 以内	个		1.0000		
08-10-2-200	螺纹阀门 公称直径 20 mm 以内	个			0.4000	
08-10-2-201	螺纹阀门 公称直径 25 mm 以内	个			0.6000	
08-10-2-202	螺纹阀门 公称直径 32 mm 以内	个				0.3600
08-10-2-203	螺纹阀门 公称直径 40 mm 以内	个				0.3600
08-10-2-204	螺纹阀门 公称直径 50 mm 以内	个				0.2800

工作内容:1,2. 伸缩器安装、水压试验。
3,4. 阀门、法兰安装,水压试验。

定额编号				F-11-2-61	F-11-2-62	F-11-2-63	F-11-2-64
项目				焊接法兰式套筒伸缩器		螺纹阀门	
				公称直径 200 mm 以内	公称直径 300 mm 以内	公称直径 25 mm 以内	公称直径 50 mm 以内
名称			单位	个	个	个	个
人工	00230105	综合人工(安装)	工日	1.4960	2.3360	0.1060	0.2052
材料	01290319	热轧钢板(中厚板) δ11～20	kg			0.0290	0.0683
	02010163	橡胶板(低压) δ0.8～6	kg	0.6600	0.8000	0.0036	0.0078
	02130311	聚四氟乙烯带(生料带) 宽度 20	m			1.7332	3.0084
	03014101	六角螺栓连母垫	kg	11.6200	12.8500	0.0360	0.1089
	03110215	尼龙砂轮片 ϕ400	片			0.0064	0.0156
	03130101	电焊条	kg	2.3500	5.7900		
	03130114	电焊条 J422 ϕ3.2	kg			0.0554	0.0896
	14070101	机油	kg			0.0096	0.0167
	14390101	氧气	m^3	0.1800	0.3000	0.0456	0.0796
	14390302	乙炔气	kg	0.0600	0.1000	0.0152	0.0265
	17070121	无缝钢管 ϕ22×2	m			0.0030	0.0044
	17252421	输水软管 ϕ25	m			0.0060	0.0088
	18031304	钢制六角内接头 DN20	个			0.3232	
	18031305	钢制六角内接头 DN25	个			0.4848	
	18031306	钢制六角内接头 DN32	个				0.2909
	18031307	钢制六角内接头 DN40	个				0.2909
	18031308	钢制六角内接头 DN50	个				0.2262
	18151227	钢制活接头 DN20	个			0.4040	
	18151228	钢制活接头 DN25	个			0.6060	
	18151229	钢制活接头 DN32	个				0.3636
	18151230	钢制活接头 DN40	个				0.3636
	18151231	钢制活接头 DN50	个				0.2828
	18211101	法兰套筒伸缩器	个	1.0000	1.0000		
	19010011-1	螺纹阀门	只			1.0100	1.0100
	19010012	螺纹阀门 DN15	只			0.0060	0.0088
	20010201-1	平焊钢法兰	片	2.0000	2.0000		
	24110331	弹簧压力表 Y-100、0～1.6 MPa	套			0.0060	0.0066
	24590123	压力表弯管 DN15	个			0.0060	0.0088
	34110101	水	m^3			0.0010	0.0010
	X0045	其他材料费	%	2.0000	2.0000	2.0000	2.0000
机械	99190750	管子切断套丝机 ϕ159	台班			0.0128	0.0276
	99230170	砂轮切割机 ϕ400	台班			0.0016	0.0043
	99250005	电焊机	台班			0.0086	0.0141
	99250010	交流弧焊机 21 kV·A	台班	0.6600	1.1900		
	99440420	试压泵 3 MPa	台班			0.0060	0.0088

工作内容:阀门、法兰安装,水压试验。

定额编号			F-11-2-65	F-11-2-66	F-11-2-67	F-11-2-68
项目			螺纹阀门	法兰阀门		
			公称直径 100 mm 以内		公称直径 200 mm 以内	公称直径 300 mm 以内
			个	个	个	个
预算定额编号	预算定额名称	预算定额单位	数量			
08-10-2-205	螺纹阀门 公称直径 65 mm 以内	个	0.8800			
08-10-2-206	螺纹阀门 公称直径 80 mm 以内	个	0.0200			
08-10-2-207	螺纹阀门 公称直径 100 mm 以内	个	0.1000			
08-10-2-208	法兰阀门 公称直径 65 mm 以内	个		0.8800		
08-10-2-209	法兰阀门 公称直径 80 mm 以内	个		0.0200		
08-10-2-210	法兰阀门 公称直径 100 mm 以内	个		0.1000		
08-10-2-212	法兰阀门 公称直径 150 mm 以内	个			0.8400	
08-10-2-213	法兰阀门 公称直径 200 mm 以内	个			0.1600	
08-10-2-214	法兰阀门 公称直径 250 mm 以内	个				0.5000
08-10-2-215	法兰阀门 公称直径 300 mm 以内	个				0.5000

工作内容：阀门、法兰安装，水压试验。

定额编号				F-11-2-65	F-11-2-66	F-11-2-67	F-11-2-68
项目				螺纹阀门	法兰阀门		
				公称直径 100 mm 以内		公称直径 200 mm 以内	公称直径 300 mm 以内
名称			单位	个	个	个	个
人工	00230105	综合人工(安装)	工日	0.4032	0.3504	0.8684	1.3950
材料	01290319	热轧钢板(中厚板) δ11～20	kg	0.2033	0.2168	0.6210	1.3920
	02010163	橡胶板(低压) δ0.8～6	kg	0.0171	0.1233	0.3340	0.4455
	02130311	聚四氟乙烯带(生料带) 宽度 20	m	5.1844			
	03014101	六角螺栓连母垫	kg	0.2406	0.2406	0.9500	1.5155
	03014156	六角螺栓连母垫 M16×80	套		3.7904		
	03014157	六角螺栓连母垫 M16×140	套		0.8240		
	03014166	六角螺栓连母垫 M20×100	套			8.8992	
	03014167	六角螺栓连母垫 M22×120	套				12.3600
	03110215	尼龙砂轮片 ϕ400	片	0.0365			
	03110701	砂纸	张		0.0045	0.0173	0.0240
	03130114	电焊条 J422 ϕ3.2	kg	0.1347	0.1347	0.2005	0.2655
	13050201	铅油	kg		0.0554	0.1448	0.2200
	14070101	机油	kg	0.0302	0.0044	0.0110	0.0180
	14390101	氧气	m^3	0.1223	0.1223	0.3176	0.6555
	14390302	乙炔气	kg	0.0408	0.0408	0.1059	0.2185
	17070121	无缝钢管 ϕ22×2	m	0.0082	0.0082	0.0100	0.0100
	17252421	输水软管 ϕ25	m	0.0163	0.0163	0.0190	0.0190
	18031309	钢制六角内接头 DN65	个	0.7110			
	18031310	钢制六角内接头 DN80	个	0.0162			
	18031311	钢制六角内接头 DN100	个	0.0808			
	18151232	钢制活接头 DN65	个	0.8888			
	18151233	钢制活接头 DN80	个	0.0202			
	18151234	钢制活接头 DN100	个	0.1010			
	19010011-1	螺纹阀门	只	1.0100			
	19010012	螺纹阀门 DN15	只	0.0163	0.0163	0.0190	0.0190
	19010027	法兰阀门	只		1.0000	1.0000	1.0000
	24110331	弹簧压力表 Y-100、0～1.6 MPa	套	0.0163	0.0163	0.0190	0.0190
	24590123	压力表弯管 DN15	个	0.0163	0.0163	0.0190	0.0190
	34090311	破布	kg		0.0045	0.0173	0.0240
	34110101	水	m^3	0.0010	0.0010	0.0030	0.0130
	X0045	其他材料费	%	2.0000	2.0000	2.0000	2.0000
机械	99070530	载重汽车 5 t	台班			0.0033	0.0170
	99090005	吊装机械(综合)	台班	0.0013		0.0268	0.1145
	99190750	管子切断套丝机 ϕ159	台班	0.0532			
	99230170	砂轮切割机 ϕ400	台班	0.0077			
	99250005	电焊机	台班	0.0210	0.0210	0.0363	0.0420
	99440420	试压泵 3 MPa	台班	0.0245	0.0245	0.0760	0.0760

工作内容：阀门、法兰安装，水压试验。

定额编号			F-11-2-69	F-11-2-70	F-11-2-71	F-11-2-72
项目			法兰阀门		自动排气阀	螺纹浮球阀
			公称直径 400 mm 以内	公称直径 500 mm 以内	公称直径 25 mm 以内	
			个	个	个	个
预算定额编号	预算定额名称	预算定额单位	数量			
08-10-2-216	法兰阀门 公称直径 350 mm 以内	个	0.5000			
08-10-2-217	法兰阀门 公称直径 400 mm 以内	个	0.5000			
08-10-2-218	法兰阀门 公称直径 450 mm 以内	个		0.5000		
08-10-2-219	法兰阀门 公称直径 500 mm 以内	个		0.5000		
08-10-2-222	自动排气阀 公称直径 25 mm 以内	个			1.0000	
08-10-2-223	螺纹浮球阀 公称直径 15 mm 以内	个				0.3000
08-10-2-224	螺纹浮球阀 公称直径 20 mm 以内	个				0.3000
08-10-2-225	螺纹浮球阀 公称直径 25 mm 以内	个				0.4000

工作内容：阀门、法兰安装，水压试验。

定额编号				F-11-2-69	F-11-2-70	F-11-2-71	F-11-2-72
项目				法兰阀门		自动排气阀	螺纹浮球阀
				公称直径 400 mm 以内	公称直径 500 mm 以内	公称直径 25 mm 以内	
名称			单位	个	个	个	个
人工	00230105	综合人工(安装)	工日	2.1000	2.8950	0.1500	0.1010
材料	01290319	热轧钢板(中厚板) δ11～20	kg	2.2485	5.0375		
	02010163	橡胶板(低压) δ0.8～6	kg	0.7290	0.9530		
	02130311	聚四氟乙烯带(生料带) 宽度 20	m			1.3280	0.7736
	03014101	六角螺栓连母垫	kg	2.4655	3.3820		
	03014167	六角螺栓连母垫 M22×120	套	8.2400			
	03014169	六角螺栓连母垫 M27×140	套	8.2400	10.3000		
	03014170	六角螺栓连母垫 M30×160	套		10.3000		
	03110215	尼龙砂轮片 φ400	片			0.0080	0.0059
	03110701	砂纸	张	0.0320	0.0400		
	03130114	电焊条 J422 φ3.2	kg	0.3115	0.3575		
	13050201	铅油	kg	0.2900	0.3350		
	14070101	机油	kg	0.0305	0.0510	0.0080	0.0041
	14390101	氧气	m^3	0.8130	1.0545	0.0120	
	14390302	乙炔气	kg	0.2710	0.3515	0.0040	
	17070121	无缝钢管 φ22×2	m	0.0100	0.0100		
	17252421	输水软管 φ25	m	0.0190	0.0190		
	18030314	钢制弯头 DN25	个			1.0100	
	18031305	钢制六角内接头 DN25	个			1.0100	
	18035311	镀锌外接头 DN15	个				0.3030
	18035312	镀锌外接头 DN20	个				0.3030
	18035313	镀锌外接头 DN25	个			1.0100	0.4040
	19010012	螺纹阀门 DN15	只	0.0190	0.0190		
	19010027	法兰阀门	只	1.0000	1.0000		
	19370401	螺纹浮球阀	只				1.0100
	22531111	自动排气阀	只			1.0000	
	24110331	弹簧压力表 Y-100、0～1.6 MPa	套	0.0190	0.0190		
	24590123	压力表弯管 DN15	个	0.0190	0.0190		
	34090311	破布	kg	0.0320	0.0400		
	34110101	水	m^3	0.0340	0.0520		
	X0045	其他材料费	%	2.0000	2.0000	2.0000	2.0000
机械	99070530	载重汽车 5 t	台班	0.0315	0.0605		
	99090005	吊装机械(综合)	台班	0.1660	0.2155		
	99190750	管子切断套丝机 φ159	台班			0.0050	0.0053
	99230170	砂轮切割机 φ400	台班			0.0020	0.0021
	99250005	电焊机	台班	0.0475	0.0540		
	99440420	试压泵 3 MPa	台班	0.0950	0.1140		

工作内容:阀门、法兰安装,水压试验。

定额编号			F-11-2-73	F-11-2-74	F-11-2-75	F-11-2-76
项目			螺纹浮球阀		法兰浮球阀	
			公称直径 50 mm 以内	公称直径 100 mm 以内	公称直径 50 mm 以内	公称直径 100 mm 以内
			个	个	个	个
预算定额编号	预算定额名称	预算定额单位	数量			
08-10-2-226	螺纹浮球阀 公称直径 32 mm 以内	个	0.3000			
08-10-2-227	螺纹浮球阀 公称直径 40 mm 以内	个	0.3000			
08-10-2-228	螺纹浮球阀 公称直径 50 mm 以内	个	0.4000			
08-10-2-229	螺纹浮球阀 公称直径 65 mm 以内	个		0.3000		
08-10-2-230	螺纹浮球阀 公称直径 80 mm 以内	个		0.3000		
08-10-2-231	螺纹浮球阀 公称直径 100 mm 以内	个		0.4000		
08-10-2-232	法兰浮球阀 公称直径 32 mm 以内	个			0.5000	
08-10-2-233	法兰浮球阀 公称直径 50 mm 以内	个			0.5000	
08-10-2-234	法兰浮球阀 公称直径 80 mm 以内	个				0.5000
08-10-2-235	法兰浮球阀 公称直径 100 mm 以内	个				0.5000

工作内容：阀门、法兰安装，水压试验。

定额编号				F-11-2-73	F-11-2-74	F-11-2-75	F-11-2-76
项目				螺纹浮球阀		法兰浮球阀	
				公称直径 50 mm 以内	公称直径 100 mm 以内	公称直径 50 mm 以内	公称直径 100 mm 以内
名称			单位	个	个	个	个
人工	00230105	综合人工(安装)	工日	0.1950	0.5220	0.1700	0.3950
材料	02010163	橡胶板(低压) δ0.8～6	kg			0.0440	0.1200
	02130311	聚四氟乙烯带(生料带) 宽度 20	m	1.5688	3.1464		
	03014156	六角螺栓连母垫 M16×80	套			4.1200	6.1800
	03110215	尼龙砂轮片 ϕ400	片	0.0165	0.0465		
	03110701	砂纸	张			0.0040	0.0060
	13050201	铅油	kg			0.0350	0.0850
	14070101	机油	kg	0.0129	0.0170	0.0040	0.0055
	18035314	镀锌外接头 DN32	个	0.3030			
	18035315	镀锌外接头 DN40	个	0.3030			
	18035316	镀锌外接头 DN50	个	0.4040			
	18035317	镀锌外接头 DN65	个		0.3030		
	18035318	镀锌外接头 DN80	个		0.3030		
	18035319	镀锌外接头 DN100	个		0.4040		
	19370401	螺纹浮球阀	只	1.0100	1.0100		
	19370501	法兰浮球阀	只			1.0000	1.0000
	34090311	破布	kg			0.0040	0.0060
	X0045	其他材料费	%	2.0000	2.0000	2.0000	2.0000
机械	99090005	吊装机械(综合)	台班		0.0028		
	99190750	管子切断套丝机 ϕ159	台班	0.0233	0.0334		
	99230170	砂轮切割机 ϕ400	台班	0.0051	0.0103		

工作内容:阀门、法兰安装,水压试验。

定额编号			F-11-2-77	F-11-2-78	F-11-2-79	F-11-2-80
项目			法兰浮球阀	法兰液压式水位控制阀		
			公称直径 150 mm 以内	公称直径 50 mm 以内	公称直径 100 mm 以内	公称直径 150 mm 以内
			个	个	个	个
预算定额编号	预算定额名称	预算定额单位	数量			
08-10-2-236	法兰浮球阀 公称直径 125 mm 以内	个	0.5000			
08-10-2-237	法兰浮球阀 公称直径 150 mm 以内	个	0.5000			
08-10-2-238	法兰液压式水位控制阀 公称直径 50 mm 以内	个		1.0000		
08-10-2-239	法兰液压式水位控制阀 公称直径 80 mm 以内	个			0.4000	
08-10-2-240	法兰液压式水位控制阀 公称直径 100 mm 以内	个			0.6000	
08-10-2-241	法兰液压式水位控制阀 公称直径 125 mm 以内	个				0.6000
08-10-2-242	法兰液压式水位控制阀 公称直径 150 mm 以内	个				0.4000

工作内容:阀门、法兰安装,水压试验。

定额编号				F-11-2-77	F-11-2-78	F-11-2-79	F-11-2-80
项目				法兰浮球阀	法兰液压式水位控制阀		
				公称直径 150 mm 以内	公称直径 50 mm 以内	公称直径 100 mm 以内	公称直径 150 mm 以内
名称			单位	个	个	个	个
人工	00230105	综合人工(安装)	工日	0.5450	0.2200	0.4780	0.6560
材料	02010163	橡胶板(低压) δ0.8～6	kg	0.2040	0.0700	0.1540	0.2500
	03014156	六角螺栓连母垫 M16×80	套	4.1200	4.1200	3.2960	
	03014157	六角螺栓连母垫 M16×140	套			4.9440	4.9440
	03014166	六角螺栓连母垫 M20×100	套	4.1200			3.2960
	03110701	砂纸	张	0.0120	0.0040	0.0080	0.0112
	13050201	铅油	kg	0.1300	0.0400	0.0880	0.1280
	14070101	机油	kg	0.0085	0.0040	0.0070	0.0082
	19330151	法兰液压水位控制阀	只		1.0000	1.0000	1.0000
	19370501	法兰浮球阀	只	1.0000			
	34090311	破布	kg	0.0120	0.0040	0.0080	0.0112
	X0045	其他材料费	%	2.0000	2.0000	2.0000	2.0000
机械	99070530	载重汽车 5 t	台班	0.0015			0.0034
	99090005	吊装机械(综合)	台班	0.0250			0.0260

工作内容：软接头安装、试压检查。

定额编号			F-11-2-81	F-11-2-82	F-11-2-83	F-11-2-84
项目			法兰式软接头			
			公称直径 50 mm 以内	公称直径 100 mm 以内	公称直径 200 mm 以内	公称直径 300 mm 以内
			个	个	个	个
预算定额编号	预算定额名称	预算定额单位	数量			
08-10-2-243	法兰式软接头 公称直径 50 mm 以内	个	1.0000			
08-10-2-244	法兰式软接头 公称直径 65 mm 以内	个		0.8000		
08-10-2-245	法兰式软接头 公称直径 80 mm 以内	个		0.1000		
08-10-2-246	法兰式软接头 公称直径 100 mm 以内	个		0.1000		
08-10-2-247	法兰式软接头 公称直径 125 mm 以内	个			0.5000	
08-10-2-248	法兰式软接头 公称直径 150 mm 以内	个			0.3000	
08-10-2-249	法兰式软接头 公称直径 200 mm 以内	个			0.2000	
08-10-2-250	法兰式软接头 公称直径 250 mm 以内	个				0.5000
08-10-2-251	法兰式软接头 公称直径 300 mm 以内	个				0.5000

工作内容：软接头安装、试压检查。

定额编号				F-11-2-81	F-11-2-82	F-11-2-83	F-11-2-84
项目				法兰式软接头			
				公称直径 50 mm 以内	公称直径 100 mm 以内	公称直径 200 mm 以内	公称直径 300 mm 以内
名称			单位	个	个	个	个
人工	00230105	综合人工(安装)	工日	0.2200	0.3690	0.6200	1.0300
材料	02010163	橡胶板(低压) δ0.8～6	kg	0.0700	0.1020	0.2650	0.3850
	03014156	六角螺栓连母垫 M16×80	套	4.1200	4.1200		
	03014157	六角螺栓连母垫 M16×140	套		0.8240	4.1200	
	03014166	六角螺栓连母垫 M20×100	套			4.9440	
	03014167	六角螺栓连母垫 M22×120	套				12.3600
	03110701	砂纸	张	0.0040	0.0048	0.0136	0.0240
	13050201	铅油	kg	0.0400	0.0570	0.1360	0.2200
	14070101	机油	kg	0.0560	0.0676	0.1030	0.1465
	18210401	法兰式软接头	个	1.0000	1.0000	1.0000	1.0000
	34090311	破布	kg	0.0040	0.0048	0.0136	0.0240
	X0045	其他材料费	%	2.0000	2.0100	2.0000	2.0000
机械	99070530	载重汽车 5 t	台班			0.0010	0.0070
	99090005	吊装机械(综合)	台班			0.0260	0.1030

工作内容:软接头安装、试压检查。

定额编号			F-11-2-85	F-11-2-86	F-11-2-87	F-11-2-88
项目			螺纹式软接头			
			公称直径 25 mm 以内	公称直径 32 mm 以内	公称直径 40 mm 以内	公称直径 50 mm 以内
			个	个	个	个
预算定额编号	预算定额名称	预算定额单位	数量			
08-10-2-252	螺纹式软接头 公称直径 25 mm 以内	个	1.0000			
08-10-2-253	螺纹式软接头 公称直径 32 mm 以内	个		1.0000		
08-10-2-254	螺纹式软接头 公称直径 40 mm 以内	个			1.0000	
08-10-2-255	螺纹式软接头 公称直径 50 mm 以内	个				1.0000

工作内容:软接头安装、试压检查。

定额编号				F-11-2-85	F-11-2-86	F-11-2-87	F-11-2-88
项目				螺纹式软接头			
				公称直径 25 mm 以内	公称直径 32 mm 以内	公称直径 40 mm 以内	公称直径 50 mm 以内
名称			单位	个	个	个	个
人工	00230105	综合人工(安装)	工日	0.1700	0.1900	0.2400	0.2900
材料	02130311	聚四氟乙烯带(生料带) 宽度 20	m	0.9440	1.2080	1.5040	1.8880
	03110215	尼龙砂轮片 ϕ400	片	0.0110	0.0140	0.0170	0.0210
	14070101	机油	kg	0.0160	0.0190	0.0250	0.0290
	14390101	氧气	m^3	0.0210	0.0300	0.0360	0.0420
	14390302	乙炔气	kg	0.0070	0.0100	0.0120	0.0140
	18210301	螺纹式软接头	个	1.0000	1.0000	1.0000	1.0000
	X0045	其他材料费	%	2.0000	2.0000	2.0000	2.0000
机械	99190750	管子切断套丝机 ϕ159	台班	0.0160	0.0210	0.0260	0.0410
	99230170	砂轮切割机 ϕ400	台班	0.0040	0.0050	0.0050	0.0050

工作内容：软管安装。

定　额　编　号			F-11-2-89	F-11-2-90	F-11-2-91	F-11-2-92
项　　目			卡紧式软管			
			公称直径 10 mm 以内	公称直径 15 mm 以内	公称直径 20 mm 以内	公称直径 25 mm 以内
			根	根	根	根
预算定额编号	预算定额名称	预算定额单位	数　　量			
08-10-2-256	卡紧式软管 公称直径 10 mm 以内	根	1.0000			
08-10-2-257	卡紧式软管 公称直径 15 mm 以内	根		1.0000		
08-10-2-258	卡紧式软管 公称直径 20 mm 以内	根			1.0000	
08-10-2-259	卡紧式软管 公称直径 25 mm 以内	根				1.0000

工作内容：软管安装。

定　额　编　号				F-11-2-89	F-11-2-90	F-11-2-91	F-11-2-92
项　　目				卡紧式软管			
				公称直径 10 mm 以内	公称直径 15 mm 以内	公称直径 20 mm 以内	公称直径 25 mm 以内
名　　称			单位	根	根	根	根
人工	00230105	综合人工(安装)	工日	0.0200	0.0300	0.0400	0.0500
材料	17190131	金属进水软管	根	1.0000	1.0000	1.0000	1.0000
	18254471	软管夹	个	2.0200	2.0200	2.0200	2.0200
	34090311	破布	kg	0.0400	0.0050	0.0050	0.0060
	X0045	其他材料费	%	2.0000	2.0000	2.0000	2.0000

工作内容:套管制作安装、刷防锈漆。

定额编号			F-11-2-93	F-11-2-94	F-11-2-95	F-11-2-96
项目			柔性防水套管制作安装			
			介质管道公称直径50 mm以内	介质管道公称直径80 mm以内	介质管道公称直径100 mm以内	介质管道公称直径125 mm以内
			个	个	个	个
预算定额编号	预算定额名称	预算定额单位	数量			
08-10-2-260	柔性防水套管制作 介质管道公称直径50 mm以内	个	1.0000			
08-10-2-261	柔性防水套管制作 介质管道公称直径80 mm以内	个		1.0000		
08-10-2-262	柔性防水套管制作 介质管道公称直径100 mm以内	个			1.0000	
08-10-2-263	柔性防水套管制作 介质管道公称直径125 mm以内	个				1.0000
08-10-2-268	柔性防水套管安装 介质管道公称直径50 mm以内	个	1.0000			
08-10-2-269	柔性防水套管安装 介质管道公称直径80 mm以内	个		1.0000		
08-10-2-270	柔性防水套管安装 介质管道公称直径100 mm以内	个			1.0000	
08-10-2-271	柔性防水套管安装 介质管道公称直径125 mm以内	个				1.0000

工作内容：套管制作安装、刷防锈漆。

定额编号				F-11-2-93	F-11-2-94	F-11-2-95	F-11-2-96
项目				柔性防水套管制作安装			
				介质管道公称直径50 mm以内	介质管道公称直径80 mm以内	介质管道公称直径100 mm以内	介质管道公称直径125 mm以内
名称			单位	个	个	个	个
人工	00230105	综合人工(安装)	工日	1.5410	1.8280	2.3130	2.3700
材料	01290319	热轧钢板(中厚板) δ11～20	kg	15.4000	22.8600	25.7600	30.8600
	02050711	橡胶密封圈 DN50	个	2.0000			
	02050713	橡胶密封圈 DN100	个			2.0000	
	02050714	橡胶密封圈 DN125	个				2.0000
	02290801	油麻	kg	0.1150	0.1740	0.2050	0.3120
	03014149	六角螺栓连母垫 M12×75	套	4.1200			
	03014156	六角螺栓连母垫 M16×80	套		4.1200	4.1200	6.1800
	03110212	尼龙砂轮片 ϕ100	片	0.0500	0.0840	0.1000	0.1250
	03130114	电焊条 J422 ϕ3.2	kg	0.9650	1.2470	1.4500	1.7500
	13050610	酚醛防锈漆	kg	0.2520	0.3800	0.4250	0.5000
	13350901	密封油膏	kg	0.1360	0.2060	0.2420	0.3700
	14030101	汽油	kg	0.0750	0.1130	0.1260	0.1480
	14070101	机油	kg	0.0100	0.0400	0.0400	0.0700
	14090401	钙基润滑脂	kg	0.0700	0.0700	0.0800	0.1000
	14390101	氧气	m^3	2.1240	2.9580	3.7500	3.9990
	14390302	乙炔气	kg	0.7080	0.9860	1.2500	1.3330
	17070155	无缝钢管 ϕ89×4	m	0.4240			
	17070165	无缝钢管 ϕ133×4	m		0.4240		
	17070168	无缝钢管 ϕ159×4.5	m			0.4240	0.4240
	18291201	柔性防水套管	个	1.0000	1.0000	1.0000	1.0000
	34090311	破布	kg	0.0200	0.0320	0.0350	0.0400
	34091101	钢丝刷	把	0.1530	0.2290	0.2570	0.3060
	34110301	电	kW·h	0.0340	0.0570	0.0680	0.0850
	02050712	橡胶密封圈 DN80	个		2.0000		
	X0045	其他材料费	%	2.0000	2.0000	2.0000	2.0000
机械	99190060	普通车床 ϕ630×2000	台班	0.0280	0.0400	0.0500	0.0610
	99190230	立式钻床 ϕ25	台班	0.0100	0.0200	0.0300	0.0300
	99250005	电焊机	台班	0.3480	0.4830	0.6130	0.7200

工作内容:套管制作安装、刷防锈漆。

定额编号			F-11-2-97	F-11-2-98	F-11-2-99	F-11-2-100
项目			柔性防水套管制作安装			
			介质管道公称直径150 mm 以内	介质管道公称直径200 mm 以内	介质管道公称直径250 mm 以内	介质管道公称直径300 mm 以内
			个	个	个	个
预算定额编号	预算定额名称	预算定额单位	数量			
08-10-2-264	柔性防水套管制作 介质管道公称直径 150 mm 以内	个	1.0000			
08-10-2-265	柔性防水套管制作 介质管道公称直径 200 mm 以内	个		1.0000		
08-10-2-266	柔性防水套管制作 介质管道公称直径 250 mm 以内	个			1.0000	
08-10-2-267	柔性防水套管制作 介质管道公称直径 300 mm 以内	个				1.0000
08-10-2-272	柔性防水套管安装 介质管道公称直径 150 mm 以内	个	1.0000			
08-10-2-273	柔性防水套管安装 介质管道公称直径 200 mm 以内	个		1.0000		
08-10-2-274	柔性防水套管安装 介质管道公称直径 250 mm 以内	个			1.0000	
08-10-2-275	柔性防水套管安装 介质管道公称直径 300 mm 以内	个				1.0000

工作内容：套管制作安装、刷防锈漆。

定额编号				F-11-2-97	F-11-2-98	F-11-2-99	F-11-2-100
项目				柔性防水套管制作安装			
				介质管道公称直径150 mm 以内	介质管道公称直径200 mm 以内	介质管道公称直径250 mm 以内	介质管道公称直径300 mm 以内
名称			单位	个	个	个	个
人工	00230105	综合人工(安装)	工日	2.8790	3.3990	3.8030	4.0340
材料	01290319	热轧钢板(中厚板) δ11～20	kg	35.1200	43.9800	53.8800	83.0300
	02050716	橡胶密封圈 DN150	个	2.0000			
	02050717	橡胶密封圈 DN200	个		2.0000		
	02050718	橡胶密封圈 DN250	个			2.0000	
	02050719	橡胶密封圈 DN300	个				2.0000
	03014156	六角螺栓连母垫 M16×80	套	6.1800	6.1800	8.2400	
	03014166	六角螺栓连母垫 M20×100	套				8.2400
	03130114	电焊条 J422 ϕ3.2	kg	1.9500	3.7500	6.2500	8.4170
	13350901	密封油膏	kg	0.4000	0.5590	0.7810	0.9170
	14030101	汽油	kg	0.1720	0.2150	0.2630	0.3920
	14090401	钙基润滑脂	kg	0.1200	0.1200	0.1400	0.1600
	14390101	氧气	m^3	4.0830	4.8150	5.0640	5.9190
	14390302	乙炔气	kg	1.3610	1.6050	1.6880	1.9730
	17070175	无缝钢管 ϕ219×6	m	0.4240			
	17070178	无缝钢管 ϕ273×7	m		0.4240		
	17070182	无缝钢管 ϕ325×8	m			0.4240	
	17070184	无缝钢管 ϕ377×10	m				0.4240
	34090311	破布	kg	0.0470	0.0590	0.0720	0.1030
	34091101	钢丝刷	把	0.3510	0.4390	0.5380	0.8210
	34110301	电	kW·h	0.1020	0.1400	0.1750	0.2080
	02290801	油麻	kg	0.3380	0.4720	0.6590	0.7740
	03110212	尼龙砂轮片 ϕ100	片	0.1500	0.2060	0.2570	0.3060
	13050610	酚醛防锈漆	kg	0.5810	0.7270	0.8870	1.3290
	14070101	机油	kg	0.0700	0.0700	0.0700	0.1600
	18291201	柔性防水套管	个	1.0000	1.0000	1.0000	1.0000
	X0045	其他材料费	%	2.0000	2.0000	2.0000	2.0000
机械	99190060	普通车床 ϕ630×2000	台班	0.0620	0.0620	0.1160	0.1200
	99190230	立式钻床 ϕ25	台班	0.0400	0.0400	0.0500	0.0600
	99250005	电焊机	台班	0.7330	1.0900	1.2980	1.5570

工作内容:套管制作安装、刷防锈漆。

定额编号			F-11-2-101	F-11-2-102	F-11-2-103	F-11-2-104
项目			刚性防水套管制作安装			
			介质管道公称直径50 mm以内	介质管道公称直径80 mm以内	介质管道公称直径100 mm以内	介质管道公称直径125 mm以内
			个	个	个	个
预算定额编号	预算定额名称	预算定额单位	数量			
08-10-2-276	刚性防水套管制作 介质管道公称直径50 mm以内	个	1.0000			
08-10-2-277	刚性防水套管制作 介质管道公称直径80 mm以内	个		1.0000		
08-10-2-278	刚性防水套管制作 介质管道公称直径100 mm以内	个			1.0000	
08-10-2-279	刚性防水套管制作 介质管道公称直径125 mm以内	个				1.0000
08-10-2-284	刚性防水套管安装 介质管道公称直径50 mm以内	个	1.0000			
08-10-2-285	刚性防水套管安装 介质管道公称直径80 mm以内	个		1.0000		
08-10-2-286	刚性防水套管安装 介质管道公称直径100 mm以内	个			1.0000	
08-10-2-287	刚性防水套管安装 介质管道公称直径125 mm以内	个				1.0000

工作内容：套管制作安装、刷防锈漆。

定额编号				F-11-2-101	F-11-2-102	F-11-2-103	F-11-2-104
项目				刚性防水套管制作安装			
				介质管道公称直径50 mm以内	介质管道公称直径80 mm以内	介质管道公称直径100 mm以内	介质管道公称直径125 mm以内
名称			单位	个	个	个	个
人工	00230105	综合人工(安装)	工日	1.0430	1.1810	1.4120	1.6980
材料	01130104	扁钢 60以内	kg	0.9000	1.0500	1.2500	1.4000
	01290319	热轧钢板(中厚板) δ11～20	kg	3.9290	4.5580	5.6730	7.2730
	02290801	油麻	kg	0.8110	0.9820	1.0890	1.1200
	03110212	尼龙砂轮片 ϕ100	片	0.0400	0.0590	0.0680	0.0840
	03130114	电焊条 J422 ϕ3.2	kg	0.3860	0.4990	0.5800	0.7200
	04010615	普通硅酸盐水泥 P·O42.5级	kg	0.9050	1.0950	1.2140	1.2490
	13050610	酚醛防锈漆	kg	0.0470	0.0590	0.0640	0.0800
	13350901	密封油膏	kg	0.2160	0.2660	0.3070	0.3160
	14030101	汽油	kg	0.0200	0.0270	0.0320	0.0380
	14390101	氧气	m^3	1.0620	1.4790	1.8750	2.0010
	14390302	乙炔气	kg	0.3540	0.4930	0.6250	0.6670
	17070155	无缝钢管 ϕ89×4	m	0.4240			
	17070165	无缝钢管 ϕ133×4	m		0.4240		
	17070168	无缝钢管 ϕ159×4.5	m			0.4240	0.4240
	18293401	刚性防水套管	个	1.0000	1.0000	1.0000	1.0000
	34090311	破布	kg	0.5590	0.9660	1.0050	1.0060
	34091101	钢丝刷	把	0.5930	1.0050	1.0540	1.0690
	34110301	电	kW·h	0.0270	0.0400	0.0460	0.0570
	X0045	其他材料费	%	2.0000	2.0000	2.0000	2.0000
机械	99190060	普通车床 ϕ630×2000	台班	0.0140	0.0200	0.0250	0.0300
	99250005	电焊机	台班	0.1390	0.1930	0.2450	0.2880

工作内容:套管制作安装、刷防锈漆。

定额编号			F-11-2-105	F-11-2-106	F-11-2-107	F-11-2-108
项目			刚性防水套管制作安装			
			介质管道公称直径150 mm以内	介质管道公称直径200 mm以内	介质管道公称直径250 mm以内	介质管道公称直径300 mm以内
			个	个	个	个
预算定额编号	预算定额名称	预算定额单位	数量			
08-10-2-280	刚性防水套管制作 介质管道公称直径150 mm以内	个	1.0000			
08-10-2-281	刚性防水套管制作 介质管道公称直径200 mm以内	个		1.0000		
08-10-2-282	刚性防水套管制作 介质管道公称直径250 mm以内	个			1.0000	
08-10-2-283	刚性防水套管制作 介质管道公称直径300 mm以内	个				1.0000
08-10-2-288	刚性防水套管安装 介质管道公称直径150 mm以内	个	1.0000			
08-10-2-289	刚性防水套管安装 介质管道公称直径200 mm以内	个		1.0000		
08-10-2-290	刚性防水套管安装 介质管道公称直径250 mm以内	个			1.0000	
08-10-2-291	刚性防水套管安装 介质管道公称直径300 mm以内	个				1.0000

工作内容：套管制作安装、刷防锈漆。

定额编号				F-11-2-105	F-11-2-106	F-11-2-107	F-11-2-108
项目				刚性防水套管制作安装			
				介质管道公称直径150 mm以内	介质管道公称直径200 mm以内	介质管道公称直径250 mm以内	介质管道公称直径300 mm以内
名称			单位	个	个	个	个
人工	00230105	综合人工(安装)	工日	1.8330	2.1800	2.6400	3.1460
材料	01130104	扁钢 60 以内	kg	1.6000	2.0000	2.4000	2.7000
	01290319	热轧钢板(中厚板) δ11～20	kg	8.6060	12.1610	17.0840	26.8920
	02290801	油麻	kg	1.8160	1.8700	2.1660	2.2560
	03110212	尼龙砂轮片 ϕ100	片	0.1000	0.1380	0.1720	0.2040
	03130114	电焊条 J422 ϕ3.2	kg	0.7800	1.5360	2.5000	3.3670
	04010615	普通硅酸盐水泥 P·O42.5 级	kg	2.0250	2.0850	2.4150	2.5160
	13050610	酚醛防锈漆	kg	0.0850	0.1140	0.1380	0.1870
	13350901	密封油膏	kg	0.5050	0.5590	0.6520	0.7300
	14030101	汽油	kg	0.0470	0.0630	0.0850	0.1250
	14390101	氧气	m^3	2.0400	2.4060	2.5320	2.9580
	14390302	乙炔气	kg	0.6800	0.8020	0.8440	0.9860
	17070175	无缝钢管 ϕ219×6	m	0.4240			
	17070178	无缝钢管 ϕ273×7	m		0.4240		
	17070182	无缝钢管 ϕ325×8	m			0.4240	
	17070184	无缝钢管 ϕ377×10	m				0.4240
	18293401	刚性防水套管	个	1.0000	1.0000	1.0000	1.0000
	34090311	破布	kg	1.3840	1.7270	2.0560	2.3930
	34091101	钢丝刷	把	1.4590	1.8320	2.2040	2.6260
	34110301	电	kW·h	0.0680	0.0940	0.1170	0.1390
	X0045	其他材料费	%	2.0000	2.0000	2.0000	2.0000
机械	99190060	普通车床 ϕ630×2000	台班	0.0300	0.0310	0.0580	0.0620
	99250005	电焊机	台班	0.2930	0.4370	0.5190	0.6230

工作内容:清理、安装、固定、挂牌。

定额编号			F-11-2-109	F-11-2-110	F-11-2-111	F-11-2-112
项目			压力式温度计、控制器(开关) 毛细管长 10 m	压力式温度计、控制器(开关) 毛细管长 20 m	压力式温度计、控制器(开关) 毛细管长 40 m	压力式温度计、控制器(开关) 毛细管长 ≤60 m
			支	支	支	支
预算定额编号	预算定额名称	预算定额单位	数量			
08-10-2-308	压力式温度计、控制器(开关) 毛细管长 10 m	支	1.0000			
08-10-2-309	压力式温度计、控制器(开关) 毛细管长 20 m	支		1.0000		
08-10-2-310	压力式温度计、控制器(开关) 毛细管长 40 m	支			1.0000	
08-10-2-311	压力式温度计、控制器(开关) 毛细管长 ≤60 m	支				1.0000

工作内容:清理、安装、固定、挂牌。

定额编号				F-11-2-109	F-11-2-110	F-11-2-111	F-11-2-112
项目				压力式温度计、控制器(开关) 毛细管长 10 m	压力式温度计、控制器(开关) 毛细管长 20 m	压力式温度计、控制器(开关) 毛细管长 40 m	压力式温度计、控制器(开关) 毛细管长 ≤60 m
名称			单位	支	支	支	支
人工	00230105	综合人工(安装)	工日	1.3840	1.7600	2.2720	2.8160
材料	03014101	六角螺栓连母垫	kg	0.0300	0.0300	0.0300	0.0300
	14030101	汽油	kg	0.1000	0.2000	0.2500	0.3000
	18252332	镀锌管卡 DN20	个	1.0000	1.0000	1.0000	1.0000
	24090501	温度计插座(带丝堵)	套	1.0000	1.0000	1.0000	1.0000
	34130214	位号牌	个	1.0000	1.0000	1.0000	1.0000
	X0045	其他材料费	%	5.0000	5.0100	5.0000	5.0000

工作内容:1,2. 清理、安装、固定、挂牌。
3,4. 设备安装、通水调试。

定额编号			F-11-2-113	F-11-2-114	F-11-2-115	F-11-2-116
项目			单管、弹簧管压力计	多管压力计	水处理器(法兰连接) 进口管径 50 mm 以内	水处理器(法兰连接) 进口管径 70 mm 以内
			块	块	台	台
预算定额编号	预算定额名称	预算定额单位	数量			
08-10-2-312	单管、弹簧管压力计	块	1.0000			
08-10-2-313	多管压力计	块		1.0000		
08-10-2-314	水处理器(法兰连接)进口管径 50 mm 以内	台			1.0000	
08-10-2-315	水处理器(法兰连接)进口管径 70 mm 以内	台				1.0000

工作内容:1,2. 清理、安装、固定、挂牌。
3,4. 设备安装、通水调试。

定额编号				F-11-2-113	F-11-2-114	F-11-2-115	F-11-2-116
项目				单管、弹簧管压力计	多管压力计	水处理器(法兰连接) 进口管径 50 mm 以内	水处理器(法兰连接) 进口管径 70 mm 以内
名称			单位	块	块	台	台
人工	00230105	综合人工(安装)	工日	0.3520	0.8960	0.9280	1.7320
材料	02010107	橡胶板 δ3～6	kg			0.1400	0.1800
	03014101	六角螺栓连母垫	kg	0.3600	0.5300		
	03130114	电焊条 J422 ϕ3.2	kg			0.1330	0.2370
	14030101	汽油	kg			0.0420	0.0900
	14070101	机油	kg			0.0500	0.0750
	14390101	氧气	m^3			0.0090	0.0720
	14390302	乙炔气	kg			0.0030	0.0240
	17272106	医用胶管 ϕ9～10	m	1.0000	6.0000		
	24690301	取压短管	个	1.0000	6.0000		
	34110101	水	m^3			0.0110	0.0210
	34130214	位号牌	个	1.0000	1.0000		
	X0045	其他材料费	%	3.0000	3.0000	3.0000	3.0000
机械	99070530	载重汽车 5 t	台班			0.2000	0.2300
	99250005	电焊机	台班			0.0510	0.0910

工作内容:设备安装、通水调试。

定额编号			F-11-2-117	F-11-2-118	F-11-2-119	F-11-2-120
项目			水处理器(法兰连接)			
			进口管径 80 mm 以内	进口管径 100 mm 以内	进口管径 125 mm 以内	进口管径 150 mm 以内
			台	台	台	台
预算定额编号	预算定额名称	预算定额单位	数量			
08-10-2-316	水处理器(法兰连接)进口管径 80 mm 以内	台	1.0000			
08-10-2-317	水处理器(法兰连接)进口管径 100 mm 以内	台		1.0000		
08-10-2-318	水处理器(法兰连接)进口管径 125 mm 以内	台			1.0000	
08-10-2-319	水处理器(法兰连接)进口管径 150 mm 以内	台				1.0000

工作内容:设备安装、通水调试。

定额编号				F-11-2-117	F-11-2-118	F-11-2-119	F-11-2-120
项目				水处理器(法兰连接)			
				进口管径 80 mm 以内	进口管径 100 mm 以内	进口管径 125 mm 以内	进口管径 150 mm 以内
名称			单位	台	台	台	台
人工	00230105	综合人工(安装)	工日	2.3430	2.9330	3.4590	3.7790
材料	02010107	橡胶板 δ3～6	kg	0.2600	0.3500	0.4600	0.5500
	03130114	电焊条 J422 ϕ3.2	kg	0.2710	0.3630	0.4230	0.4740
	14030101	汽油	kg	0.1140	0.1180	0.2000	0.2440
	14070101	机油	kg	0.0850	0.1200	0.1300	0.1700
	14390101	氧气	m^3	0.0900	0.1170	0.1350	0.1740
	14390302	乙炔气	kg	0.0300	0.0390	0.0450	0.0580
	34110101	水	m^3	0.0280	0.0430	0.0680	0.0970
	X0045	其他材料费	%	3.0000	3.0000	3.0000	3.0000
机械	99070530	载重汽车 5 t	台班	0.2600	0.3000	0.3400	0.3800
	99250005	电焊机	台班	0.1040	0.1400	0.1630	0.1820

工作内容:1,2. 设备安装、通水调试。
3,4. 本体安装、压力试验。

定额编号			F-11-2-121	F-11-2-122	F-11-2-123	F-11-2-124
项目			水处理器(法兰连接)		集水器、分水器	
			进口管径 200 mm 以内	进口管径 300 mm 以内	公称直径 300 mm 以内	公称直径 500 mm 以上
			台	台	台	台
预算定额编号	预算定额名称	预算定额单位	数量			
08-10-2-320	水处理器(法兰连接) 进口管径 200 mm 以内	台	1.0000			
08-10-2-321	水处理器(法兰连接) 进口管径 300 mm 以内	台		1.0000		
08-10-2-322	集水器、分水器 公称直径 300 mm 以内	台			1.0000	
08-10-2-323	集水器、分水器 公称直径 500 mm 以上	台				1.0000

工作内容:1,2. 设备安装、通水调试。
3,4. 本体安装、压力试验。

定额编号				F-11-2-121	F-11-2-122	F-11-2-123	F-11-2-124
项目				水处理器(法兰连接)		集水器、分水器	
				进口管径 200 mm 以内	进口管径 300 mm 以内	公称直径 300 mm 以内	公称直径 500 mm 以上
名称			单位	台	台	台	台
人工	00230105	综合人工(安装)	工日	5.3430	9.7860	3.3760	5.0720
材料	01290215	热轧钢板(薄板) δ1.6～1.9	kg			0.1000	0.1000
	02010107	橡胶板 δ3～6	kg	0.6600	0.7300		
	03130101	电焊条	kg			0.0800	0.0800
	03130114	电焊条 J422 ϕ3.2	kg	1.1920	2.9990		
	05030121	木板成材	m^3			0.0040	0.0040
	14030101	汽油	kg	0.1100	0.2080		
	14070101	机油	kg	0.2410	0.3570		
	14390101	氧气	m^3	0.4590	0.6210	0.0600	0.0600
	14390302	乙炔气	kg	0.1530	0.2070	0.0200	0.0200
	33331701	平垫铁	kg			1.4400	1.4400
	33331801	斜垫铁	kg			2.0800	2.0800
	34110101	水	m^3	0.1730	0.3890		
	80210514	预拌混凝土(非泵送型) C20 粒径 5～20	m^3			0.0690	0.0690
	X0045	其他材料费	%	3.0000	3.0000	5.0000	5.0000
机械	99070530	载重汽车 5 t	台班	0.0360	0.0650		
	99090005	吊装机械(综合)	台班	0.0200	0.0240		
	99250005	电焊机	台班	0.4590	1.1550		
	99250010	交流弧焊机 21 kV·A	台班			0.0300	0.0300

工作内容:1,2,3. 本体安装、水压试验。
4. 本体安装、试水。

定额编号			F-11-2-125	F-11-2-126	F-11-2-127	F-11-2-128
项目			电热水器	饮水器	冲洗栓箱	成套淋浴器 手动开关 冷热水
			台	10套	套	10套
预算定额编号	预算定额名称	预算定额单位	数量			
08-10-2-328	电热水器 挂式 RS100 型	台	0.7000			
08-10-2-329	电热水器 挂式 RS300 型	台	0.3000			
08-10-2-330	饮水器	10套		1.0000		
08-10-2-331	冲洗栓箱	套			1.0000	
08-10-2-332	成套淋浴器 手动开关 冷热水	10套				1.0000

工作内容:1,2,3. 本体安装、水压试验。
4. 本体安装、试水。

定额编号				F-11-2-125	F-11-2-126	F-11-2-127	F-11-2-128
项目				电热水器	饮水器	冲洗栓箱	成套淋浴器 手动开关 冷热水
名称			单位	台	10套	套	10套
人工	00230105	综合人工(安装)	工日	1.7595	5.1000	0.6800	1.5800
材料	02010105	橡胶板 δ1～3	kg		1.2000		
	02130311	聚四氟乙烯带(生料带) 宽度 20	m	1.1115	4.0000		28.0000
	03070351	成套淋浴器(含固定件)	套				10.0000
	03210208	硬质合金冲击钻头 ϕ8～16	根				0.1100
	04010114	水泥 32.5 级	kg			1.4300	
	18034411	镀锌管件 DN15	个				20.2000
	18035313	镀锌外接头 DN25	个	1.4140			
	18035315	镀锌外接头 DN40	个	0.6060			
	21250451	冲洗水箱	套			1.0000	
	21450101	饮水器	台		10.0000		
	34110101	水	m^3	0.2130			0.1600
	34110301	电	kW·h				0.1800
	52010201	电热水器	台	1.0000			
	X0045	其他材料费	%	3.0000	3.0000	3.0000	3.0000
机械	99191390	电动套丝机 TQ3A	台班			0.0100	

工作内容:1,2. 本体安装、试水。
3,4. 本体安装、满水试验。

定额编号			F-11-2-129	F-11-2-130	F-11-2-131	F-11-2-132
项目			感应式冲水器	水龙头	组装水箱	
					水箱总容量 20 m^3 以内	水箱总容量 40 m^3 以内
			10 组	10 个	台	台
预算定额编号	预算定额名称	预算定额单位	数量			
08-10-2-333	感应式冲水器 明装	10 组	0.8000			
08-10-2-334	感应式冲水器 暗装	10 组	0.2000			
08-10-2-335	水龙头 公称直径 15 mm	10 个		1.0000		
08-10-2-344	组装水箱 水箱总容量 20 m^3 以内	台			1.0000	
08-10-2-345	组装水箱 水箱总容量 40 m^3 以内	台				1.0000

工作内容:1,2. 本体安装、试水。
3,4. 本体安装、满水试验。

定额编号				F-11-2-129	F-11-2-130	F-11-2-131	F-11-2-132
项目				感应式冲水器	水龙头	组装水箱	
						水箱总容量 20 m^3 以内	水箱总容量 40 m^3 以内
名称			单位	10 组	10 个	台	台
人工	00230105	综合人工(安装)	工日	1.6480	0.2600	9.1430	10.2790
材料	02010138	橡胶板 δ120	kg			16.5000	25.4000
	02130311	聚四氟乙烯带(生料带) 宽度 20	m		4.0000		
	02130312	聚四氟乙烯带(生料带) 宽度 25	m	4.0000			
	02130313	聚四氟乙烯带(生料带) 宽度 30	m	1.0000			
	03018807	塑料膨胀管(尼龙胀管) M6～8	个	32.9600			
	03070101	普通水嘴 DN15	只		10.1000		
	03072756	感应式冲洗阀	套	10.0000			
	03072759	感应式冲洗阀配件	套	10.0000			
	03152508	镀锌铁丝 8#～12#	kg			2.8500	4.5000
	05030102	一般木成材	m^3			0.0800	0.0800
	14070101	机油	kg			0.0060	0.0120
	X0045	其他材料费	%	0.2600	3.0000	3.0000	3.0000
机械	99070530	载重汽车 5 t	台班			0.1000	0.1500
	99090005	吊装机械(综合)	台班			0.9500	1.5000

工作内容:本体安装、满水试验。

定额编号			F-11-2-133	F-11-2-134	F-11-2-135	F-11-2-136
项目			整体水箱			
			水箱总容量 3 m³ 以内	水箱总容量 6 m³ 以内	水箱总容量 10 m³ 以内	水箱总容量 15 m³ 以内
			台	台	台	台
预算定额编号	预算定额名称	预算定额单位	数量			
08-10-2-349	整体水箱 水箱总容量 3 m³ 以内	台	1.0000			
08-10-2-350	整体水箱 水箱总容量 6 m³ 以内	台		1.0000		
08-10-2-351	整体水箱 水箱总容量 10 m³ 以内	台			1.0000	
08-10-2-352	整体水箱 水箱总容量 15 m³ 以内	台				1.0000

工作内容:本体安装、满水试验。

定额编号				F-11-2-133	F-11-2-134	F-11-2-135	F-11-2-136
项目				整体水箱			
				水箱总容量 3 m³ 以内	水箱总容量 6 m³ 以内	水箱总容量 10 m³ 以内	水箱总容量 15 m³ 以内
名称			单位	台	台	台	台
人工	00230105	综合人工(安装)	工日	3.2040	3.4860	4.2780	6.2930
材料	02130311	聚四氟乙烯带(生料带) 宽度 20	m	2.0100	2.0100	2.0100	2.0100
	03130111	电焊条 J422	kg	0.1870	0.2080	0.2560	0.4160
	05031701	道木	m³	0.0150	0.0250	0.0280	0.0340
	14390101	氧气	m³	0.1800	0.2010	0.2460	0.3990
	14390302	乙炔气	kg	0.0600	0.0670	0.0820	0.1330
	33110101	水箱	个	1.0000	1.0000	1.0000	1.0000
	33331501	垫铁	kg	3.5320	3.9320	4.8320	7.8640
	X0045	其他材料费	%	3.0000	3.0000	3.0000	3.0000
机械	99070530	载重汽车 5 t	台班		0.0900	0.0900	0.0900
	99090005	吊装机械(综合)	台班	0.1340	0.1520	0.1640	0.2360
	99250005	电焊机	台班	0.0750	0.0830	0.1020	0.1660

工作内容：本体安装、试水。

定额编号			F-11-2-137	F-11-2-138	F-11-2-139	F-11-2-140
项目			洗涤盆	洗脸盆	蹲式大便器	坐式大便器
			10组	10组	10套	10套
预算定额编号	预算定额名称	预算定额单位	数量			
08-10-2-353	洗涤盆 单嘴	10组	0.8000			
08-10-2-354	洗涤盆 双嘴	10组	0.2000			
08-10-2-355	洗脸盆 台上式 冷热水	10组		0.6000		
08-10-2-356	洗脸盆 台下式 冷热水	10组		0.4000		
08-10-2-357	蹲式大便器 瓷高水箱	10套			0.1000	
08-10-2-358	蹲式大便器 瓷低水箱	10套			0.1000	
08-10-2-359	蹲式大便器 手动开关	10套			0.1000	
08-10-2-360	蹲式大便器 脚踏阀开关	10套			0.6000	
08-10-2-361	蹲式大便器 感应开关 埋入式	10套			0.1000	
08-10-2-362	坐式大便器 挂墙水箱	10套				0.2000
08-10-2-363	坐式大便器 分体水箱	10套				0.2500
08-10-2-364	坐式大便器 连体水箱	10套				0.3500
08-10-2-365	坐式大便器 隐蔽水箱	10套				0.1000
08-10-2-366	坐式大便器 自闭阀	10套				0.1000

工作内容:本体安装、试水。

定额编号				F-11-2-137	F-11-2-138	F-11-2-139	F-11-2-140
项目				洗涤盆	洗脸盆	蹲式大便器	坐式大便器
名称			单位	10组	10组	10套	10套
人工	00230105	综合人工(安装)	工日	3.2900	5.5780	5.5160	6.1770
材料	02010105	橡胶板 δ1～3	kg		0.1300		
	02130311	聚四氟乙烯带(生料带) 宽度 20	m	6.0000	34.4000	16.0000	16.8000
	03018114	膨胀螺栓(钢制) M6～12×50～120	套	41.2000	24.7200	6.1800	28.8400
	03070105	水嘴	套	2.0200	10.1000		
	03070106	水嘴 DN15	套	8.0800			
	03070471	冲洗阀(脚踏式)	套			6.0600	
	03071135	存水弯 DN100	个			10.1000	
	03071701	大便器排水接头 DN100	个			10.1000	10.1000
	03071731	大便器胶皮碗 配喉箍	套			10.5000	
	03071801	防污器 DN32	个			8.0800	
	03071973	自闭式冲洗阀 DN25	只				1.0100
	03072011	角阀 DN15	只		20.2000	2.0200	8.0800
	03072730	洗涤盆排水配件	套	10.1000			
	03072734	洗脸盆排水配件	套		10.1000		
	03072753	感应控制器(埋入式)	个			1.0100	
	03072770	连体坐便器进水阀配件	套				3.5350
	03072771	坐便器坐圈及铰链	套				10.1000
	03073042	水箱冲水管 DN32	根			10.1000	1.0100
	03210208	硬质合金冲击钻头 $\phi8$～16	根	0.4400	0.2640	0.0920	0.3500
	04030103	黄砂	m^3			0.0900	
	04090608	石灰膏	m^3			0.1850	

（续表）

定额编号				F-11-2-137	F-11-2-138	F-11-2-139	F-11-2-140
项目				洗涤盆	洗脸盆	蹲式大便器	坐式大便器
名称			单位	10 组	10 组	10 套	10 套
材料	04131754	蒸压灰砂砖 240×115×53	1000 块			0.1600	
	13351251	防水密封胶	支	1.5000	2.0000	5.0000	5.0000
	17190131	金属进水软管	根		20.2000		8.0800
	17190135	金属进水软管 DN15	根			2.0200	
	18034411	镀锌管件 DN15	个	12.1200	20.2000	2.0200	9.0900
	18251914	管卡(带膨胀螺栓) DN32	个			1.0500	
	19010116-1	螺纹截止阀 J11T-16 DN25	只			1.0100	
	21090101	洗脸盆	只		10.1000		
	21130101	洗涤盆	只	10.1000			
	21150101	坐式大便器	套				6.5650
	21150201	连体坐便器	套				3.5350
	21150720	蹲式大便器	套			10.1000	
	21250214	陶瓷高水箱 带铜配件	套			1.0100	
	21250321	陶瓷低水箱 带配件、含冲洗弯管	套				2.0200
	21250331	分体式低水箱 带水箱配件	套				2.5250
	21250341	蹲式陶瓷大便器低水箱及配件	套			1.0100	
	21250351	墙体隐蔽水箱(带支架)	套				1.0100
	21311901	洗脸盆托架	副		4.0400		
	21311911	洗涤盆托架	副	10.1000			
	34110101	水	m^3	0.4000	0.2000	0.1200	0.1200
	34110301	电	kW·h	0.3200	0.3840	0.0740	0.4960
	X0045	其他材料费	%	3.0000	3.0000	3.0000	3.0000

工作内容:本体安装、试水。

定额编号			F-11-2-141	F-11-2-142	F-11-2-143	F-11-2-144
项目			小便器	地漏		
				公称直径 50 mm 以内	公称直径 80 mm 以内	公称直径 100 mm 以内
			10 套	10 个	10 个	10 个
预算定额编号	预算定额名称	预算定额单位	数量			
08-10-2-367	壁挂式小便器 手动开关	10 套	0.1000			
08-10-2-368	壁挂式小便器 感应开关 埋入式	10 套	0.3500			
08-10-2-369	落地式小便器 手动开关	10 套	0.1000			
08-10-2-370	落地式小便器 感应开关 埋入式	10 套	0.3500			
08-10-2-371	小便器 挂斗式 无水式	10 组	0.1000			
08-10-2-372	地漏 公称直径 50 mm 以内	10 个		1.0000		
08-10-2-373	地漏 公称直径 80 mm 以内	10 个			1.0000	
08-10-2-374	地漏 公称直径 100 mm 以内	10 个				1.0000

工作内容:本体安装、试水。

定额编号				F-11-2-141	F-11-2-142	F-11-2-143	F-11-2-144
项目				小便器	地漏		
					公称直径50 mm以内	公称直径80 mm以内	公称直径100 mm以内
名称			单位	10套	10个	10个	10个
人工	00230105	综合人工(安装)	工日	3.3230	1.5100	2.9200	3.4200
材料	02130311	聚四氟乙烯带(生料带) 宽度20	m	22.3000			
	03018114	膨胀螺栓(钢制) M6～12×50～120	套	37.0800			
	03018171	膨胀螺栓(钢制) M6	套	4.1600			
	03070503	地漏 DN50	套		10.1000		
	03070504	地漏 DN75	套			10.1000	
	03070505	地漏 DN100	套				10.1000
	03071503	排水栓 DN50	套	1.0100			
	03071503-1	排水栓 DN50	套	3.5350			
	03071601	排水接头 DN50	个	4.5450			
	03072739	小便器排水附件	套	4.5450			
	03072753	感应控制器(埋入式)	个	7.0700			
	03073045	小便器冲水连接管 DN15	根	9.0900			
	03210208	硬质合金冲击钻头 ϕ8～16	根	0.3960			
	13351241	密封胶	支	0.3500			
	13351251	防水密封胶	支	0.4150			
	14411801	胶粘剂	kg		0.1100	0.1900	0.2000
	18034411	镀锌管件 DN15	个	2.0200			
	19010451	角式长柄截止阀 DN15	只	2.0200			
	21170201	挂式小便器	套	5.5450			
	21170301	立式小便器	套	4.5450			
	34110101	水	m^3	0.0900			
	34110301	电	kW·h	0.5760			
	X0045	其他材料费	%	2.9800	3.0000	3.0000	3.0000

工作内容:1. 本体安装、试水。
2,3,4. 泵安装就位、单机试运转。

定额编号			F-11-2-145	F-11-2-146	F-11-2-147	F-11-2-148
项目			地漏	单级离心泵		
			公称直径 150 mm 以内	设备重量 0.2 t 以内	设备重量 0.5 t 以内	设备重量 1.0 t 以内
			10 个	台	台	台
预算定额编号	预算定额名称	预算定额单位	数量			
08-10-2-375	地漏 公称直径 150 mm 以内	10 个	1.0000			
08-10-2-376	单级离心泵 设备重量 0.2 t 以内	台		1.0000		
08-10-2-377	单级离心泵 设备重量 0.5 t 以内	台			1.0000	
08-10-2-378	单级离心泵 设备重量 1.0 t 以内	台				1.0000
08-13-3-30	底板 模板	m^2		0.6800	0.7600	1.0000
08-4-1-3	地下结构工程 混凝土底板	m^3		0.1400	0.1680	0.3000
08-4-2-4	普通钢筋 板钢筋	t		0.0084	0.0101	0.0180

工作内容:1. 本体安装、试水。

2,3,4. 泵安装就位、单机试运转。

定额编号				F-11-2-145	F-11-2-146	F-11-2-147	F-11-2-148
项目				地漏	单级离心泵		
				公称直径 150 mm 以内	设备重量 0.2 t 以内	设备重量 0.5 t 以内	设备重量 1.0 t 以内
		名称	单位	10 个	台	台	台
人工	00230103	综合人工(土建)	工日		0.4126	0.4675	0.6587
	00230105	综合人工(安装)	工日	5.4000	4.3890	6.1050	9.9240
材料	01010212	热轧带肋钢筋(HRB400) $\phi>10$	t		0.0086	0.0103	0.0185
	01290215	热轧钢板(薄板) δ1.6～1.9	kg		0.2000	0.3000	0.4000
	01290319	热轧钢板(中厚板) δ11～20	kg		0.1330	0.2040	0.2040
	01350502	紫铜板	kg		0.0500	0.0600	0.1500
	02070291	橡胶衬垫	kg		0.1250	0.1300	0.1350
	03014101	六角螺栓连母垫	kg		0.5712	0.6384	0.8400
	03070506	地漏 DN150	套	10.1000			
	03130101	电焊条	kg		0.0648	0.0778	0.1389
	03130111	电焊条 J422	kg		0.1000	0.1260	0.1890
	03150101	圆钉	kg		0.0211	0.0236	0.0310
	03152361	金属滤网	m^2		0.0630	0.0650	0.0680
	03152501	镀锌铁丝	kg		0.0301	0.0361	0.0644
	05030121	木板成材	m^3		0.0030	0.0060	0.0090
	14030501	煤油	kg		0.5600	0.7880	0.9450
	14070101	机油	kg		0.4848	0.6896	0.9690
	14090401	钙基润滑脂	kg		0.1500	0.2020	0.5560
	14390302	乙炔气	kg		0.0450	0.0680	0.0680
	14411801	胶粘剂	kg	0.3600			
	33331701	平垫铁	kg		4.5000	4.5000	5.6250
	33331801	斜垫铁	kg		4.4640	4.4640	5.5800
	34110101	水	m^3		0.0401	0.0482	0.0860
	35010101	钢模板	kg		0.4284	0.4788	0.6300
	35010703	木模板成材	m^3		0.0068	0.0076	0.0100
	35020111	钢管支撑 $\phi48$	kg		0.1496	0.1672	0.2200
	35020401	钢模零配件	kg		0.2244	0.2508	0.3300
	36030252	涤纶针刺土工布 200 g/m^2	m^2		0.1233	0.1480	0.2642
	80210424	预拌混凝土(泵送型) C30 粒径 5～40	m^3		0.1414	0.1697	0.3030
	X0045	其他材料费	%	3.0000	0.1100	0.1200	0.1500
机械	99050930	混凝土振捣器(插入式)	台班		0.0051	0.0061	0.0110
	99070540	载重汽车 6 t	台班		0.0050	0.0056	0.0074
	99090080	履带式起重机 10 t	台班		0.0149	0.0170	0.0241
	99090360	汽车式起重机 8 t	台班		0.0033	0.0037	0.0049
	99090640	叉式起重机 5 t	台班		0.1000	0.1000	0.2000
	99170030	钢筋切断机 $\phi40$	台班		0.0021	0.0025	0.0044
	99170050	钢筋弯曲机 $\phi40$	台班		0.0004	0.0005	0.0009
	99192120	电动修钎机	台班		0.1000	0.1000	0.1000
	99210010	木工圆锯机 $\phi500$	台班		0.0094	0.0105	0.0138
	99250020	交流弧焊机 32 kV·A	台班		0.0136	0.0164	0.0292
	99250280	对焊机 75 kV·A	台班		0.0026	0.0031	0.0055

工作内容:1,2,3. 泵安装就位、单机试运转。

4. 贮存装置支、框架安装,系统组件安装,驱动装置安装,氮气增压等。

定额编号			F-11-2-149	F-11-2-150	F-11-2-151	F-11-2-152
项目			单级离心泵	潜水泵		贮存装置安装
			设备重量 3.0 t以内	重量 0.1 t以内	重量 0.5 t以内	容器规格(以内) 70 L
			台	台	台	套
预算定额编号	预算定额名称	预算定额单位	数量			
08-10-2-379	单级离心泵 设备重量3.0 t以内	台	1.0000			
08-10-2-389	潜水泵 重量0.1 t以内	台		1.0000		
08-10-2-391	潜水泵 重量0.5 t以内	台			1.0000	
08-10-2-395	贮存装置安装 容器规格(以内)4 L	套				0.1000
08-10-2-396	贮存装置安装 容器规格(以内) 40 L	套				0.4000
08-10-2-397	贮存装置安装 容器规格(以内) 70 L	套				0.5000
08-10-2-401	气体灭火系统装置调试 容器规格 4 L	组				0.1000
08-10-2-402	气体灭火系统装置调试 容器规格 40 L	组				0.4000
08-10-2-403	气体灭火系统装置调试 容器规格 70 L	组				0.5000
08-10-2-422	气压严密性试验	个				1.0000
08-10-2-423	二氧化碳称重检漏装置	套				1.0000
08-13-3-30	底板 模板	m^2	1.2400	0.6800	0.7600	
08-4-1-3	地下结构工程 混凝土底板	m^3	0.4200	0.1400	0.1680	
08-4-2-4	普通钢筋 板钢筋	t	0.0252	0.0084	0.0101	

工作内容:1,2,3. 泵安装就位、单机试运转。

4. 贮存装置支、框架安装,系统组件安装,驱动装置安装,氮气增压等。

定额编号				F-11-2-149	F-11-2-150	F-11-2-151	F-11-2-152
项目				单级离心泵	潜水泵		贮存装置安装
				设备重量 3.0 t以内	重量 0.1 t以内	重量 0.5 t以内	容器规格(以内) 70 L
名称			单位	台	台	台	套
人工	00230103	综合人工(土建)	工日	0.8433	0.4126	0.4675	
	00230105	综合人工(安装)	工日	19.2000	1.6080	4.1920	10.0005
材料	01010212	热轧带肋钢筋(HRB400) $\phi>10$	t	0.0258	0.0086	0.0103	
	01290215	热轧钢板(薄板) δ1.6~1.9	kg	0.4500	0.1000	0.1000	
	01290319	热轧钢板(中厚板) δ11~20	kg	0.4080			0.2000
	01350502	紫铜板	kg	0.2000			
	02070291	橡胶衬垫	kg	0.1400			
	03014101	六角螺栓连母垫	kg	1.0416	0.5712	0.6384	
	03014681	精制六角螺栓连母垫 M8×75 以下	10套				0.2500
	03017212	半圆头镀锌螺栓连母垫 M6~12×22~80	10套				0.4120
	03018174	膨胀螺栓(钢制) M12	套				0.7828
	03130101	电焊条	kg	0.1944	0.0648	0.0778	0.1650
	03130111	电焊条 J422	kg	0.3570			
	03150101	圆钉	kg	0.0384	0.0211	0.0236	
	03152361	金属滤网	m^2	0.0700			
	03152501	镀锌铁丝	kg	0.0902	0.0301	0.0361	
	03210211	硬质合金冲击钻头 $\phi14\sim16$	根				0.0800
	05030121	木板成材	m^3	0.0190			
	14030101	汽油	kg				0.2000
	14030501	煤油	kg	1.8900			
	14070101	机油	kg	1.5004	0.2748	0.3336	
	14090401	钙基润滑脂	kg	0.9090			
	14330101	乙醇(酒精)	kg				0.8100
	14390101	氧气	m^3				0.1410
	14390302	乙炔气	kg	0.1360			0.0470
	14390501	氮气	m^3				0.0500
	14390512	氮气 高纯度 40 L	瓶				1.1750
	14390521	氮气 试验介质 40 L	瓶				0.8100
	14390522	氮气 试验介质 70 L	瓶				0.5000
	14413711	厌氧胶 325# 200 g	瓶				0.2320
	17070122	无缝钢管 $\phi22\times2.5$	m				0.0100
	19270118	螺纹减压阀 DN100	只				0.0400

(续表)

定额编号				F-11-2-149	F-11-2-150	F-11-2-151	F-11-2-152
项目				单级离心泵	潜水泵		贮存装置安装
				设备重量 3.0 t 以内	重量 0.1 t 以内	重量 0.5 t 以内	容器规格(以内) 70 L
		名称	单位	台	台	台	套
材料	20330310	聚四氟乙烯垫片	片				1.0000
	23290201	大膜片	片				1.0000
	23290221	小膜片	片				1.0000
	23290301	锥形堵块	只				1.0000
	24110129	压力表 YBS～WS 25 MPa	套				0.0400
	24110311	弹簧压力表 0～1.6 MPa	套				0.0400
	27170415	电气绝缘胶带(PVC) 18×10 m	卷				2.0000
	33331701	平垫铁	kg	8.4600			
	33331801	斜垫铁	kg	7.5000			
	34050311	打印纸 132-1	箱				0.0600
	34110101	水	m^3	0.1204	0.0401	0.0482	0.0100
	35010101	钢模板	kg	0.7812	0.4284	0.4788	
	35010703	木模板成材	m^3	0.0124	0.0068	0.0076	
	35020111	钢管支撑 φ48	kg	0.2728	0.1496	0.1672	
	35020401	钢模零配件	kg	0.4092	0.2244	0.2508	
	36030252	涤纶针刺土工布 200 g/m^2	m^2	0.3699	0.1233	0.1480	
	55330101	电磁铁	块				1.0000
	80210424	预拌混凝土(泵送型) C30 粒径 5～40	m^3	0.4242	0.1414	0.1697	
	X0045	其他材料费	%	0.2000	0.0100	0.0100	3.5400
机械	98051150	数字万用表 PF-56	台班				0.9200
	98470225	对讲机 一对	台班				0.9200
	98530490	火灾探测器实验器	台班				0.9200
	99050930	混凝土振捣器(插入式)	台班	0.0154	0.0051	0.0061	
	99070540	载重汽车 6 t	台班	0.0092	0.0050	0.0056	
	99090080	履带式起重机 10 t	台班	0.0310	0.0149	0.0170	
	99090360	汽车式起重机 8 t	台班	0.0061	0.0033	0.0037	
	99090640	叉式起重机 5 t	台班	0.4000		0.0500	
	99170030	钢筋切断机 φ40	台班	0.0062	0.0021	0.0025	
	99170050	钢筋弯曲机 φ40	台班	0.0013	0.0004	0.0005	
	99192120	电动修钎机	台班	0.3000			
	99210010	木工圆锯机 φ500	台班	0.0171	0.0094	0.0105	
	99250005	电焊机	台班				0.0300
	99250020	交流弧焊机 32 kV·A	台班	0.0409	0.0136	0.0164	
	99250280	对焊机 75 kV·A	台班	0.0077	0.0026	0.0031	
	99270090	组合烘箱	台班				0.0600

工作内容：1,2. 贮存装置支、框架安装，系统组件安装，驱动装置安装，氮气增压等。
3,4. 管道安装。

定　额　编　号			F-11-2-153	F-11-2-154	F-11-2-155	F-11-2-156
项　　目			贮存装置安装		高压碳钢管(电弧焊)	
			容器规格(以内)		公称直径	
			155 L	270 L	25 mm 以内	32 mm 以内
			套	套	10 m	10 m
预算定额编号	预算定额名称	预算定额单位	数　　量			
08-10-2-398	贮存装置安装 容器规格(以内) 90 L	套	0.6000			
08-10-2-399	贮存装置安装 容器规格(以内) 155 L	套	0.4000			
08-10-2-400	贮存装置安装 容器规格(以内) 270 L	套		1.0000		
08-10-2-404	气体灭火系统装置调试 容器规格 90 L	组	0.6000			
08-10-2-405	气体灭火系统装置调试 容器规格 155 L	组	0.4000			
08-10-2-406	气体灭火系统装置调试 容器规格 270 L	组		1.0000		
08-10-2-407	高压碳钢管(电弧焊) 公称直径 25 mm 以内	10 m			1.0000	
08-10-2-408	高压碳钢管(电弧焊) 公称直径 32 mm 以内	10 m				1.0000
08-10-2-422	气压严密性试验	个	1.0000	1.0000		
08-10-2-423	二氧化碳称重检漏装置	套	1.0000	1.0000		

工作内容:1,2. 贮存装置支、框架安装,系统组件安装,驱动装置安装,氮气增压等。
3,4. 管道安装。

定额编号				F-11-2-153	F-11-2-154	F-11-2-155	F-11-2-156
项目				贮存装置安装		高压碳钢管(电弧焊)	
				容器规格(以内)		公称直径	
				155 L	270 L	25 mm 以内	32 mm 以内
名称			单位	套	套	10 m	10 m
人工	00230105	综合人工(安装)	工日	16.8560	30.3300	2.1260	2.7070
材料	01290319	热轧钢板(中厚板) δ11～20	kg	0.2000	0.2000		
	03014681	精制六角螺栓连母垫 M8×75 以下	10套	0.2500	0.2500		
	03017212	半圆头镀锌螺栓连母垫 M6～12×22～80	10套	0.4120	0.4120		
	03018174	膨胀螺栓(钢制) M12	套	0.4120	0.4120		
	03110212	尼龙砂轮片 ϕ100	片			0.0310	0.0420
	03110216	尼龙砂轮片 ϕ500	片			0.0150	0.0210
	03130101	电焊条	kg	0.1650	0.1650	0.2390	0.3470
	03210211	硬质合金冲击钻头 ϕ14～16	根	0.0800	0.0800		
	14030101	汽油	kg	0.2000	0.2000		
	14330101	乙醇(酒精)	kg	0.3600	0.9000		
	14330114	乙醇(酒精) 浓度 99.5%	kg	0.5400			
	14390101	氧气	m^3	0.1410	0.1410		
	14390302	乙炔气	kg	0.0470	0.0470		
	14390501	氮气	m^3	0.0500	0.0500		
	14390512	氮气 高纯度 40 L	瓶	2.4000	4.0000		
	14390523	氮气 试验介质 90 L	瓶	0.6000			
	14390524	氮气 试验介质 155 L	瓶	0.4000			
	14390525	氮气 试验介质 270 L	瓶		1.0000		
	14413711	厌氧胶 325# 200 g	瓶	0.3040	0.8000		

（续表）

定额编号				F-11-2-153	F-11-2-154	F-11-2-155	F-11-2-156
项目				贮存装置安装		高压碳钢管（电弧焊）	
				容器规格（以内）		公称直径	
				155 L	270 L	25 mm 以内	32 mm 以内
名称			单位	套	套	10 m	10 m
材料	17013171	高压碳钢管	m			9.1090	9.1090
	17070122	无缝钢管 ϕ22×2.5	m	0.0100	0.0100		
	19270118	螺纹减压阀 DN100	只	0.0400	0.0400		
	20330310	聚四氟乙烯垫片	片	1.0000	1.0000		
	23290201	大膜片	片	1.0000	1.0000		
	23290221	小膜片	片	1.0000	1.0000		
	23290301	锥形堵块	只	1.0000	1.0000		
	24110129	压力表 YBS～WS 25 MPa	套	0.0400	0.0400		
	24110311	弹簧压力表 0～1.6 MPa	套	0.0400	0.0400		
	27170415	电气绝缘胶带（PVC）18×10 m	卷	2.0000	2.0000		
	34050311	打印纸 132-1	箱	0.0600	0.0600		
	34110101	水	m^3	0.0100	0.0100		
	55330101	电磁铁	块	1.0000	1.0000		
	X0045	其他材料费	%	3.6900	3.7400	2.0000	2.0000
机械	98051150	数字万用表 PF-56	台班	1.0000	1.0000		
	98470225	对讲机 一对	台班	1.0000	1.0000		
	98530490	火灾探测器实验器	台班	1.0000	1.0000		
	99091730	电动葫芦单速 3 t	台班			0.0540	0.0550
	99230180	砂轮切割机 ϕ500	台班			0.0040	0.0050
	99250005	电焊机	台班	0.0300	0.0300	0.0660	0.0850
	99270060	电焊条烘干箱 600×500×750	台班			0.0600	0.0070
	99270090	组合烘箱	台班	0.0600	0.0600		

工作内容:管道安装。

定额编号			F-11-2-157	F-11-2-158	F-11-2-159	F-11-2-160
项目			高压碳钢管(电弧焊)			
			公称直径			
			40 mm 以内	50 mm 以内	65 mm 以内	80 mm 以内
			10 m	10 m	10 m	10 m
预算定额编号	预算定额名称	预算定额单位	数量			
08-10-2-409	高压碳钢管(电弧焊) 公称直径 40 mm 以内	10 m	1.0000			
08-10-2-410	高压碳钢管(电弧焊) 公称直径 50 mm 以内	10 m		1.0000		
08-10-2-411	高压碳钢管(电弧焊) 公称直径 65 mm 以内	10 m			1.0000	
08-10-2-412	高压碳钢管(电弧焊) 公称直径 80 mm 以内	10 m				1.0000

工作内容:管道安装。

定额编号				F-11-2-157	F-11-2-158	F-11-2-159	F-11-2-160
项目				高压碳钢管(电弧焊)			
				公称直径			
				40 mm 以内	50 mm 以内	65 mm 以内	80 mm 以内
名称			单位	10 m	10 m	10 m	10 m
人工	00230105	综合人工(安装)	工日	2.9030	3.1290	3.4160	3.6620
材料	03110212	尼龙砂轮片 ϕ100	片	0.0510	0.0660	0.1020	0.1260
	03110216	尼龙砂轮片 ϕ500	片	0.0260	0.0380	0.0570	0.0770
	03130101	电焊条	kg	0.4030	0.6260	1.0810	1.5410
	17013171	高压碳钢管	m	9.1090	8.9580	8.9580	8.9580
	X0045	其他材料费	%	1.0000	1.0000	1.0000	1.0000
机械	99070550	载重汽车 8 t	台班				0.0120
	99090005	吊装机械(综合)	台班				0.0700
	99090360	汽车式起重机 8 t	台班				0.0120
	99091730	电动葫芦单速 3 t	台班	0.0560	0.0580	0.0620	0.0680
	99230180	砂轮切割机 ϕ500	台班	0.0050	0.0060	0.0070	0.0090
	99250005	电焊机	台班	0.1000	0.1230	0.1670	0.2130
	99270060	电焊条烘干箱 600×500×750	台班	0.0090	0.0110	0.0150	0.0200

工作内容：阀门安装。

定额编号			F-11-2-161	F-11-2-162	F-11-2-163	F-11-2-164
项目			选择阀安装(螺纹连接)			
			公称直径			
			25 mm 以内	32 mm 以内	40 mm 以内	50 mm 以内
			个	个	个	个
预算定额编号	预算定额名称	预算定额单位	数量			
08-10-2-413	选择阀安装(螺纹连接) 公称直径 25 mm 以内	个	1.0000			
08-10-2-414	选择阀安装(螺纹连接) 公称直径 32 mm 以内	个		1.0000		
08-10-2-415	选择阀安装(螺纹连接) 公称直径 40 mm 以内	个			1.0000	
08-10-2-416	选择阀安装(螺纹连接) 公称直径 50 mm 以内	个				1.0000

工作内容：阀门安装。

定额编号				F-11-2-161	F-11-2-162	F-11-2-163	F-11-2-164
项目				选择阀安装(螺纹连接)			
				公称直径			
				25 mm 以内	32 mm 以内	40 mm 以内	50 mm 以内
名称			单位	个	个	个	个
人工	00230105	综合人工(安装)	工日	0.2800	0.3000	0.4400	0.4400
材料	03110215	尼龙砂轮片 $\phi400$	片	0.0190	0.0220	0.0250	0.0310
	14030101	汽油	kg	0.0380	0.0420	0.0560	0.0710
	14330114	乙醇(酒精) 浓度 99.5%	kg	0.0200	0.0200	0.0200	0.0200
	14413711	厌氧胶 325# 200 g	瓶	0.1100	0.1100	0.1300	0.1300
	23250201	选择阀	套	1.0000	1.0000	1.0000	1.0000
	X0045	其他材料费	%	4.0000	4.0000	4.0000	4.0000
机械	99230170	砂轮切割机 $\phi400$	台班	0.0070	0.0070	0.0080	0.0080

工作内容:1,2. 阀门安装。
3. 本体安装。
4. 灌水加压、充氮气、停压检查。

定额编号			F-11-2-165	F-11-2-166	F-11-2-167	F-11-2-168
项目			选择阀安装(螺纹连接) 公称直径 65 mm 以内	选择阀安装(螺纹连接) 公称直径 80 mm 以内	气体驱动装置管道	水压强度试验
			个	个	10 m	个
预算定额编号	预算定额名称	预算定额单位	数量			
08-10-2-417	选择阀安装(螺纹连接) 公称直径 65 mm 以内	个	1.0000			
08-10-2-418	选择阀安装(螺纹连接) 公称直径 80 mm 以内	个		1.0000		
08-10-2-419	气体驱动装置管道 管外径 10 mm 以内	10 m			0.4000	
08-10-2-420	气体驱动装置管道 管外径 14 mm 以内	10 m			0.6000	
08-10-2-421	水压强度试验	个				1.0000

工作内容：1，2. 阀门安装。
3. 本体安装。
4. 灌水加压、充氮气、停压检查。

定额编号				F-11-2-165	F-11-2-166	F-11-2-167	F-11-2-168
项目				选择阀安装（螺纹连接）		气体驱动装置管道	水压强度试验
				公称直径			
				65 mm 以内	80 mm 以内		
	名称		单位	个	个	10 m	个
人工	00230105	综合人工（安装）	工日	0.5900	0.7500	1.2320	0.1200
材料	01290319	热轧钢板（中厚板）δ11～20	kg				0.2000
	03014681	精制六角螺栓连母垫 M8×75 以下	10 套				0.2500
	03110215	尼龙砂轮片 ϕ400	片	0.0460	0.0540		
	03130101	电焊条	kg				0.1650
	03210511	开孔器	个			0.0200	
	14030101	汽油	kg	0.0780	0.0980		
	14330114	乙醇（酒精）浓度 99.5%	kg	0.0200	0.0300		
	14390101	氧气	m^3				0.1410
	14390302	乙炔气	kg				0.0470
	14413711	厌氧胶 325# 200 g	瓶	0.1700	0.2100		
	17070122	无缝钢管 ϕ22×2.5	m				0.0100
	17150222	紫铜管	m			10.3000	
	17252421	输水软管 ϕ25	m				0.0200
	18255211	铜管卡（带螺栓）	套			15.0000	
	23250201	选择阀	套	1.0000	1.0000		
	24090112	温度计 0～120℃	支				0.0200
	24110126	压力表（带弯、补芯、阀）0～1.6 MPa	套				0.0200
	29062581	铜质锁紧螺母	个			3.0784	
	34110101	水	m^3				0.0100
	X0045	其他材料费	%	4.0000	4.0000	4.0000	4.0000
机械	99190700	管子切断机 ϕ60	台班			0.0500	
	99230170	砂轮切割机 ϕ400	台班	0.0100	0.0100		
	99250005	电焊机	台班				0.0300
	99440490	试压泵 60 MPa	台班				0.0360

工作内容:本体安装、调试。

定额编号			F-11-2-169	F-11-2-170	F-11-2-171	F-11-2-172
项目			湿式报警装置			其他报警装置
			公称直径			
			100 mm 以内	150 mm 以内	200 mm 以内	100 mm 以内
			组	组	组	组
预算定额编号	预算定额名称	预算定额单位	数量			
08-10-2-426	湿式报警装置 公称直径 100 mm 以内	组	1.0000			
08-10-2-427	湿式报警装置 公称直径 150 mm 以内	组		1.0000		
08-10-2-428	湿式报警装置 公称直径 200 mm 以内	组			1.0000	
08-10-2-429	其他报警装置 公称直径 100 mm 以内	组				1.0000

工作内容:本体安装、调试。

定额编号				F-11-2-169	F-11-2-170	F-11-2-171	F-11-2-172
项目				湿式报警装置			其他报警装置
				公称直径			
				100 mm 以内	150 mm 以内	200 mm 以内	100 mm 以内
名称			单位	组	组	组	组
人工	00230105	综合人工(安装)	工日	3.8700	4.3240	5.3530	4.6450
材料	03014302	镀锌六角螺栓连母垫弹垫	10 套	1.6480	1.6480	2.4720	1.6480
	03110215	尼龙砂轮片 ϕ400	片	0.0500	0.0600	0.0700	0.0500
	13050201	铅油	kg	0.1500	0.2800	0.3400	0.1500
	17030122	镀锌焊接钢管 DN20	m	2.0000	2.0000	2.0000	2.0000
	17030126	镀锌焊接钢管 DN50	m	2.0000	2.0000	2.0000	2.0000
	18035912	镀锌弯头 DN20	个	2.0200	2.0200	2.0200	2.0200
	18035920	镀锌弯头 DN50	个	2.0200	2.0200	2.0200	2.0200
	20110314	沟槽式法兰 DN100	片	2.0000			2.0000
	20110315	沟槽式法兰 DN150	片		2.0000		
	20110316	沟槽式法兰 DN200	片			2.0000	
	23390711	湿式报警装置 DN100	套	1.0000			
	23390713	湿式报警装置 DN150	套		1.0000		
	23390715	湿式报警装置 DN200	套			1.0000	
	23390811	报警终端装置 DN100	套				1.0000
	X0045	其他材料费	%	4.0000	4.0000	4.0000	4.0000
机械	99190750	管子切断套丝机 ϕ159	台班	0.0340		0.0340	0.0340
	99191380	滚槽机	台班	0.0300	0.0450	0.0600	0.0300

工作内容：本体安装、调试。

定　额　编　号			F-11-2-173	F-11-2-174	F-11-2-175	F-11-2-176
项　目			其他报警装置		温感式水幕装置	
			公称直径			
			150 mm 以内	200 mm 以内	20 mm 以内	25 mm 以内
			组	组	组	组
预算定额编号	预算定额名称	预算定额单位	数　量			
08-10-2-430	其他报警装置 公称直径 150 mm 以内	组	1.0000			
08-10-2-431	其他报警装置 公称直径 200 mm 以内	组		1.0000		
08-10-2-432	温感式水幕装置 公称直径 20 mm 以内	组			1.0000	
08-10-2-433	温感式水幕装置 公称直径 25 mm 以内	组				1.0000

工作内容:本体安装、调试。

定额编号				F-11-2-173	F-11-2-174	F-11-2-175	F-11-2-176
项目				其他报警装置		温感式水幕装置	
				公称直径			
				150 mm 以内	200 mm 以内	20 mm 以内	25 mm 以内
名称			单位	组	组	组	组
人工	00230105	综合人工(安装)	工日	5.1880	6.4230	0.8100	1.2400
材料	02130313	聚四氟乙烯带(生料带) 宽度 30	m			3.9420	6.2000
	03014302	镀锌六角螺栓连母垫弹垫	10 套	1.6480	2.4720		
	03110215	尼龙砂轮片 ϕ400	片	0.0600	0.0700	0.1320	0.2080
	13050201	铅油	kg	0.2800	0.3400		
	14070101	机油	kg			0.0690	0.0860
	17030122	镀锌焊接钢管 DN20	m	2.0000	2.0000		
	17030126	镀锌焊接钢管 DN50	m	2.0000	2.0000		
	18035118	镀锌三通 DN20	个			1.0100	
	18035119	镀锌三通 DN25	个				1.0100
	18035211	镀锌异径三通 DN20×15	只			1.0100	
	18035212	镀锌异径三通 DN25×15	只				3.0300
	18035312	镀锌外接头 DN20	个			1.0100	
	18035313	镀锌外接头 DN25	个				1.0100
	18035912	镀锌弯头 DN20	个	2.0200	2.0200	4.0400	
	18035914	镀锌弯头 DN25	个				4.0400
	18035920	镀锌弯头 DN50	个	2.0200	2.0200		
	18036111	镀锌异径弯头 DN20×15	个			1.0100	
	18036112	镀锌异径弯头 DN25×15	个				1.0100
	18151212	镀锌活接头 DN20	个			1.0100	
	18151213	镀锌活接头 DN25	个				1.0100
	19050107	球阀(带铅封)	只			1.0100	1.0100
	20110315	沟槽式法兰 DN150	片	2.0000			
	20110316	沟槽式法兰 DN200	片		2.0000		
	23390813	报警终端装置 DN150	套	1.0000			
	23390815	报警终端装置 DN200	套		1.0000		
	30171021	输出控制器 ZSPD 型	只			1.0000	1.0000
	X0045	其他材料费	%	4.0000	4.0000	4.0000	4.0000
机械	99190750	管子切断套丝机 ϕ159	台班	0.0340	0.0340		
	99191380	滚槽机	台班	0.0450	0.0600		
	99191390	电动套丝机 TQ3A	台班			0.1660	0.2070
	99230170	砂轮切割机 ϕ400	台班			0.0660	0.0780

工作内容：本体安装、调试。

定额编号			F-11-2-177	F-11-2-178	F-11-2-179	F-11-2-180
项目			温感式水幕装置			水流指示器螺纹连接
			公称直径			
			32 mm 以内	40 mm 以内	50 mm 以内	
			组	组	组	个
预算定额编号	预算定额名称	预算定额单位	数量			
08-10-2-434	温感式水幕装置 公称直径 32 mm 以内	组	1.0000			
08-10-2-435	温感式水幕装置 公称直径 40 mm 以内	组		1.0000		
08-10-2-436	温感式水幕装置 公称直径 50 mm 以内	组			1.0000	
08-10-2-437	水流指示器 螺纹连接 公称直径 50 mm 以内	个				1.0000

工作内容:本体安装、调试。

定额编号				F-11-2-177	F-11-2-178	F-11-2-179	F-11-2-180
项目				温感式水幕装置			水流指示器螺纹连接
				公称直径			
				32 mm 以内	40 mm 以内	50 mm 以内	
名称			单位	组	组	组	个
人工	00230105	综合人工(安装)	工日	1.5600	2.3200	2.7900	0.6200
材料	02130313	聚四氟乙烯带(生料带) 宽度 30	m	8.7360	9.0460	13.5680	
	03110215	尼龙砂轮片 φ400	片	0.2520	0.3150	0.4420	0.0520
	14070101	机油	kg	0.0930	0.1210	0.1610	
	18035120	镀锌三通 DN32	个	1.0100			
	18035121	镀锌三通 DN40	个		1.0100		
	18035122	镀锌三通 DN50	个			1.0100	
	18035212	镀锌异径三通 DN25×15	只		5.0500		
	18035213	镀锌异径三通 DN32×15	只	4.0400			
	18035214	镀锌异径三通 DN40×15	只			7.0700	
	18035314	镀锌外接头 DN32	个	1.0100			
	18035315	镀锌外接头 DN40	个		1.0100		
	18035316	镀锌外接头 DN50	个			1.0100	0.2000
	18035516	镀锌内接头 DN50	个				1.0100
	18035916	镀锌弯头 DN32	个	8.0800			
	18035917	镀锌弯头 DN40	个		3.0300		
	18035920	镀锌弯头 DN50	个			3.0300	
	18036112	镀锌异径弯头 DN25×15	个		1.0100		
	18036113	镀锌异径弯头 DN40×15	个			1.0100	
	18036114	镀锌异径弯头 DN40×25	个		1.0100		
	18036116	镀锌异径弯头 DN50×40	个			1.0100	
	18151214	镀锌活接头 DN32	个	1.0100			
	18151215	镀锌活接头 DN40	个		1.0100		
	18151216	镀锌活接头 DN50	个			1.0100	0.2000
	19050107	球阀(带铅封)	只	1.0100	1.0100	1.0100	
	23130114	水流指示器 DN50	只				1.0000
	30171021	输出控制器 ZSPD 型	只	1.0000	1.0000	1.0000	
	X0045	其他材料费	%	4.0000	4.0000	4.0000	4.0000
机械	99191390	电动套丝机 TQ3A	台班	0.3530	0.3240	0.4920	0.0530
	99230170	砂轮切割机 φ400	台班	0.0840	0.1050	0.1190	0.0140

工作内容：本体安装、调试。

定额编号			F-11-2-181	F-11-2-182	F-11-2-183	F-11-2-184
项目			水流指示器螺纹连接			水流指示器沟槽法兰连接
			公称直径			
			65 mm 以内	80 mm 以内	100 mm 以内	50 mm 以内
			个	个	个	个
预算定额编号	预算定额名称	预算定额单位	数量			
08-10-2-438	水流指示器 螺纹连接 公称直径 65 mm 以内	个	1.0000			
08-10-2-439	水流指示器 螺纹连接 公称直径 80 mm 以内	个		1.0000		
08-10-2-440	水流指示器 螺纹连接 公称直径 100 mm 以内	个			1.0000	
08-10-2-441	水流指示器 沟槽法兰连接 公称直径 50 mm 以内	个				1.0000

工作内容:本体安装、调试。

定额编号				F-11-2-181	F-11-2-182	F-11-2-183	F-11-2-184
项目				水流指示器螺纹连接			水流指示器沟槽法兰连接
				公称直径			
				65 mm 以内	80 mm 以内	100 mm 以内	50 mm 以内
名称			单位	个	个	个	个
人工	00230105	综合人工(安装)	工日	0.7800	1.0200	1.7800	0.6320
材料	03014310	镀锌六角螺栓连母垫弹垫 M16×100 以内	10 套				0.8240
	03110215	尼龙砂轮片 ϕ400	片	0.0760	0.0900	0.1140	0.0260
	13050201	铅油	kg				0.0800
	14070101	机油	kg			0.0240	
	18035317	镀锌外接头 DN65	个	0.2000			
	18035318	镀锌外接头 DN80	个		1.2100		
	18035319	镀锌外接头 DN100	个			1.2100	
	18035517	镀锌内接头 DN65	个	1.0100			
	18151217	镀锌活接头 DN65	个	1.0100			
	18151218	镀锌活接头 DN80	个		1.0100		
	18151219	镀锌活接头 DN100	个			1.0100	
	20110311	沟槽式法兰 DN50	片				2.0000
	23130114	水流指示器 DN50	只				1.0000
	23130116	水流指示器 DN65	只	1.0000			
	23130117	水流指示器 DN80	只		1.0000		
	23130118	水流指示器 DN100	只			1.0000	
	X0045	其他材料费	%				4.0000
机械	99191380	滚槽机	台班				0.0200
	99191390	电动套丝机 TQ3A	台班	0.0530	0.0670	0.0960	
	99230170	砂轮切割机 ϕ400	台班	0.0170	0.0200	0.0250	

工作内容：本体安装、调试。

定额编号			F-11-2-185	F-11-2-186	F-11-2-187	F-11-2-188
项目			水流指示器沟槽法兰连接			
			公称直径			
			80 mm 以内	100 mm 以内	150 mm 以内	200 mm 以内
			个	个	个	个
预算定额编号	预算定额名称	预算定额单位	数量			
08-10-2-442	水流指示器 沟槽法兰连接 公称直径 80 mm 以内	个	1.0000			
08-10-2-443	水流指示器 沟槽法兰连接 公称直径 100 mm 以内	个		1.0000		
08-10-2-444	水流指示器 沟槽法兰连接 公称直径 150 mm 以内	个			1.0000	
08-10-2-445	水流指示器 沟槽法兰连接 公称直径 200 mm 以内	个				1.0000

工作内容：本体安装、调试。

定额编号				F-11-2-185	F-11-2-186	F-11-2-187	F-11-2-188
项目				水流指示器沟槽法兰连接			
				公称直径			
				80 mm 以内	100 mm 以内	150 mm 以内	200 mm 以内
名称			单位	个	个	个	个
人工	00230105	综合人工(安装)	工日	0.8250	0.9910	1.3970	1.8490
材料	03014310	镀锌六角螺栓连母垫弹垫 M16×100 以内	10 套	1.6480	1.6480		
	03014312	镀锌六角螺栓连母垫弹垫 M20×100 以内	10 套			1.6480	2.4720
	03110215	尼龙砂轮片 ϕ400	片	0.0540	0.0570	0.0710	0.0850
	13050201	铅油	kg	0.1200	0.1500	0.2800	0.3400
	20110313	沟槽式法兰 DN80	片	2.0000			
	20110314	沟槽式法兰 DN100	片		2.0000		
	20110315	沟槽式法兰 DN150	片			2.0000	
	20110316	沟槽式法兰 DN200	片				2.0000
	23130117	水流指示器 DN80	只	1.0000			
	23130118	水流指示器 DN100	只		1.0000		
	23130120	水流指示器 DN150	只			1.0000	
	23130121	水流指示器 DN200	只				1.0000
	X0045	其他材料费	%	4.0000	4.0000	4.0000	4.0000
机械	99191380	滚槽机	台班	0.0300	0.0300	0.0450	0.0600

工作内容:本体安装。

定额编号			F-11-2-189	F-11-2-190	F-11-2-191	F-11-2-192
项目			减压孔板			
			公称直径			
			50 mm 以内	70 mm 以内	80 mm 以内	100 mm 以内
			个	个	个	个
预算定额编号	预算定额名称	预算定额单位	数量			
08-10-2-446	减压孔板 公称直径 50 mm 以内	个	1.0000			
08-10-2-447	减压孔板 公称直径 70 mm 以内	个		1.0000		
08-10-2-448	减压孔板 公称直径 80 mm 以内	个			1.0000	
08-10-2-449	减压孔板 公称直径 100 mm 以内	个				1.0000

工作内容:本体安装。

定额编号				F-11-2-189	F-11-2-190	F-11-2-191	F-11-2-192
项目				减压孔板			
				公称直径			
				50 mm 以内	70 mm 以内	80 mm 以内	100 mm 以内
名称			单位	个	个	个	个
人工	00230105	综合人工(安装)	工日	0.3720	0.4650	0.5210	0.5960
材料	03110215	尼龙砂轮片 ϕ400	片	0.0260	0.0380	0.0450	0.0570
	33334901	减压孔板	个	1.0000	1.0000	1.0000	1.0000
	X0045	其他材料费	%	4.0000	4.0000	4.0000	4.0000

工作内容：1. 本体安装。
2,3. 本体安装、一次水压试验、放水试验。
4. 本体安装、水压试验。

定额编号			F-11-2-193	F-11-2-194	F-11-2-195	F-11-2-196
项目			减压孔板	末端试水装置		室内消火栓单栓
			公称直径			
			150 mm 以内	25 mm 以内	32 mm 以内	65 mm 以内
			个	组	组	套
预算定额编号	预算定额名称	预算定额单位	数量			
08-10-2-450	减压孔板 公称直径 150 mm 以内	个	1.0000			
08-10-2-451	末端试水装置 公称直径 25 mm 以内	组		1.0000		
08-10-2-452	末端试水装置 公称直径 32 mm 以内	组			1.0000	
08-10-2-459	室内消火栓 公称直径 65 mm 以内单栓	套				1.0000

工作内容：1. 本体安装。
2,3. 本体安装、一次水压试验、放水试验。
4. 本体安装、水压试验。

定额编号				F-11-2-193	F-11-2-194	F-11-2-195	F-11-2-196
项目				减压孔板	末端试水装置		室内消火栓单栓
				公称直径			
				150 mm 以内	25 mm 以内	32 mm 以内	65 mm 以内
名称			单位	个	组	组	套
人工	00230105	综合人工(安装)	工日	0.6780	1.0040	1.0970	0.8500
材料	02130311	聚四氟乙烯带(生料带) 宽度 20	m		2.1080	2.6000	
	02130313	聚四氟乙烯带(生料带) 宽度 30	m				1.6800
	03110215	尼龙砂轮片 ϕ400	片	0.0710	0.0640	0.0720	0.0380
	05030102	一般木成材	m^3				0.0030
	18035119	镀锌三通 DN25	个		1.0100		
	18035120	镀锌三通 DN32	个			1.0100	
	18035313	镀锌外接头 DN25	个		1.0100		
	18035314	镀锌外接头 DN32	个			1.0100	
	19050103	球阀(1.6 MPa) DN25	只		2.0200		
	19050105	球阀(1.6 MPa) DN32	只			2.0200	
	23030525	室内消火栓(单出口) DN65	套				1.0000
	24110111	压力表 0～1.6 MPa	套		1.0000	1.0000	
	33334901	减压孔板	个	1.0000			
	X0045	其他材料费	%	4.0000	4.0000	4.0000	4.0000
机械	99190750	管子切断套丝机 ϕ159	台班		0.0570	0.0890	
	99191390	电动套丝机 TQ3A	台班				0.0130
	99230170	砂轮切割机 ϕ400	台班				0.0090

工作内容:1. 本体安装、水压试验。
2. 本体安装。
3. 本体安装、充水试验。
4. 安装箱体、消防器材设备安装。

定额编号			F-11-2-197	F-11-2-198	F-11-2-199	F-11-2-200
项目			室内消火栓 双栓 公称直径 65 mm 以内	室外地上式消火栓	消防水泵结合器	消防器材箱 墙壁式 周长 1 m 以内
			套	套	套	套
预算定额编号	预算定额名称	预算定额单位	数量			
08-10-2-460	室内消火栓 公称直径 65 mm 以内 双栓	套	1.0000			
08-10-2-461	室外地上式消火栓 1.0 MPa 浅 100 型	套		0.2500		
08-10-2-462	室外地上式消火栓 1.0 MPa 深 100 型	套		0.2500		
08-10-2-463	室外地上式消火栓 1.0 MPa 浅 150 型	套		0.2500		
08-10-2-464	室外地上式消火栓 1.0 MPa 深 150 型	套		0.2500		
08-10-2-469	消防水泵结合器 墙壁式 DN100	套			0.2500	
08-10-2-470	消防水泵结合器 墙壁式 DN150	套			0.2500	
08-10-2-471	消防水泵结合器 地上式 DN100	套			0.2500	
08-10-2-472	消防水泵结合器 地上式 DN150	套			0.2500	
08-10-2-473	消防器材箱 墙壁式 周长 1 m 以内	套				1.0000

工作内容：1. 本体安装、水压试验。
2. 本体安装。
3. 本体安装、充水试验。
4. 安装箱体、消防器材设备安装。

定额编号				F-11-2-197	F-11-2-198	F-11-2-199	F-11-2-200
项目				室内消火栓双栓	室外地上式消火栓	消防水泵结合器	消防器材箱
				公称直径			墙壁式
				65 mm 以内			周长 1 m 以内
		名称	单位	套	套	套	套
人工	00230105	综合人工(安装)	工日	1.0500	0.9925	1.9525	0.4160
材料	01290215	热轧钢板(薄板) δ1.6～1.9	kg			4.0000	
	02010163	橡胶板(低压) δ0.8～6	kg			0.2750	
	02130313	聚四氟乙烯带(生料带) 宽度 30	m	2.2400			
	03014310	镀锌六角螺栓连母垫弹垫 M16×100 以内	10 套			0.8240	
	03014312	镀锌六角螺栓连母垫弹垫 M20×100 以内	10 套			0.8240	
	03018186	膨胀螺栓(钢制) M16	10 套			2.0600	
	03110215	尼龙砂轮片 ϕ400	片	0.0450		0.0640	
	03130118	电焊条 J427 ϕ3.2	kg			0.2555	
	05030102	一般木成材	m^3	0.0030			
	14390101	氧气	m^3		0.1375		
	14390302	乙炔气	kg		0.0455		
	17030123	镀锌焊接钢管 DN25	m			0.2000	
	18151611	镀锌管堵 DN15	个		1.0100		
	19010116	螺纹截止阀 J11T-16 DN25	只			1.0100	
	20010443	平焊钢法兰 PN1.6 DN100	片			1.0000	
	20010445	平焊钢法兰 PN1.6 DN150	片			1.0000	
	23030211	地上式消火栓	套		1.0000		
	23030534	室内消火栓(双出口) DN65	套	1.0000			
	23050101	消防水泵接合器	套			1.0000	
	23070611	消防器材箱 周长 1 m 以内	台				1.0000
	80060217	干混抹灰砂浆 DP M10.0	kg				16.7000
	80210514	预拌混凝土(非泵送型) C20 粒径 5～20	m^3			0.0270	
	X0045	其他材料费	%	4.0000	4.0000	4.0000	
机械	99191390	电动套丝机 TQ3A	台班	0.0220			
	99230170	砂轮切割机 ϕ400	台班	0.0140			
	99250005	电焊机	台班			0.0905	

工作内容:1,2. 安装箱体、消防器材设备安装。
3,4. 系统调试。

定额编号			F-11-2-201	F-11-2-202	F-11-2-203	F-11-2-204
项目			消防器材箱		水灭火系统	
			墙壁式		控制装置调试	
			周长 2 m 以内	周长 4 m 以内	200 点以下	500 点以下
			套	套	系统	系统
预算定额编号	预算定额名称	预算定额单位	数量			
08-10-2-474	消防器材箱 墙壁式 周长 2 m 以内	套	1.0000			
08-10-2-475	消防器材箱 墙壁式 周长 4 m 以内	套		1.0000		
08-10-2-476	水灭火系统 控制装置调试 200 点以下	系统			1.0000	
08-10-2-477	水灭火系统 控制装置调试 500 点以下	系统				1.0000

工作内容:1,2. 安装箱体、消防器材设备安装。
3,4. 系统调试。

定额编号				F-11-2-201	F-11-2-202	F-11-2-203	F-11-2-204
项目				消防器材箱		水灭火系统	
				墙壁式		控制装置调试	
				周长 2 m 以内	周长 4 m 以内	200 点以下	500 点以下
名称			单位	套	套	系统	系统
人工	00230105	综合人工(安装)	工日	0.5760	0.7280	60.3270	197.1630
材料	14330101	乙醇(酒精)	kg			0.1600	0.4000
	23070615	消防器材箱 周长 2 m 以内	台	1.0000			
	23070619	消防器材箱 周长 4 m 以内	台		1.0000		
	27170420	电气绝缘胶带(PVC) 20×50 m	卷			4.4200	8.8400
	28030313	铜芯阻燃聚氯乙烯绝缘线 ZR-BV1.0 mm^2	m			15.3200	15.3200
	34110301	电	kW·h			110.0000	274.0000
	80060217	干混抹灰砂浆 DP M10.0	kg	29.6000	37.6000		
	X0045	其他材料费	%			4.0000	4.0000
机械	98030140	直流稳压稳流电源 WYK-6005	台班			6.0000	7.5000
	98030240	交流稳压电源 JH1741/05	台班			7.6800	11.5200
	98050580	接地电阻测试仪 3150	台班			0.3200	0.3200
	98051000	数字万用表 34401A	台班			5.1200	7.6800
	98470100	自耦调压器 TDJC-S-1	台班			3.8400	5.7600

工作内容:1. 系统调试。
2. 本体安装。
3,4. 本体安装、单机试运转。

定　额　编　号			F-11-2-205	F-11-2-206	F-11-2-207	F-11-2-208
项　目			水灭火系统 控制装置调试 500 点以上	水喷淋(雾)喷头	细水雾泵 0.5 t 以内	细水雾泵 1.0 t 以内
			系统	个	台	台
预算定额编号	预算定额名称	预算定额单位	数　量			
08-10-2-478	水灭火系统 控制装置调试 500 点以上	系统	1.0000			
08-10-2-479	水喷淋(雾)喷头 无吊顶 公称直径 15 mm 以内	个		0.1000		
08-10-2-480	水喷淋(雾)喷头 无吊顶 公称直径 20 mm 以内	个		0.1000		
08-10-2-481	水喷淋(雾)喷头 有吊顶 公称直径 15 mm 以内	个		0.3000		
08-10-2-482	水喷淋(雾)喷头 有吊顶 公称直径 20 mm 以内	个		0.1000		
08-10-2-483	水喷淋(雾)喷头 有吊顶 公称直径 25 mm 以内	个		0.3000		
08-10-2-484	水喷淋(雾)喷头 有吊顶 公称直径 32 mm 以内	个		0.1000		
08-10-2-485	细水雾泵 0.5 t 以内	台			1.0000	
08-10-2-486	细水雾泵 1.0 t 以内	台				1.0000

工作内容:1. 系统调试。
2. 本体安装。
3,4. 本体安装、单机试运转。

定额编号				F-11-2-205	F-11-2-206	F-11-2-207	F-11-2-208
项目				水灭火系统 控制装置调试 500 点以上	水喷淋(雾)喷头	细水雾泵 0.5 t 以内	细水雾泵 1.0 t 以内
名称			单位	系统	个	台	台
人工	00230105	综合人工(安装)	工日	229.8800	0.1374	4.5760	8.7360
材料	01290215	热轧钢板(薄板) δ1.6～1.9	kg			0.1000	0.1000
	02130311	聚四氟乙烯带(生料带) 宽度 20	m		1.1824		
	03110215	尼龙砂轮片 ϕ400	片		0.0163		
	03130101	电焊条	kg			0.0800	0.0800
	05030121	木板成材	m^3			0.0200	0.0200
	14070101	机油	kg			0.2400	0.2400
	14330101	乙醇(酒精)	kg	0.4800			
	18035405	镀锌异径外接头 DN25×15	个		0.4040		
	18035407	镀锌异径外接头 DN25×20	个		0.2020		
	18035409	镀锌异径外接头 DN32×25	个		0.3030		
	18035411	镀锌异径外接头 DN40×32	个		0.1010		
	18035914	镀锌弯头 DN25	个		1.4140		
	18035916	镀锌弯头 DN32	个		0.2020		
	18151611	镀锌管堵 DN15	个		0.0800		
	18151612	镀锌管堵 DN20	个		0.0400		
	18151613	镀锌管堵 DN25	个		0.0600		
	18151614	镀锌管堵 DN32	个		0.0200		
	23210102	消防喷头 DN15	个		0.4040		
	23210103	消防喷头 DN20	个		0.2020		
	23210104	消防喷头 DN25	个		0.3030		
	23210105	消防喷头 DN32	个		0.1010		
	23451801	消防喷头装饰盘	个		0.8080		
	27170420	电气绝缘胶带(PVC) 20×50 m	卷	10.6000			
	28030313	铜芯阻燃聚氯乙烯绝缘线 ZR-BV1.0 mm^2	m	15.3200			
	33331701	平垫铁	kg			1.4400	1.4400
	33331801	斜垫铁	kg			2.0800	2.0800
	34110301	电	kW·h	329.0000			
	X0045	其他材料费	%	4.0000	4.0000	5.0000	5.0000
机械	98030140	直流稳压稳流电源 WYK-6005	台班	9.0000			
	98030240	交流稳压电源 JH1741/05	台班	15.3600			
	98050580	接地电阻测试仪 3150	台班	0.3200			
	98051000	数字万用表 34401A	台班	10.2400			
	98470100	自耦调压器 TDJC-S-1	台班	7.6800			
	99190750	管子切断套丝机 ϕ159	台班		0.0142		
	99250010	交流弧焊机 21 kV·A	台班			0.0300	0.0300

工作内容:1,2. 本体安装、单机试运转。
3,4. 本体安装、单机试运转。

定额编号			F-11-2-209	F-11-2-210	F-11-2-211	F-11-2-212
项目			细水雾泵 2.0 t以内	细水雾泵 3.0 t以内	喷枪高压细水雾	集热板
			台	台	套	套
预算定额编号	预算定额名称	预算定额单位	数量			
08-10-2-487	细水雾泵 2.0 t以内	台	1.0000			
08-10-2-488	细水雾泵 3.0 t以内	台		1.0000		
08-10-2-492	喷枪 高压细水雾	套			1.0000	
08-10-2-493	集热板	套				1.0000

工作内容:1,2. 本体安装、单机试运转。
3,4. 本体安装、单机试运转。

定额编号				F-11-2-209	F-11-2-210	F-11-2-211	F-11-2-212
项目				细水雾泵 2.0 t以内	细水雾泵 3.0 t以内	喷枪高压细水雾	集热板
名称			单位	台	台	套	套
人工	00230105	综合人工(安装)	工日	14.4960	17.7280	0.2640	0.1600
材料	01290215	热轧钢板(薄板) δ1.6～1.9	kg	0.1000	0.1000		
	03130101	电焊条	kg	0.0800	0.0800		
	05030121	木板成材	m^3	0.0300	0.0300		
	14070101	机油	kg	0.2400	0.2400		
	18031771	黑玛钢管堵 DN15	个			1.0100	
	23190551	高压细水雾喷枪	套			1.0000	
	33331701	平垫铁	kg	1.4400	1.4400		
	33331801	斜垫铁	kg	2.0800	2.0800		
	33416701	不锈钢集热罩	套				1.0000
	34090311	破布	kg			0.0500	
	X0045	其他材料费	%	5.0000	5.0000		
机械	99250010	交流弧焊机 21 kV·A	台班	0.0300	0.0300		

工作内容：本体安装、调试。

定额编号			F-11-2-213	F-11-2-214	F-11-2-215	F-11-2-216
项目			隔膜式气压水罐			
			公称直径			
			Dg800	Dg1000	Dg1200	Dg1400
			台	台	台	台
预算定额编号	预算定额名称	预算定额单位	数量			
08-10-2-494	隔膜式气压水罐 公称直径 Dg800	台	1.0000			
08-10-2-495	隔膜式气压水罐 公称直径 Dg1000	台		1.0000		
08-10-2-496	隔膜式气压水罐 公称直径 Dg1200	台			1.0000	
08-10-2-497	隔膜式气压水罐 公称直径 Dg1400	台				1.0000

工作内容：本体安装、调试。

定额编号				F-11-2-213	F-11-2-214	F-11-2-215	F-11-2-216
项目				隔膜式气压水罐			
				公称直径			
				Dg800	Dg1000	Dg1200	Dg1400
		名称	单位	台	台	台	台
人工	00230105	综合人工(安装)	工日	8.0000	9.0000	10.0000	11.0000
材料	03110215	尼龙砂轮片 ϕ400	片	0.0570	0.0570	0.0570	0.0570
	03130101	电焊条	kg	0.2210	0.2210	0.2210	0.2210
	13011011	清油 C01-1	kg	0.0200	0.0200	0.0200	0.0200
	13050201	铅油	kg	0.1000	0.1000	0.1000	0.1000
	14390501	氮气	m^3	2.5000	3.0000	3.5000	4.0000
	20010201-1	平焊钢法兰	片	1.0000	1.0000	1.0000	1.0000
	23290101	隔膜气压水罐	台	1.0000	1.0000	1.0000	1.0000
	X0045	其他材料费	%	4.0000	4.0000	4.0000	4.0000
机械	99070530	载重汽车 5 t	台班	0.0700	0.0700	0.0700	0.0700
	99090360	汽车式起重机 8 t	台班	0.1700	0.1800	0.1900	0.2000
	99230170	砂轮切割机 ϕ400	台班	0.0130	0.0130	0.0130	0.0130
	99250005	电焊机	台班	0.0710	0.0710	0.0710	0.0710
	99270060	电焊条烘干箱 600×500×750	台班	0.0070	0.0070	0.0070	0.0070

工作内容：安装、涂抹找平、清理。

定　额　编　号			F-11-2-217	F-11-2-218
项　　目			防火堵料	
			墙体	楼板
			m^3	m^3
预算定额编号	预算定额名称	预算定额单位	数　　量	
08-10-2-498	防火堵料 墙体	m^3	1.0000	
08-10-2-499	防火堵料 楼板	m^3		1.0000

工作内容：安装、涂抹找平、清理。

定　额　编　号				F-11-2-217	F-11-2-218
项　　目				防火堵料	
				墙体	楼板
名　　称			单位	m^3	m^3
人工	00230105	综合人工(安装)	工日	12.9400	17.2300
材料	03150106	圆钉 $L<70$	kg	0.6300	0.6300
	05030102	一般木成材	m^3	0.0900	0.0900
	23170101	防火堵料	m^3	1.0500	1.0500
	34110101	水	m^3	0.8000	0.8000
	X0045	其他材料费	%	4.0000	4.0000
机械	99210010	木工圆锯机 $\phi500$	台班	0.1000	0.1000

第三节　屏蔽门及安全门

工作内容:1,2. 铜桩测量,门柱及门柱装饰板安装,门状态指示灯安装试亮,上部结构安装调整,门楣及盖板安装调整。
3,4. 安装、调整。

定额编号			F-11-3-1	F-11-3-2	F-11-3-3	F-11-3-4
项目			半高安全门	全高全门及屏蔽门	固定门	滑动门
			(门柱、门框及盖板)			
			门	门	道	道
预算定额编号	预算定额名称	预算定额单位	数量			
08-10-3-1	铜桩测量	门单元	1.0000	1.0000		
08-10-3-2	门柱及门槛 1.55 m 半高安全门	门单元	1.0000			
08-10-3-3	门柱及门槛 屏蔽门或全高安全门	门单元		1.0000		
08-10-3-4	门状态指示灯	套	1.0000	1.0000		
08-10-3-5	上部结构	门单元		1.0000		
08-10-3-6	门楣及盖板	门单元		1.0000		
08-10-3-7	固定门	道			1.0000	
08-10-3-8	滑动门	道				1.0000

工作内容:1,2. 铜桩测量,门柱及门柱装饰板安装,门状态指示灯安装试亮,上部结构安装调整,门楣及盖板安装调整。

3,4. 安装、调整。

定额编号				F-11-3-1	F-11-3-2	F-11-3-3	F-11-3-4
项目				半高安全门	全高全门及屏蔽门	固定门	滑动门
				(门柱、门框及盖板)			
名称			单位	门	门	道	道
人工	00230105	综合人工(安装)	工日	4.4590	12.4250	1.2600	1.9950
材料	03010601	抽芯铝铆钉	个	10.5000	172.2000		
	03014250	镀锌六角螺栓连母垫 M12×100	套	0.5300	0.5300		
	03014271	镀锌六角螺栓连母垫 M16×400～450	套		10.5000		
	03014608	精制六角螺栓连母垫 M5.0	套	2.0400	2.0400		
	03014617	精制六角螺栓连母垫 M16	套	16.8000	16.8000		
	03210130	硬质合金冲击钻头	根	0.4200	0.4200		
	03210601	合金钢钻头	根	2.7100	3.0600		
	14210131	绝缘环氧树脂	kg	13.8000	13.8000		
	28110755	铜芯交联聚乙烯绝缘聚乙烯护套电力电缆 YJY-3×1.0 mm^2	m	0.8100	0.8100		
	29060508	聚氯乙烯电线管 DN7	m	0.5300	0.5300		
	29090213	铜接线端子 DT-6	个	1.0500	1.0500		
	34130448	测量铜桩	个	0.5300	0.5300		
	35070311	门槛灌胶模具	套	2.0000	2.0000		
	35070321	门柱灌胶模具	套	1.0000	1.0000		
	X0045	其他材料费	%	2.0000	0.6300		
机械	98010340	全站仪	台班	0.2500	0.2500		
	98010415	水平仪	台班	0.0600	0.0600		
	99070955	轨道平车	台班		7.3600		
	99070960	轨道平车 5 t	台班		2.7300		
	99091720	电动葫芦单速 2 t	台班		1.0300		
	JX2030	其他机械费	%		0.7900		

工作内容:1,2. 安装、调整。
3,4. 本体安装、调试。

定额编号			F-11-3-5	F-11-3-6	F-11-3-7	F-11-3-8
项目			应急门	端门单元	控制装置	
					门控单元	门机系统
			道	道	套	套
预算定额编号	预算定额名称	预算定额单位	数量			
08-10-3-10	端门单元	道		1.0000		
08-10-3-11	控制装置 门控单元	套			1.0000	
08-10-3-12	控制装置 门机系统	套				1.0000
08-10-3-13	控制装置 就地控制盒	套			1.0000	
08-10-3-9	应急门	道	1.0000			

工作内容:1,2. 安装、调整。
3,4. 本体安装、调试。

定额编号				F-11-3-5	F-11-3-6	F-11-3-7	F-11-3-8
项目				应急门	端门单元	控制装置	
						门控单元	门机系统
名称			单位	道	道	套	套
人工	00230105	综合人工(安装)	工日	2.1420	3.1430	0.9100	0.5760
材料	03014407	不锈钢六角螺栓连母垫 M8×50 以下	10 套			0.4040	
	03014431	不锈钢六角螺栓连母垫 M8×10～50	套			4.2000	
	27190114	绝缘板 450×300×35	块			4.0400	
	X0045	其他材料费	%			0.1100	
机械	98051150	数字万用表 PF-56	台班			0.3900	0.2900

工作内容:1,2. 本体安装、调试。
3. 系统调试。

定额编号			F-11-3-9	F-11-3-10	F-11-3-11
项目			控制装置		系统调试
			红外探测器	就地控制盘	
			组	套	门
预算定额编号	预算定额名称	预算定额单位	数量		
08-10-3-14	控制装置 红外探测器	组	1.0000		
08-10-3-16	控制装置 就地控制盘	套		1.0000	
08-10-3-18	系统调试	门单元			1.0000

工作内容:1,2. 本体安装、调试。
3. 系统调试。

定额编号				F-11-3-9	F-11-3-10	F-11-3-11
项目				控制装置		系统调试
				红外探测器	就地控制盘	
名称			单位	组	套	门
人工	00230105	综合人工(安装)	工日	4.2500	5.2500	5.7750
机械	98051150	数字万用表 PF-56	台班	2.0500	2.2500	3.3000
	98370890	便携式计算机	台班			3.3000

第十二章　拆除工程及措施项目

章说明

一、本章定额包括拆除工程、临时支撑、工程监测监控、降水,共4节。

二、拆除工程

1. 拆除混凝土结构、拆除钢筋混凝土结构,定额已包括废料外运,不另行计算。

2. 拆除钢筋混凝土结构子目用于凿除桩顶混凝土时,人工、机械按系数调整,凿除打入桩乘以系数1.25,凿除钻孔灌注桩乘以系数0.8。

3. 切割混凝土按链条式切割方法考虑,废料外运另行计算。

三、临时支撑

1. 钢支撑安装拆除定额适用于钢管支撑、型钢支撑、钢围檩,综合考虑了基坑深度系数,使用时不作调整。

2. 应力补偿装置包括安拆及使用,按每根配1只千斤顶、每套配64只千斤顶、使用天数综合按50天考虑,使用时不作调整。

3. 钢格构柱定额按相应规格范围使用,定额中已考虑材料回收,不另行计算。

四、工程监测、监控

1. 监测是地下构筑物建造时,反映施工对结构本体、周围岩土体、周围建筑群影响程度的测试手段。

2. 地下基坑施工监测适用于明挖、盖挖基坑,包括车站主体、出入口通道、风道风井等,按照施工必测项目编制,不含温度监测、基坑周边建构筑物监测,设计要求时另行计算。

五、降水

1. 开挖深度小于6 m时采用轻型井点,开挖深度大于6 m时按设计确定采用的井点类型计算。开挖深度指从原地面至沟槽槽底、基坑底面设计标高的距离。

2. 井点使用时间一天按24小时计算。

3. 定额中井管长度包括滤网,并已包括观测孔。

工程量计算规则

一、拆除工程

1. 拆除混凝土、钢筋混凝土结构按拆除实体体积计算。

2. 切割混凝土按批准的施工组织设计方案以切割接触面积计算。

二、临时支撑

1. 钢支撑按设计图示尺寸以理论重量计算。

2. 格构柱分不同规格,按设计图示尺寸以长度计算。

3. 应力补偿装置按设计图示数量计算。

4. 临时混凝土支撑按设计图示尺寸以体积计算。

三、工程监测、监控

1. 地下基坑施工监测分不同基坑深度范围,按设计图示围护结构周长计算,不计分基坑封堵用围护结构长度。

2. 温度监测、基坑周边建构筑物监测按设计图示数量计算。

3. 盾构隧道施工监测按盾构掘进长度计算。

四、降水

1. 每套井点设备规定:

(1) 轻型井点:井点管间距为 1.2 m,50 根井管、相应总管 60 m 及排水设备。

(2) 喷射井点:井点管间距为 2.5 m,30 根井管、相应总管 75 m 及排水设备。

(3) 大口径井点:井点管间距为 10 m,10 根井管、相应总管 100 m 及排水设备。

2. 井点使用定额单位为"套·天",累计尾数不足 1 套者按 1 套计,一天按 24 小时计算。

3. 真空深井井点按不同深度,安拆以"座"计算,使用以"座·天"计算。

第一节　拆除工程

工作内容：1. 拆除混凝土结构、废渣外运。
2. 拆除钢筋混凝土结构、废渣外运。
3. 切割钢筋混凝土。

定额编号			F-12-1-1	F-12-1-2	F-12-1-3
项目			拆除混凝土结构	拆除钢筋混凝土结构	切割 钢筋混凝土
			m^3	m^3	m^2
预算定额编号	预算定额名称	预算定额单位	数量		
08-1-1-20	余土弃置 土方外运	m^3	1.0000	1.0000	
08-12-2-1	拆除混凝土结构	m^3	1.0000		
08-12-2-2	拆除钢筋混凝土结构	m^3		1.0000	
08-12-2-3	切割 钢筋混凝土	m^2			1.0000

工作内容：1. 拆除混凝土结构、废渣外运。
2. 拆除钢筋混凝土结构、废渣外运。
3. 切割钢筋混凝土。

定额编号				F-12-1-1	F-12-1-2	F-12-1-3
项目				拆除混凝土结构	拆除钢筋混凝土结构	切割 钢筋混凝土
名称			单位	m^3	m^3	m^2
人工	00230103	综合人工(土建)	工日	0.7128	1.1533	3.2000
材料	03211101	风镐凿子	根	0.2400	0.2800	
	03211121	破碎锤钎杆 ϕ140	根	0.0014	0.0035	
	03213911	混凝土切割机链条	m			0.6000
	14390101	氧气	m^3		0.3661	
	14390301	乙炔气	m^3		0.1431	
	34110101	水	m^3			1.5000
	X0045	其他材料费	%	0.0300	0.0600	
机械	99010060	履带式单斗液压挖掘机 1 m^3	台班	0.0322	0.0597	
	99010610	液压镐头	台班	0.0217	0.0442	
	99090110	履带式起重机 25 t	台班			0.6900
	99330010	风镐	台班	0.1691	0.2508	
	99330350	链条式混凝土切割机	台班			0.6900
	99350130	液压钻机 STE-1	台班			0.6900
	99430230	电动空气压缩机 6 m^3/min	台班	0.0846	0.1254	
	99510010	土方外运	m^3	1.0000	1.0000	

第二节 临时支撑

工作内容:1,2. 钢支撑安装、拆除。
3. 支撑使用。
4. 应力补偿装置安装、拆除、使用。

定额编号			F-12-2-1	F-12-2-2	F-12-2-3	F-12-2-4
项目			钢支撑安装、拆除		大型支撑使用费	应力补偿装置
			宽 15 m 以内	宽 15 m 以外		
			t	t	t·d	根
预算定额编号	预算定额名称	预算定额单位	数量			
08-13-4-1	安装 宽 15 m 以内	t	1.0000			
08-13-4-10	应力补偿装置系统 使用	套·天				0.7800
08-13-4-2	拆除 宽 15 m 以内	t	1.0000			
08-13-4-3【系】	安装 宽 15 m 以外	t		1.0000		
08-13-4-4【系】	拆除 宽 15 m 以外	t		1.0000		
08-13-4-5	大型支撑使用费	t·d			1.0000	
08-13-4-9	应力补偿装置 安拆	只				1.0000

工作内容:1,2. 钢支撑安装、拆除。
3. 支撑使用。
4. 应力补偿装置安装、拆除、使用。

定额编号				F-12-2-1	F-12-2-2	F-12-2-3	F-12-2-4
项目				钢支撑安装、拆除		大型支撑使用费	应力补偿装置
				宽 15 m 以内	宽 15 m 以外		
名称			单位	t	t	t·d	根
人工	00230103	综合人工(土建)	工日	4.2240	4.1234		36.5400
材料	01290301	热轧钢板(中厚板)	t	0.0078	0.0047		0.3200
	03014101	六角螺栓连母垫	kg	2.5500	2.1420		
	03130101	电焊条	kg	1.0900	0.6600		1.0080
	03154813	铁件	kg	11.6200	7.0000		
	05031801	枕木	m^3	0.0500	0.0400		
	14070401	液压油	kg				7.8000
	35020101-1	钢支撑	kg	25.0000	25.0000		
	35050502	钢围檩	kg	5.2500	3.1800		
	35090631	大型支撑使用费	t·d			1.0000	
	X0045	其他材料费	%	0.5400	0.5500		3.0900
机械	99070520	载重汽车 4 t	台班	0.0840	0.0924		
	99090110	履带式起重机 25 t	台班	0.3100			
	99090130	履带式起重机 40 t	台班		0.3410		
	99090180	履带式起重机 90 t	台班				1.2000
	99091320	立式油压千斤顶 100 t	台班	0.2220	0.2442		
	99091890	千斤顶(预应力补偿系统)	台班				149.7600
	99170300	总控箱(预应力补偿系统)	台班				2.3400
	99170310	分控箱(预应力补偿系统)	台班				9.3600
	99250020	交流弧焊机 32 kV·A	台班	0.1800	0.1210		0.2822
	99430250	电动空气压缩机 10 m^3/min	台班	0.0460	0.0308		
	99430430	油泵车(预应力补偿系统)	台班				37.4400
	JX2030	其他机械费	%				4.4200

工作内容:钢格构柱制作、安装、拆除、回收。

定额编号			F-12-2-5	F-12-2-6	F-12-2-7
项目			钢格构柱		
			460×460	560×560	610×610
			m	m	m
预算定额编号	预算定额名称	预算定额单位	数量		
08-13-4-7	钢格构柱 制作	t	0.1760	0.2320	0.3160
08-13-4-8	钢格构柱 安拆	t	0.2200	0.2900	0.3950

工作内容:钢格构柱制作、安装、拆除、回收。

定额编号				F-12-2-5	F-12-2-6	F-12-2-7
项目				钢格构柱		
				460×460	560×560	610×610
名称			单位	m	m	m
人工	00230103	综合人工(土建)	工日	2.2845	3.0114	4.1017
材料	01050102	钢丝绳	kg	0.0067	0.0088	0.0120
	01150103	热轧型钢 综合	kg	186.5600	245.9200	334.9600
	03038712	小滑轮 ϕ56	个	0.1543	0.2033	0.2770
	03130101	电焊条	kg	3.6300	4.7850	6.5175
	03153712	卸扣 ϕ24	只	0.1543	0.2033	0.2770
	05030121	木板成材	m^3	0.0009	0.0012	0.0016
	13050401	防锈漆	kg	1.4010	1.8467	2.5154
	14050101	溶剂油	kg	0.0739	0.0974	0.1327
	14390101	氧气	m^3	0.9569	1.2613	1.7180
	14390301	乙炔气	m^3	0.3190	0.4204	0.5727
	X0045	其他材料费	%	1.0000	1.0000	1.0000
机械	99090150	履带式起重机 60 t	台班	0.0616	0.0811	0.1105
	99091030	门式起重机 20 t	台班	0.0898	0.1183	0.1612
	99091470	电动卷扬机单筒慢速 50 kN	台班	0.0145	0.0191	0.0260
	99190770	型钢剪断机 宽度 500	台班	0.0141	0.0186	0.0253
	99250020	交流弧焊机 32 kV·A	台班	0.8056	1.0619	1.4463

工作内容：安拆模板，绑扎钢筋，浇筑混凝土、泵车输送。

定　额　编　号			F-12-2-8
项　目			混凝土支撑
			混凝土
			m^3
预算定额编号	预算定额名称	预算定额单位	数　量
04-7-4-1	商品混凝土输送 泵车	m^3	1.0100
08-13-3-28	混凝土支撑 模板	m^2	3.8352
08-13-4-11	混凝土支撑 混凝土	m^3	1.0000
08-13-4-12	混凝土支撑 钢筋	t	0.2500

工作内容：安拆模板，绑扎钢筋，浇筑混凝土、泵车输送。

定　额　编　号				F-12-2-8
项　目				混凝土支撑
				混凝土
名　称			单位	m^3
人工	00230103	综合人工(土建)	工日	5.2984
材料	01010212	热轧带肋钢筋(HRB400) $\phi>10$	t	0.2562
	02090101	塑料薄膜	m^2	0.7330
	02190101	尼龙帽	个	0.7670
	03014101	六角螺栓连母垫	kg	2.4135
	03130101	电焊条	kg	1.7625
	03150101	圆钉	kg	0.0817
	03152501	镀锌铁丝	kg	0.8925
	14070101	机油	kg	0.4219
	34110101	水	m^3	0.1831
	35010101	钢模板	kg	2.6693
	35010703	木模板成材	m^3	0.0092
	35020111	钢管支撑 $\phi48$	kg	2.7832
	35020183	钢模螺栓顶托	套	0.0614
	35020401	钢模零配件	kg	3.0682
	80210422	预拌混凝土(泵送型) C30 粒径 5～20	m^3	1.0100
	X0045	其他材料费	%	0.3800
机械	99050540	混凝土输送泵车 75 m^3/h	台班	0.0169
	99050930	混凝土振捣器(插入式)	台班	0.0615
	99070540	载重汽车 6 t	台班	0.0353
	99090080	履带式起重机 10 t	台班	0.0972
	99090360	汽车式起重机 8 t	台班	0.0238
	99170030	钢筋切断机 $\phi40$	台班	0.0650
	99170050	钢筋弯曲机 $\phi40$	台班	0.0075
	99210010	木工圆锯机 $\phi500$	台班	0.0345
	99250020	交流弧焊机 32 kV·A	台班	0.3865
	99250280	对焊机 75 kV·A	台班	0.0600
	99430200	电动空气压缩机 0.6 m^3/min	台班	0.0729
	JX2030	其他机械费	%	0.0100

第三节　工程监测、监控

工作内容：监测点布置安装、监控测试。

定额编号			F-12-3-1	F-12-3-2	F-12-3-3	F-12-3-4
项目			地下基坑施工监测			
			基坑深度15 m以内	基坑深度25 m以内	基坑深度35 m以内	基坑深度45 m以内
			周长米	周长米	周长米	周长米
预算定额编号	预算定额名称	预算定额单位	数量			
08-13-5-15	钢支撑轴力监测点布置 轴力计	只	0.0333	0.1000	0.1500	0.2000
08-13-5-17	土体分层沉降孔布置 孔深20 m	孔		0.1500		
08-13-5-17【换】	土体分层沉降孔布置 孔深10 m	孔	0.1500			
08-13-5-18	土体分层沉降孔布置 孔深30 m	孔			0.1500	
08-13-5-19	土体分层沉降孔布置 孔深40 m	孔				0.1500
08-13-5-1	竖向位移	点	0.0400	0.0400	0.0400	0.0400
08-13-5-20	基坑回弹孔布置 孔深20 m	孔		0.0600		
08-13-5-20【换】	基坑回弹孔布置 孔深10 m	孔	0.0200			
08-13-5-21	基坑回弹孔布置 孔深30 m	孔			0.0600	
08-13-5-21【换】	基坑回弹孔布置 孔深40 m	孔				0.0600
08-13-5-23	水位观测孔布置 孔深20 m	孔	0.0250			
08-13-5-24	水位观测孔布置 孔深30 m	孔		0.0250		
08-13-5-24【换】	水位观测孔布置 孔深40 m	孔			0.0250	
08-13-5-24【换】	水位观测孔布置 孔深50 m	孔				0.0250
08-13-5-26	构件内力监测点布置 混凝土支撑轴力	断面	0.0167	0.0250	0.0500	0.0500
08-13-5-2	水平位移	点	0.0400	0.0400	0.0400	0.0400
08-13-5-37	竖向位移观测	点	2.4000	2.8000	3.2000	3.6000
08-13-5-38	水平位移观测	点	2.4000	2.8000	3.2000	3.6000
08-13-5-39	墙体测斜观测	m	48.0000	84.0000	128.0000	180.0000
08-13-5-42	轴力计	只	1.9980	7.0000	12.0000	18.0000
08-13-5-44	土体分层沉降观测	m	90.0000	210.0000	360.0000	540.0000
08-13-5-45	基坑回弹孔观测	m	12.0000	84.0000	144.0000	216.0000
08-13-5-46	水位观测孔观测	m	30.0000	52.5000	80.0000	112.5000
08-13-5-47	混凝土支撑轴力观测	截面	1.0020	1.7500	4.0000	4.5000
08-13-5-5	墙体测斜孔布置 孔深20 m	孔	0.0400			
08-13-5-6	墙体测斜孔布置 孔深30 m	孔		0.0400		
08-13-5-7	墙体测斜孔布置 孔深40 m	孔			0.0400	
08-13-5-8	墙体测斜孔布置 孔深50 m	孔				0.0400

工作内容：监测点布置安装、监控测试。

定额编号				F-12-3-1	F-12-3-2	F-12-3-3	F-12-3-4
项目				地下基坑施工监测			
				基坑深度 15 m 以内	基坑深度 25 m 以内	基坑深度 35 m 以内	基坑深度 45 m 以内
名称			单位	周长米	周长米	周长米	周长米
人工	00230103	综合人工(土建)	工日	1.8743	3.9254	6.0687	8.4154
材料	01010102	钢筋 ϕ10 以外	kg	0.2576	0.3856	0.7712	0.7712
	03230901	紧固套件	套	1.5000	3.0750	4.4500	5.8250
	04010112	水泥 42.5 级	t	0.0043	0.0105	0.0158	0.0210
	04030115	黄砂 中粗	t	0.0286	0.0661	0.0976	0.1291
	04093101	膨润土	kg	22.1250	47.1250	69.1250	91.1250
	17251911	塑料测斜管 ϕ80	m	0.8800	1.3200	1.7600	2.2000
	17252001	塑料注浆阀管	m	2.1250	4.8750	7.2250	9.5750
	17252811	聚氯乙烯(PVC)沉降管 ϕ70	m	1.8700	4.6200	6.9300	9.1800
	17252851	聚氯乙烯(PVC)水位管(透水) ϕ53	m	0.1000	0.1000	0.1000	0.1000
	17252871	聚氯乙烯(PVC)水位管(不透水) ϕ53	m	0.4250	0.6750	0.9250	1.1750
	18092711	塑料管(PVC)接头 DN75	只	0.4000	0.6000	0.8000	1.0000
	24110601	钢筋应力计	个	0.0668	0.1000	0.2000	0.2000
	24112611	200 t 测力传感器	套	0.0333	0.1000	0.1500	0.2000
	24250511	磁环 ϕ75	只	0.5100	1.0500	1.4700	2.1000
	24250531	磁环定位环	只	0.5100	1.0500	1.4700	2.1000
	28270101	屏蔽线	m	1.6857	3.0500	5.5750	6.1000
	33014501	钢传力板	块	0.0333	0.1000	0.1500	0.2000
	33014601	反力架	只	0.0333	0.1000	0.1500	0.2000
	33019411	保护圈盖(金属)	套	0.1950	0.2350	0.2350	0.2350
	33331351	孔口保护装置	只	0.0400	0.0400	0.0400	0.0400
	33331361	密封底盖	套	0.2350	0.2750	0.2750	0.2750
	33331365	密封顶盖	套	0.2350	0.2750	0.2750	0.2750
	34130451	测钉 ϕ8×30	个	0.0400	0.0400	0.0400	0.0400
	34130601	棱镜	只	0.0400	0.0400	0.0400	0.0400
机械	98010050	经纬仪	台班	0.0960	0.1120	0.1280	0.1440
	98010410	水准仪	台班	0.3115	0.8394	1.3978	2.0657
	98010420	测斜仪	台班	0.1200	0.2100	0.3200	0.4500
	98010450	分层沉降仪	台班	0.2196	0.6972	1.1952	1.7928
	98130010	频率计	台班	0.1060	0.3010	0.5560	0.7740
	98530611	水位计	台班	0.0600	0.1050	0.1600	0.2250
	99250020	交流弧焊机 32 kV·A	台班	0.0467	0.1200	0.1900	0.2400
	99350130	液压钻机 STE-1	台班	0.2200	0.4950	0.7300	0.9650
	99430080	柴油发电机 30 kW	台班	0.0018	0.0018	0.0018	0.0018
	99440240	泥浆泵 ϕ50	台班	0.0930	0.2055	0.3020	0.3985

工作内容:监测点布置安装、监控测试。

定额编号			F-12-3-5	F-12-3-6	F-12-3-7	F-12-3-8
项目			施工监测			
			温度监测	建(构)筑物振动监测	建(构)筑物倾斜监测	建(构)筑物裂缝监测
			点	点	点	点
预算定额编号	预算定额名称	预算定额单位	数量			
08-13-5-29	温度观测监测点布置 温度观测	点	1.0000			
08-13-5-30	建(构)筑物振动监测点布置 建筑物振动	点		1.0000		
08-13-5-31	建筑物倾斜监测点布置 建筑物倾斜	点			1.0000	
08-13-5-32	建筑物裂缝监测点布置 裂缝观测	条				1.0000
08-13-5-49	温度观测	点	100.0000			
08-13-5-50	建(构)筑物振动观测	点		100.0000		
08-13-5-51	建(构)筑物倾斜观测	点			50.0000	
08-13-5-52	建(构)筑物裂缝观测	条				100.0000

工作内容:监测点布置安装、监控测试。

定额编号				F-12-3-5	F-12-3-6	F-12-3-7	F-12-3-8
项目				施工监测			
				温度监测	建(构)筑物振动监测	建(构)筑物倾斜监测	建(构)筑物裂缝监测
名称			单位	点	点	点	点
人工	00230103	综合人工(土建)	工日	3.4633	28.8200	10.1600	5.0667
材料	24090211	电阻温度计	只	1.0000			
	28270111	屏蔽线 4 芯	m	30.0000	10.0000		
	33330901	倾斜预埋件	个			2.0000	
	33331101	振动预埋件	个		1.0000		
	36311911	裂缝观测埋件	个				2.0000
	X0045	其他材料费	%	5.0000	5.0000	5.0000	5.0000
机械	98010340	全站仪	台班			3.3350	
	98010430	测缝仪	台班				5.0000
	98010460	振动测试仪	台班		14.2900		
	98430431	测温仪	台班	3.3300			
	99350050	轻便钻机 XJ-100	台班		0.1250	0.0800	

工作内容:监测点布置安装、监控测试。

定　额　编　号			F-12-3-9
项　　目			盾构隧道施工监测
			m
预算定额编号	预算定额名称	预算定额单位	数　　量
08-13-5-33	盾构隧道监测点布置 隧道环缝纵缝变化	个	0.1667
08-13-5-34	盾构隧道监测点布置 隧道纵向沉降及位移	点	0.1667
08-13-5-35	盾构隧道监测点布置 隧道直径变形	环	0.1667
08-13-5-53	隧道环缝纵缝变化观测	个	5.0010
08-13-5-54	隧道纵向沉降及位移观测	点	5.0010
08-13-5-55	隧道直径变形观测	环	5.0010

工作内容:监测点布置安装、监控测试。

定　额　编　号				F-12-3-9
项　　目				盾构隧道施工监测
名　　称			单位	m
人工	00230103	综合人工(土建)	工日	2.8837
材料	24112231	接缝变化传感器	只	0.1667
	28270111	屏蔽线 4 芯	m	5.0010
	33331201	环缝纵缝测试预埋件	个	0.3334
	34130441	收敛标志点	只	0.3334
	34130445	沉降标志	只	0.1667
机械	98010340	全站仪	台班	0.1665
	98010410	水准仪	台班	0.1665
	98010440	收敛计	台班	0.6251
	98130010	频率计	台班	0.4001
	99350050	轻便钻机 XJ-100	台班	0.0695

第四节　降　　水

工作内容：1. 井点安装、拆除。
2. 井点使用。

定额编号			F-12-4-1	F-12-4-2
项目			轻型井点	
			安装拆除	使用
			根	套·天
预算定额编号	预算定额名称	预算定额单位	数量	
08-13-7-3	轻型井点 安装	根	1.0000	
08-13-7-4	轻型井点 拆除	根	1.0000	
08-13-7-5	轻型井点 使用	套·天		1.0000

工作内容：1. 井点安装、拆除。
2. 井点使用。

定额编号				F-12-4-1	F-12-4-2
项目				轻型井点	
				安装拆除	使用
名称			单位	根	套·天
人工	00230103	综合人工(土建)	工日	0.5051	0.5750
材料	04030115	黄砂 中粗	t	0.1128	
	17270201	普通橡胶管	m	0.1700	
	34110101	水	m^3	1.8180	
	35040911	轻型井点总管 ϕ108×4	m	0.0011	0.0400
	35040921	轻型井点井管 ϕ40	m	0.0220	0.8300
	X0045	其他材料费	%	0.8900	7.3400
机械	99091370	电动卷扬机单筒快速 5 kN	台班	0.0240	
	99350050	轻便钻机 XJ-100	台班	0.0570	
	99440150	电动多级离心清水泵 ϕ150×180 m以下	台班	0.0480	
	99440510	射流井点泵 9.5 m	台班	0.0240	1.1500

工作内容:1,3. 井点安装、拆除。
　　　　　2,4. 井点使用。

定额编号			F-12-4-3	F-12-4-4	F-12-4-5	F-12-4-6
项目			喷射井点(10 m)		喷射井点(15 m)	
			安装拆除	使用	安装拆除	使用
			根	套·天	根	套·天
预算定额编号	预算定额名称	预算定额单位	数量			
08-13-7-10	喷射井点(15 m) 拆除	根			1.0000	
08-13-7-11	喷射井点(15 m) 使用	套·天				1.0000
08-13-7-6	喷射井点(10 m) 安装	根	1.0000			
08-13-7-7	喷射井点(10 m) 拆除	根	1.0000			
08-13-7-8	喷射井点(10 m) 使用	套·天		1.0000		
08-13-7-9	喷射井点(15 m) 安装	根			1.0000	

工作内容:1,3. 井点安装、拆除。
　　　　　2,4. 井点使用。

定额编号				F-12-4-3	F-12-4-4	F-12-4-5	F-12-4-6
项目				喷射井点(10 m)		喷射井点(15 m)	
				安装拆除	使用	安装拆除	使用
名称			单位	根	套·天	根	套·天
人工	00230103	综合人工(土建)	工日	3.7595	2.2200	6.0520	2.2200
材料	04030115	黄砂 中粗	t	2.3798		3.8756	
	34110101	水	m^3	14.0400		18.2700	
	35040961	喷射井点总管 ϕ159	m	0.0046	0.1300	0.0046	0.1300
	35040971	喷射井点井管 ϕ76	m	0.0290	0.9300	0.0640	1.3000
	35041011	喷射井点滤网管	根	0.0036	0.1070	0.0042	0.1280
	35041021	喷射井点回水连接件	副	0.0022	0.0670	0.0023	0.0700
	35041031	喷射井点腰子法兰	副	0.0013	0.0300	0.0013	0.0300
	35041041	喷射井点水箱	kg	0.0356	1.0700	0.0356	1.0700
	35041051	喷射井点喷射器	只	0.0048	0.1430	0.0056	0.1670
	X0045	其他材料费	%	0.3300	1.1300	0.3000	0.8700
机械	99090080	履带式起重机 10 t	台班	0.2880		0.3640	
	99350120	液压钻机 G-2A	台班	0.1104		0.1440	
	99430230	电动空气压缩机 6 m^3/min	台班			0.1800	
	99440150	电动多级离心清水泵 ϕ150×180 m 以下	台班	0.1880	1.1100	0.2500	1.1100
	99440210	污水泵 ϕ100	台班	0.2760		0.5440	

工作内容:1,3. 井点安装、拆除。
2,4. 井点使用。

定额编号			F-12-4-7	F-12-4-8	F-12-4-9	F-12-4-10
项目			大口径降水井点(15 m)		大口径降水井点(25 m)	
			安装拆除	使用	安装拆除	使用
			根	套·天	根	套·天
预算定额编号	预算定额名称	预算定额单位	数量			
08-13-7-21	大口径井点(15 m) 安装	根	1.0000			
08-13-7-22	大口径井点(15 m) 拆除	根	1.0000			
08-13-7-23	大口径井点(15 m) 使用	套·天		1.0000		
08-13-7-24	大口径井点(25 m) 安装	根			1.0000	
08-13-7-25	大口径井点(25 m) 拆除	根			1.0000	
08-13-7-26	大口径井点(25 m) 使用	套·天				1.0000

工作内容:1,3. 井点安装、拆除。
2,4. 井点使用。

定额编号				F-12-4-7	F-12-4-8	F-12-4-9	F-12-4-10
项目				大口径降水井点(15 m)		大口径降水井点(25 m)	
				安装拆除	使用	安装拆除	使用
名称			单位	根	套·天	根	套·天
人工	00230103	综合人工(土建)	工日	20.6975	2.3200	26.7001	2.3200
材料	04030115	黄砂 中粗	t	13.3420		20.7620	
	34110101	水	m^3	44.1000		66.5000	
	35040601	大口径井点吸水器 15 m	只	0.0060	0.0400		
	35040611	大口径井点吸水器 25 m	只			0.0090	0.0800
	35040711	大口径井点井管 ϕ400	m	0.1800	1.5000	0.2800	2.2500
	35041041	喷射井点水箱	kg	0.1100	1.0200	0.1100	1.0200
	X0045	其他材料费	%	0.2300	0.5600	0.2100	0.5600
机械	99030620	工程钻机 GPS-10	台班	0.5200		0.7024	
	99030970	震动锤 45 kW	台班	0.4500		0.6500	
	99090080	履带式起重机 10 t	台班	1.1000		0.8780	
	99090090	履带式起重机 15 t	台班			0.6500	
	99440150	电动多级离心清水泵 ϕ150×180 m 以下	台班	1.1000	1.1600	1.5280	1.1600
	99440210	污水泵 ϕ100	台班	1.7500		2.4060	

工作内容:1,3. 井点安装、拆除。
　　　　2,4. 井点使用。

定额编号			F-12-4-11	F-12-4-12	F-12-4-13	F-12-4-14
项目			真空深井降水井点(19 m)		真空深井降水井点(每增减 1 m)	
			安装拆除	使用	安拆	使用
			座	座·天	座	座·天
预算定额编号	预算定额名称	预算定额单位	数量			
08-13-7-27	真空深井井点(19 m) 安装	座	1.0000			
08-13-7-28	真空深井井点(19 m) 拆除	座	1.0000			
08-13-7-29	真空深井井点(19 m) 使用	座·天		1.0000		
08-13-7-30	真空深井井点(每增减 1 m) 安拆	座			1.0000	
08-13-7-31	真空深井井点(每增减 1 m) 使用	座·天				1.0000

工作内容:1,3. 井点安装、拆除。
　　　　2,4. 井点使用。

定额编号				F-12-4-11	F-12-4-12	F-12-4-13	F-12-4-14
项目				真空深井降水井点(19 m)		真空深井降水井点(每增减 1 m)	
				安装拆除	使用	安拆	使用
名称			单位	座	座·天	座	座·天
人工	00230103	综合人工(土建)	工日	13.1920	0.4640	0.5000	
材料	04030119	黄砂 中粗	kg	7066.0000		800.0000	
	34110101	水	m^3	14.9790		0.7490	
	35041111	钢板井管 ϕ273×8×4500	m	2.0000	0.0140		0.0020
	35041121	钢滤水井管 ϕ273×8×4000	m	4.0000	0.0060		
	80112011	护壁泥浆	m^3	1.6700		0.0840	
机械	99030620	工程钻机 GPS-10	台班	0.7500		0.0760	
	99050150	泥浆排放设备	台班	1.4100		0.1420	
	99090070	履带式起重机 5 t	台班	0.3500		0.0360	
	99090360	汽车式起重机 8 t	台班	1.3300			
	99091470	电动卷扬机单筒慢速 50 kN	台班	1.3300			
	99440235	泥浆泵 37 kW	台班			0.0760	
	99440240	泥浆泵 ϕ50	台班	0.7500			
	99440310	真空泵 660 m^3/h	台班		0.7500		
	99440330	潜水泵 ϕ100	台班	0.1000	1.1600		